饕书客

一个人，遇见一本书

中国唐代帝陵

王双怀 著

THE MAUSOLEUMS OF TANG DYNASTY
公元618——907年

尘封千年的地下王朝
通往盛唐的神秘之门

TopBook
饕书客

陕西新华出版传媒集团
陕西人民出版社

图书在版编目（CIP）数据

中国唐代帝陵 / 王双怀著 . —西安：陕西人民出版社，2020.8
ISBN 978-7-224-13345-5

Ⅰ.①中… Ⅱ.①王… Ⅲ.①帝王—陵墓—研究—中国—唐代 Ⅳ.① K878.84

中国版本图书馆 CIP 数据核字（2019）第 190681 号

出 品 人	宋亚萍
总 策 划	刘景巍
出版统筹	关 宁
策划编辑	韩 琳　张启阳
责任编辑	王 倩　王 凌
整体设计	开 朗

微信扫一扫，关注饕书客

中国唐代帝陵

作　　者	王双怀
出版发行	陕西新华出版传媒集团　陕西人民出版社
	（西安北大街 147 号　邮编：710003）
印　　刷	中煤地西安地图制印有限公司
开　　本	787mm×1092mm　1/16
印　　张	26.5
插　　页	12
字　　数	400 千字
版　　次	2020 年 8 月第 1 版
印　　次	2024 年 6 月第 2 次印刷
书　　号	ISBN 978-7-224-13345-5
定　　价	128.00 元

如有印装质量问题，请与本社联系调换。电话：029-87205094

前言

唐代是中国帝制时代的鼎盛时期，留下了丰富的历史文化遗存，帝王陵墓就是其中的重要组成部分。唐代共有20座帝王陵墓，除和陵、温陵外，都分布在关中北部坦荡如砥的平原和挺拔俊秀的崇山之间。若以唐都长安城为中心，东连泰陵，西连乾陵，可形成一个102度的扇面，东西长140公里，总面积将近3000平方公里。其分布范围之大，是前所未有的。

唐代帝陵有因山为陵和堆土成陵两种类型。献陵、庄陵、端陵和靖陵系堆土而成，其余均依山而建。无论是哪种类型的陵墓，均有相对独立的陵园。陵园坐北朝南，皆有城郭，每面各辟一门，门外筑有阙台，四隅设有角楼。南门内建献殿、寝殿。南门外开辟神道，列置石象生。此外，陵园中还有下宫、陵署等大型建筑以及数量不等的陪葬墓。其文化遗存之丰富，往往超出人们的想象。可以说，唐代帝王陵墓是唐人给我们留下的宝贵财富。

改革开放以来，随着文物保护和旅游开发热的兴起，唐代帝王陵墓受到人们的高度关注。然而，研究和介绍唐陵的著作却付之阙如。针对这种情况，笔者对唐代帝王陵墓进行了较为全面的考察，在浩如烟海的古籍中找到不少资料。在此基础上，对唐代帝陵进行了系统研究，写成了《荒冢残阳：唐代帝陵研究》一书，并纳入"春秋经纬书系",2000年2月由陕西人民教育出版社出版。牛致功教授为该书写了序,充分肯定了唐陵研究的学术价值和现实意义。兹录其原文如下:

1986年春天,我与王双怀等同志共同考察过关中唐陵。自此以后,双怀同志就陆陆续续不断地收集有关唐陵的资料,现在终于写成了一本《关中唐陵研究》的专著。作为志同道合者,我不能不向双怀同志表示祝贺。研究关中唐陵,有非常重要的意义。

其一,有助于唐史的综合研究。很久以来,研究唐史者主要依据文献资料。从20世纪80年代开始,不少学者从事敦煌、吐鲁番文书的研究,扩大了唐史资料的范围,固然可喜,但对实物资料的利用,还没有引起足够的重视。中华人民共和国成立以来,国家对文物古迹十分重视,从中央到地方都有管理文物古迹的机构。特别是考古工作者的辛勤劳动,不断有新的发现和研究成果,为历史的研究提供了非常有利的条件。这就是说,史学工作者应该把文物古迹也当作资料的来源。关中唐陵保存有许多重要的文物。例如,昭陵六骏,它集雕刻、书法、绘画于一体,体现了唐代艺术的综合水平,堪称稀世瑰宝。在已经发掘的一些陪葬墓中,更有大量的,甚至是意想不到的内容。其中,有文物、壁画、墓志等。像献陵的陪葬者李凤墓、李寿墓,昭陵的陪葬者唐俭墓、李勣墓、尉迟敬德墓、张士贵墓及安元寿墓,乾陵的陪葬者永泰公主墓、章怀太子墓、懿德太子墓及薛元超墓等,无不发现了许多很有研究价值的内容。仅就墓志来说,李寿、唐俭、张士贵、尉迟敬德、李勣、安元寿等人的墓志,都有两《唐书》所不曾涉及的内容,或者是与两《唐书》本传有相当差异的记载。安元寿在两《唐书》中没有其传,但却是唐初一个有相当作用的人物。了解此人,墓志更为重要。这些内容,都需要在和文献资料对照中进行深入研究。研究的结果,必然丰富唐史的内容。这是史学和考古学相结合的必由之路。

其二,有利于当代经济的发展。当代经济的发展不像古代那样,只是农业、手工业和商业,而是多方面的。旅游事业也是经济发展的组成部分。旅游事业不是孤立的,它涉及交通、餐饮、宾馆及旅游商品等。这些行业,又影响到建材、建筑、汽车、食品、工艺品及商业等各个领域。不言而喻，旅游业的发展，可以从多方面刺激经济增长。西安是全国的旅游热点城市之一。之所以如此，就是因为陕西的文物古迹多。过去，陕西被视为文物大省。1996年5月，国家文物局组织专家对全国各省文物进行鉴定，陕西文物数量多，品位高，一级品有3500多件，国宝级品有120多件，都是全国第一，故而被称为文物大省。这些珍贵文物中，有大量的唐代文物，不少与唐陵有关。如果进一步研究唐陵，扩大、深化唐陵的社会作用，必然吸引更多的游人。由此看来，研究唐陵是发挥陕西文物在经济建设中作用的有效手段。

其三，可为发展当代文化艺术提供借鉴。当代的文化艺术远比唐代的文化艺术丰富多彩。但是，我们不能割断历史，今天的文化艺术是古代文化艺术的继续和发展，今人的发明与创造，必然借鉴于古人的已有成就。当代电影、电视及戏剧等历史剧本的创作与演出，像陕西历史博物馆那样被人赞颂的仿古建筑，1998年6月欢迎美国克林顿总统访问西安时在南城门外举行的仿唐式迎宾礼，等等，都不是凭空想象而来，而是今人在借鉴古人成就的基础上进行创造的结果。唐陵的建筑风格、壁画的丰富内容、文物的多姿多彩等等，都为今人在文化艺术方面的不断进取提供了借鉴。毋庸置疑，研究唐陵和当代文化艺术的发展密切相关。

王双怀同志是一个非常勤奋而颇有作为的史学工作者。他付出了艰辛的劳动，克服各种困难，从历史学、地理学、考古学、社会学等不同的角度出发，对关中唐陵进行了比较全面的探讨，着重论述了关中唐陵的地理分布、建筑类型、石刻特征，还论述了关中唐陵的盛衰变化及其原因，并对关中唐陵的一些疑难问题进行了分析。我相信，这样一本既有历史意义又有现实意义的专著，是会产生积极的社会效益的。

《荒冢残阳：唐代帝陵研究》出版后，受到历史和考古界同人的赞许，《书海》2002年第1期有专文进行评价。十几年来，该书早已售罄。不少读者来函希望再版。鉴于《荒冢残阳：唐代帝陵研究》较为简略，笔者重新查阅了大量文献，结合近年来的考古资料，对该书进行了大幅度修改，最终写成了这部《中国唐代帝陵》。

本书由三个部分组成：上编对唐代帝陵进行综合研究，中编对唐代帝陵逐一进行论述，下编收入与唐陵相关的其他内容。通过宏观研究、个案研究和专题研究，深入揭示了唐代帝陵的历史和文化。本书融学术性、知识性和趣味性于一炉，既有严谨的论证，也有生动的描述，深入浅出，图文并茂，是唐代帝王陵寝研究的重要成果，可供文史工作者参考，也可供广大旅游爱好者阅读。希望本书的出版，能够在一定程度上满足广大读者的要求，并在唐陵文物保护和旅游开发方面发挥应有的作用。

陕西人民出版社的领导对本书的出版非常重视。韩琳女士在编辑方面做了大量工作。学友樊英峰、胡元超、郑茂良及惠志刚先生为本书提供了部分图片。张全民先生、刘向阳先生和我的研究生卜天舒、周梓翔、尚宝珠及肖琰参与了本书的校对工作。对此，笔者铭记在心，谨表谢忱！

王双怀
2020 年 6 月 20 日

高祖献陵

ZHONGGUO TANGDAI DILING
中国唐代帝陵

　　唐高祖献陵位于三原县东 20 公里的徐木原上，是唐代营建的第一座帝王陵墓。此陵采用堆土成陵的形式，封域周长 10 公里，在陵墓制度上属于草创阶段。

献陵近景

献陵石犀

昭陵

ZHONGGUO TANGDAI DILING 中国唐代帝陵

昭陵近景

昭陵博物馆

太宗昭陵位于礼泉县东北20多公里的九嵕山上。九嵕山海拔1188米，孤耸回绝，气势雄伟，是渭北山系中最有代表性的大山。昭陵因山而建，封域60公里，总面积达到30万亩，是唐代帝陵中规模最大的一座。

昭陵六骏

乾陵

中国唐代帝陵

ZHONGGUO TANGDAI DILING

乾陵石刻

乾陵石狮

乾陵博物馆

乾陵是渭唐高宗和武则天的合葬墓，位于乾县城北4650米的梁山主峰之上，封域范围40公里，规模宏大，文物丰富，被称为『关中唐陵之冠』。

乾陵陪葬墓出土绿釉瓷瓶

乾陵无字碑

乾陵述圣纪碑

中宗定陵

ZHONGGUO TANGDAI DILING

中国唐代帝陵

中宗定陵位于富平县北 10 公里的龙泉山上，封域 20 公里。陵后的玉镜山，是关中碑石的来源地。

定陵石狮

睿宗桥陵

ZHONGGUO TANGDAI DILING

中国唐代帝陵

睿宗桥陵是唐代修建的第 5 座帝陵，在蒲城县西北 15 公里的丰山之上，神道宽阔，石刻高大，颇具盛唐气象。

桥陵神道 　　　　　　　　　　　　桥陵华表 　　桥陵石人

玄宗泰陵

中国唐代帝陵 ZHONGGUO TANGDAI DILING

玄宗泰陵在蒲城县东北15公里的金粟山上，是关中十八陵中最东边的一座陵墓。陵寝因金粟山主峰而建，前有东西二峰环拱，封域38公里。

泰陵神道

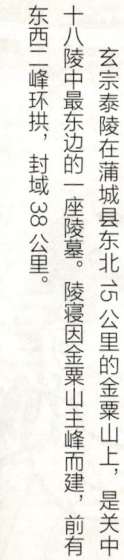

泰陵祥鸟

肃宗建陵

中国唐代帝陵 ZHONGGUO TANGDAI DILING

肃宗建陵与泰陵同时修建，位于礼泉县北12公里的索山石马岭之上，东北距昭陵5公里，西与乾陵隔川遥望，封域20公里。

建陵翼马

建陵近景

代宗元陵
ZHONGGUO TANGDAI DILING
中国唐代帝陵

代宗元陵在富平县西北14公里的檀山之上，东北距章陵3公里，东南距定陵5.5公里，封域20公里。

元陵近景

崇陵石人

德宗崇陵
ZHONGGUO TANGDAI DILING
中国唐代帝陵

德宗崇陵位于泾阳县云阳镇东北15公里的嵯峨山主峰东边，依山修建，封域20公里。

崇陵近景

顺宗丰陵

ZHONGGUO TANGDAI DILING
中国唐代帝陵

　　顺宗丰陵在富平县东北20公里的金瓮山上。金瓮山俗称虎头山，海拔851米。陵园依山而筑，封域20公里。

丰陵远景

宪宗景陵

ZHONGGUO TANGDAI DILING
中国唐代帝陵

　　宪宗景陵在蒲城县西北13公里的金帜山上，坐北朝南，封域20公里。

景陵神道

穆宗光陵
ZHONGGUO TANGDAI DILING
中国唐代帝陵

穆宗光陵在蒲城县北15公里的尧山之阳。尧山海拔1091米，亦名浮山。相传尧时洪水滔天，诸山皆没，唯此山独浮。

光陵神道石刻

敬宗庄陵
ZHONGGUO TANGDAI DILING
中国唐代帝陵

敬宗庄陵位于三原县陵前乡柴家窑村东250米，堆土成陵，封域20公里。陵南1200米即为断崖。

庄陵近景

文宗章陵

中国唐代帝陵
ZHONGGUO TANGDAI DILING

文宗章陵在富平县西北14.5公里雷村乡西岭山。西岭山本名天乳山，海拔783米。陵园因山而建，封域22.5公里。

章陵神道

武宗端陵

ZHONGGUO TANGDAI DILING
中国唐代帝陵

武宗端陵在三原县徐木原西边。此地海拔540米，原下即渭河二级阶地。陵园形制与献陵略同，封域20公里。

端陵远景

宣宗贞陵在泾阳县云阳镇西北的仲山之上。仲山海拔1003米，东、西、北三面群山环绕，山南地势较平缓。陵园因仲山而设，封域60公里，与昭陵相同。在唐代后期诸陵中是最有气派的。

宣宗贞陵
ZHONGGUO TANGDAI DILING
中国唐代帝陵

贞陵近景

懿宗简陵
ZHONGGUO TANGDAI DILING
中国唐代帝陵

懿宗简陵在富平县西北18公里紫金山。陵园因山而建，东西二神门外阙址筑于山上，封域20公里。

简陵远景

僖宗靖陵
ZHONGGUO TANGDAI DILING
中国唐代帝陵

僖宗靖陵在乾县东北4.5公里的南陵村，堆土成陵，封域20公里。

靖陵神道

永泰公主墓
中国唐代帝陵 ZHONGGUO TANGDAI DILING

石椁

三彩马

侍女图

懿德太子墓
中国唐代帝陵 ZHONGGUO TANGDAI DILING

石椁

李勣墓 中国唐代帝陵
三梁进德冠

郑仁泰墓 中国唐代帝陵
彩釉骑马俑

长乐公主墓
ZHONGGUO TANGDAI DILING
中国唐代帝陵

甲胄仪卫图

章怀太子墓
ZHONGGUO TANGDAI DILING
中国唐代帝陵

客使图

打马球图

目录

上编 唐代帝陵概述	第一章 唐代帝陵的地理分布……………003
	第二章 唐代帝陵的建筑形制……………015
	第三章 唐代帝陵的石刻艺术……………043
	第四章 唐代帝陵的绘画艺术……………097
	第五章 唐代帝陵的盛衰变迁……………117

中编 唐代帝陵巡礼	第一章 唐高祖献陵………………………143
	第二章 唐太宗昭陵………………………158
	第三章 唐高宗、武则天乾陵……………181
	第四章 唐中宗定陵………………………224
	第五章 唐睿宗桥陵………………………232
	第六章 唐玄宗泰陵………………………242
	第七章 唐肃宗建陵………………………253
	第八章 唐代宗元陵………………………259
	第九章 唐德宗崇陵………………………264
	第十章 唐顺宗丰陵………………………271
	第十一章 唐宪宗景陵……………………275
	第十二章 唐穆宗光陵……………………282

	第十三章　唐敬宗庄陵…………287	
	第十四章　唐文宗章陵…………291	
	第十五章　唐武宗端陵…………295	
	第十六章　唐宣宗贞陵…………301	
	第十七章　唐懿宗简陵…………307	
	第十八章　唐僖宗靖陵…………313	
	第十九章　唐昭宗和陵…………318	
	第二十章　唐哀帝温陵…………320	

下编 唐代帝陵余论	第一章　唐代追尊皇帝陵墓…………325	
	第二章　唐代追谥皇帝陵墓…………330	
	第三章　唐代帝陵之谜…………339	
	第四章　唐代帝陵研究综述…………364	

附录	大唐元陵仪注…………381	

参考文献	…………407	

重要地图目录

关中唐陵陵区范围图·················004
关中唐陵时间分布图·················006
关中唐陵空间分布图·················008
献陵陵园及陪葬墓分布示意图·········150
昭陵及其陪葬墓图···················164
定陵陵园平面图·····················225
泰陵陵园有主陪葬墓分布图···········249
建陵范围平面示意图·················257
崇陵陵园图·························268
景陵陵园图·························278
光陵陵园及陪葬墓分布图·············285
庄陵陵园分布图·····················289
端陵陵园分布图·····················298
贞陵平面图·························303
靖陵陵园分布图·····················315
顺陵陵园石刻及遗址平面分布示意图···353

003

上编
唐代帝陵概述

第一章
唐代帝陵的地理分布

唐代289年，共有20座帝王陵墓，即高祖献陵、太宗昭陵、高宗乾陵[1]、中宗定陵、睿宗桥陵、玄宗泰陵、肃宗建陵、代宗元陵、德宗崇陵、顺宗丰陵、宪宗景陵、穆宗光陵、敬宗庄陵、文宗章陵、武宗端陵、宣宗贞陵、懿宗简陵、僖宗靖陵、昭宗和陵及哀帝温陵。在这20座陵墓中，和陵位于河南洛阳，温陵位于山东菏泽，其余18座陵墓都分布在关中北部坦荡如砥的平原和挺拔俊秀的崇山之间，人称"关中十八陵"。关中十八陵的地理范围很大，若以唐都城长安为中心，东连泰陵，西连乾陵，可形成一个102度的扇面，东西长140公里，总面积将近3000平方公里。

1. 唐陵的营建

关中十八陵中修建于初唐时期的有四座，即高祖献陵、太宗昭陵、高宗乾陵和中宗定陵。献陵是唐太宗李世民为唐高祖李渊营造的陵寝。此陵在三原县东20公里

---

[1] 乾陵实际上是唐高宗与武则天的合葬墓，古人在习惯上称之为"唐高宗乾陵"。本书为叙述方便，称之为"高宗乾陵"或简称为"乾陵"。

关中唐帝陵陵区范围图

的徐木塬上（东经109°07′51.99″，北纬34°41′58.75″），北距定陵18公里。昭陵位于礼泉县东北20多公里的九嵕山上（东经108°29′03.47″，北纬34°37′39.43″），东北距贞陵19公里。乾陵位于今乾县县城北（偏西）4650米的梁山主峰之上（东经108°12′46.34″，北纬34°34′51.49″），东南距靖陵4.5公里，距西安市80公里。定陵是中宗李显的陵墓。景龙四年（710）六月二十二日被韦后和安乐公主毒死，景云元年（710）十一月二日葬于定陵。定陵位于富平县北10公里处的龙泉山上（东经109°09′19.18″，北纬34°51′57.45″），东北距丰陵9公里。

盛唐时期修建的帝王陵墓主要是桥陵。此外，玄宗泰陵和肃宗建陵大体上也可以划分在这个时期以内。桥陵是唐睿宗之墓。桥陵在蒲城县西北15公里的丰山之上（东经109°28′09.60″，北纬34°59′48.51″），东北距景陵4公里，距泰陵约22公里。泰陵在蒲城县东北15公里的金粟山上（东经109°40′01.54″，北纬35°02′40.63″），西南距西安市约125公里，是关中十八陵中最东边的一座陵墓。建陵的修建大体与泰陵同时进行。宝应元年（762）四月十八日，唐肃宗死于长生殿，宝应二年三月二十七日葬于建陵。建陵在礼泉县北12公里的索山石马岭之上（东经108°25′41.72″，北纬34°36′35.05″）。东北距昭陵5公里。

中唐时期修建的帝王陵墓计有代宗元陵、德宗崇陵、顺宗丰陵、宪宗景陵、穆宗光陵和敬宗庄陵。元陵在富平县西北14公里的檀山之上（东经109°05′35.97″，北纬34°54′58.31″），东北距章陵3公里，东南距定陵5.5公里。崇陵位于泾阳县云阳镇东北15公里的嵯峨山主峰东边（东经108°49′35.90″，北纬34°42′49.26″），东北距庄陵23.5公里。崇陵之后修建的是顺宗丰陵。丰陵在富平县东北20公里的金瓮山上（东经109°12′08.76″，北纬34°56′32.27″），东北距桥陵26公里。景陵在蒲城县西北13公里的金帜山上（东经109°30′26.03″，北纬35°01′04.35″），东北距光陵7公里，距泰陵19公里。光陵在蒲城县北15公里的尧山之阳（东经109°33′42.17″，北纬35°04′17.35″），东南距泰陵9.5公里，在政区上属翔村乡光陵村。庄陵位于三原县陵前乡柴家窑村东250米（东经109°01′49.86″，北纬34°41′54.18″），附近地面海拔515—520米。陵南1200米为断崖，崖下高程420米左右。东南距端陵5公里，北距简陵21公里。

关中唐陵时间分布图

修建于晚唐时期的帝王陵墓有文宗章陵、武宗端陵、宣宗贞陵、懿宗简陵和僖宗靖陵。章陵在富平县西北14.5公里的雷村乡西岭山上（东经109° 07′ 24.87″，北纬34° 53′ 00.71″），东南距定陵3.5公里。端陵在三原县徐木塬西边（东经109° 05′ 11.09″，北纬34° 41′ 47.09″）。陵园形制与献陵略同，封域40里。东距献陵5.5公里，北距元陵20公里。贞陵在泾阳县云阳镇西北白王乡黄村北的仲山之上（东经108° 38′ 37.91″，北纬34° 42′ 15.71″），东南距崇陵20多公里。简陵在富平县西北18公里的紫金山上（东经109° 04′ 14.46″，北纬34° 53′ 54.64″），东南距元陵3.5公里。靖陵在乾县东北4.5公里铁佛公社南陵村（东经108° 15′ 57.48″，北纬34° 34′ 15.27″）。海拔为806米。东北距建陵15.5公里。

2. 唐陵的分布

关中唐陵的分布有下列特点：一是十八座陵墓都分布在首都长安以北的渭北地区。具体些说，分布在东经108° 13′至109° 39′，北纬34° 34′至35° 03′的范围之内。二是十八陵中有十四座因山而筑，四座堆土成陵，大部分位于山上，小部分位于山下。三是这些陵墓在排列上没有明显的昭穆关系。由于唐人比较重视风水，未按古代的昭穆制度对整个陵园进行总体规划，因而诸陵的修建皆临时堪舆，在排列上没有什么规律。以现在的政区来说，关中唐陵分布在蒲城、富平、三原、泾阳、礼泉及乾县等六县境内，每座陵墓的具体情况都是很不相同的。

蒲城县地处唐代陵区的东端，境内有睿宗桥陵、玄宗泰陵、宪宗景陵和穆宗光陵。这四座陵墓相去不远，都集中在县城北部的山区。泰陵居东，向西依次是光陵、景陵和桥陵，四者均依山而筑，略呈弧状分布。在这四座陵墓中，睿宗桥陵修建的时间最早，其次是玄宗泰陵。睿宗与玄宗是父子关系。景陵和光陵修建较晚。宪宗和穆宗也是父子关系。当地人习惯把这四座陵墓与让皇帝李宪的惠陵加在一起，合称为"唐五陵"[1]。

---

[1] 李宪为睿宗长子，有继承皇位的资格，后让位于玄宗。开元二十九年死后追谥为皇帝，号墓为陵。实际上没当过皇帝，故其"惠陵"不在唐关中十八陵之列。

关中唐陵空间分布图

富平与蒲城为邻，境内共有五座唐陵，是拥有唐陵最多的县。富平唐陵集中分布在县城西北部的崇山之间，自东向西依次为顺宗丰陵、中宗定陵、文宗章陵、代宗元陵和懿宗简陵。这五座陵墓中的帝王辈分差别较大，没有直接的父子关系。在这五座陵墓中，定陵修建的时间最早，在唐代前期。其次是元陵和丰陵，修建于中唐时期。再次是章陵和简陵，修建于晚唐时期。

　　三原位于富平西南，境内有三座唐陵，即高祖献陵、敬宗庄陵和武宗端陵。这三座陵墓都靠近富平，在三原和富平之间的阶地上一字排开，献陵在东，庄陵在西，端陵居中，呈东西线形分布。与蒲城、富平二地的唐陵不同，这三座陵墓均系堆土而成。高祖是唐朝的开国之君，故献陵在三陵中修建最早，也是关中地区修建最早的唐陵。敬宗和武宗是兄弟关系，皆埋葬于唐朝后期。

　　泾阳境内有两座唐陵，一是德宗崇陵，一是宣宗贞陵。崇陵修建于中唐时期，在泾阳县城的正北方。贞陵修建于晚唐，在泾阳西北。二陵相去40里，亦略呈东西分布。这两座陵墓与三原唐陵不同，又是依山而筑。

　　礼泉在泾阳之西，境内也有两座唐陵。一座是唐肃宗的建陵，另一座便是名闻遐迩的昭陵。此二陵相距很近，皆因山而筑。只是昭陵修建于唐初，而建陵修建于安史之乱以后。

　　乾县位于关中唐代陵区的西端。唐高宗和武则天的乾陵在乾县境内，唐僖宗的靖陵也在乾县。乾陵在乾县城北，因山为陵，是唐代前期修建的陵墓。靖陵在乾陵以东10里，修建于唐朝末年，系堆土而成。两陵在结构上有很大的差异。

　　上述唐陵都分布在关中地区。此外，还有两座唐陵分布在潼关之东的河南和山东。这里姑且称之为"关东"二陵。

3. 唐陵分布的特征

　　根据这些情况，我们大体可以看出关中唐陵的修建可以分为两种类型：一种是堆土为陵；一种是因山为陵。

　　堆土为陵即在平地上开挖墓室，修筑地宫，上面堆土，建成覆斗形的陵台。

这种陵墓在唐代以前十分流行。秦汉以来的帝王陵墓多是如此。

贞观九年（635），唐高祖李渊病死，遗制陵园制度，斟酌汉魏，以为规矩。汉魏时期流行堆土成陵。唐高祖生前对汉高祖的长陵比较推崇，而长陵就是堆土为陵的。因此，在给李渊修建陵墓时，下诏"山陵依汉长陵故事"。因山为陵就是把自然的山峰作为陵丘，在南面山腰开凿地宫，修建陵园。这种类型的陵墓出现于汉代，汉文帝霸陵就是这样修建的。

当时大臣虞世南曾建议效法汉霸陵故事，因山为陵，太宗未予采纳[1]。但这种陵墓工程浩大，需要大量的人力物力，且安全性较差。因此，唐太宗在给他和文德皇后修建陵墓时，采用了因山为陵的形制。这种陵墓利用了自然山岳，看上去高大、雄伟，很能体现帝王的宏大气派，而且还可在一定的程度上防止盗掘。所以，后来的乾陵、定陵、桥陵、泰陵、建陵、元陵、崇陵、丰陵、景陵、光陵、章陵、贞陵、简陵都模仿昭陵，采用了因山为陵的形制。只有庄陵、端陵和靖陵仿效献陵，采用了堆土为陵的形制。

此关中十八陵的范围大小不一：昭陵和贞陵最大，周长60公里。其次是乾陵，周长40公里；泰陵，周长38公里。再次是章陵，周长22.5公里；定、桥、建、元、崇、丰、景、光、庄、端、简、靖周长各20公里。献陵最小，仅10公里[2]。北宋游师雄在《题唐太宗昭陵图》中曾经论述过因山为陵的好处，他说："自古帝王山陵奢侈厚葬莫若秦皇汉武，徒役至六十万，天下赋税三分之一奉陵寝，骊山陵才高五十丈，茂陵十四丈而已，固不若唐代之因山也。昭陵之因九嵕，乾陵之因梁山，泰陵之因金粟，皆中峰特起，上摩烟霄，冈阜环抑抱，有龙蟠凤翥之状。民力省而形势雄，何秦汉之足道哉。"虽然关中唐陵有堆土为陵和因山为陵之分，各个陵墓的情况也有一定的差异；但每座陵墓都有地面建筑和地下宫殿，建筑风格基本上是一致的。

如果我们再把上述情况归纳一下，就可以看出，关中唐陵的分布有下列特点：一是十八座陵墓都分布在首都长安以北的渭北地区。二是大部分位于山上，小部

---

[1]〔宋〕王溥：《唐会要》卷二〇《陵议》，中华书局1955年版，第393页。

[2]〔宋〕宋敏求：《长安志》卷一九至二〇，上海古籍出版社山川风情丛书本1993年版，第221—236页。

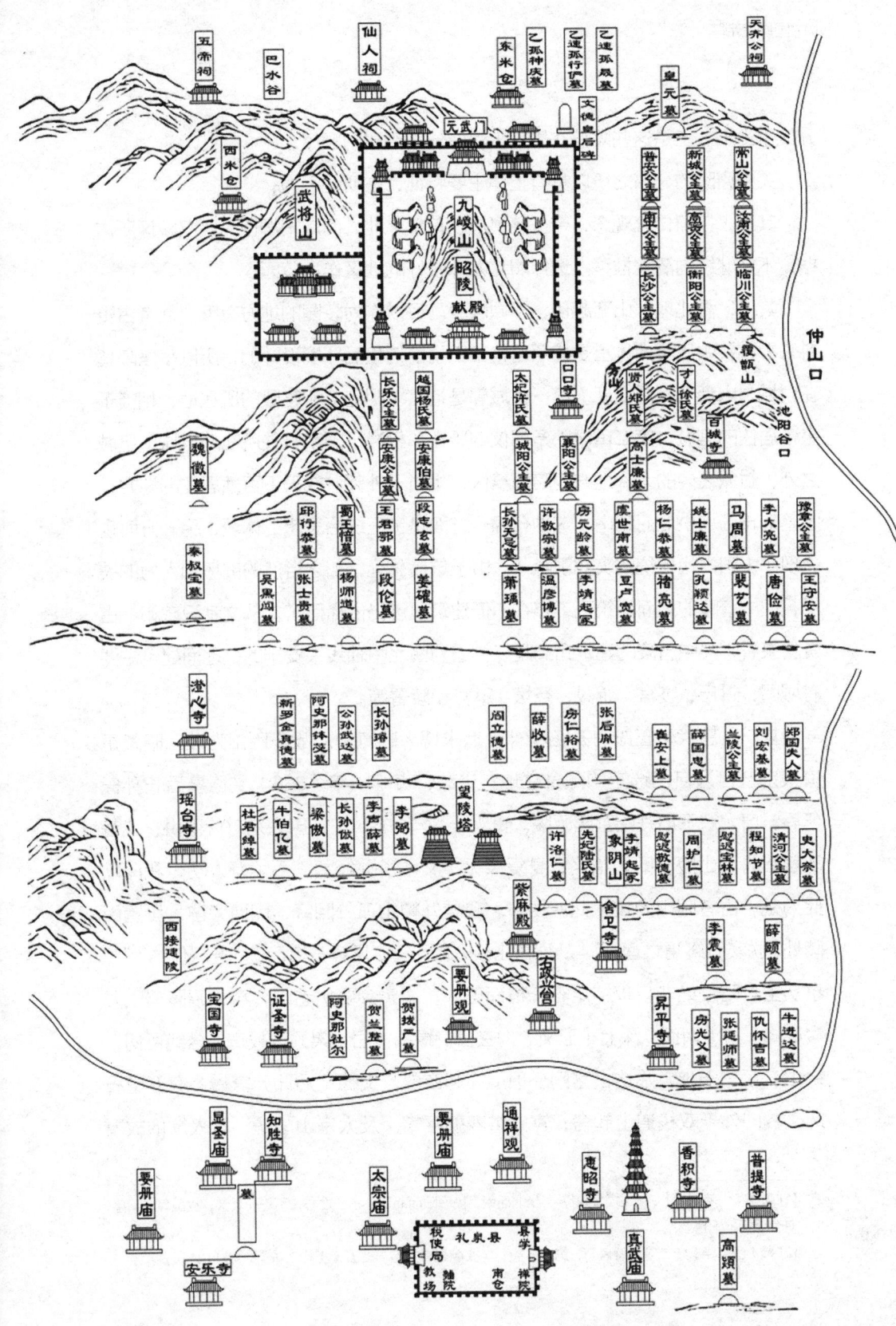

唐太宗昭陵图（采自《长安志图》）

分位于山下。三是这些陵墓在排列上没有什么明显的顺序。

关中唐陵的分布之所以具有上述主要特征，主要是因为：

其一，按照传统观念，帝王陵墓应在首都之北，而咸阳塬已为西汉陵区所占据，不好继续向渭北推移。选择渭北龙脉较好的地区作为陵园。

其二，渭北地区山峦起伏，平原较少。可以作为陵园的地方有限。从考古资料来看，关中唐陵大体上是按照唐代帝王生前的生活环境设计的，所以每座陵墓在封域之内都有两重城郭。第一重城郭是地宫（阴宅）和寝殿的所在地，相当于皇帝居住的宫城。第二重城郭是朝仪的所在，相当于国家机关所在的皇城。皇城之外，封域之内的大片地方为陪葬墓区，相当于外郭城或天下百姓居住的地方。陵墓的布局均坐北而朝南。这种布局一方面是帝王统治思想的体现，另一方面也体现了中国古代传统的丧葬观念[1]。由于年代久远，加之自然的破坏和人为的破坏，关中唐陵的地面建筑已不存在，但建筑遗迹仍依稀可辨。从文献记载和考古资料来看，关中唐陵的建筑布局是以神道为南北中轴线来安排的，地面建筑主要有城阙、封丘、寝宫、游殿、祭坛、下宫和陵署等。

其三，唐代帝王颇有开拓精神，追求博大的气势。故多因山为陵。昭陵是唐太宗亲自为自己选定的藏身之地。史载，贞观十年（636）文德皇后长孙氏死后，唐太宗下诏开始营建昭陵。贞观十八年（644），唐太宗对侍臣讲："昔汉家皆先造山陵，既达始终，身复亲见，又省子孙经营，不烦费人功，我深以此为是。古者因山为坟，此诚便事。我看九嵕山孤耸回绕，因而旁凿，可置山陵处，朕实有终焉之理。""乃诏营山陵九嵕山上，足容一棺而已，务从俭约。"[2]事实上，昭陵绝非仅仅"足容一棺而已"。《唐会要》卷二〇载：昭陵"因九嵕层峰，凿山南面，深七十五丈，为玄宫。缘山傍岩，架梁为栈道，悬绝百仞，绕山二百三十步，始达玄宫门。顶上亦起游殿，文德皇后即元宫后，有五重石门。其门外于双栈道上起舍，宫人供养如平常。及太宗山陵毕，宫人欲依故事

---

[1] 朱熹《山陵议状》："古之葬者，必坐北而南，盖南阳而北阴，孝子之心，不忍死其亲，故虽葬之于墓，犹欲其负阴而抱阳也。"

[2] 参《唐会要》卷二〇《陵议》，第395页；《文献通考》卷一二五《王礼二十》，第1124页。

留栈道。惟旧山陵使阎立德奏曰：'元宫栈道，本留拟有今日。今既始终永毕，与前事不同。谨按故事，惟有寝宫安供奉养之法，而无陵上侍卫之仪。望除栈道，固同山岳。'上呜咽不许。长孙无忌等援引礼经，重有表请，乃依奏。"昭陵规模之宏大，于此可见一斑。金粟山这个地方是唐玄宗生前亲自选定的风水宝地。《旧唐书》卷九《玄宗本纪》载：开元十七年（729），唐玄宗至桥陵之东，见金粟山有龙盘凤翥之势，又靠近他父亲的陵寝，便对侍臣说："吾千秋后宜葬此地，得奉先陵，不忘孝敬矣。"《唐会要》卷二〇载：开元十七年，唐玄宗拜罢桥陵，至金粟山下，"观冈峦有龙盘凤翔之势，谓左右曰：'吾千秋后宜葬于此地。'"《大唐新语》卷一〇也有类似的记载。这些记载虽略有差异，但都说明金粟山一带的自然形势很好，唐玄宗活着的时候希望把这里作为他身后的归宿之地。

其四，唐代帝王陵墓的墓址是根据占卜确定的，因而在排列上显得没有什么顺序。由于唐人比较重视风水，未按古代的昭穆制度对整个陵园进行总体规划，因而诸陵的修建皆临时堪舆，在排列上没有什么规律。史载唐高祖献陵就是通过占卜确定的。贞观九年唐高祖死后，唐太宗派术士占卜墓地，结果选中了三原荆塬上的风水宝地，遂决定在荆塬上为李渊营建献陵。太宗昭陵也是通过占卜确定的。献陵是唐代的第一座帝王陵墓，在陵墓制度上尚属于草创阶段。宋敏求《长安志》载："献陵封内二十里，下宫去陵五里。"堆土成陵，高六丈。陵园内四面各置一门，有寝殿及石虎、华表等石刻。经过1300多年的风雨沧桑，献陵的地面建筑已荡然无存，但陵冢基本上还保持了原来的面貌。实测献陵东西长150米，南北宽120米，高度约20米。站在献陵之巅，仍有高大雄伟之感，仍可以想见当年陵墓的壮观场面。献陵石刻数量较少。在陵区所能看到的只有一只石虎和一个华表。另有一只石虎和一只石犀陈列于碑林博物馆。石犀体形高大，凝重自然。石虎造型别致，颇为凶悍。献陵起初无陪葬墓。贞观十八年（644），唐太宗对侍臣说："佐命功臣，义深舟楫。追念在昔，何日忘之。汉氏将相陪陵，又给东园秘器，笃终之义，恩意深厚。自今以后，功臣密戚及德业佐时者如有薨亡，宜赐茔地一所，及赐以秘器，使窀穸之时，丧事无阙。凡功臣密戚请陪陵葬者听之。以文武分为左右而列。若父祖陪陵，子孙从葬者亦如之。"[1] 由于唐陵之修建多系临时占卜，因此，在排列上没有什么顺序。

至于和、温二陵，位于河南、山东，远离关中陵区，有其特殊的原因，可作为特殊情况来看待。

表1 关中唐陵分布一表

序号	陵名	地址	序号	陵名	地址
1	高祖献陵	三原徐木乡	10	顺宗丰陵	富平曹村乡
2	太宗昭陵	礼泉昭陵乡	11	宪宗景陵	蒲城三合乡
3	高宗乾陵	乾县乾陵乡	12	穆宗光陵	蒲城翔村乡
4	中宗定陵	富平宫里乡	13	敬宗庄陵	三原陵前乡
5	睿宗桥陵	蒲城坡头乡	14	文宗章陵	富平雷村乡
6	玄宗泰陵	蒲城保南乡	15	武宗端陵	三原徐木乡
7	肃宗建陵	礼泉建陵乡	16	宣宗贞陵	泾阳白王乡
8	代宗元陵	富平庄里乡	17	懿宗简陵	富平长春乡
9	德宗崇陵	泾阳将路乡	18	僖宗靖陵	乾县乾陵乡

---

[1]《文献通考》卷一二五《王礼二十》，第1124页。

第二章
唐代帝陵的建筑形制

关中唐陵的修建可以分为两种类型：一种是堆土为陵；一种是因山为陵。堆土为陵即在平地上开挖墓室，修筑地宫，上面堆土，建成覆斗形的陵台。这种陵墓在唐代以前十分流行。秦汉以来的帝王陵墓多是如此。因山为陵就是把自然的山峰作为陵丘，在南面山腰开凿地宫，修建陵园。这种类型的陵墓出现于汉代，汉文帝霸陵就是这样修建的。北宋人游师雄在《题唐太宗昭陵图》中曾经论述过因山为陵的好处，他说："自古帝王山陵奢侈厚葬莫若秦皇汉武，徒役至六十万，天下赋税三分之一奉陵寝，骊山陵才高五十丈，茂陵十四丈而已，固不

献陵（堆土成陵）　　　　　　　　　昭陵（因山为陵）

若唐代之因山也。昭陵之因九嵕，乾陵之因梁山，泰陵之因金粟，皆中峰特起，上摩烟霄，冈阜环抑抱，有龙蟠凤翥之状。民力省而形势雄，何秦汉之足道哉。"虽然关中唐陵有堆土为陵和因山为陵之分，各个陵墓的情况也有一定的差异，但每座陵墓都有地面建筑和地下宫殿，建筑风格基本上是一致的。

表2 关中唐陵规模表

陵名	地址	形制	封域	墙垣长度	献殿情况	下宫位置
高祖献陵	三原县徐木乡永合村东	堆土成陵，形如覆斗。高19米。底部东西130米，南北110米，顶部东西30米，南北10米	20里	东西长781米，南北宽710米		去陵5里
太宗昭陵	礼泉县昭陵乡皇城村九嵕山	依山为陵。九嵕山海拔1187米	120里		九嵕山南800米处，面积约160平方米	在九嵕山上，贞元十四年移于瑶台寺，去陵18里，在今皇坪村一带
高宗乾陵	乾县乾陵乡石马道村北梁山	依山为陵。梁山海拔1047.9米	80里	东墙1582米，南墙1450米，西墙1438米，北墙1450米	在南神门北，呈长方形，两侧有东西阁遗址	在梁山西南2500米的邀驾村北
中宗定陵	富平县宫里乡涧头沟村北凤凰山	依山为陵。凤凰山海拔751米	40里	墙垣呈方形，东西1250米，南北1180米		去陵5里，在杜家村北
睿宗桥陵	蒲城县坡头乡安王村丰山	依山为陵。丰山海拔734米	40里	方形，每边长2800米左右		去陵5里。在梁家巷村附近
玄宗泰陵	蒲城县保南乡石道村金粟山	依山为陵。金粟山海拔852米	76里	东西1680米，南北1700米	南神门北20米，面积960平方米	去陵5里。在石道村敬母山东南范围5万平方米

续表

陵名	地址	形制	封域	墙垣长度	献殿情况	下宫位置
肃宗建陵	礼泉县建陵乡石马岭村武将山	依山为陵。武将山海拔783米	40里	东墙1524米，西墙1373米，南墙1050米，北墙879米	南神门北，面积2500平方米	去陵5里，在陵西南2200米处，有面积为7700平方米的遗址
代宗元陵	富平县庄里乡陵里村檀山	依山为陵。檀山海拔851米	40里			去陵5里，在元陵堡北
德宗崇陵	泾阳县将路乡蒙家沟嵯峨山	依山为陵。嵯峨山海拔1670米	40里	东西二神门间距离2500米，南北二神门间距1670米		去陵5里
顺宗丰陵	富平县曹村乡陵前坡金瓮山	依山为陵。金瓮山海拔851米	40里			去陵5里
宪宗景陵	蒲城县三合乡义垅赵家村金炽山	依山为陵。金炽山海拔872米	40里	南北二神门间距2500米，东西二神门距2900米	南神门北50米，范围3万平方米	在西南庄北250米，北距陵园2300米，范围795平方米
穆宗光陵	蒲城县翔村乡光陵村尧山	依山为陵。尧山海拔1091米	40里	东西神门2350米，南北神门2900米	南神门北20米，范围45000平方米	去陵5里
敬宗庄陵	三原县陵前乡柴家窑村	堆土成陵。覆斗形。底边长57米，高17米	40里	东西长490米，南北宽480米		去陵5里
文宗章陵	富平县雷村乡西岭村天乳山	依山为陵。天乳山海拔783米	45里	南垣840米，东垣832米		去陵3里
武宗端陵	三原县徐木乡桃沟村	堆土成陵。高15米，底部东西58米，南北60米	40里	东西长540米，南北宽593米		去陵4里

017

续表

陵名	地址	形制	封域	墙垣长度	献殿情况	下宫位置
宣宗贞陵	泾阳县白王乡崔黄村仲山	依山为陵。仲山海拔1003米	120里	南垣长160米,东垣长2800米。南北二神门相距3300米,东西二神门相距1950米		去陵10里,在庙背后村北范围5万平方米
懿宗简陵	富平县长春乡山西窑村紫金山	依山为陵。紫金山海拔889米	40里	南北二神门与东西二神门的直线距离约2100米		去陵7里
僖宗靖陵	乾县铁佛乡鸡子堆	堆土成陵。覆斗形。高8.6米,底边长40米	40里	方形,每边长480米		去陵5里

1. 地面建筑

关中唐陵大体上是按照唐代帝王生前的生活环境设计的,所以每座陵墓在封域之内都有两重城郭。第一重城郭是地宫(阴宅)和寝殿的所在地,相当于皇帝居住的宫城。第二重城郭是朝仪的所在,相当于国家机关所在的皇城。皇城之外、

乾陵地面建筑示意图

封域之内的大片地方为陪葬墓区，相当于外郭城或天下百姓居住的地方。

陵墓的布局均坐北朝南。这种布局一方面是帝王统治思想的体现，另一方面也体现了中国古代传统的丧葬观念[1]。由于年代久远，加之自然侵蚀和人为破坏，关中唐陵的地面建筑已不存在，但建筑遗迹仍依稀可辨。从文献记载和考古资料来看，关中唐陵的建筑布局是以神道为南北中轴线来安排的，地面建筑主要有城阙、封丘、寝宫、游殿、祭坛、下宫和陵署等。

（1）城阙

关中十八陵中均有围墙。陵园四周设置墙垣，最早见于秦始皇陵，其后西汉诸陵四周亦夯土筑垣。东汉、魏晋南北朝陵园四周不筑垣墙，但到唐代，又恢复了秦汉时期的做法。从元人李好文《长安志图》所绘《昭陵图》《乾陵图》《建陵图》和有关考古资料来看，关中唐陵一般都有两重城垣。堆土为陵者城垣大体上呈方形。因山为陵者因各陵多是坐北朝南，故南墙所处位置多在山下，都比较平直，而东、西、北三面陵墙则多顺山脉而筑。

唐代统治者在陵内修筑围墙，主要是为了保障陵寝的安全。关中诸陵的墙垣原来都比较高大，墙基宽约 3 米，往上层层收分，至顶部宽度约为 2 米左右，墙高则在 5 米以上，8 米以下。但由于这些墙垣都是用夯土筑成的，经过 1000 多年的风吹雨打和人为破坏，到现在绝大部分都已夷平，只有少数墙垣若断若续，尚能体现昔日的盛况。

20 世纪以来，考古工作者曾对部分唐陵的墙垣进行过探测，得到了一些比较可靠的数据。以乾陵和贞陵为例：乾陵四面城基都比较完整。南墙东起沈家池村之北，向西经石马道村、黄巢沟至上坡岭，全长 1450 米，东偏北 3 度。北墙由东华门村北 842 米处起，向西经后宰门村，到村西 708 米处止，全长 1450 米，东偏北 3 度。东墙南起沈家池，向北经东华门村西，到村北 842 米处止，全长 1582 米，北偏西 2 度。西墙由西华门村北 842 米处起，向南经西华门村、下沟上坡而止，全长 1438 米，北偏西 2 度。南墙经过黄巢沟，西墙经过何家沟底时，

---

[1] 朱熹《山陵议状》："古之葬者，必坐北而南，盖南阳而北阴，孝子之心，不忍死其亲，故虽葬之于墓，犹欲其负阴而抱阳也。"

乾陵陵园图（采自《长安志图》）

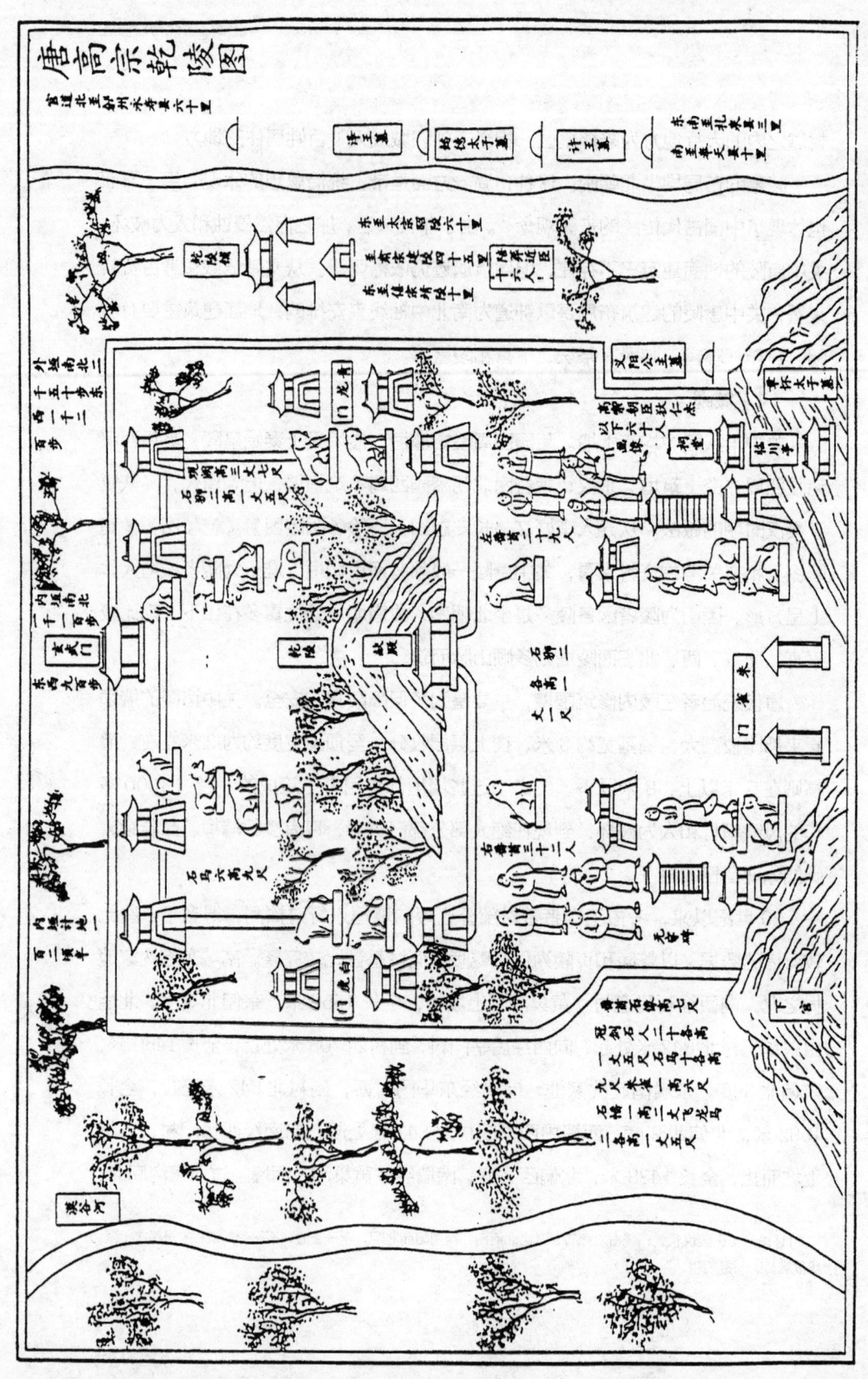

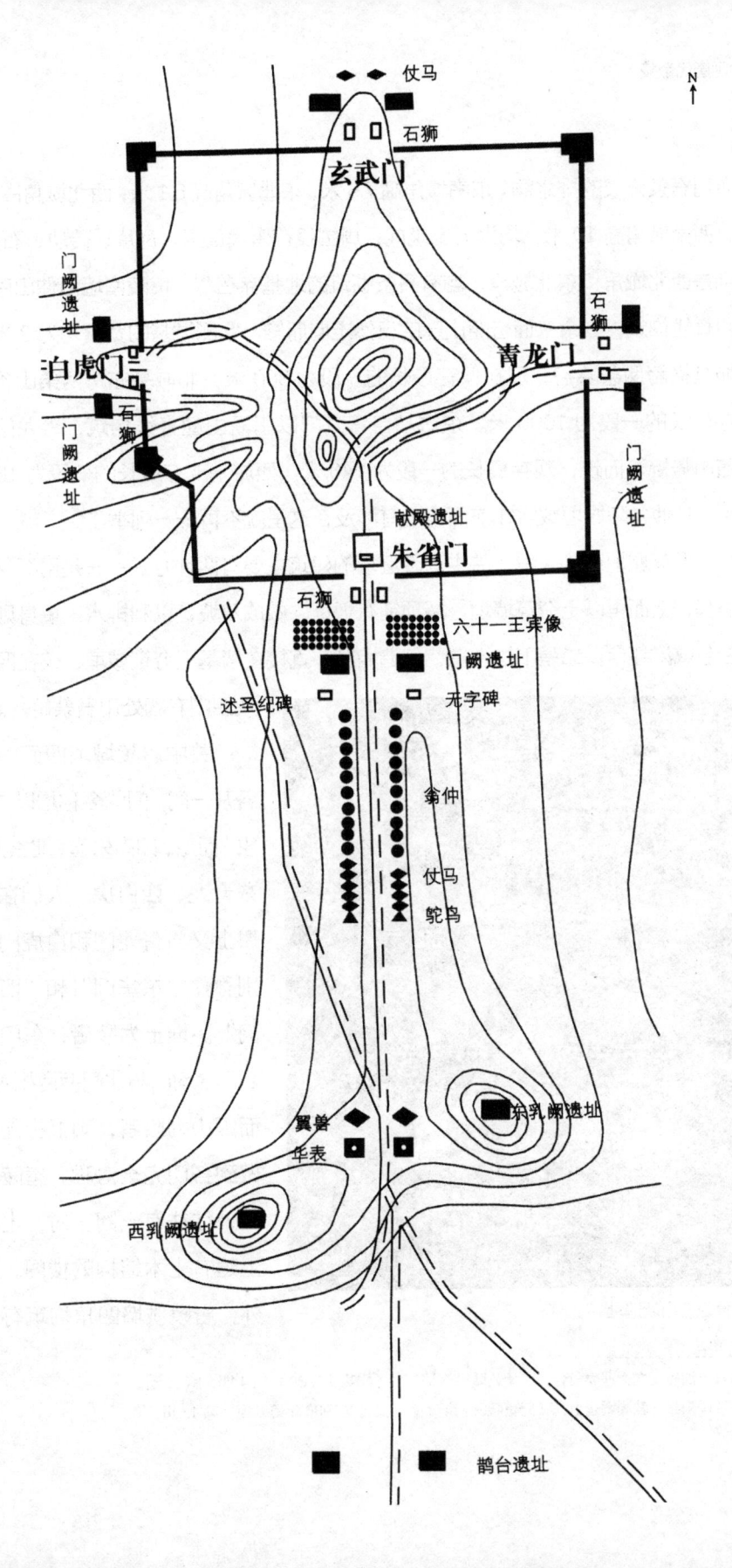

乾陵平面图（采自《中国文物地图集·陕西卷》）

均有用石条修成的排水洞。东南城角高 7.5 米，东北城角高 5.1 米，西北城角高 5.5 米，西南城角高 10 米，均为夯土筑成，周围残存唐代瓦当、瓦片、砖块、石碴，特别是西北城角和东北城角，均有石条砌筑的地基存在[1]。贞陵南墙沿仲山南麓东西直线构筑，其余三面皆随山脉的自然走向而修。实测城基的宽度均为 3 米。南城基横跨两条峡谷，现在保存最长的一段为 380 米。北城基亦跨两条山谷，现存最长的一段为 1000 米。东城基自青龙门以南沿山麓直线构筑，青龙门以北随山势蜿蜒而筑，现存最长的一段为 140 米。西城基现存最长的一段为 1500 米[2]。其他各陵城垣数字在前面也略有涉及，这里就不再一一列举了。

　　从现存城垣遗迹来看，关中唐陵墙垣的建筑主要有两种方式：一是用石条砌筑墙基，上面再以土夯筑墙垣。墙顶铺有坂瓦，做成双坡，以利排水。墙身则涂为白色或淡红色。二是下挖土壕，打造墙基，直接在墙基上夯筑城垣，仅在四角及四门有阙处用石条做基。

　　关中唐陵城垣四面中部各开一门。门的名称均以"四象"而定，即南朱雀、北玄武、东青龙、西白虎。人们在习惯上又将青龙门和白虎门分别称作"东华门"和"西华门"。堆土为陵者，东门与西门、南门与北门两两相对；而因山为陵者，则很少能够做到各门完全对称。唐陵四门外往往有土阙一对，土阙上建有土木结构的楼阁。此外，唐陵城墙四角均筑有角

昭陵祭坛三出阙遗址

---

[1] 陕西省文物管理委员会：《唐乾陵勘查记》，《文物》1960 年第 4 期，第 58 页。
[2] 泾阳县文教局调查组：《唐贞陵调查记》，《文博》1986 年第 6 期，第 16 页。

阙，上建楼阁，有如城墙四角的角楼。鹊台和乳台上也有阙。无论是门阙、角阙还是台阙，都是十分醒目的建筑，造型独特，雄壮美观。可以说阙的大量存在，是关中唐陵建筑的一大特点，不仅烘托了陵墓的气氛，而且增添了陵墓的气势。

唐初献、昭二陵门址破坏严重，详细情况已不易弄清。值得庆幸的是，考古工作者发现了昭陵的北阙。昭陵北阙为三出阙，在祭坛北墙南 7.3 米处，两阙相距 31.65 米。阙的基部 7.43×7.48 米，基本为正方形；再出为 7.21×3.83 米，成为南北长的矩形；三出为 6.99×2.45 米，又为一矩形。基下砌石条一周，石厚 0.14 米，外露石沿 0.25~0.19 米。在石条砌成的台基上，外层砌砖，内填夯土，每层砌砖内收 2.8~3.5 厘米。由此可以推知唐代门阙的建造方法[1]。

乾陵内城四门则清晰可辨：朱雀门在司马道北端的二峰之间，门外 25 米处有残高约 10 米左右的土阙两个，阙间距为 41.5 米。玄武门在梁山北麓，门前 28 米处有高约 5 米的遗阙两个，阙间距为 40 米。青龙门在梁山东麓，门外 38 米处有土阙二，北边的高 8.5 米，南边的高 6 米。白虎门在梁山西麓，门外 31 米处也有遗阙两个。鹊台位于乾陵乡张家堡村，有东西二阙，二阙址东西间距 100 米，阙址基部置石条。乳台在梁山主峰以南的东西对峙二山峰之上，东阙址高 19.3 米，底部东西长 18 米、南北宽 8.5 米；西阙址高 8 米，底部东西长 9.5 米、南北宽 3 米。[2]

定陵四神门外有阙址，神道南有乳台和鹊台。陵园东南和西南角阙址残高 1.5 米。桥陵东门南距东南角楼址 973 米，北门西距西北角楼址 865 米，南门西距西南角楼址 1600 米，西门南距西南角楼址 860 米。四门互不对称，南、东和西三门基本对着山陵，北神门偏西。当地人传说，四门的位置是在凤凰的头尾和两翅的中心，实际上不过是因地制宜而已。陵园四角阙址尚在。在南神门东阙址、东神门南阙址和乳台西阙址的基部均发现有条状基石，其大小、形制相近[3]。泰

---

[1] 李全、石根：《昭陵祭坛勘查整理后记》，见《唐太宗与昭陵》（人文杂志丛刊第六辑），第108—113页。
[2] 陕西省文物管理委员会：《唐乾陵勘查记》，《文物》1960年第4期，第57页；刘庆柱、李毓芳：《陕西唐陵调查报告》，《考古学集刊》第5集，第220—221页。
[3] 陕西省文物管理委员会：《唐桥陵调查简报》，《文物》1966年第1期，第43—44页。

陵四门外亦有双阙，门与阙的距离在29米至39米之间，两阙间的距离最近44米，最远70米。建陵北门西距西北角楼址173米，西门北距西北角楼址618米，东门北距东北角楼址900米，南门西距西南角楼址570米。四门互不对称，皆依山势而设。东门阙距50米，西门阙距111米，南门阙距84米，北门阙距134米。四个角楼遗址保存较好[1]。崇陵陵园东西北三门及门外双阙均筑于山上。丰陵门阙遗址破坏严重，南门及阙无考，只有西门和北门外保留了一点阙的遗迹。景陵东南、西南和西北角阙址尚在，角阙址附近唐代砖瓦碎块甚多。陵园四门外阙址、

唐陵壁画中的楼阙

---

[1] 陕西省文物管理委员会：《唐建陵探测工作简报》，《文物》1965年第7期，第32页。

乳台和鹊台均在。庄陵四角阙址除西南角阙被平掉外，其余尚有迹可寻。章陵东南至西南角阙址840米，东北至东南角阙址832米。贞陵朱雀门址已毁，玄武门与朱雀门基本对称。青龙门位于东垣中南部，与西面的白虎门遥遥相对。朱雀门外有土阙三对，其余三门土阙各一对。简陵，东西二门外阙筑于山上，其所在山峰海拔分别为814米和883米；北门外阙址所在的石马岭地势较平坦、开阔，海拔在1000米以上；南北二神门和东西二神门的直线距离均为200米左右。

  从上述情况来看，土阙与诸门的距离不尽相同。前期诸陵中南门与土阙的间距在四门中最近，约25米左右；中期诸陵，南门与门阙间距在80米到100米之间；后期诸陵中南门与门阙间的间距则大体上在四门中最远。其余三门与各门前土阙间距从20余米到100米不等，一般保持在30米到140米之间。各门二阙之间的距离也是不尽相同的，少则20余米，多则100余米，不可一概而论。城墙四角的角阙多为方形或圆形，残高3~5米左右，最高达10米。至于陵园南神道以南的鹊台和乳台，也是城阙的组成部分。唐陵城门可能有阙楼式、过殿式、过洞式和混合式四种[1]。阙楼式以乾陵城门为代表。乾陵"门楼均为三出阙（一个母阙、两个子阙）……门楼为土木结构，楼基和墩台均系夯筑，外用砖包砌，墩台上建楼"[2]。过殿式在唐陵中较少，桥陵城门采用了这种形式。桥陵东门门基"南北长21米，西门门基南北长21米，东西宽10.5米，西门和东门门址中均未挖出路土，但东门洞内，从断面处见到了和一般建筑相同的白灰墙皮"[3]。"南门基东西长30米，南北宽12米"。[4]可见桥陵的城门实际上是门屋。过洞式是唐代最常见的木结构地梁式城门，中间开门洞若干以为通道，通道内设版门，两侧则为版筑夯土台基。贞陵玄武门址东西宽12米，东门门址南北宽约12米。估计是这种做法。建陵可能采用了混合式。《唐建陵探测工作简报》称："东门两个山峰相距50米，和原来建筑的二土阙基本相连。门前二石狮相距16米，

---

[1] 周明：《陕西关中唐十八陵陵寝建筑形制初探》，《文博》1994年第1期，第65—66页。
[2] 贺梓城、王仁波：《乾陵》，《文物》1982年第3期，第86页。
[3] 陕西省文物管理委员会：《唐桥陵调查简报》，《文物》1966年第1期，第43—44页。
[4] 王世和、楼宇栋：《唐桥陵勘查记》，《考古与文物》1980年第4期。

乾陵神道门阙现状

原来城门很可能为土阙的建筑代替。"南门未发现门洞,"原来门址,很可能与献殿是一个建筑"[1]。这说明,唐陵的门阙建筑是比较灵活的。

表3 唐陵门阙统计表[2]　　　　　　　　　　单位:米

陵名	门位	门阙间距	二阙间距	遗阙底部大小 东阙或南阙	遗阙底部大小 西阙或北阙	遗阙高度 东阙或南阙	遗阙高度 西阙或北阙
乾陵	南门	25	41.5	18×3	19.5×8	9.3	10
乾陵	北门	28	40	21×9.5	26×17.5	5	5
乾陵	东门	28	38	20×10	11×4.9	5	6.5
乾陵	西门	31	43.5	17.2×7	11×4.5	7.7	3.8
定陵	南门	23	78	13×8	14×7	5	5
定陵	北门	37	49.5	14×7	18×12	4	5
定陵	东门	34	70	14×8	12×10	4	5
定陵	西门	24	47	12×8		4	
桥陵	南门	25	64	25×19	12×10	3	2.5
桥陵	北门	38	97	7×4	底径14	3	4
桥陵	东门	47	97	底径14	14×4	5	5
桥陵	西门	44	87	11×7	17×11	2	3

---

[1] 陕西省文物管理委员会:《唐建陵探测工作简报》,《文物》1965年第7期,第32页。

[2] 本书所用统计数据,多采自刘庆柱、李毓芳:《陕西唐陵调查报告》,《考古学集刊》第5集,中国社会科学出版社1987年版,第216—263页;周明《陕西关中唐十八陵陵寝建筑形制初探》,《文博》1994年第1期,第67—69页。

续表

陵名	门位	门阙间距	二阙间距	遗阙底部大小 东阙或南阙	遗阙底部大小 西阙或北阙	遗阙高度 东阙或南阙	遗阙高度 西阙或北阙
泰陵	南门	39	70	20×15	20×15	3	3
泰陵	北门	29	44	15×13	6×3	3.5	1
泰陵	东门	34	65	12×8	12×8	2.5	2.5
泰陵	西门	29	65	12×8	12×8	残平	残平
建陵	南门	79	60	18×8	18×7.5	5	5
建陵	北门	34	90	16×10	16×10	4	4
建陵	东门	34	24	21×15.5	21.5×12.5		
建陵	西门	34	75	14×8	14×8	3.5	3.5
元陵	南门		57.5	8×13	径13	4	7
元陵	北门	34	60	26×9	19×14	10	4
元陵	东门	34	49	22×17	18.5×14.1	3	6
元陵	西门	504	100	径11	径13	4.5	3
崇陵	南门	44	60	14×12	14×12	6	6
崇陵	北门	58	96	16×8	16×8	1.5	6
崇陵	东门		64	10×33	10×18	7	8
崇陵	西门	26	64	18×12	18×12	3	3.5
丰陵	南门						
丰陵	北门		56	14×5	12×6	4	1.5
丰陵	东门		30				
丰陵	西门		30	12×8		4	
景陵	南门	99	90	径14	径15	6	5
景陵	北门	55	70	18×9	23×20	7.5	8
景陵	东门	55	43	23×8	23×10	5	6
景陵	西门	55	43	23×8	23×10	5	6
光陵	南门	84	80	径14	径14	5	5
光陵	北门	79	90	16×8	16×8	6	6
光陵	东门	74	65	18×8	18×8	6	6

续表

陵名	门位	门阙间距	二阙间距	遗阙底部大小 东阙或南阙	遗阙底部大小 西阙或北阙	遗阙高度 东阙或南阙	遗阙高度 西阙或北阙
	西门	74	65	16×5	16×6	8	10
庄陵	南门	52	60	18×10	18×10		
	北门	52	58	15×10	15×10	5	
	东门	58	45.5	15×9.5	15.5×9.6	4.5	4.6
	西门	36	46	16×10	16×10		
章陵	南门		90	12×10		5	4
	北门						
	东门		32	8×3	12×4	3	4
	西门		30	12×7		4	
端陵	南门	34	106	12×12		4.5	
	北门						
	东门	34	76	24×14	24×14	4	4
	西门						
贞陵	南门	40	108	18×8	14×8	4	3
	北门	24	24	25×14.6	24×14.8	8.2	8.5
	东门	38	36	23×19	23×19	12	12
	西门		30	18×12	18×12	10	10
简陵	南门	42	104	5×2	13×8	1.5	7
	北门	30.8	50	18.5×16	24×18	9	8.5
	东门	34	68	18×15	18×15	7	6
	西门	34	56	26×21	26.5×14.5	9	8
靖陵	南门						
	北门						
	东门		40	7.1×2.2	8.7×4.5	1.6	2.2
	西门						

（2）封丘

封丘即通常所说的墓冢，也就是建在地宫上边的封土堆。考古学家习惯称之为"陵台"。称"陵台"比较形象，但却易与文献中所说的"陵台"相混。文献中所说的陵台实际上是指"陵署"而言。为了避免混乱，这里姑且称之为"封丘"。关中唐陵有两种类型，因山为陵者借助自然山峰为冢，不存在修建封丘的问题；但对堆土为陵者来说，营建封丘却是一项十分艰巨的任务。

如前所述，关中唐陵中堆土为陵者共有四座，即高祖献陵、敬宗庄陵、武宗端陵和僖宗靖陵。献陵封丘高19米，形如覆斗。陵台底部东西长130米，南北宽110米；顶部东西长30米，南北宽10米；坡度为20度48分。封丘在陵园的位置，东西居中，南北门与封丘间距分别为320米和280米。据文献记载，献陵封丘南曾有寝宫、献殿建筑[1]，后来寝宫移出陵园[2]。庄陵封丘底部为正方形，边长57米，高17米。封丘在陵园中的位置是东西居中，陵南较陵北宽47米。端陵封丘底部东西长58米，南北宽60米。靖陵封丘底部呈方形，边长40米，高8.6米；顶部也是方形，边长8米。封丘在陵园中的位置是东西居中而偏北，距南城墙264米，距北城墙176米。由此可见，此四陵形如覆斗，上下皆方。这一点与秦汉帝王陵墓没有什么差别，符合"以方为贵"的思想。在这四座陵墓中，高祖献陵的封丘最高，占地面积也最大。其次是端陵、庄陵，靖陵最小。这样的规模，自然不能与昭陵、乾陵相比，也不能与秦始皇陵和汉武帝茂陵的"方上"坟差头相比，但就其所处的地理位置而言，还是比较高大的。唐初营建献陵

乾陵"封丘"　　　　　　　　　　　　端陵封丘

---

[1]《旧唐书》卷二五《礼仪志》五，第692—693页。
[2]《旧唐书》卷一三六《崔损传》，第3755页

时，原拟依汉长陵故事，将封丘筑为9丈，有人说高祖节俭，应修作3丈。房玄龄认为"汉长陵高九丈，原陵高六丈。今九丈则太崇，三仞则太卑"，请依原陵之制[1]，结果被唐太宗采纳。这就是献陵规模相对较小的原因。至于庄、端、靖三陵封丘更小的原因，恐怕与唐末国力衰落有一定的关系。

至于封丘东西居中而偏北，则与在封丘前修建寝殿的制度有关，与唐代帝王的统治思想也有一定的关系。文献记载，关中唐陵内城中有献殿、寝殿等建筑。这一点也已为考古工作者所证实。献殿等建筑群落既位于封丘之南，则封丘所处的位置自然要偏北一些。否则，陵园布局就显得不够合理。此外，封丘东西居中而偏北，也符合中国古代的"坐北朝南"的"尊君"思想。唐代帝王生前居住的宫殿是"坐北朝南"的。陵寝既是帝王生前生活的象征，自然也应当体现出这样的观念。事实上，关中唐陵在布局上都是"坐北朝南"的。堆土为陵者封丘在陵园中的位置是东西居中而偏北，因山为陵者的"山"也是如此。因此，可以说"封丘"东西居中而偏北是唐陵中的通则。

（3）寝宫

寝宫又称上宫，位于朱雀门内正对山陵之处，象征帝王生前临朝和居住的宫殿，也是上陵朝拜和举行隆重祭祀礼仪的地方。唐人权德舆曾说："寝宫便殿，虔奉衣冠。"[2] 结合其他文献，可知"寝宫"具有"寝"和"庙"的双重功能。史书在记载皇帝"亲谒陵"时，都提到"寝宫"。如《唐会要》卷二十载：贞观十三年正月一日，太宗朝谒高祖献陵，"七庙子孙及诸侯百僚、蕃夷君长，皆陪列于司马门内。太宗至小次，降舆纳履，哭于阙门，西面再拜，恸绝不能兴。礼毕，改服入于寝宫；亲执馔；阅视高祖及先后服御之物，匍匐床前悲恸，左右侍御者莫不歔欷"。永徽六年正月一日，唐高宗亲谒昭陵，"文武百官、宗室子孙并陪位。上降辇易服，行哭就位，再拜擗踊。礼毕，又改服奉谒寝宫。上入寝，哭踊绝于地。进至东阶，西面于拜，号恸久之。乃进太牢之馔，加珍馐具品，引太尉无忌、司空勣、越王贞、赵王福、曹王明及左屯卫大将军程知节，并入执爵

---

[1]《资治通鉴》卷一九四，太宗贞观九年七月丁巳，第6114页。

[2]《全唐文》卷四八四《中书门下贺八陵修复毕表》，第4949页。

进俎。上至神座前，拜哭奠馔，阅先帝先后衣服。拜辞讫，行哭出寝北门，乃御小辇还宫"。开元十七年十一月十六日，唐玄宗拜昭陵，"及上入寝宫，闻室中有謦欬之音。上又令寝门外设奠，同祭陪陵功臣将相萧瑀、房玄龄等数十人，如闻其扑蹈之声"。[1] 从这些记载来看，寝宫在陵园中所处的地位是相当重要的。但是长期以来，学术界对寝宫的认识很不一致。有些人认为唐陵中只有献殿，没有寝殿；有些人认为有献殿和寝殿而无寝宫；有些人则认为献殿就是寝宫。事实上，关中唐陵中均有寝宫。宫是宫，殿是殿，二者的内涵是不尽相同的。应当说，寝宫是一个较为庞大的建筑群，包括献殿、寝殿等建筑在内。寝宫规模宏大，门外列戟数十杆，显得十分庄严。

献殿又称"享殿"，是寝宫的主体建筑。文献中在涉及唐陵时，曾多次提到过献殿。如《昭陵志》载："高力士于太宗献殿见小梳厢一，柞木梳一，黑角篦子一，草根刷子一。叹曰：'此先帝（太宗）首创义旗，新王皇极，遂身服用，惟留此物，将欲传示子孙，永存节俭。'"元李好文《长安志图》所载《唐昭陵图》和《唐乾陵图》中都在南门内绘有"献殿"。清毕沅《关中胜迹图志》所绘《唐昭陵图》中也有献殿。另一方面，考古工作者也在唐陵中发现了献殿的遗址。昭陵献殿在昭陵乡皇城村昭陵南门内，殿址约40米见方，殿南有三门，殿内砖铺地面，残垣之上有壁画痕迹，殿址内曾出土高130厘米、底长100厘米、宽65厘米的鸱尾，由此可以想见当时献殿建筑之规模。乾陵献殿设于朱雀门内，乾陵南神门北为长方形献殿，献殿与南神门之间的东西两边有东西阁遗址。泰陵陵园

昭陵献殿（采自《关中胜迹图志》）

---

[1]《唐会要》卷二〇《亲谒陵》，第400—401页。

南神门北20米为献殿遗址，东西长120米、南北宽80米。遗址范围内地面遍布唐代残砖碎瓦。建陵南神门北为献殿遗址，范围东西长50米、南北宽50米。光陵南神门北20米为献殿遗址。范围东西长300米、南北宽150米[1]。很显然，献殿是存在的，而且就在寝宫之中。献殿是依照朝堂建筑的，象征皇帝生前处理朝政之地，规模宏大，蔚为壮观。从《宣室志》所载张诜的经历来看，献殿内的陈设一如朝堂之制。因为大臣的拜陵和祭祀活动均在此殿举行，所以才有"献殿"的名称。又因此殿类似帝王生前处理朝政的大殿，也有称之为"衙殿"者。史载："元和八年三月丙子，大风拔崇陵上宫衙殿西鸱尾，并上宫西神门六戟竿折。"这里所说的"衙殿"，即指献殿而言。

寝殿在献殿之北，是寝宫中最重要的建筑。唐人颜师古说："寝者，陵上正殿，若平生露寝矣。"[2] 其"起居服食，象生人之具"[3]。也就是说寝殿象征帝王生前居住的大殿，里边彩塑死者的真容或树立死者神主，安放死者的各种遗物，供养如平生之仪。凡帝王拜陵，在献殿行礼之后，都要到寝殿来献食，并瞻仰遗物。《大唐开元礼》卷四五《吉礼·皇帝拜五陵》详细记载了当时皇帝拜陵的仪程。其中有不少地方涉及寝殿及其他建筑，为说明寝殿的位置及陈设，兹录原文如下："将拜陵，所司承制，内外宣摄，随职供办。前发二日，太尉告太庙如常仪。将作预修理拜谒之所及，寝宫务极洁敬，不得喧杂。……拜谒前一日，皇帝至行宫，谒斋室，仗卫如式。陵令以玉册进御，署讫，近臣奉出。陵令受讫，奉礼设御位于陵东南隅，西向；又设位于寝宫之内寝殿东阶之东南，西向……。拜谒日，未明五刻，诸卫量设黄麾大仗于陵寝陈布。……皇帝至寝宫南门，仗卫停于门外。博士引太常卿，太常卿前导皇帝入内门，取东廊进至寝殿东阶之东南，西向立定。太常卿前奏再拜讫，引皇帝升东阶，当神座前，北面再拜讫。又当皇后神座前，再拜讫。入进省服玩拂拭床帐；敕所司进太牢之馔，加备珍馐陈设。

---

[1] 刘庆柱、李毓芳《陕西唐陵调查报告》，《考古学集刊》第5集，中国社会科学出版社1987年版，第218、227、229、237页。

[2]（汉）班固撰：《汉书》卷七三《韦玄成传》注，中华书局1962年版，第3116页。

[3]（明）王在晋：《历代山陵考》卷下《历代山陵纪事》，中华书局1991年版，第103页。

太常卿引皇帝谒酒樽所，酌酒进。皇帝入，奠酒三爵讫，当神座前北面立。太祝二人对持玉册于室户外之右，东向。一太祝东向跪读祝文讫，皇帝再拜又再拜。若更荐奠服玩即躬自执陈,讫,太常卿引皇帝出户当神座前北面立。太常卿奏请辞，皇帝再拜又再拜讫，太常卿引皇帝出中门。太常卿奏请权停。其守宫使、内侍官引内官帅寝宫内人谒见皇帝。出，侍卫如常仪，还大次。"[1]《新唐书·礼乐志》所载略同。这些记载至少可说明：寝殿有东西二廊；殿中有神位，陈设一如帝王生前所居，床帐、冠冕、衣服，应有尽有。由于寝殿相当于生前居住的宫室，所以只有皇帝、皇室成员和近臣才能入室祭祀。

（4）下宫

下宫即后宫，为守陵宫人所居，以供奉帝王日常饮食起居。史载唐代"凡诸帝升遐，宫人无子者悉遣诣山陵供奉朝夕，具盥栉，治衾枕，事死如事生"。[2]杜甫《桥陵诗三十韵，因呈县内诸官》诗中所说的"宫女晚知曙，祠官早见星"，正是对唐陵"下宫"生活的真实写照。

"下宫"的设置始于秦汉之际。当时称之为"寝"，在陵园中的位置并不确定。唐人杨於陵说："陵园宫寝，非三代之制，自秦汉以来有之，但相沿于陵旁制寝，未闻去陵有远近步数之节。"韦彤也说："陵旁置寝，是秦汉之法，择其高爽，

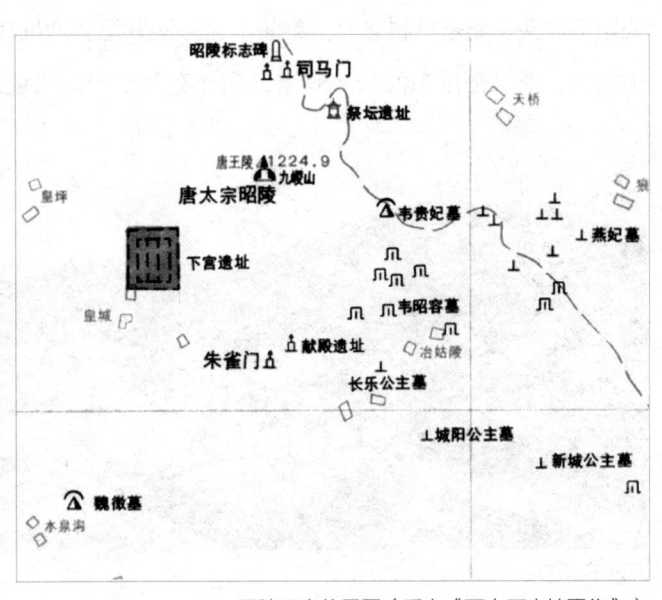

昭陵下宫位置图（采自《西安历史地图集》）

---

[1]《大唐开元礼》卷四五《吉礼·皇帝拜五陵》，民族出版社2000年版，第260页。
[2]《资治通鉴》卷二四九，宣宗大中十二年二月甲子朔胡三省注，第8068页。

务取清严，去陵远近，本无著定。是以今之制置，里数不同，各于柏城，随其便地，又非皆在山下也。"[1]据此，则唐陵下宫只是在柏城之内择便地修筑，具体方位并没有什么严格的规定。从宋敏求《长安志》等书的记载来看，唐陵下宫多数在陵园的西南部。下宫与封丘之间的距离以5里为多，但的确有一定的差异。少者去陵3里、4里，多者达10余里。

唐初，献、昭二陵的下宫亦称"寝"。献陵下宫原在内城之中，后移出城外，去陵5里。昭陵下宫原来设在昭陵内城西南部的山上。今昭陵乡皇坪村有一处建筑，其面积东西长237米，南北宽334米，周围墙垣墙基宽3.5米，可能就是原来的下宫遗址。后来此宫被山火焚烧略尽，权且移于瑶台寺侧。贞元十四年（798）四月，准备在山上修复昭陵下宫，有人主张在瑶台寺重修。唐德宗下诏令群臣详议，最后采纳多数人的意见，将昭陵下宫最终移至距昭陵18里的瑶台寺左侧[2]。乾陵下宫在乳台西南，北距梁山2500米。今严家嘴村东，陵前村南，邀驾宫村北有大面积建筑遗址，唐代砖瓦甚多，疑为乾陵下宫遗址。桥陵下宫遗址在陵南4公里的坡头乡梁家巷村之北。泰陵下宫去陵5里。遗址在泰陵南2250米的敬母山村南，遗址范围东西长250米，南北宽200米。遗址南有"大宋新修唐玄宗

元陵下宫遗址

---

[1]《唐会要》卷二〇《陵议》，第398—399页。
[2] 柳宗元《唐故秘书少监陈公行状》称唐德宗最后采纳陈京的意见，仍将昭陵下宫建在山上。但从《长安志》卷十六及其他文献的记载来看，实际上是移在了山下。

皇帝庙碑"。建陵下宫去陵5里。今陵园西南2200米有一处长110米、宽70米的建筑遗址，疑即为下宫所在。景陵下宫遗址在三合齐家西南庄北250米，北距陵园2300米。遗址范围东西长350米，南北宽200米。遗址南有"大宋新修唐宪宗庙碑"。贞陵陵园之南2000米，有下宫遗址，范围东西长250米，南北宽200米。遗址南部立有"大宋新修唐宣宗庙碑"。

　　从现存下宫遗址来看，唐陵下宫是一组规模宏大的建筑群。由于文献资料缺乏，加之又未进行考古发掘，唐陵下宫的布局和陈设目前尚不清楚。宋代下宫"有正殿，置龙辂，后置御座。影殿置御容，东幄卧神帛，后置衣数事。斋殿傍，皆守陵宫人所居"。[1] 唐陵下宫规模较宋陵为大，其内部设置当更为丰富。

（5）其他

　　除上述建筑外，关中唐陵中还有一些设置。比如祭坛、栈道、神游殿、陵署，等等。祭坛和栈道仅见于昭陵。昭陵祭坛在九嵕山北坡。这里地形南高北低，略呈三角形。祭坛建筑早已毁坏，详细情况已不得而知。遗址范围东西长53.5米、南北宽86.5米，有大量唐代砖瓦，有些唐砖上戳印有工官或工匠的姓氏，如"官罗通""官匠张""工匠郑"，等等。祭坛遗址上现在还有明、清祭陵时所立的石碑，以及十四蕃酋石像之部分石座。由这些遗迹可知当年祭坛一带的建筑物是很多的。至于昭陵栈道的来龙去脉，《唐会要》卷二十有明确记载，略云：昭陵凿九嵕山南面为元宫，缘山傍岩筑栈道，悬绝百仞，绕山二百三十步，始达元宫门。文德皇后下葬后，在门外于双栈道上修建房舍，宫人供养如平常。

昭陵祭坛遗址

---

[1] 李攸编：《宋朝事实》卷十三《仪注三》，商务印书馆1936年丛书集成初编本，第210页。

及太宗山陵毕，宫人欲依故事留栈道，山陵使阎立德上书说："元宫栈道，本留拟有今日。今既始终永毕，与前事不同。谨按故事，惟有寝宫安供养奉之法，而无陵上侍卫之仪。望除栈道，固同山岳。"[1] 唐高宗不许。后来长孙无忌等人又上表要求拆除栈道，唐高宗最后同意了他们的请求，在贞观二十三年八月下令将栈道拆除。

神游殿见于昭陵和乾陵。《唐会要》卷二〇载：昭陵顶上有游殿。开元十七年（729）十一月十六日唐玄宗拜昭陵时，"掌事者仿像遥观，太宗立神游殿前"[2]。乾陵神游殿在梁山之巅，仿神宫建筑，供死者魂游。

陵署是管理陵园的机构，在关中十八陵中普遍存在。唐玄宗天宝十三载二月下令："献、昭、乾、定、桥五署，改为台令，各升一阶。自后诸陵，例皆称台。"[3] 乾陵陵署在陵南6里，过去当地人称之为"看墓司"。其余诸陵陵署遗址多未发现。

2. 地下宫殿

说到唐陵，人们最关心的地方是神秘的"地宫"。不知有多少人梦寐以求，想弄清其中的奥秘。但是，由于缺乏文字记载和考古资料，时至今日，人们对它的具体情况仍然知之甚少。毫无疑问，在进行科学发掘之前，要完全揭开唐陵地宫的秘密是不可能的。不过，我们可以根据文献和考古资料所披露的蛛丝马迹，进行一些有益的探索。如前所述，唐陵有"堆土成陵"和"因山成陵"两种形制。由于外部结构有些区别，其内部构造也可能有所差异。就"堆土成陵"一种形制的陵墓而言，内部情况也未必完全相同。当然，"因山为陵"者也是如此。《新唐书·礼乐志》载，唐初权臣李义府和许敬宗认为，臣下不应当议论皇帝葬事，修《礼》时去掉了有关帝王丧葬的条目，此后每当天子薨亡，"皆临时采掇附比

---

[1]《唐会要》卷二〇《陵议》，第395页。
[2]《唐会要》卷二〇《亲谒陵》，第401页。
[3]《唐会要》卷二〇《陵议》，第397页。

以从事"[1]。这样，各个陵墓内部情况肯定是不尽相同的。但是，这只是问题的一方面。值得注意的是，唐代新即位的皇帝，在为其父（或兄）举行国葬前，往往下诏，令中书、门下及诸司长官，详议应缘山陵制度及丧仪礼物，要求"博询可否，务遵礼度，必诚必信，副朕哀怀"[2]。就是要效法前朝的山陵制度，按"礼"办事。因此，尽管两种形制的陵墓之间和不同时期的陵墓之间存在着一定的差异，但这些差异并不很大，可以肯定它们在主要方面是一致的。

（1）墓门与羡道

无论是"堆土成陵"还是"因山成陵"，也不管是前期还是后期，唐代帝王陵墓都有一条沟通地宫的"羡道"。羡道也叫"埏道"，就是通常所说的墓道。唐代盛行斜坡墓道，帝王陵墓也不例外。在"堆土成陵"的场合，一般是从土冢之南百余米处下斜凿隧，至于墓室。"因山为陵"的场合，则是从山峰南腰斜凿而下，直入山腑。

20世纪60年代，考古工作者曾对乾陵墓道和桥陵墓道进行过探测。据说乾陵墓开凿在南部山腰的青石山脊上，有隧道通往墓门。墓门在隧道的北端，隧道呈斜坡形，正南北向，全长约65米，东西宽3.87米，墓门外隧道北端宽2.75米，深度只勘查出2.75米，由于隧道内全为铁细腰拴板石条所堵塞，无法继续勘查。墓门及隧道内全用石条叠砌，并用铁细腰嵌住，再用铁浆灌注在石条与铁细腰之间。其上部全为夯土，也相当坚硬。夯土每层厚16~23厘米，石条最长1.25米，铁细腰长18~27厘米，厚5~8厘米，重10~20斤。隧道内石条上凿有嵌铁细腰的凹槽，有的槽内填满石灰代替细腰，有的凹槽内，既不填石灰也不嵌细腰，有的石条上有数个凹槽。石条由南而北顺坡一层一层筑上，夯土亦顺山坡一层层打上去。有的石条上刻'莱常口'三字。隧道的中腰南部两边石墙上残存石灰及壁画痕迹，隧道内夯土中夹杂着小砖瓦块、石灰块、小石片，部分地方是一层土一层小石碴。隧道由南到北至墓门口，石条的叠砌可以看出约42层。如把42层作为15层平方计算，那么这个隧道就要叠砌2500多块，全部的砌筑是够坚固

---

[1]《新唐书》卷二〇《礼乐志十》，第441页。
[2]《唐大诏令集》卷二《即位赦上·顺宗即位赦》，第10页。

的[1]。桥陵墓道位于丰山正峰东坡半山腰的神道中轴线之东。隧道全长70米，东西宽3.78米，表层是石碴、石灰混合土层，下部则用排列整齐的青石条填封。"封固墓道的石条是由南而北阶梯式叠砌的"。石条均按《千字文》"天地玄黄，宇宙洪荒"等字的先后顺序编码。石条间似铺有0.1米厚的黄土，用石灰灌缝。"若石条上所刻的千字文编号确为墓道内全部封固石条的排列顺序号，由此推知墓道底层石条计261块。若墓道全以石条封固无误，按墓道北端底与南端底的高差20米推算，北端可垒砌石条约30层，故墓道内的全部石条约计3900多块。"[2]

唐陵羡道迄今尚未发掘，所以没有确切的数据。从有关资料分析，羡道的长度因陵而异，并无定制。《唐会要》卷二〇记载，昭陵羡道长75丈，合今232.5米。这是"因山为陵"者的大体情况。"堆土成陵"者无文字记载，因其陵园规模比"因山为陵"者小，羡道当在200米以下。至于宽度，各陵也不一致。据考古工作者实测，乾陵羡道宽3.9米[3]，桥陵宽4米[4]。这些数字，远大于当时王公大臣坟墓的相应数据。20世纪50年代以来，考古工作者曾发掘过唐代皇室和达官的墓葬。这些坟墓皆堆土而成，墓道中大抵都有天井。开凿天井，主要是为了取土方便。据此，则"堆土成陵"的陵墓，羡道中很可能有天井，"因山为陵"者则没有这种设置。史载，上元二年（675），皇太子李弘死于合璧宫，唐高宗和武则天十分悲痛，将他追谥为孝敬皇帝，诏"其葬事威仪及山陵制度，皆准天子之礼"[5]，

乾陵墓口封石

---

[1] 陕西省文物管理委员会：《唐乾陵勘查记》，《文物》1960年第4期，第57—58页。
[2] 王世和、楼宇栋：《唐桥陵勘查记》，《考古与文物》1980年第4期。
[3] 贺梓城、王仁波：《乾陵》，《文物》1982年第3期，第86页。
[4] 陕西省文管会：《唐桥陵调查简报》，《文物》1966第1期，第44页。
[5]《全唐文》卷十五《孝敬皇帝睿德记》，第186页。

即按天子的规格操办丧事，同时派蒲州刺史李仲寂修造陵墓。《唐会要》卷二〇载，李仲寂所修地宫较小，不能容纳送终之具。又派司农卿韦机续成其功。"机始于隧道左右开便房四所，以贮明器"[1]。由此看来，唐初献、昭二陵，似无"便房"，乾陵以下，或许有之。在已发掘的唐代皇室、贵臣墓道中，如在"号墓为陵"的懿德太子墓和永泰公主墓的墓道中，我们能看到不少壁画[2]。可以推测，壁画在帝王陵墓的羡道中也是存在的。事实上，考古工作者在乾陵羡道口外的石墙上已发现了石灰和壁画的痕迹。这说明，唐陵羡道都经过粉刷，且绘有精美的壁画。此外，羡道内口与墓室之间，很可能有较长的过洞，过洞中有石门。五代时期的军阀温韬在盗掘昭陵时发现，昭陵的石门达五重之多。至于羡道的外口，皆已堵死。"堆土成陵"者，以土填实；"因山为陵"者，则以石条封之。其目的显然是为了保证地宫的安全。可以说，羡道是地宫的一个重要组成部分。

永泰公主墓埏道

（2）宏丽的地下宫殿

经过羡道，即可进入墓室。墓室是地宫的主体。据考古学家研究，唐代以墓室多寡区分墓主人地位的高下，一般官吏为单室墓，重要的文武大臣和宗室密戚为二室墓。因而，皇帝陵墓当为三室，因为皇帝的规格不可能与臣下相等。

这一点，我们可以从五代十国时的帝王陵墓中找到旁证：目前已发掘的前蜀

---

[1]《唐会要》卷二一《诸陵杂录》，第417页。
[2] 王仁波：《唐懿德太子墓壁画题材分析》，《考古》1973年第6期，第381—396页。

王建永陵和南唐二陵都是三室墓[1]。但是，唐陵是否皆为三室，现在还不能肯定。从《五代史》所载温韬进入昭陵地宫时所见到的情况及《大唐元陵仪注》所反映的情况分析，"因山为陵"者也可能是巨大的单室墓。不过，即使是大型单室墓，也可能象征性地分为前中后三个部分。

考古学家认为，唐陵的外部结构是仿照京师长安的，则唐陵地宫也有仿照内宫设计的可能。《新五代史·温韬传》载，温韬入昭陵地宫，见"宫室制度宏丽，不异人间"。这说明，上述推测至少有一定的可靠性。

关于墓室的形状，从唐人的宇宙观念和已发掘的王公大臣、皇亲国戚及六朝五代帝王陵墓分析，当是上圆下方，顶部为穹隆式，底部呈四方形的。至于墓室的大小，虽然目前尚无具体材料可资说明，但肯定不是像唐太宗所说的那样"足容一棺"而已。相反，比我们看到的永泰公主墓、懿德太子墓及南唐二陵的墓室都要大得多。《长安志》载，昭陵封域120里，封域最小的献陵也有20里。地面气派如此宏大，地下规模绝不可能低矮窄小，这是可想而知的。温韬说，昭陵

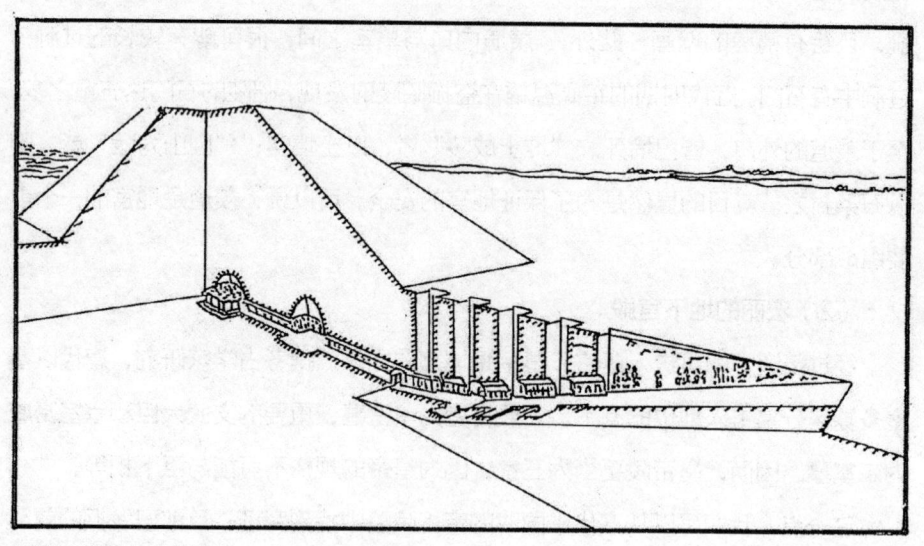

章怀太子墓内部结构图

---

[1] 李志嘉：《王建墓》，《文物》1980年第6期，第92—95页；南京博物馆《南唐二陵发掘报告》，文物出版社1957年版。

地宫"宏丽，不异人间"[1]，足见等级之高，规模之大。昭陵如此，其他陵墓也不会差得太远。

（3）地宫中的一般陈设

地宫里都有些什么东西？《大唐元陵仪注》等资料给我们提供了一些信息[2]：在地宫的中室或中部，有所谓"棺床"。棺床上停放着皇帝的"梓宫"，也就是棺椁。棺材的底部有防潮材料及珍宝之类，上加"七星板"。板上有席、褥，旁置衣物及珪、璋、璧、琥、璜、琮"六玉"。皇帝穿120套大敛之衣，口含贝玉，仰卧于褥上，面对棺盖。棺盖内侧镶有黄帛，

懿德太子墓石椁

帛上画着日月星辰及龙鱼等物。地宫的后室或后部设有石床，石床及其周围放置着衣冠、剑佩、千味食及死者生前的玩好之物。前室或前部则设有"宝帐"。帐内设有神座。神座之西，放着玉制的"宝绶""谥册"和"哀册"。神座之东，放着一些"玉币"。

此外，地宫中还置有"白佩""素幡"和"明器"等。当然，各陵的具体情况因各个帝王的"平生玩好"不同而势必有所差异。据《新五代史》和《唐文续拾》，昭陵、乾陵中藏有许多书画古籍，其他陵墓有没有就很难说了。在众多的殉葬品中，数量最大的要数明器。从《大汉原陵秘葬经》[3]《宋会要辑稿》《宋朝事实》

---

[1]〔宋〕欧阳修：《新五代史》卷四十《温韬传》，中华书局1974年版，第441页。

[2]《大唐元陵仪注》，散见于《通典》卷八四至一〇四。日本学者金子修一编有《大唐元陵仪注新释》，汲古书院，2013年出版。

[3]见《永乐大典》卷八一九九《陵》，中华书局1986年版，第3816—3832页。

及有关考古发掘报告所提供的材料推测，唐陵地宫中有数以千计的陶质、瓷质、木质明器。这些明器大都经过锦绣金银装饰，极为精美，是帝王生前生活的象征。金银珠宝也是重要的殉葬品。

尽管唐代帝王临终时都对他们的子孙说"园陵制度，务从俭约"[1]，"不得以金银锦彩为饰"[2]；但他们的子孙的所作所为正好与此相反。如唐高祖去世后，太宗令依长陵故事，务存崇厚。大臣虞世南认为不可以这样铺张浪费，太宗还是固执己见："朕既为子，卿等为臣，爱敬罔极，义犹一体，无容固陈节俭，陷朕于不义也。"[3]德宗在埋葬代宗时，甚至下诏说："应缘山陵监护卤簿等事……不得节减。尽库藏之所有，成迁厝之大仪。"[4]后来唐僖宗曾自供说："累朝遗制，毕及山陵，以汉文薄葬之词，为烈圣循常之命。约锦绣金银之饰，禁奢华雕丽之工，皆例作空文，而并违先旨。"[5]可见唐朝帝王以金银殉葬是不容辩驳的事实。

---

[1]《唐大诏令集》卷一一《太宗遗诏》、《大帝遗诏》，第68、69页。
[2]《唐大诏令集》卷一五《文宗遗诏》、《懿宗遗诏》，第71、72页。
[3]〔唐〕杜佑撰，王文锦等点校：《通典》卷七九《礼》三九，中华书局1988年版，第2147页。
[4]《唐大诏令集》卷七六《厚奉建陵诏》，第431页。
[5]《唐大诏令集》卷一二《僖宗遗诏》，第72页。

第三章

唐代帝陵的石刻艺术

关中唐陵不仅以规模宏大而著称，而且以石刻众多而闻名。在关中唐十八陵中，有数以千计的石刻。这些石刻或高大雄伟，气势磅礴，或鬼斧神工，玄妙莫测，或造型逼真，栩栩如生，都是珍贵的艺术品。无论从数量还是质量上来看，都远远地超过了前代陵墓石刻，并对后世产生了重要影响。可以说唐陵石刻在中国古代帝王陵墓石刻中具有划时代的历史意义，集中反映了唐代石刻艺术的最高成就，同时也在一个重要的侧面反映了唐朝的历史状况和唐代文化的特点。每当人们来到唐陵，尤其是乾、桥、泰、景诸陵，都会被许许多多精美的石刻所吸引，久久地不愿离去。因为唐陵石刻具有难以言状的魅力。

1. 石刻的种类

关中唐陵石刻是按照唐代帝王生前的仪卫制作的，主要有华表、瑞兽、祥鸟、仗马、侍臣、狮子、蕃像和石碑等十余种。从有关资料来看，这些石刻以现实生活中的侍臣和仗马为主，又增加了体现符瑞思想的祥鸟、瑞兽。根据这些石刻所反映的内容，大体上可将这些石刻划分为四类，即：陵墓标志、祥瑞鸟兽、仪卫

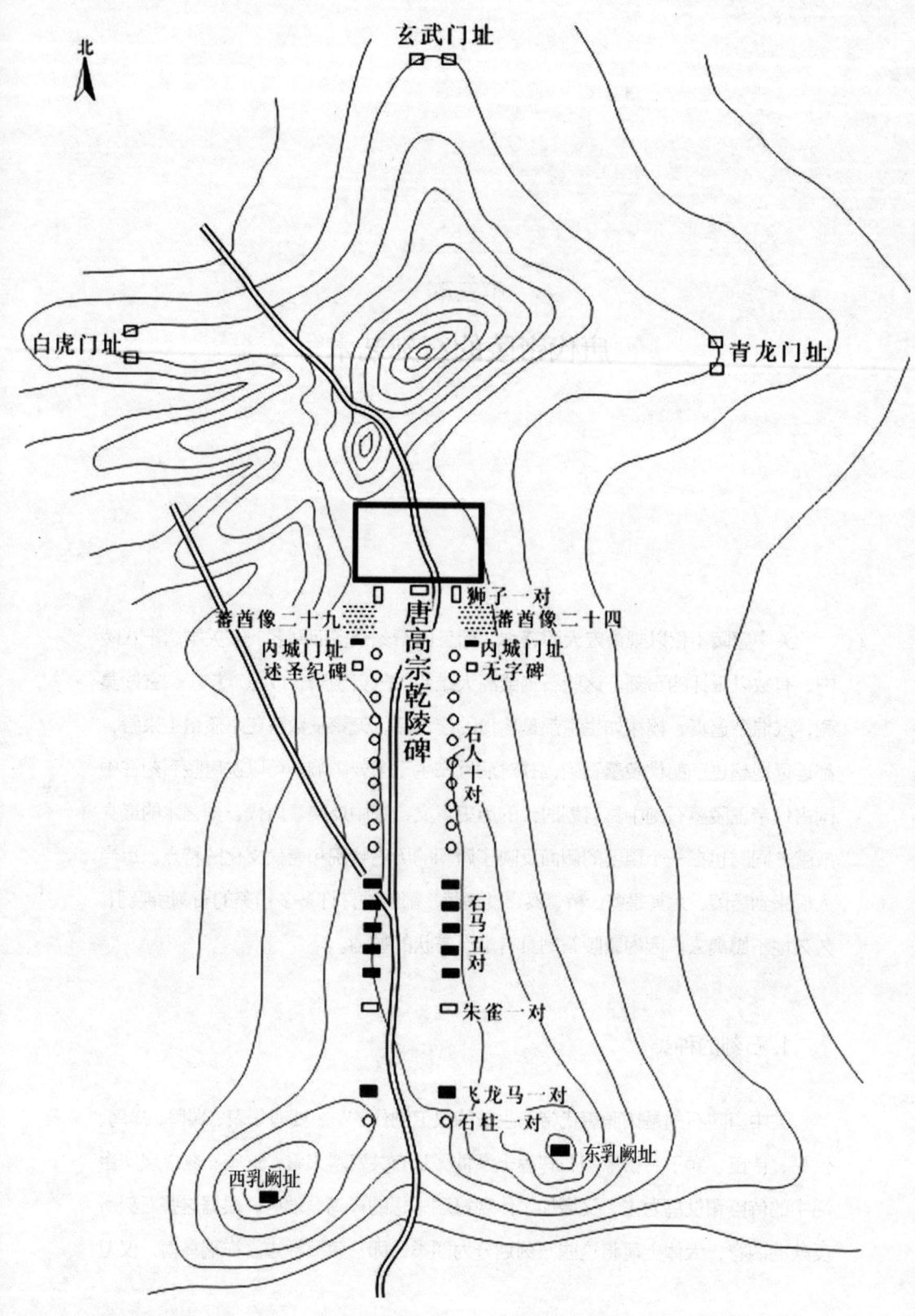

乾陵石刻分布图

人马和纪念性石刻。有唐一代，这些石刻曾发生过一系列变化。通过这些变化，可以清楚地看出唐代雕刻艺术发展的轨迹。

（1）标志性石刻

关中唐陵中的标志性石刻只有一种，那就是华表。华表又叫"石柱""石望柱"，在唐陵中位于神道的最南端，大气磅礴，十分醒目，是唐陵神道的标志。人们来到唐陵，最先看到的石刻一般都是华表。

据文献记载，华表起源很早，起初只是用作"谤木"或路标，与陵墓没有什么关系。相传尧、舜的时候为听取批评意见而设置了华表，让人"书其过以表木"，故时人称之为"诽谤之木"[1]。后来人们逐渐发现华表可以作为交通标志，便在城门、桥梁、邮亭等处立华表"以表识衢路"[2]。大约到春秋时期，才将华表用于坟墓。战国时代的燕昭王墓前即树有华表。两汉时一些诸侯王和一些官僚贵族的墓前也置有华表。当时的华表多为木质，不可能长期保存，所以现在已很难看到木质实物。我们所能看到的只有用石头雕成的"刘君墓表"和"秦君神道前石柱"[3]。魏晋南北朝时期，华表的使用亦较普遍，特别是在南朝，陵墓上列置华表已成定制。这一时期的华表多为石质，造型较为古朴，一般由底座、柱身和顶盖三个部分组成。底座下方而上圆，雕有首尾相交的蟠螭。柱身为圆形，有棱纹装饰。顶盖为覆莲形，上有小辟邪一只。与汉代华表造型相似[4]。由于华表历史悠久，且在六朝时期已用于帝王陵墓，故唐代帝王陵墓中出现华表就不足为奇了。

关中唐陵从高祖献陵开始即有华表，昭陵以下十六陵也有华表存在，唯独昭陵不见华表的痕迹，所以有人怀疑昭陵没有华表。但从唐陵华表的分布情况来看，昭陵也是应该有华表的。只是华表可能被破坏而已。我们不能因为现在昭陵没有华表就断定当初也没有华表。关中十八陵应有36个华表，经过千百年人为和自然破坏，现在只剩下21个。其中11个已残，只有10个是完整的。尽管如此，

---

[1]〔汉〕高诱注：《吕氏春秋》卷二四《不苟论第四·赞能》，上海书店1986年版，第310页。
[2]〔五代〕马缟集：《中华古今注》卷上《尧诽谤木》，中华书局1985年版，第3页。
[3] 苏天均：《北京西郊发现汉代石阙清理简报》，《文物》1964年第11期，第13—17页。
[4] 姚迁、古兵编著：《六朝艺术》，文物出版社1981年版，第2—3页。

我们还可以通过这些华表，看出唐陵华表的演变情况，以及唐陵华表的雕刻艺术。

献陵华表位于南门外神道的尽头，原为一对，东西相距 39 米。居东者保存较好，居西者现已残毁。东边华表由上、中、下三部分组成，通高 7.23 米。下部包括础石和石座，显得厚重稳当。石座略成覆钵形，质地十分坚硬。四面线雕花纹。座上浮雕一对首尾衔接的螭龙，鳞甲如新，形态逼真，颇为精美，可惜龙头已被破坏。石座中部有卯眼，以接柱身。中部柱身为八棱形，向上收束。每面线刻绕枝花团，通身又有 S 形对舞双龙。上部柱顶有八棱形石盖，盖上雕有一蹲辟邪，挺胸，昂首，耸耳，披鬣，小巧玲珑，看上去很有趣。西边华表倒埋在水沟中。据说，刨开泥土，舞龙和花纹仍清晰可见。西边华表的盘龙石座在 1958 年大炼钢铁时，被砸成了石子，殊为可惜。献陵华表在造型上仍保留着南北朝华表的某些风格，但已显示出唐代的特点。汉魏六朝时，华表的纹饰多为首尾相接的双虎或双螭，华表的主体多为瓦楞圆形。从献陵开始，华表柱身改为八棱形，纹饰改为舞龙和缠枝。这显然是与前代不同的。

乾陵华表通体高约 7.5 米，比献陵华表略高。础石四周线雕云纹，石座置于础石之上，四周线雕祥兽纹。石座为覆莲式环座。环座中部有卯眼。柱身底部有榫头，榫插入覆莲环座中的卯眼内。柱身为八棱，向上收束，每面最宽为 49 厘米。各棱面线雕缠枝海石榴花纹，为抱合式二方连续图案。顶部由宝珠、八棱面盘和仰莲盆组成，宝珠由八棱面盘托承，盘置于仰莲盆中，盆则置于柱身之上。这种造型与献陵华表不尽相同，显然是受佛教的影响。武则天自幼信奉佛教，与佛教的关系较为密切，在改唐为周的过程中又曾得到佛教的支持，所以当皇帝时大力提倡佛教，在全国范围内掀起了崇佛高潮。武则天死后，唐中宗和唐睿宗也推崇佛教，因而佛教影响到社会生活的许多领域。艺术领域也是如此。武则天和唐高宗在给太子宏修建恭陵时，就曾以莲花为饰[1]。恭陵华表的顶端就是一个含苞待放的莲花。乾陵华表顶端的宝珠，与洛阳天枢上的火珠相似[2]，实际上就是

---

[1] 恭陵位于河南偃师，号墓为陵，不在唐代二十陵之列。
[2] 天枢立于洛阳端门之外，高一百零五尺，径一丈一尺。下置铁山，绕以铜龙、狮子、麒麟，上施云盖，置四蛟以捧火珠。火珠高一丈，围三丈，金彩荧煌，光侔日月。

佛教中的摩尼珠。莲花座和花莲盘也与佛教有关。莲花是佛教中的圣花，佛经中有步步生莲花之说，故与佛教有关的艺术品常以莲花作为装饰。乾陵华表雕刻精美，气势非凡，是唐陵华表中具有代表性的作品。

乾陵以后诸陵的华表，均受到乾陵华表的影响，但彼此间略有差异。定陵华表已毁，详情不得而知。桥陵华表通高8.36米，是唐陵中最高大的华表。与乾陵华表相比，桥陵华表柱身上部收束较小。顶端宝珠由仰莲盆托承，盆下有莲子八颗，莲子下为覆莲盆，覆莲盆置于八棱面台盘之上，台盘分作两层，上层直径小于下层，厚度上层相当于下层五分之一。华表上的纹饰已漫漶不清，但整体结构凝重自然，异常雄伟，令人惊叹。

乾陵华表

泰陵华表东残西毁，仅存上部。从残存部分来看，其形制可能与桥陵华表基本相同，只是泰陵其他石刻均小于桥陵石刻，故华表肯定也比桥陵华表要小。建陵华表高5.5米（石座埋在土中，未计算在内），造型与桥陵华表略有不同。石座已不是十二瓣覆莲环座，而是微隆圆盘环座。顶部的仰覆莲之间的莲珠也变得较小。崇陵华表形制基本与建陵相同，高6.9米（底座未计）。华表上部宝珠较高，覆莲下的八棱面台盘较厚。华表的柱体上出现了伎乐飞天和忍冬等纹饰。景陵华表形制同于崇陵。光陵华表与崇陵华表相近。庄陵华表与崇陵相似。端陵华表柱身八个棱面均线刻蔓草花纹，但以南面保存较好，形制同建陵。贞陵华表略同建陵。柱身八棱面线刻蔓草花纹。东列华表的东南、南、西南和西面的四个棱面花纹保存较好。西列华表柱身断裂，残蚀较甚。晚唐华表上所出现的伎乐飞天造型生动，与敦煌莫高窟壁画中的飞天相似。说明飞天形象在晚唐受到了重视。

从上述情况来看，唐代陵墓华表较前代有所变化。高祖献陵华表，在艺术上处于过渡阶段，柱头的石狮，柱础上首尾相衔螭龙，都承继了前代南朝陵墓华表的遗风。至乾陵则完全摆脱了前代华表造型的窠臼，形成了唐代的风格。乾陵及以下诸陵的华表形制相近，柱头由辟邪变为宝珠，柱顶台盘之上和柱身与柱座相接处各浮雕仰、覆莲一周，柱身各棱面用蔓草花纹及其他图案加以装饰。这些变化反映了佛教文化对唐陵华表的影响，同时反映了唐代华表的艺术特色。

建陵华表

表4 唐陵华表统计　　　　　　　　　单位：厘米

陵名	位置	通高	下部 础石 长	宽	厚	石座 长	宽	厚	通高	柱径	棱面	通高	宝珠
献陵	东列	723	207	200	45	162	162	43	470	106	43	130	90
乾陵	西列	747	245	250	14	206	215	58	568	115	46	107	
乾陵	东列	767	251	254	14	205	207	60	573	117	49	120	
桥陵	东列					200	180	23				225	105
桥陵	西列	863	250	250	14				615	120	45	225	105
泰陵	东列											195	125
建陵	东列								420	96	40	130	
崇陵	东列					176	173		500	110	48	190	
崇陵	西列								500	113	48	195	
丰陵	东列								80残	35			

续表

陵名	位置	通高	下部						通高	柱径	棱面	通高	宝珠
			础石			石座							
			长	宽	厚	长	宽	厚					
景陵	东列	770	175	175	60	155	155	40	480	120	40	190	130
光陵	东列	715	175	175	60	155	155	40	480		40	135	115
庄陵	西列		184	184	35	160	157	42	247残	105	41		
庄陵	东列								495		44	170	90
端陵	东列		170	170		159	159	46	496	120	47	180	
贞陵	东列								500		50	195	
贞陵	西列								505		51	195	
靖陵	东列					125	120	32	353残	64	25	110	

（2）祥瑞鸟兽

关中唐陵中的祥瑞鸟兽，计有凤凰、鸾鸟、天马、麒麟等。

①凤凰、鸾鸟

关中唐陵石刻中有数十件鸟的形象。这些石鸟在石刻组合中位于瑞兽和仗马之间。现在学术界对这些鸟的看法不一致。有人说是"朱雀"，有人说是"鸾鸟"，有人则说是"鸵鸟"。事实上，这些鸟是一种表示吉祥的鸟。为了便于说明，这里径直称之为"祥鸟"。

唐陵祥鸟的设置可能与朱雀、鸾鸟有关。朱雀本来是二十八宿中南方七宿的总称。《三辅黄图》卷三《汉宫》条载："苍龙、白虎、朱雀、玄武，天之四灵，以正四方，王者制宫阙殿阁取法焉。"[1] 南方七宿即井、鬼、柳、星、张、翼、轸七个星座。这七个星座联合起来构成了一个鸟的形状，很像丹鹑，井、鬼二宿为鹑首，柳、星、张三宿为鹑身，翼、轸二宿为鹑尾。又因为南方属火，朱为赤色，象火，所以古人便把南方七宿组成的这个鸟称为朱雀或朱鸟。《史记·天官书》即有"南宫朱鸟"[2] 的说法。自秦汉以来，人们一直把朱雀当作南方的标志。

---

[1] 何清谷校注：《三辅黄图校注》卷三《汉宫》，三秦出版社1995年版，第150页。
[2] 〔汉〕司马迁：《史记》卷二七《天官书》，中华书局1959年点校本，第1299页。

同时也把它当作南方的神灵来看待。

在古人看来，天上有朱雀，人间也应当有这种鸟，所以就图写其形，以示吉祥。汉代瓦当和画像石上有许多朱雀图案，说明朱雀的观念在当时已经深入人心。汉人所画的朱雀和传说中的鸾鸟颇为相似。鸾鸟是凤凰的一种。文献记载："凤，瑞应之鸟也，其雌曰凰，鸡头蛇颈燕颔，龟背鱼尾，五色具采，其高六尺。"[1]传说凤凰有五种，毛色多青者为鸾。《说文解字》卷四《鸟部》说："鸾，亦神灵之精也。赤色，五彩，鸡形。鸣中五音。"[2]《太平御览》卷九一六《羽族部》说：鸾"高五尺，鸡首燕颔，蛇颈鱼尾，五色备举而多青"[3]。鸾鸟既与凤凰有关，所以也是一种祥鸟。《山海经》卷二《西山经》说：女床之山有鸟，"其状如翟而五采纹，名曰鸾鸟，见则天下安宁"[4]。

唐代人认为，朱雀是"四象"之一，存在于天上；而凤凰是祥鸟，存在于人间。凤凰来朝则天下太平，故对凤凰非常迷信。史载：唐高宗"上元三年（676）十一月一日，陈州上言：'宛丘县凤凰集，众鸟数万，前后翔从，行列齐整，色别为群。'三日，遂改元仪凤"[5]。因凤凰出现而将皇帝的年号改为"仪凤"，可见时人对凤凰的重视程度。由此说来，乾陵神道上设置的祥鸟很可能就是凤凰的形象。乾陵有了这种鸟，定、桥等陵也就模仿设置，以示太平、吉祥。

唐陵现存祥鸟看上去很像鸵鸟，所以不少人都认为它是鸵鸟而不把它和凤凰联系起来。凤凰是意念中的祥鸟，而鸵鸟则是现实存在的珍禽。在地质时代，我国北方黄土高原地区就有鸵鸟分布。但后来由于自然环境的变迁，鸵鸟在我国境内消失了，仅存在于非洲等地。所以，我国早期的历史文献中没有对鸵鸟的记载。自汉武帝开通丝绸之路以后，西域有些国家把鸵鸟蛋和鸵鸟作为贡品送到中国，中国人才对它有了初步的认识。鸵鸟是世界上体形最大的鸟，"举头高八九尺，

---

[1]〔五代〕马缟集：《中华古今注》卷下《玄晏先生问凤》，中华书局，第40页。

[2]〔汉〕许慎撰、〔宋〕徐铉校定：《说文解字》卷四《鸟部》，中华书局1963年版，第79页。

[3]《太平御览》卷九一六《羽族部》三，第4059页。

[4] 袁珂校注：《山海经校注》卷二《西山经》，上海古籍出版社1980年版，第35页。

[5]〔宋〕王溥：《唐会要》卷二八《祥瑞》上，中华书局1955年版，第533页。

张翅丈余"[1]，"雁身驼蹄，驰走如疾，日行七百里"，还能"食铜铁，啖火炭"，具有超乎常鸟的特性。中国人很少见到这种鸟，所以对它很感兴趣。据说汉武帝时，安息国进贡鸵鸟蛋，武帝看后大悦。东汉时班超从西域献鸵鸟，汉明帝当即下诏让曹大家为之作颂。到了唐代，中国和西域、北非诸国交往更加频繁，故而对鸵鸟的认识进一步加深。

高宗永徽年间（650—655），吐火罗遣使献大鸟（鸵鸟），高宗将其献于昭陵。有人说："唐高宗可以把吐火罗贡献的鸵鸟作为珍禽和纪念物献于昭陵，而武则天把鸵鸟作为'圣君世''祥瑞出'的珍异和大唐皇帝怀远之德的象征，雕成石鸵鸟置于乾陵就是不难理解的事情了。"[2] 的确，唐高宗曾于永徽元年五月把吐火罗国所献大鸟献于昭陵，并"刻像于陵之内"[3]，但要说武则天把鸵鸟作为珍异和大唐皇帝的怀远之德的象征而置于乾陵则缺乏根据。昭陵鸵鸟完全是按吐火罗所进大鸟雕刻的，采用的是写实的手法。当时太宗山陵已经建好，不可能置于神道，只能置于北阙。而乾陵祥鸟则与瑞兽一起置于神道两侧，其形象也与鸵鸟有显著的差别。这说明乾陵大鸟与昭陵鸵鸟是不完全相同的，不是现实生活中的鸵鸟，而是一种祥鸟。

武则天很重视符瑞，但她并不把鸵鸟当祥鸟看待。在唐代的"大瑞"中并没有鸵鸟[4]。唐人所迷信

乾陵祥鸟

---

[1]《艺文类聚》卷九二《鸟部下·雀》引《广志》，第1594页。
[2] 李毓芳：《唐陵石刻简论》，《文博》1994年第3期，第38页。
[3]《册府元龟》卷三〇《奉先》三，第323页。
[4]〔唐〕李林甫等撰、陈仲夫点校：《唐六典》卷四《尚书礼部》，中华书局1992年版，第114页。

的祥鸟不是鸵鸟而是凤凰。由于唐人没有真正见过凤凰，只见过鸵鸟，而鸵鸟的形象与文献中所说的凤凰或鸾鸟颇有相似之处，故在雕刻凤凰时，也可能参考过鸵鸟的样子。如果我们把唐陵中的祥鸟集中起来加以考察，就会发现这些祥鸟与现实生活中的鸵鸟还是有差别的，鸡头、蛇颈、燕颔、鱼尾，似乎更接近于传说中的鸾鸟或凤凰。

关中唐陵中原有 32 只祥鸟，现存 14 只，其中 5 只已经残破。从有关资料来看，最先设置祥鸟的是唐高宗乾陵。乾陵祥鸟浮雕在瑞兽北 236 米处的石屏上。身高 1.8 米，长 1.4 米，做侍立状，昂首挺颈，腿长颈直。石屏与石座相连，石座下为础石。这种雕刻方法是与其他石刻的雕法很不相同的，在乾陵中可谓独树一帜。此外，祥鸟的造型也与其他陵寝中的鸟儿不同。其他祥鸟的颈部都是弯曲的，唯独乾陵祥鸟作昂首远视之状。有人说这是武则天性格的反映。是否如此，还有待于进一步考证。

桥陵祥鸟位于瑞兽北 28 米，身高 1.96 米，长约 2 米，回首贴附于翅外下部，

建陵祥鸟

两腿行进于山间，身上毛羽较细密。其构图虽较乾陵祥鸟美观，但似乎无超尘拔俗的气势。以后诸陵祥鸟大体上都采用了这样的模式，但造型不同，神态各异。泰陵祥鸟双腿较短，身躯肥硕，颈部弯曲较甚，毛羽不大清晰。建陵祥鸟形制同于泰陵，头颈回曲于翅上，双脚立于山石之间，毛羽清晰，犹如鳞状，头较大，眼突出，尾部发达，雕刻精美。崇陵祥鸟个体相对较小，头颈弯曲后折于翅上，颈部较直，头小，嘴尖，雕刻较粗疏。景陵祥鸟头颈弯曲较大，身躯肥硕，尾小，腿短如鸭。光陵祥鸟均已残毁，仅存碎石。庄陵祥鸟形制和景陵祥鸟相同。端陵祥鸟鸟首回顾，身躯肥大，尾部退化，腿短如鸭。贞陵祥鸟造型略同端陵，整个屏面饰满浮雕山石。总的看来，乾陵祥鸟比较特殊，其他各陵祥鸟在形态上大体相似。从个体上来说，前期祥鸟较大，后期较小。从雕刻艺术方面来说，虽各有千秋，但前期精品较多。

表5 唐陵祥鸟统计表　　　　　　　　　　　　　单位：厘米

陵名	位置	身高	身长	长	宽	厚	长	宽	厚
乾陵	东列	169	130	193	157	34	157	78	14
乾陵	西列	180	140	180	140	35	157	78	14
桥陵	东西列	196	200	227	196	50	272	90	35
泰陵	东西列	115	150	170	135	50			
建陵	东西列	119	140	190	140	25			
崇陵	东列	63(残)	134	210	95(残)	20			
景陵	西列	135	175	200	150	45			
庄陵	东列	110	150	210	130	40	235	73	3
端陵		117	117	220	147	35			
贞陵	东列	111	140	197	155	46	236	79	26

②天马、麒麟

关中唐陵中，多有头上长角、身上长翅的瑞兽。这些瑞兽一般位于石鸟和华表之间，看上去形状古怪，似马非马，似鹿非鹿，很难给它下一个确切的定义。有人把它叫作"天马"，有人把它叫作"翼马"，有人把它叫作"天禄""麒麟"，还有人把它叫"獬豸""独角兽"。虽然称谓不同，说法有异，但都认为它是一种表示吉祥的动物。为便于说明，这里姑且称之为"瑞兽"。从实物来看，唐陵瑞兽大体上可以划分为两类：一类头上无角，似马；一类头上有角，如麟。故而需具体分析，不可一概而论。头上无角的瑞兽看上去是"天马"的形象。这种瑞兽身上有翼，又很像马，所以把它称为"翼马"也是比较恰当的。文献记载："马成之山，其上多文石，其阴多金玉。有兽焉，其状如白犬而黑头，见人则飞，其名曰天马。"[1] 天马又称龙马，"有角为奇"，"骼上有翼"，"腾虚逐日，两足倚行，或藏行于空中"[2]。龙马（即天马）"鸣声九音，有明王则见"。[3] 所以自古以来，人们即将天马当作瑞兽看待。

据说天马归于有德，出现于明王之世，可以降万国，服四夷，是"天下太平"的标志。但这样的天马大概谁也没有见过。到了汉代，便将从乌孙和大宛得到的好马称之为"天马"。司马迁在《史记》中记载了这件事，他说："天子发书《易》云：'神马当从西北来'。得乌孙好马，名曰'天马'。及得大宛汗血马，益壮，更名乌孙马曰'西极'，名大宛马曰'天马'。"[4] 班固在《汉书》中也说："（武帝太初）四年春，贰师将军广利斩大宛王首，获汗血马来。作西极天马之歌。"元鼎四年（前112）六月"得宝鼎后土祠旁。秋，马生渥洼水中。作宝鼎、天马之歌"。[5]

唐人对"祥瑞"十分重视，大抵前代所形成的祥瑞观念都被继承下来，认为庆云、嘉禾、白狼、麒麟、凤凰、神龟、龙马的出现都是吉祥嘉瑞的表现。唐代版图空前辽阔，势力远达葱岭以西，汉代的乌孙、大宛，皆在封疆之内，自然会得到中亚名马，自然会把这些名马与天马联系起来，自然会像汉代人一样，把天马当作瑞兽看待。盛唐时期，李邕曾向玄宗进献了一匹"肉鬃鳞臆"的"龙马"，

---

[1]《山海经校注》卷三《北山经》，第86页。
[2]〔唐〕欧阳询：《艺文类聚》卷九九《祥瑞部下·马》，上海古籍出版社1965年版，第1714页；〔宋〕李昉等：《太平御览》卷八九七《兽部九·马五》引《洞冥记》，中华书局1960年版，第3982页。
[3]《艺文类聚》卷九九引《瑞应图》，第1714页。
[4]《史记》卷一二三《大宛列传》，第3170页。
[5]〔汉〕班固：《汉书》卷六《武帝纪》，中华书局1964年版，第184页。

并上奏说："圣主将得龙马，以应太平。"[1] 这说明唐人确实也是将天马当作瑞兽看待的。武则天在给唐高宗修乾陵时，立《述圣纪》碑，高度赞扬唐高宗的历史功绩，至于将天马置于陵所，显然也是以此嘉瑞来表示明君盛世。

头上有角的瑞兽，有如传说的"麒麟"。这种瑞兽从头上看像鹿，从脸上看像兽，从身上看像马，从脚上和尾上看又像是牛，所以人们看到这种瑞兽，都会感到奇怪，往往说不出这是什么动物。就连从事考古的专家也有不同的看法。有的说这是"天鹿"，有的说是"独角兽"，有的说是"獬豸"，有的则说是"麒麟"。这些说法似乎都有一定的道理。"独角兽"是现代人通俗的说法，古人一般称之为"獬豸"。汉代人杨孚在《异物志》中说："北荒之中，有兽名獬豸，一角，性别曲直。见人斗，触不直者。闻人争，咋不正者。楚王尝获此兽，因象其形以制衣冠。"[2]

"天禄"与"麒麟"相似，都是传说中的瑞兽，其区别主要是天禄无角而麒麟有角。古人对天禄的解释比较混乱，有的说天禄一角，有的说天禄两角。但从较早的文献来看，一角者为麒麟，二角者为辟邪，无角者才是天禄。南朝陵墓石刻中长尾鳞甲，昂首吐舌，毛发卷曲的猛兽中有天禄，有麒麟，也有避邪。文献记载，"麒麟兽有翼能飞"[3]。又说"麟，麋身，马足，牛尾，黄色，圆蹄，一角，角端有肉"[4]。

顺陵天禄

---

[1]《册府元龟》卷二四《符瑞》三，第262页；《新唐书》卷三六《五行志》三，第953页。
[2]〔唐〕房玄龄等：《晋书》卷二五《舆服志》，中华书局1974年版，第768页。
[3]〔唐〕徐坚等：《初学记》卷二九《麟》，中华书局1962版，第700页。
[4]《艺文类聚》卷九八《祥瑞部上·麟》引《毛诗义疏》，第1706页。

"麋身牛尾，狼项一角，黄色马足"[1]。"雄为麒，雌为麟，其状麋身，牛尾，狼蹄，一角"[2]。这些记载大体上勾画出了麒麟的形象，桥陵的独角瑞兽与这种形象基本相同，故应视为麒麟。麒麟历来被视作"仁兽"。《太平御览》卷八八九兽部麒麟条引《春秋感应符》曰："王者德化旁流四表，则麒麟臻其囿。"[3]故唐代帝王也很重视这种"仁兽"，在颁发有关祥瑞的诏令中，往往把"麒"作为"大瑞"提出："仪制令，诸祥瑞若麟凤龟龙之类，依图书大瑞者，即随表奏。"[4]史载，唐高宗龙朔三年（663）十二月十六日，绛州出现了麒麟。二十六日，含元殿前又发现了麒麟的脚印。"至来年正月一日，改元麟德"。[5]由此看来，把麒麟作为瑞兽置于陵墓的寓意当与天马相同。

唐初献、昭二陵中尚无瑞兽，唐陵置瑞兽是从乾陵开始的。乾陵瑞兽在华表以北30米处，两者形制略有差别。东边的瑞兽体形较小，身长2.97米，胸宽1.17米，身高2.3米，披鬃，瞠目、闭口，躯体圆丰、四腿直立，足为马蹄，腹下透雕，两肋雕饰五层卷云纹翼翅，翼翅犹如前锐后阔的扇面。西列瑞兽较大，额上有角，其余造型与东边的略同。两个瑞兽的四足和尾部均与石座相连。石座置于础石之上，四周线刻花纹图案。花纹图案相当精美，有飘浮的祥云、纤丽的花草，还有奇特的动物。神龙在云气间翻腾怒吼，獬豸张牙舞爪，狮象奔驰追逐。整个图案布局巧妙，浑然一体，具有很好的装饰效果。

定陵瑞兽与乾陵瑞兽基本相同，也是天马的形象，惜实物已毁，无从详察。至睿宗桥陵，瑞兽的形象发生了较大的变化。桥陵瑞兽位于华表北28米处，二者大小、形制相同。头如鹿，额上有独角，昂首怒目，方嘴獠牙，马身牛尾，两腿伫立，足为偶蹄，两肋有云纹翼翅，腹下有鼓状独柱，上承兽体，下连石座，浮雕云纹。

泰陵瑞兽位于华表北20米处，披长鬃，两肋浮雕出翼翅，翅作三长翎，后

---

[1]〔梁〕沈约：《宋书》卷二八《符瑞志》中，中华书局1974年版，第791页。
[2]〔汉〕司马迁：《史记》卷一一七《司马相如传》索隐引张揖语，中华书局1959年版，第3026页。
[3]《太平御览》卷八八九《兽部·麒麟》，引《春秋感应符》，第3951页。
[4]《唐会要》卷二八《祥瑞》上，第531页。
[5]《唐会要》卷二八《祥瑞》上，第533页。

腿上部线刻流云纹，腹下与座连为实体，尾巴下垂，与石座相连，兽体左、右、前三面均有流云纹浅浮雕。东列者头顶有独角，颈部微缩，马身后倾，作欲奔之势；西列者头顶独角微小，前后腿直立，前腹下沉，躯体肥硕，做侍立之状。从雕刻艺术方面来看，泰陵瑞兽不像乾陵瑞兽那样夸张，似有一点写实的味道。玄宗生前喜爱"骨力追风""毛彩照地"的玉花骢等名马，曾命大画家韩幹"悉图其骏"[1]。也许当时的工匠在泰陵雕天马时参考了这些名马的特征。泰陵天马不再凭马腿支撑庞大的躯体，而以马腹之下的云纹浮雕与石座相连。天马身体各部位均按比例雕刻，马翼与马腹下的云纹呼应，既增加了"天马行空"的感觉，看上去也比较美观。

乾陵翼马

建陵瑞兽的形制与泰陵瑞兽基本相同，唯独其翼翅的三长翎尾端卷云纹更为突出，背阔体圆，竖耳俯首，肌腱发达，驾云欲飞。其雕刻之精美在唐陵诸瑞兽中是少有的。崇陵瑞兽也是天马，马头显得清瘦，颈部较长，角变大，身变短，腿变高，三长翎组成的翼翅尾部简化，左右翼翅上部交于鬃处。东边的一匹较肥壮，眉脊上部有一圆球状鬃结，披长鬃；西边的一匹较瘦长，栽短鬃。二者相对，迥异其趣，雕刻得都很出色。

景陵瑞兽两肋的翼翅下端进一步简化。东列垂尾，独角较小；西列缚尾，

---

[1]（唐）张彦远撰、范祥雍点校：《历代名画记》卷九，人民美术出版社1964年版，第189页。

建陵翼马装饰图像　　　　　　　　　光陵翼马云纹

独角较大。光陵东列天马，头顶有独角，角微小，披长鬃，垂尾；西列者头顶残，短鬃，缚尾。庄陵天马颈较瘦长，头短腿高。端陵天马形制和庄陵相同。贞陵东列天马头如河马，头顶无角，造型粗俗；西列者头顶有角，臀部后倾，雕刻拙朴。此外，西列天马背上分布着24个圆窝，二马的左右翼翅均于颈上部相连通。这些现象皆为前代诸陵所无。简陵西列天马头上独角突出，而东列天马独角微小。其形制略同贞陵，而造型逼真，雕工精细，也是值得称道的。

　　如果我们把关中唐陵中的瑞兽综合起来考察，就不难发现唐陵中的瑞兽确有天马和麒麟两种类型。每座陵墓中的瑞兽都有天马、麒麟之分，只是有些差别明显，有些比较接近而已。天马以乾陵天马为代表，麒麟则以桥陵麒麟为典型，二者在内涵上是比较接近的。有唐一代，陵墓中的瑞兽曾发生过一些变化，而且变化是比较明显的。早期瑞兽两肋较繁复，腹下四腿内中空，高大雄伟，很有灵性。中期瑞兽两肋翼纹为三长翅翎，腹下四腿内与座连为实体，其表面雕饰云气，线条流畅，看上有腾云驾雾之概。晚期瑞兽追求左右对称，如鬃毛左披右剪，马尾左垂右缚等，虽在造型上有些僵化，但刀法纯熟，也有一些难得的佳作。

表6 唐陵瑞兽统计表　　　　　　　　　单位：厘米

陵名	位置	身长	胸宽	身高	上座	下座	础石
乾陵	东列	297	117	230		322×148+53	356×180+48
乾陵	西列	350	120	345	300×120+26	327×146+56	360×180+8
桥陵	东列	320	120	308	274×129+29	350×149+53	335×170+12
桥陵	西列	320	120	308	278×126+29	303×145+37	
泰陵	东西列	240	95	245	200×100+30	240×120+35	
建陵	东西列	200	95	245			
崇陵	东西列	253	106	269	185×106+30	206×140+35	300×170+40
景陵	东西列	235	90	250	160×105+25	240×120+25	280×160+30
光陵	西列	235	90	250	160×105+25		
光陵	东列	240	100	252	160×105+25		
庄陵	东列	200(残)	90	255			
端陵	西列	285	110	280	215×110+32		
端陵	东列	280	105	275	201×60(残)+31		
贞陵	东列	283	105	280	210×105+30	248×133+38	286×153+33
贞陵	西列	283	110	250	210×110+30		
简陵	东列	206	120	210			
简陵	西列	200	105	200			
靖陵	西列	150	75	165			

③狮子、犀牛

据文献记载，关中唐陵有136尊狮子。经过1000多年的风雨沧桑，有些狮子被毁坏了，但仍有110多尊狮子保存下来。狮子不在神道，而在陵园四门之外，也是唐陵中十分醒目的石刻。

狮子作为陵墓石刻始于东汉。魏晋南北朝时期，陵墓置石狮更为常见。帝陵置石狮当以北魏静陵最早。南朝大臣墓置石狮，帝陵则置天禄、辟邪。唐初李虎、李昺被追封为帝，永康陵和兴宁陵均置石狮，昭陵以南的礼泉县后寨村有石狮一对。自乾陵始，以后诸唐陵之陵园四门外均各置石狮一对。

狮子原产于非洲和亚洲西部，大约在西汉时期传入我国。《汉书·西域

乾陵南门双狮

传》载：汉武帝时，"巨象、狮子、猛犬、大雀之群食于外囿，殊方异物，四面而至"[1]。大概自张骞开通丝绸之路以后不久，我国就有了狮子。从东汉开始，西域诸国常把狮子作为贡品献给中国。《后汉书·章帝纪》载：章和元年"西域长史班超击莎车，大破之。月氏国遣使献扶拨狮子"。章和二年，"安息国遣使献狮子扶拨"。[2]西域诸国之所以向中国贡献狮子，主要是因为他们把狮子奉为神兽的缘故[3]。但当时中国人见到狮子只是觉得高大、凶猛、稀奇，并没有把它当作神兽来看待。后来随着佛教的传入，才对它重视起来。狮子在佛教中被神化。佛教比喻佛祖讲经"演法无畏，犹狮子吼。其所讲说，乃如雷震"[4]，又说

---

[1]《汉书》卷九六下《西域传》，第3928页。
[2]〔宋〕范晔：《后汉书》卷三《章帝纪》，中华书局1965年版，第158页。
[3] 李毓芳：《唐陵石刻简论》，《文博》1994年第3期，第34页。
[4] 僧肇：《注维摩诘所说经》卷一《佛国品第一》，上海古籍出版社1990年版，第7页。

"佛为人中狮子"[1]。故人们开始敬畏狮子。狮子被描绘成"铜头、铁额、钩爪锯牙、弭耳跪足、目光如电、声吼如雷"的绝域之神兽[2],说它有"拉虎吞貔,裂犀分象"的本领[3]。人们在敬畏狮子的同时,又把狮子雕成石像,置于门外,让它代替辟邪,成为大门的卫士。魏晋南北朝时期,西域向中国贡狮子的记载屡见于史书。社会上所雕琢的石狮也进一步增多。不仅宫殿门外有了狮子,而且石狮也被置于陵园门外,成为陵墓石刻中的新成员。

唐代中外关系进一步发展,中亚和西亚地区的国家亦多次遣使献狮。在唐人看来,"狮子为兽中之王"[4],"虎见之而伏,豹见之而睨,罴见之而跃",以狮护门可固若金汤。故唐陵石狮均置于陵园四门之外。

从有关资料来看,唐陵四门外置狮当始于献陵。献陵四门外有八只守门神兽,许多人都认为是老虎,并且说石虎在唐陵石刻中仅见于高祖献陵。但这种说法是值得怀疑的。唐初曾追封李渊的祖父和父亲为帝,并为之扩建坟墓,分别称作"永康陵"和"兴宁陵"。现在永康陵和兴宁陵前置有石狮,昭陵以下唐代诸陵也有石狮,为何唯独献陵不置石狮?有人曾经对此进行过解释,认为"献陵置虎而不置狮,主要原因有二:第一,唐初讳虎为武(因李渊祖父名虎),如改'虎贲'为'武贲'、改'白虎'为'白兽'等。高祖年号'武德'。当时对'虎'是崇仰的。第二,唐初李渊尊崇道教,认老子李耳为其祖,在佛教影响日益扩大之际,作为道教的信徒自然不会把佛教的圣物——狮子置于其陵园门阙。加之石狮作为帝陵门兽当时并未形成定制,自然置放石虎也就不会引起厚非"[5]。事实上,这种解释是不能令人信服的。

首先,唐初讳虎为武是因为唐高祖李渊的祖父名虎,与作为动物的虎没有任何关系;唐初改年号为武德,是表示要以武立德,救民于水火之中,也与虎没有什么关系。所以并不能说明当时对虎是"崇仰的"。唐初推崇道教但并没有排斥

---

[1]《大智度论》卷七。
[2]《格致镜原》卷八二《狮》引《东观汉记》。
[3]《太平御览》卷八八九《兽部一·狮子》,第3950页。
[4]〔梁〕沙门僧旻宝唱等集:《经律异相》卷四七《师子》。
[5] 李毓芳:《唐陵石刻简论》,《文博》1994年第3期,第33页。

佛教，再说道教中也没有把老虎奉为神灵，也没有规定陵墓上只能置虎，不能置狮。昭陵以下诸陵中的石狮就是证明。

其次，武德五年（622）西突厥曾向唐高祖进献过狮子，贞观九年（635），康国也向唐太宗进献过狮子。史载贞观九年，康国贡狮抵达长安，太宗大喜，命虞世南为之作颂[1]。大画家阎立本亦有《职贡狮子图》传世。这说明唐太宗并不排斥狮子。相反，说明他对狮子这种动物还是比较感兴趣的。李渊死于贞观九年，当时康国正好进贡了狮子，因而仿制狮子，置于献陵的可能性很大。

再者，献陵神兽，现在尚存五头。从实物来看，身躯浑圆，姿态凝重，头硕大，颈粗短，背平阔，四腿仁立，垂尾，腹下透雕，分明是雌狮的形象。所以，应当说献陵四门外的动物是狮而不是虎。

献陵神道石兽　　　　　　　　昭陵神道石狮

昭陵石狮在造型上为行狮，四蹄拉开，昂首挺胸，凝视远方，牙齿外露，鬃毛后披，也是一种母狮的形象。这种造型在武则天生母杨氏顺陵中达到高峰。顺陵的行狮是雄狮，体形很大，头高3.05米，身长3.61米，胸阔1.4米，可谓之"巨狮"。狮头高抬，张口如吼，鬃毛卷曲后披，四肢强劲有力。体形饱满，肌肉发达，威武雄壮，令人惊叹。唐高宗和武则天在给太子宏修恭陵时，始在陵前设置蹲狮，至乾陵遂为定制。乾陵门狮左右分列，五尊保存较好，三尊已经残缺。狮高3.35

---

[1]《旧唐书》卷一九八《康国传》，第5310页。

米、宽1.3米，做工精致，看上去高大凶猛，威慑力很强。定陵门狮仅存三尊，其他均已残毁损。石狮卷鬣、瞠目、合口，没有乾陵石狮那种逼人的气势。桥陵南、北和西三面门狮均左牡右牝。牡狮卷鬣、合口，牝狮披鬣、张口。唯有东门两狮转首相顾而视，左牝右牡，与其他三神门石狮牝牡的位置相反。泰陵门狮个体变小，但造型强劲有力。建陵门狮形制与泰陵基本相同，雕刻精细，肌肉发达。崇陵门狮一般身高1.75米、宽0.85米。牡狮头圆、卷毛，颧骨突出，表情严肃，狮尾从右腿上部卷出。牝狮，披毛，口张得很大，做怒吼之状，尾巴从左腿上部卷出，与牡狮对称。景陵门狮头呈方形，额部与眉脊突出，造型呆板，雕刻粗疏。与其他陵园所不同的是，景陵北门外还有两对小石狮子。光陵门狮略同景陵石狮，头呈方形，眉脊突起，颧骨突出，躯体肥壮。庄陵四门外石狮大小不尽相同。南门西列者造型肥硕，比例向横宽方面发展。北门外两狮坐北朝南，面陵而置，与其他石狮排列方法不同，似经后人移动。端陵现存六狮，形制同庄陵，造型僵化。贞陵门狮形制与崇陵相同，刻工比较精细，但仍是有形而无神。其余诸陵狮子也都显得比较温顺，已失去了兽王的威风。

从上述情况来看，唐陵狮子经过了一个发展变化的过程。初唐献陵、昭陵的狮子在造型上为走式，在雕刻方法上尚有魏晋遗风。乾陵门狮由走式变为蹲式，体形高大，造型夸张，雕工精良，气宇轩昂，既保持了狮子凶猛强悍的特性，又使狮子的造型理想化，增强了狮子的装饰效果。以后诸唐陵石狮，均为蹲踞。自睿宗桥陵以后，诸唐陵石狮牝牡有别，一般为左牡右牝，牡狮卷鬣合口，牝狮披鬣张口。从泰陵开始，狮子的体形变小，虽然也有一些精品，但总的说来艺术成就有所下降，不像前期狮子那样传神，那样富有魅力。

犀牛仅见于高祖献陵，

泰陵南门石狮

在唐陵石刻中不具有普遍性，可以说是一个特例。犀牛在上古时期曾生活于我国境内，但自商周以来，数量急剧减少。到春秋战国时期，犀牛已很少见，犀角成为难得的珍品。此后，犀牛便逐渐被神化了。有人说，犀牛"力无不倾，吻无不靡"[1]。还有人说："犀角通天，向水辄开。"[2] 魏晋之后，邻近产犀牛的地区和国家常把犀牛作为重要贡品，送至我国。在唐代，西域、南亚和东亚地区献犀于中国的活动也是不绝于史。其中贞观初年林邑国献犀的事影响较大。林邑即占城，位于今越南中部。武德六年，林邑王范梵志遣使入唐朝贡。武德八年，再次遣使来朝。唐高祖李渊对此非常高兴，特设九部乐招待来使，临行又向林邑王赠送了不少锦彩，使两国关系进一步改善。故贞观初林邑国又有进贡驯犀之举[3]。

贞观九年（635）唐高祖死后，唐太宗即令雕刻石犀，置于献陵。石犀右前足下刻有"高祖怀远之德"六字，可知太宗当年设置此犀具有纪念意义，目的是为了歌颂李渊怀柔远方的功德。献陵石犀原为一对，现在一头已陷入地下，另一头放在碑林博物馆中展览。该犀系由一块巨石雕刻而成，通长3.4米，高2.07米，重约10吨，身体庞大。鼻角上扬，瞪目合口，背平腿短，通体遍饰麟纹，既大方又美观，可谓初唐石雕艺术的珍品。

献陵神道石犀

---

[1]《艺文类聚》卷九五《兽部·犀》，第1645页。
[2]（宋）李昉等撰：《太平御览》卷八九〇《兽部二·犀》，中华书局1985年影印本，第3954页。
[3]《旧唐书》卷一九七《林邑传》，第5270页。

表7 唐陵石狮统计表　　　　　　　　　　　　　单位：厘米

陵墓名称	南门东狮高	南门东狮宽	南门西狮高	南门西狮宽	北门东狮高	北门东狮宽	北门西狮高	北门西狮宽	东门南狮高	东门南狮宽	东门北狮高	东门北狮宽	西门南狮高	西门南狮宽	西门北狮高	西门北狮宽
献陵	180	105	180	100												
乾陵	300	118	280	116					286	116	290	117			110	
定陵			240	125				120	240	120						
桥陵	270	120	275	125	274	110	270	110	272	115	270	115	278	115	278	115
泰陵	140	80	155	80	164	80	164	80	155	80	140	80	145			
建陵	150	90	150	90	145	92	155	100	150	92			155	85	165	90
元陵					145	75	163	79	135	75	145	67	145	65	150	80
崇陵	175	85	180	90	170	93	145	83					190	95	160	93
景陵			180	85	170	75	150	50			105		105		105	
光陵	175	85	175	85											140	80
庄陵	175	95	180	85	115	95	120	95					200	90	190	90
端陵	170	100	175	100					160	95	150	90	155	75	150	90
贞陵	172	100			175	95	190	95	165	102	165	102	153	100	165	85
简陵			140	120			156	95	205	120		87	165	95	155	90

（3）仪卫人马

关中唐陵中的仪卫人马计有两种：一种是文武侍臣，一种是立仗马。

①文武侍臣

侍臣即通常所说的翁仲。据说翁仲本是秦朝的一位将军，后来才演变为对陵墓石人的称呼。《山堂肆考》载："翁仲姓阮，身长一丈二尺。秦始皇并天下，使翁仲将兵守临洮，声振匈奴，秦人以为瑞。翁仲死，遂铸铜像，置咸阳司马门外。"《广舆记·陕西临洮府名宦》载："阮翁仲，身长二丈三尺……始皇时拜临洮守，威震匈奴。及卒，始皇铸为像，置咸阳

乾陵侍臣头像

宫司马门外，匈奴至者皆下拜。"

《古今图书集成·坤舆典》载："始皇并天下，使翁仲将兵守临洮，声振匈奴。秦人以为瑞。翁仲死，遂铸铜为像，置之咸阳宫司马门外，匈奴见之者犹以为生。故古墓之间皆用之。"从文献记载来看，墓上设置翁仲始于汉代。而帝王陵前置翁仲要以北魏孝庄帝静陵和西魏文帝永陵的翁仲为早。唐代恭陵"号墓为陵"，神道两侧即有翁仲三对。乾陵、定陵和桥陵各有10对翁仲，均双手拄剑；泰陵以下13座唐陵也各有10对翁仲，但东西二列有别，左文右武，文者握笏、武者拄剑。唐人封演说："石人、石柱之属，皆所以表饰坟垄，如生前之仪卫耳。"[1]这话是很有道理的。《隋书·礼仪志》记载："梁武帝受禅于齐，侍卫多循其制，正殿、便阁及诸门上下，各以直阁将军等直领……行则量为仪卫。"[2]唐初用隋礼。

乾陵、定陵和桥陵石人当属皇宫仪卫，身份可能为直阁将军、殿中将军或侍郎。泰陵及以后诸唐陵石人、左文右武，这与当时唐陵石刻追求进一步的对称布局有关，另外也反映了那时朝仪制度的变化。《唐会要》卷二十五记载："文武官行立班序：通乾观象门外序班，武次于文，至宣政门，文由东门而入，武由西门而入，至阁门亦如之。"[3]

唐代诸陵翁仲布局大体相同，但造型颇有差异。乾陵翁仲位于仗马之北，共10对，每对南北间距18.5米，东西列翁仲形制相同。身高一般为3.87米，头戴帻冠，长袖阔带，脚着长靴，双手

桥陵侍臣头像

---

[1]（唐）封演：《封氏闻见记》卷六《羊虎》，中华书局2005年版，第58页。
[2]（唐）魏徵等：《隋书》卷一二《礼仪志》七，第279—280页。
[3]《唐会要》卷二五《文武百官朝谒班序》，第483页。

拄剑，神态各异。定陵翁仲现存其二，均头戴高冠，身着长袍，双手拄剑。桥陵翁仲十对，每对南北间距29米。身高一般都在3.8米左右。头戴冠，冠上有一鸟饰，两侧为鸟翅形纹饰，身穿斜领宽袖袍，袖胡过膝，腰中系带，双手拄四节剑，足着高头分梢履。泰陵翁仲南北间距19米，比桥陵翁仲小，身高大约2.5米。东侧的翁仲头戴进贤冠，身穿宽袖长袍，袖胡过膝，腰系革带，足着高头履，背部腰带下有双佩、大绶，双手执笏，雍容大度，西侧的翁仲头戴高冠，冠前饰雁鸟，身穿长袍，肩有背带，腰系革带，足着靴，双手拄七节剑，颇有将军风度。

泰陵侍臣头像

　　建陵翁仲形制略同泰陵，有文武之分。文左武右，身高在2.3米至2.5米之间。文者头戴冠，衣袖宽广，前绅后绶，有革带双佩，双手执笏，表情严肃。武者头戴冠，着广袖衣，双手拄剑，神态威严。崇陵翁仲位于仗马北22.4米，每对南北间距亦为22.4米，身高2.76米左右。东列形制与泰陵同，唯左侧佩剑，剑的两头从胸前和肘后露出。西列头戴高冠，冠顶呈亚腰形，上饰花纹，身穿广袖袍，袖胡过膝，左右肩有背带。背后冠下施巾，腰带下有短巾，袍的背部服饰种类较多。值得注意的是，崇陵神道西列瑞兽西160米，有一小翁仲，其大小、服饰与北门外控马者相同。在控马小翁仲东10米，一座房屋的西墙基部，有二小翁仲，其一身披袈裟，下垂莲叶，似为佛僧。景陵翁仲位于仗马北22.5米，南北间距22米。翁仲身高2.65米，形制与泰陵相同。光陵东列翁仲仅存其一，位于翼马北155米，形制同景陵；西列翁仲存其四，头戴高冠，冠前饰团花纹，两侧饰羽翅纹，穿广袖长袍，袖胡过膝，脚着靴，双手拄五节剑。贞陵

翁仲形同庄陵。东列应为文官，西列应为武官，均头戴冠，身着宽袖长袍，足蹬圆头履。但现存西列南数第二翁仲，其服饰、造型均同东列翁仲，当为文官。东列现存6个翁仲，均为文官，未发现形同西列翁仲的武官。简陵翁仲现存仅余西列，形制同贞陵。靖陵翁仲现存其二，东西列各有一个。

唐陵翁仲数量较多，在雕刻方面很有特点。这些翁仲都是用整块巨石雕成的艺术品。大者将近4米，小者亦2米有余。从近处看身长腿短，似乎比例失调。但从远处看，却凝重自然，协调大方，有很好的视觉效果。无论是文臣还是武将，都显得庄严肃穆，富有情感。他们冠服不同，神态各异：有的老成持重，满腹经纶；有的魁伟雄健，威武刚强；有的持笏在手，若有所思；有的双手拄剑，默不作声……从这些翁仲身上，我们可以看出唐代雕刻艺术的阳刚之美。

建陵侍臣头像

表8 唐陵翁仲统计表　　　　　　　　　　　单位：厘米

陵名	位置	身高	肩宽	侧厚	石座	础石
乾陵	东1	456	120	60		177×178+57
	东2	400	120	55		167×166+93
	东3	395	120	55		187×185+25
	东4	376	115	53		175×172+48
	东5	380	115	55		187×187+25
	东6	372	117	53		177×180+45
	东7	382	117	55		175×175+45

续表

陵名	位置	身高	肩宽	侧厚	石座	础石
乾陵	东8	310	110	50		170×170+26
	东9	365	115	53		183×185+50
	东10	336	110	50		185×185+65
	西1	395	115	55		
	西2	395	120	55		174×173+60
	西3	412	112	60		176×177+65
	西4	397	120	55		184×174+67
	西5	392	117	55		177×185+31
	西6	420	120	600		170×170+10
	西7	370	118	55		177×175+29
	西8	385	120	55		175×177+28
	西9	230	120			175×170
	西10	380	120	55		177×177
定陵	东列	253	92	51		
	西列	162	94	51		
桥陵	东3	190	105	55		
	东4	267	130		105×80+26	170×176+40
	东5	390	125	55	118×70+27	173×152+75
	东6	410	140	55	123×77+30	176×176+77
	东7	370	120	53	118×92+35	175×175+57
	东9	380	118	55	117×86+25	176×171+60
	西1	410	110	55	115×90+22	180×175+65
	西2	415	110	55	115×70+23	155×150+65
	西4	370	115	53	110×80+20	165×160+65
	西5	403	120	53	115×70+20	155×150+70
	西6	387	110	55	120×70+23	165×110+50
	西8	384	105	55	105×75+18	175×95残+30
	西9	347	110	50	115×75+19	175×175+74
	西10	355	100	50	110×87+22	

续表

陵名	位置	身高	肩宽	侧厚	石座	础石
泰陵	东2	250	75	50		
	东3	250	75	50		
	东4	250	75	50		
	东5	250	75	50		
	东6	220	75	50		
	东7	130	75			
	东9	210	75	50		
	西3	240	75	50		
	西5	250	75	50		
	西6	200	75	50		
	西8	150	80	50		
建陵	东1	210	77	45		
	东2	255	77	46		
	东3	250	78	46		
	东4	252	75	45		
	东5	245	75	50		
	东6	240	75	50		
	东7	240	75	45		
	东8	235	75	45		
	东9	200	75	45		
	东10	230	75	45		
	西1	250	78	50		
	西2	255	78	50		
	西3	220	75	45		
	西4	215	74	45		
	西5	245	76	46		
	西6	245	76	46		
	西7	240	75	46		
	西8	235	75	45		

续表

陵名	位置	身高	肩宽	侧厚	石座	础石
	西9	240	75	45		
	西10	230	75	45		
崇陵	东1	280	81	40	96×56+25	
	东2	278	82	53	81×64+26	
	东3	200	80	60	92×57+24	
	东4	223	90	60		
	东5	275	85	50	94×55+26	
	东6	273	90	61	100×63+27	
	东7	170	90	62	94×残+26	122×94+44
	东9	280	90	50	95×残+22	
	西1	202	90	59	96×64+25	
	西2	275	90	63	100×65+25	
	西3	260	90	62	90×66+25	
	西4	200	90	60	90×64+27	
	西5	286	90	66		
	西8	275	90	64	94×60+27	
	西9	276	90	56	90×65+25	
	西10	277	92	57	90×64+26	
景陵	东1				115×85+45	
	东2	265	80	50		
光陵	东列	263	85	50		
	西1	268	88	48	92×54+22	125×90+50
	西2	170	85	46	125×90+50	
	西3	220	80	46	115×75+20	
	西4	240	80	50		
庄陵	东1	275	80	50	126×97+35	
	东2	270	70	50		
	东3	284	80	55	96×65+16	
	西1	288	85	55	95×64+22	123×93+50
	西2	265	80	50		

071

续表

陵名	位置	身高	肩宽	侧厚	石座	础石
	西3	280	80	55	95×65+20	130×93+18
端陵	东1	200	75	55		
	东2	230	75	55		
	东3	284	80	46	94×63+28	125×95+5
	西1	295	85	66	93×62+25	121×91+40
贞陵	东1	258	90	60		
	东3	175	80	60		
	东4	246	80	60		
	东6	237	80	62		
	东7	255	84	56		
	东8	246	90	60	90×66+30	
	西1	285	80	55		
	西4	288	80	60		
	西5	275	81	60		
	西6	240	80	60		
	西7	250	80	60		
	西10	285	90	60		
简陵	西1	205	85	55		
	西1	155	85	55		

②立仗马

唐代诸陵在祥鸟之北均有五对醒目的高头大马，人们在习惯上称之为"石马"。这些石马不是战马，也不是普通的马匹，而是充当仪卫角色的"仗马"。古人认为"在天莫如龙，在地莫如马"。马是"甲兵之本，国之大用。安宁则以别尊卑之序，有变则以济远近之难"[1]，因而对马特别重视。秦始皇陵有兵马俑，汉景帝阳陵也有兵马俑，从庞大的战马群体可以想见当时对马的重视程度。自霍去病墓前列置石马之后，人臣墓石马者渐多，帝王陵前也开始设置石马。唐人封演在

---

[1]《史记》卷三十《平准书》，第1427页；《后汉书》卷二四《马援列传》，第840页。

《封氏闻见记》中说："秦汉以来，帝王陵前有石麒麟、石辟邪、石象、石马之属，人臣墓前有石羊、石虎、石人、石柱之属，皆所以表饰坟垄，如生前之象仪卫耳。"[1]这就是说，石马等石刻的设置，是模仿帝王生前和仪卫。唐陵石马的设置也是此。

秦汉以来，帝王陵墓上的石马目前尚未发现，可能已不复存在，文献中也没有留下具体的记载，其形制和布局已不得而知。但唐陵神道上的石马现在仍可以看到不少实物。从这些实物来看，绝大多数陵墓都是10匹马，分为五对，排列在神道的两侧。这些石马象征帝王生前立于宫廷之外的仗马。

仗马是天子仪仗的一个组成部分。《新唐书》卷四七《百官志》载："飞龙厩日以八马列宫门之外，号南衙立仗马，仗下，乃退。"[2]《唐会要》卷六五载："天宝八载七月二十五日敕，自今南衙立仗马，宜停，其进马官亦省，十二载正月，杨国忠奏置立仗马及进马官。"[3]又载："大历十四年七月十日，闲厩使奏置马随仗，当使准例，每日于月华门立马八匹，仗下归厩去。"[4]从这些记载来看，唐代南衙外的仗马为8匹，而唐陵神道上的仗马为10匹。对此有人感到不解，说取数为十，当与太宗时期的"十骥"有关。事实并非如此。《旧唐书》卷四四《职官志三》载："进马旧仪：每日尚乘以厩马八匹，分为左右厢，立于正殿侧宫门外，候仗下即散。若大

乾陵立仗马

---

[1]《封氏闻见记》卷六《羊虎》，第58页。一本无"象"字。
[2]《新唐书》卷四七《百官志》二，第1220页。
[3]《唐会要》卷六五《殿中省》，第1128页。
[4]《唐会要》卷六五《闲厩使》，第1129页。

陈设，即马在乐悬之北，与大象相次。进马二人，戎服执鞭，侍立于马之左，随马进退。"[1] 显然，宫外常设仗马是 8 匹，而大陈设时还有 2 匹，加起来正好10 匹。唐以后历代的仗马大体上都是十匹。

仗马要经过严格的挑选和训练。《新唐书》卷二二三《李林甫传》载：李林甫居相位凡十九年，固宠市权，欺下瞒上。谏官皆待禄养资，没有人敢出来诤谏。有一个姓杜的补缺上书言事，被贬为县令。为防止其他人言事，李林甫说："明主在上，群臣将顺不暇，亦何所论？君等独不见立仗马乎，终日无声，而饫三品刍豆，一鸣，则黜之矣！后虽不欲鸣，得乎？"[2] 由此可见，所谓"仗马"实际上就是仪仗之马，每日要在"进马官"的控制下立仗充当仪卫，不能鸣叫，也不能随便走动。

朝堂外立仗马是为了显示朝廷的礼仪。陵墓神道上的仗马自然也是要显示帝王生前的威仪。唐陵除在陵前神道设十匹仗马外，还在陵的北门置仗马六匹，其用意与南门外神道仗马相同。至于北门外设六匹仗马，大概是用来代表"六闲"的。

唐陵置仗马可能开始于太宗昭陵。唐人封演说："国朝因山为陵，太宗葬九嵕山，门前亦立石马。陵后司马门，内又有蕃臣曾侍轩禁者一十四人石象。"[3] 昭陵石马已不存在，究竟是否仗马，很难做出判断。乾陵以下，仗马和"进马"（即驭手）犹存，很可玩味。

乾陵神道仗马五对，每匹长约 2.8 米，高约 1.9 米，头有衔镳，背置鞍鞯，披障泥，备马镫，身着鞴鞦。各马的细部不大相同。马鬃多为披鬃，也有栽鬃和三花。马尾有垂尾也有缚尾。马饰有的鞴、鞦系挂杏叶，有的鞴、鞦系挂珂饰，有的鞴系杏叶，鞦系条饰物，还有的鞴系珂饰，少数仗马于鞍后置火珠。原先各马左侧可能都有一位驭手，现在东列南数第一至第三和西列南数第一至第四仗马的旁边各有驭手一人，略如《唐六典》所载之制。乾陵北门外阙址北 90 米有一对仗马，东西列间距 29.9 米，东列仗马北 15.5 米，又有仗马和驭手石座，其

---

[1]《旧唐书》卷四四《职官志》三，第 1866 页。
[2]《新唐书》卷二二三《李林甫传》，第 6347—6348 页。
[3]《封氏闻见记》卷六《羊虎》，第 58 页。

大小和形制与神道者相同。

桥陵五对仗马大小基本相近，马体肥美，唯有马饰有所不同。东列仗马鞦鞯所系饰物，除南数第三仗马为珂形装饰外，其余均为唐代流行的杏叶，叶中实以宝相花。南数第三个仗马有圆形马镫，鞍鞯侧系五鞘孔绦带，鞍后马背之上置火珠，形如覆莲盆，直径约20厘米。其他仗马未置马镫。西列南数第四仗马，马头转向北（左），马裁短鬃，前有攀胸，系挂杏叶，但后无鞦，有鞍，无镫；南数第三、第五匹仗马均披鬃，鞦鞯俱全，鞍鞯齐备，其侧均有五鞘孔绦带，除南数第三匹仗马的鞦鞯系挂珂饰外，其余仗马均无马镫。桥陵北门外仗马共三对，除西列南数第一仗马为缚尾外，其余仗马的形制、大小均与神道仗马无异。泰陵仗马均已残毁。从所存部分看，马背有鞍无镫，马身置鞦鞯，其下系杏叶。马裁短鬃，马尾下垂。

桥陵立仗马

泰陵北门外有仗马三对，同神道仗马。建陵仗马形制略同泰陵，其变化之处主要是在马颈下系一圆球状的东西，如足球大小。马前原来均有一驭手，现多已残毁，仅存其一。崇陵仗马均残，从残存部分看，马背置鞍鞯、披障泥、饰鞦鞯，马尾下垂。崇陵北门外有三个残翁仲，身穿窄袖袍，腰系革带，双手拱握，脚着小靴，当为驭手。此处原有仗马，已佚。景陵仗马形制与建陵同，马头较长，马面有当卢，系络头，口衔镳，脖下系铃，有鞍鞯、无马镫，马身无饰物，马尾下垂。景陵北门外仗马三对，除西列第三个仗马为缚尾外，其余仗马均与神道仗马

形制相同。光陵现存两个残缺仗马，马背置鞍鞯，均无马镫，披障泥，系鞦鞧，饰杏叶。有一残翁仲，腰系环带，上有裤，从服饰看，系驭手。光陵北门外有仗马三对，均残。残存部分表明，其形制同神道仗马。端陵现有仗马两匹，均残。置鞍鞯、披障泥，无马镫，饰鞦。

景陵立仗马

贞陵仗马马背置鞍鞯，无马镫，披障泥，马身鞦鞧及饰物简化，马尾下垂，脖下系铃。较其他唐陵石刻中之仗马特殊者，贞陵仗马马背之上凿有圆窝。贞陵北门外仗马形制与神道仗马同。简陵仗马现存仅余西列，形制同贞陵。简陵北门外仗马现存三匹，形制亦与神道仗马相同。

从这些情况我们可以看出唐陵的仗马制度，即南门外神道置仗马五对，北门外三对，每匹仗马旁均有驭手，且大小、形制相同或者相似。

仗马是唐代从"六闲"中挑选出来的体形、毛色、个性最好的马，也是最聪明的骏马。唐人挑选骏马的标准依然是：头要方，目要明，眉骨要高，耳朵要竖，鼻孔要大，脊背要强，腿膝要长，等等[1]。这些特点在唐陵仗马身上都得到了体现。仗马照例都要进行装饰。唐代文献中没有留下如何装饰仗马的资料，我们可以从后代的情况加以推测。《清会典图》载清代仗马身上装饰着珠光宝器，看上去十分华丽。《三才图绘》上所绘明代仗马也很华贵。唐代的仗马要享受三品官的待遇，想必也装饰得十分豪华。

---

[1]《初学记》卷二九《马》引《相马经》，第703页。

从唐陵实物来看，仗马头上的络头，额上的叶形当卢，身上的攀胸、鞧鞦、火珠等装饰都十分考究。仗马在雕刻方面趋于写实。马头一般不大，而马肌均较发达。腿部因要支撑庞大躯体，显得较为粗壮，其余部分比例均称，看上去很有精神。当然，唐代近300年，仗马的造型也发生过一些变化。前期的仗马高大、雄壮、粗犷、有神；后期的仗马则变得清秀、逼真。无论是前期的马还是后期的马，在雕刻上都是值得称道的。

表9 唐陵仗马统计表　　　　　　　　　　　　　　　单位：厘米

陵名	位置	立仗马				石座 础石		
		长	宽	高	长	宽	厚
乾陵神道	东1	240		195	175 233	95 155	18 68
	东2	175		136	255	175	78
	东3	180		150	250	165	95
	东4	170		125	238	160	87
	西1				235	161	80
	西2	145		125	202	158	86
	西3	98	128	156 160	135 142	92 92	
	西4	280		190	250	153	88
	西5	230		135			
乾陵北门外	西1	260	75	145			
	东1	201	75	168 235	90 151	15 75	
	东2			230	146	89	
桥陵神道	东1	250	85	200	189 220	100 146	20 68
	东2	255	87	195			
	东3	260	87	195			
	东4	250	83	190			

续表

陵名	位置	立仗马			石座 础石		
		长	宽	高	长	宽	厚
桥陵神道	东5						
	西1	255	87	200			
	西2	255	85	195			
	西3	250	85	195			
	西4	220	83	195			
	西5	250	85	195			
桥陵北门外	西1	113	70	123	123	72	20
	东2	97	62	59	178	110	47
	东3	120	67	113	134 178	78 110	38 39
泰陵神道	东5			120			
泰陵北门外	西3	196	63	155	133	61	13
建陵神道	东列	190		180			
	西列	187		175			
崇神陵道	西5	160					
景陵神道	东1	180	65	160	160 205	70 120	18 25
	东2	160	55	140			
	东3	195	60	155	140 210	70 150	20 35
	东5	197	58	155	145 205	70 150	22 35
	西1	195	60	155	140 210	70 150	20 35
	西2	195	60	155	140 210	70 150	20 35
	西5	200	75	160	130	70	20
景陵北门外	西3	190	65	165	155 211	73 120	21 40

续表

陵名	位置	立仗马			石座 础石		
		长	宽	高	长	宽	厚
景陵北门外	东1	5137 250	74 120	21 31			
	东2	136	60	130	140 213	67 121	20 33
	东3	210	70	80	136 290	71 117	21 42
光陵北门	西1	201	85	80			
	西3	205	84	183			
	东1	5230	150	70			
	东2	201	85	185			
贞陵神道	东1	197	63	125			
	东2	150	62	70			
	西1	155	74				
	西2	195	73	141			
	西3	150	72	100			
	西4	150	73	90			
贞陵北门	西1	202	65	65	177		
	西2	205	65	175			
	东1	215	65	165	145	78	24
简陵神道	西1	140	70	95残			
	西2	180	75	120残			
靖陵神道	东列	60		30			

（4）纪念性石刻

关中唐陵中的纪念性石刻也不少，主要有六骏、蕃臣和石碑等。

①六骏

在丰富多彩的唐陵石刻中，昭陵六骏也以深刻的雕刻背景和精湛的雕刻艺术而受到世人的关注。"六骏"是指唐太宗在建立唐朝和统一全国的过程中，所乘过的六匹骏马。唐太宗不仅是一位杰出的封建帝王，而且是一位优秀的军事家。他在隋唐之际南征北战，驰骋疆场，冲锋陷阵，出生入死，与战马又结下了深厚的感情。贞观十年（636）十一月，他在为自己营建昭陵时，想到了曾经与他屡立战功的六匹战马，决定用青石雕刻六骏的形象，并亲自为之作"赞"，以展现六骏的雄姿，同时炫耀他的武功。这些骏马雕成以后，安置在昭陵北面献殿前的东西两厢，故人们在习惯上称之为"昭陵六骏"。

昭陵六骏即特勤骠、飒露紫、青骓、拳毛䯄、什伐赤、白蹄乌。这些马的名字，有些可能是胡语的音译，有些则可能是唐太宗起的。唐太宗喜欢名马，也喜欢给马起名。史载，贞观年间，骨利干遣使献良马十匹，"太宗奇其骏异，为之制名，号曰十骥：一曰腾霜白，二曰皎雪骢，三曰凝露骢，四曰悬光骢，五曰决波騟，六曰霞飞骠，七曰发电赤，八曰流金䯄，九曰翔麟紫，十曰奔红赤。又为文以述其事"[1]。所以昭陵六骏中的"青骓""白蹄乌"等可能也是唐太宗根据这些马的颜色和奔跑时的形态给起的名字。昭陵六骏采用了浮雕的手法，每匹马都有一段动人的故事，每匹马都是珍贵的艺术品。

特勤骠是昭陵献殿东庑浮雕中的第一匹骏马。这匹马系突厥特勤所赠，黄里透白，喙部微黑，很有灵性。武德二年（619）唐太宗当秦王时曾乘此马与宋金刚作战。宋金刚是刘武周手下的一员猛将，武德二年乘唐军与薛仁杲作战之机率兵攻占山西大部地区，逼近黄河，威胁关中。在此危难之际，秦王李世民主动承担了阻击强敌的任务。他率军趋龙门，渡黄河，

特勤骠

---

[1]《太平御览》卷八九五《兽部七·马》，第 3974 页。

打退敌军前锋，在柏壁（今山西绛县西南）与宋金刚对垒。他采取灵活多变的战术切断敌军粮道，迫使宋金刚退兵。又乘机穷追猛打，人不解甲，马不卸鞍，鏖兵一昼夜，连战数十回合，挫败敌军。最后，李世民一马当先，深入敌后，向敌军大营发起猛攻。敌军大乱，溃不成军。唐军收复太原，大获全胜。军中作《秦王破阵乐》相庆。在这场战役中，特勤骠表现出众，深受李世民的赞赏。后来唐太宗为特勤骠雕像题写赞语："应策腾空，承声半汉，入险摧敌，乘危济难。"高度评价了特勤骠的功绩。

飒露紫

飒露紫在昭陵献殿西庑浮雕诸马中位于第一。这匹马也叫紫燕骝，是纯紫色的骏马，无一根杂毛。李世民曾乘此马与王世充的军队大战于邙山。武德四年（621），李世民根据唐高祖的东进战略，率军进攻洛阳，并与敌军主力在邙山相遇。李世民为试探敌情，乘飒露紫率精骑数十冲入敌阵，在激烈拼杀的过程中，与其他战将失去联系。敌军见状，一齐向李世民扑来。李世民抖擞精神，奋力拼搏，不料坐骑飒露紫被敌箭射中，情况万分危急。就在这时，大将丘行恭赶到，他砍杀敌军主将，把自己的战马让给李世民，一手牵着受伤的飒露紫，一手持刀与李世民"巨跃大呼"，连斩数敌，突围而出，返回唐军大营。李世民当皇帝后，对这件事记忆犹新，"有诏刻石为人马，以象行恭拔箭之状，立于昭陵阙前"[1]，并题赞语："紫燕超跃，骨腾神骏，气詟三川，威凌八阵。"现存飒露紫浮雕正

---

[1]《旧唐书》卷五九《丘行恭传》，第 2327 页。

青骓

如史书所载,作丘行恭拔箭之状,马头偎人,似在忍受巨大的痛苦。此马体形高大,可能出自西域。唐人秦韬玉在《紫骝诗》中写道:"渥洼奇骨本难求,况是豪家重紫骝。臆大宜悬银压胯,力浑欺著玉衔头。生狞弄影风随步,蹀躞冲尘汗满沟。若遇丈夫能控驭,任从骑取觅封侯。"[1]可见,这种马是出自西域的名马,在唐代颇受重视。

青骓雕像在昭陵献殿东庑中位于第二,是李世民在虎牢关与窦建德作战时的坐骑。据宋人游师雄说,此马"苍白杂色,前中五箭"。武德四年,唐军围困洛阳,王世充感到力不能支,遂向河北的窦建德求救。窦建德本为农民起义领袖,在隋朝灭亡后建立大夏政权,与唐王朝和王世充的"郑"相抗衡。他认为唐军在消灭了王世充之后,必然会进攻河北,所以决计发十万大军救郑。五月,双方在虎牢关前展开决战。李世民采取了"后发制人"的战术,首先坚壁高垒,挫了夏军的锐气。等夏军逐渐懈怠之际,展开大规模反攻。反攻一开始,青骓长嘶一声,冲入敌阵,风驰电掣,锐不可当。唐军以一当十,喊声震天。夏军仓促应战,阵营大乱,全线溃退。结果窦建德被擒,夏军失败。王世充见状,只好出城投降。李世民乘胜出击,夺取河北。通过这场战役,消灭了"郑"和"夏",基本上统一了中原。后来,唐太宗给青骓浮雕的赞语是:"足轻电影,神发天机,策兹飞练,定我戎衣。"石刻青骓作疾驰飞奔之状,表现冲锋陷阵的威武神态。马身上五处中箭,前一后四,均系冲锋时被前面的敌军射中。既是迎面射击,

---

[1]〔清〕彭定求等编:《全唐诗》卷六七〇,秦韬玉:《紫骝诗》,中华书局1960年版,第7660页。

而箭多在马的后部,说明此马速度极快。身中五箭仍冲锋不止,足见此马异常神勇。难怪唐太宗对此马十分赞赏。

拳毛䯄,为昭陵献殿西庑的第二匹。这是代州都督许洛仁送给李世民的一匹黑嘴黄马。李世民曾乘此马与刘黑闼作战。刘黑闼是继窦建德之后出现的河北农民起义军领袖。他在武德四年七月起兵反唐,半年之间,攻占河北大部地区。武德五年,李世民再次东征,与刘黑闼战于洺水(即今之漳水)。双方相持两个多月,战斗十分残酷,唐将罗士信等死于沙场。李世民令唐军阻塞洺水上游,诱刘黑闼过河决战。刘军前锋过河,即向唐军发起猛攻。李世民乘拳毛䯄进行阻击,等刘军半渡,从上游决堤放水,使刘军大败。在这场战役中,拳毛䯄身中六箭,可见战斗是何等的激烈。通过这场战役,唐军又收复了河北。唐太宗给此马所写的赞语是:"月精按辔,天马横空,弧矢载戢,氛埃廓清。"

拳毛䯄

什伐赤

什伐赤在昭陵献殿东庑诸马中位于第三,是李世民在与王世充和窦建德作战时乘坐的又一匹名马。此马为纯红色,像是一团烈火。洛阳之役,极为残酷。在飒露紫和青骓相继战死之后,李世民改乘什伐赤。什伐赤可能是来自中亚的"汗血马"。唐太宗在赞语中写道："瀍涧未静，斧钺申威，朱汗骋足，青旌凯归。"赞语中的"朱汗"，可能就是"红色汗血马"的意思。石刻什伐赤作凌空飞奔之状。马身上有五只箭，四只在臀部，系从前方射来，一只在背，系从后方射来。显然，此马在冲锋陷阵时也受了重伤。

白蹄乌在昭陵献殿西庑诸马中位于第三。这是一匹四蹄发白和纯黑色的战马。李世民曾骑此马与"西秦霸王"薛举父子进行过激烈的角逐。唐朝建立之初，盘踞在金城（今兰州一带）的薛举、薛仁杲大举东进，企图颠覆新生的唐王朝。为了巩固关中，解除后患，唐高祖令李世民率军反击。双方在浅水原（今陕西长武县境）展开激烈争夺。起初唐军节节失利，就连军事重镇高墌也落入敌手。针对这种情况，李世民改变战术，据险设营，坚守不战。两个月以后，敌军粮草用尽，进退两难。李世民见时机已到，即以少量兵力诱敌深入，然后亲率劲旅，直捣敌后，使敌军阵脚大乱，慌忙向西北方逃去。为彻底消灭敌人，李世民摧动白蹄乌，乘胜追击，迫使薛仁杲投降。石刻白蹄乌鞍鞯俱全，昂首怒目，鬃鬣迎风，四蹄腾空，神采飞扬。唐太宗也给这匹马写下了"倚天长剑，追风骏足，耸辔平陇，回鞍定蜀"[1]的赞语。

白蹄乌

昭陵六骏是由著名工艺美术家阎立德、阎立本兄弟设计雕刻的。其赞语系唐太宗亲撰，由大书法家欧阳询书丹。总章二年（669），书法家殷仲容将赞语分别题写于各马的石座上[2]。在唐代，昭陵六骏被当作"神物"，相传安史之乱发

---

[1] 唐太宗对六骏的赞语，见《全唐文》卷一〇，太宗皇帝《六马图赞》，第124—125页。
[2]（民国）武善树：《陕西金石志》卷八。三秦出版社2017年影印本。

生后,昭陵六骏曾在潼关南原阻击叛军,这大概是当时的人们思念太宗武功而编造出来的神话。北宋时,陕西转运判官游师雄对昭陵六骏十分推崇,鉴于六骏位于九嵕山上,"自山下往返四十里,岩径峭险,欲登者难之"的情况[1],特在昭陵南边的太宗庙中彩塑昭陵六骏,并树立了《昭陵六骏碑》。20世纪初,昭陵六骏遭到外国强盗的破坏,被打破运出昭陵。1914年美国文物贩子窃走了这组石刻中的"飒露紫"和"拳毛䯄"两件,运放在美国费城宾夕法尼亚大学博物馆陈列。其余四骏现在收藏于碑林博物馆。

六骏在雕刻上采用了浮雕的艺术手法,这在唐陵石刻中是一种创造。浮雕每方高约1.71米,宽2.04米左右,厚0.3米,四周有边。马身雕刻精美,神态各异。马头上侧有一尺见方的空白地带,据说是当年题刻赞语的地方。现在,马头上方文字磨灭,已不可见。石座上殷仲容刻写的赞语也已模糊不清。从这些石刻来看,它以太宗当年所乘的六匹骏马为原型,准确、形象、生动地反映了六骏的状况,不仅形似,而且也很有神韵。在六骏中,有五匹战马颈上都有"三花纹"。战马的鞍鞯装饰也清晰可辨。通过这些战马,人们不难想见1300多年前的战阵场面,也不难看出当时战马的装备情况。很显然,这些战马是当时历史的见证,同时也都具有很高的艺术水平。明代诗人王云凤所说:"秦王铁骑取天下,六骏功高画亦优。"这种说法是有一定道理的。

②蕃臣

关中唐陵中的石人,除司马道两侧的文武侍臣和仗马旁边的"进马"以外,还有一些少数民族石像。人们在习惯上称之为"蕃像""诸蕃君长像"或"宾王像"。唐朝以前,坟墓上很少设置蕃像,除西汉霍去病墓石刻中有"马踏匈奴"和"野人"像以外,其他坟墓尚无设置蕃像的记载,帝王陵墓前更无设置蕃像者。但到了唐朝,情况发生了很大变化。关中唐陵中蕃像大量出现,这是唐陵石刻的一个显著特点。

唐陵设置蕃臣像始于太宗昭陵。唐太宗在位期间,比较注意处理中央政权与

---

[1]〔清〕王昶:《金石萃编》卷一三九《游师雄六骏碑》。陕西人民美术出版社1990年影印扫叶山房本。

昭陵"吐蕃赞府"像基座

周边少数民族之间的关系，实行了开明的民族政策。他曾不止一次地说过："自古帝王皆贵中华而贱夷狄，朕独爱之如一。"抛弃了对少数民族的偏见，按照"降则抚之，叛则讨之"的原则解决民族问题，受到少数民族的信赖和爱戴，被推为"天可汗"[1]。当时少数民族纷纷表示归附，出现了前所未有的盛况。故唐高宗在为太宗皇帝举行葬礼时，率先在昭陵设置了蕃像。《唐会要》卷二〇载："上欲阐扬先帝徽烈，乃令匠人琢石，写诸蕃君长、贞观中擒伏归化者形状，而刻其官名。"[2] 当时雕刻的蕃像共有14个，人称"十四国君长像"。他们是：突厥颉利可汗右卫大将军阿史那咄苾、突厥颉利可汗右卫大将军阿史那什钵苾、突厥乙弥泥孰俟利苾可汗右武卫大将军阿史那思摩、突厥都布可汗右卫大将军阿史那社尔、薛延陀真珠毗伽可汗、吐蕃赞普、新罗乐浪郡王金贞德、吐谷浑河源郡王乌地也拔勒豆可汗慕容诺曷钵、龟兹王诃黎布失毕、于阗王伏阇信、焉耆王龙突骑支、高昌王左武卫将军麴智盛、林邑王范头黎、帝那伏帝国王阿罗那顺。从宋人游师雄《昭

---

[1]《资治通鉴》卷一九八，太宗贞观二十一年正月丙申，第6245页。
[2]《唐会要》卷二〇《陵议》，第395页。

陵图》和元人李好文《昭陵图说》来看，宋元间十四国君长像保存完好。清人林侗曾在《唐昭陵石迹考略》记述说十四君长"拱立于享殿之前。皆深目大鼻，弓刀杂佩。壮哉，诚异观也"。"诸石像高九尺，逾常形。座高三尺许。或兜鍪戎服，或冠裳绂冕，极为伟观"。林侗生活于乾隆年间，这就是说清朝前期十四国君长像仍然存在。但现在这些石像都不见了。考古工作者曾在昭陵献殿一带发现七个石像座，石座上刻有蕃君长的名字，分别是：突厥都布可汗右卫大将军阿史那社尔、焉耆王龙突骑支、吐蕃赞府（普）、高昌王左武卫将军麴智勇、薛延陀真珠毗伽可汗、于阗王伏阇信和婆罗门帝那伏帝国王阿那顺。其姓名和官职与文献所载略有差异。

乾陵中蕃臣像大量增加，并分为两组，每组南北4行，东西8排，分别侍立于南门阙内的东西两侧。其总数达到60余人。从有关资料来看，乾陵蕃臣像的增加与唐高宗和武则天时期的民族状况有密切的关系。在唐高宗和武则天统治时期，唐朝的国力空前强大，统治势力北逾大漠，西越葱岭，达到中亚的两河（阿姆河、锡尔河）流域。周边少数民族与唐朝的往来十分频繁，"四夷酋长"多被任命为唐朝的地方官。同时在朝廷担任十二卫大将军等职。根据这种情况，神龙元年（705）唐中宗在埋葬武则天时，就仿照唐高宗埋葬太宗时的做法，把当年曾"侍轩禁者"，即曾在朝廷中任职的蕃酋60余人雕刻成像，置于乾陵，以反映唐高宗和武则天的统治权力及各政权与唐王朝的关系。宋人赵楷在为游师雄《乾

薛延陀真珠毗伽可汗像座　　焉耆王龙突骑支像座　　于阗国王伏阇信像座

陵图》所写的"记"中说:"乾陵之葬,诸蕃之来助者何其众也。武后曾不知太宗之余威遗烈,乃欲张大夸示来世,于是录其酋长六十一人,各肖其形,镌之琬琰,庶使后人皆可得而知之。"[1]后人多据此发挥,认为这些蕃臣是营建乾陵时前来助役的人或者是前来祭奠唐高宗的人。事实并非如此。因为乾陵有些蕃臣像的衔名有"故"字,也就是说,在唐高宗和武则天亡之前,他们就已经死了,是不可能来助役或参加祭奠活动的。核实而论,这些人都是唐高宗和武则天统治时期归附唐朝,并在唐朝担任过高级职务的少数民族首领。

乾陵蕃臣像最初可能是64个,每个石像的背部都刻有像主人的官衔和姓名。到北宋时,蕃臣像只存61尊,且"姓名漫灭"。陕西转运使游师雄"访奉天县旧家所藏拓本完好者摹刻四碑"[2]。可惜的是这四通石碑到元代仅余其三,且有残损。李好文在《长安志图》中只录出39人的官衔和姓名。清初叶奕苞在《金石录补》中录出38人。到现在,乾陵蕃臣像上留有名衔者仅6人,其官衔姓名可考的也只有36人。这36人中,有吐谷浑、吐蕃、突厥首领各二人,其余都是来自安北、北庭、安西等都护府和少数民族首领。其中安北都护府属下回纥诸部酋长有:故左威卫大将军兼金微都督仆固乞突、故左卫大将军兼燕然大都督葛塞匐、左威卫大将军兼坚昆都督结簧蚕匐肤莫贺咄。北庭都护府属下西突厥诸部酋长有:故大可汗骠骑大将军行左卫大将军昆陵都护阿史那弥射、十姓可汗阿史那元庆、左威卫将军鹰娑都督鼠尼施处半毒勤德、故右威卫将军兼洁山都督突骑施傍靳、故左武卫将军兼双河都督摄舍提暾护斯、故左威卫大将军兼匐延都督处木昆屈律啜阿史那盎路、吐火罗叶护咄伽十姓大首领盐泊都督阿史那忠节、右金吾卫大将军兼大漠都督三姓咽麫叶护昆职、十姓可汗阿史那斛瑟罗、右领军将军兼千泉都督泥孰俟斤阿悉吉度悉波、故右金吾卫将军兼俱兰都督阙俟斤阿悉吉那靳、故右卫将军兼颉利都督拔塞干蓝羡、碎叶州刺史安车鼻施、故左武卫大将军突厥十姓衙官大首领吐屯社利。安西都护府所属诸族酋长有:故右骁卫大将军兼龟兹都督龟兹王白素稽、故右武卫将军兼龟兹都督龟兹王白回地罗徽、龟兹大首

---

[1]〔元〕李好文:《长安志图》卷中《昭陵图说(诸陵附)》。三秦出版社2013年版,第48—49页。
[2]〔清〕叶奕苞:《金石录补》卷二二《唐乾陵石人姓名》。商务印书馆丛书集成初编本。

领那利自阿力、疏勒王裴夷健密施、于阗王尉迟璥、朱俱半国王斯陁勒、播仙城主何伏帝延、康国王泥涅师师、石国王子石忽那、吐火罗王子特勤羯达健、右骁卫大将军兼波斯都督波斯王卑路斯、波斯大首领南昧、大首领可汗颉利发（残）。吐谷浑、吐蕃、突厥首领及使臣有：吐浑青海王驸马都尉慕容诺曷钵、吐谷浑乐王徒耶钵、吐蕃大酋长赞婆、吐蕃使大论悉曩热、默啜使移力贪汗达干、默啜使葛逻嗔达干[1]。这36位蕃臣只是乾陵蕃臣的一部分，其数量已远远地超过昭陵的蕃臣像。这些臣的官阶也很高，大都是三品以上的大官。这说明，在唐高宗和武则天统治时期，周边少数民族首领在朝中任职的情况更为普遍。

乾陵蕃臣像在明代中后期遭到很大的破坏，"仆竖相半"，多已无头[2]。到20世纪初，所有石像"均已失去头部"[3]。关于这些石像无头的原因，现在还不明确。相传石人成妖，践踏庄稼，被当地百姓打掉了头。这种说法显然是不能成立的。所以又有人说，蕃像头可能是在近代被外国文物贩子掠走。这种说法也没有可靠的证据。从有关资料分析，这些蕃臣像的破坏有自然的因素，也有人为的因素。在明代以来关中地区发生的大地震中，可能有一些蕃像仆倒，甚至摔坏。但大部分蕃像的头可能是被人故意打掉弄走的。由于这些石像的头部均失其所在，我们已无法弄清这些蕃臣的具体相貌。从现存石刻状况来看，这些蕃臣的服饰和发型是不尽相同的，大多穿窄袖阔裾服装，也有个别的袖胡较长，有圆领、大翻领或斜叉领，腰束带，脚穿靴，双足并立，两手前拱，头发有卷发，也有披发。雕刻工艺都是相当高超的。站在这

乾陵吐火罗王像

---

[1] 陈国灿：《唐乾陵石人像及其衔名的研究》，《文物集刊》（2），文物出版社1980年版，第190—201页。
[2]〔明〕宋廷佐：《游乾陵记》；都穆《使西日记》。
[3]〔日〕足立喜六著：《长安史迹研究》，王双怀等译，三秦出版社2003年版，第278页。

些蕃臣像前，我们还可能想见当年朝堂中蕃臣侍立的场面。

除昭陵和乾陵以外，定陵、桥陵、泰陵、建陵、崇陵、庄陵和简陵也有一些石刻蕃像。这些蕃像的形制、服饰和所在位置与乾陵相似，但其背部不见刻文，文献中也未对这些蕃像做任何记载。定、桥、泰、建诸陵蕃像极少，且均已残毁。崇陵、庄陵和简陵的蕃像较小，最多的也只有八个。无论从数量上还是雕刻工艺上看，都与乾陵蕃臣像有很大的差距。这种情况的出现，无疑是当时政治、经济形势和民族关系变化的结果。

③石碑

碑的起源很早，最初是用于引棺下柩。后来，人们为"追君父之功美，以书其上，后人因焉，故建于道陌之头显见之处，名其文而谓之碑"[1]。到秦汉时就形成了立碑的传统，"死有功业，生有德政者"都要立碑。[2]唐代非常重视立碑，《唐会要》载贞观中议立碑，"勒石纪号，垂裕后昆，美盛德之形容，阐后王之体烈，其义远矣"。[3]《唐语林》卷一碑志条载："长安中争为碑志，若市贾然。大官薨，其门如市，至有喧竞构致，不由丧家者。裴均之子求铭于韦相，许缣万匹。贯之曰：'宁饿不苟'。"[4]由此可见，唐代立碑之风甚盛。但唐代帝王陵墓上却很少立碑。唐陵立碑者只有乾陵和定陵。这主要是由于自古帝陵"礼无神道碑"的缘故。

在帝王陵前立碑是女皇帝武则天的创举。唐高宗死后，武则天非常悲痛。为了纪念唐高宗，她破例在乾陵南门外司马道右侧立了

述圣纪碑

---

[1] 刘熙撰：《释名》卷六《释典艺第二十一》，中华书局1985年版，第102页。
[2]〔宋〕高承撰：《事物纪原》卷九《吉凶典制部第四十七》神道碑条，中华书局1989年版，第483页。
[3]《唐会要》卷七《封禅》，第83页。
[4]〔宋〕王谠撰，周勋初校正：《唐语林校正》卷一《德行》，中华书局1987年版，第25页。

一通巨大的石碑。这通石碑不叫神道碑，而称作《述圣纪》。开元二年，中书侍郎苏颋曾上书说："帝王及后礼无神道碑，近则天皇后崇尚家代，犹不敢称碑，刻为述圣纪。"[1] 事实上，武则天之所以把这通石碑称作《述圣纪》而不称作"神道碑"，

无字碑碑首

并不是不敢称碑，而是有两个方面的原因：一是当时臣下的墓碑均称神道碑，作为帝王，宜与臣下有所区别；二是武则天立此碑的目的主要是为了颂扬唐高宗的功德，称作《述圣纪》非常恰当。

据说碑石来自于阗[2]。碑高 7.5 米，边宽 1.86 米，碑身分为五段，上有盖，下有座，榫头、卯眼扣接，凡七节，又称"七节碑"，但文献中一般都写作《述圣纪》。《述圣纪》碑文是武则天亲自撰文，由唐中宗书写的，洋洋 8000 言（一说 5500 字）。由于年代久远，风吹雨蚀，加之人工拓损，已漫漶残泐。但从留下的文字来看，仍充满了对高宗的赞美，武则天把永徽以来唐王朝所取得的成就，全部推到高宗身上[3]。据说此碑刻成后，复嵌金屑，碑文在阳光照射下闪闪发光，使宏伟的陵园显得更加壮观。

武则天死后，与唐高宗合葬，乾陵南门外司马道的左侧，又出现了一通巨大的石碑。这块石碑与《述圣纪》相去 61.6 米，隔司马道与《述圣纪》相对。由于这块石碑当初未刻一字，故人们在习惯上称之为"无字碑"或"没字碑"。无

---

[1]《唐会要》卷二一《诸陵杂录》，第 418 页。
[2]《陕西金石志》卷九。三秦出版社 2016 年影印本。
[3]《唐文续拾》卷一，《全唐文》卷九五，《金石萃编》卷六〇。

字碑由一块巨石雕成，通高 7.46 米、宽 1.20 米。碑座长 3.37 米、宽 2.61 米，重约 100 吨。碑头螭首下垂，碑身两侧与碑座四侧线雕云龙和祥兽纹饰。碑侧有"升龙图"，座上有"狮马图"。宋、金以后，此碑始有游人题字。现有题刻 13 条；碑侧线刻升龙纹，碑座四周线刻祥兽纹，如狮、马纹等，写实特点突出。

定陵只有一通无字碑，已毁。据说其大小、形制与乾陵无字碑相近。碑高 5 米、宽 2 米、厚 1.3 米，碑座长 3.3 米、宽 2.6 米。碑头浮雕螭龙，碑身正面平光，左右侧线刻狮、麟、龙、凤等祥兽纹饰[1]。

除上述石刻外，唐陵陪葬墓中还有许多石刻。从某种意义上说，唐陵陪葬墓中的石刻也是唐陵石刻的一个组成部分。唐陵陪葬墓以唐代前期的献、昭、乾诸陵为多，陪葬墓中的石刻也是如此。大体说来，陪葬墓的石刻组合是与墓主人的等级相适应的。唐代陪葬墓依墓主的身份、地位，分为覆斗形、山丘形和圆锥形三种。覆斗形墓，墓前有石人一对（东西分列），再南东列石羊三只，西列虎三只，再南石柱一对（东西分列），再南石碑一通。山丘形墓，墓前均有石刻，其组合为石人一对（东西分列），再南东列石羊三只，西列石虎三只，再南石碑一通。圆锥形墓，墓前石刻一般为石羊、石虎和石柱。值得注意的是，陪葬墓的碑、志很多，它不仅保存了初唐至盛唐绚丽多彩的书法，而且一些碑头、碑侧的浮雕、线雕纹饰也反映了初唐至盛唐的石雕艺术，目前已发现陪葬墓石碑 41 通，墓志 8 合。陪葬墓不是唐陵的主体，所以对于陪葬墓中的石刻就不详细介绍了。

2. 石刻的分期

唐陵石刻的组合在有唐一代，曾发生过若干变化。献陵是关中地区修建最早的唐代帝王陵墓，其石刻组合在唐代诸陵中尚处于草创阶段。陵园四门外两侧 4.5 米处各有石虎一对。南门外近 400 米处的神道两侧有华表一对。华表北 70 米处又有犀牛各一对。神道宽 39 米，华表、犀牛相对而立。这样的组合是前所未有的。

---

[1] 刘庆柱、李毓芳：《陕西唐陵调查报告》，《考古学集刊》第 5 集，中国社会科学出版社 1987 版。

从现有资料来看，秦汉时期的帝王陵墓上没有石刻[1]。魏晋南北朝时期的帝王陵墓中虽然出现了辟邪、狮子和墓表等石刻，但其形制与组合也与献陵石刻不同。所以献陵石刻及其组合方式有一定的创造性。献陵石刻比前代皇帝陵墓的石刻丰富，但总的说来数量较少，尤其是数百米长的神道两侧只有一对华表和一对犀牛，显得比较空旷。

十多年后，唐太宗和唐高宗在营建昭陵的时候，对陵墓石刻及其布局进行了若干调整。唐人封演在《封氏闻见记》中说："太宗葬九嵕山，门前亦立石马，陵后司马门内，又有蕃酋曾侍轩禁者一十四人石像，皆刻其官名。"[2]也就是说，昭陵南神道有石马，北门外有14个蕃酋石像。封演在这里所提到的石刻只是昭陵石刻的一部分，并不是它的全部。《唐会要》在记述雕刻14蕃酋像之后载："乃又刻石为常所乘破敌马六匹于阙下。"[3]考古工作者又在昭陵后寨村发现了石狮。这说明，昭陵的石刻及其组合情况与献陵很不相同。虽说昭陵的石刻较献陵丰富，但从整个唐陵情况来看，还没有形成定制。

唐陵石刻及其组合的基本模式是从乾陵确定的。乾陵四门外各有石狮一对。南面神道宽25米，长约1公里，由南向北有华表、翼兽、鸵鸟各一对，仗马和驭手五对，石人十对，石碑两通，蕃酋像61尊。石刻分东西排列，对称布置。翼兽在华表北30米处。鸵鸟距翼兽约220米。仗马与鸵鸟相距18.5米，仗马与仗马之间，仗马与翁仲之间，翁仲与翁仲之间的南北距离也在18米左右。石碑南距翁仲17.4米，北距南门21.6米，两碑间距61.6米。蕃酋像位于南门阙北18米处，分东西两组排列。北门外又有仗马三对。与献陵石刻和昭陵石刻相比，乾陵石刻种类更多，数量更大，组合更加完美。尤其是神道两侧大型石刻的增加，在唐陵中形成了一道蔚为壮观的风景线，不仅具有独特的装饰效果，而且使唐陵显得更有气势。很显然，乾陵石刻的这种组合与布局，是在献陵石刻和昭陵石刻组合的基础上进一步调整、完善的结果。

---

[1] 霍去病墓有石刻14件，但不属于帝陵石刻，其形制也与后代的神道石刻有所不同。
[2]《封氏闻见记》卷六，第58页。
[3]《唐会要》卷二〇《陵议》，第396页。

乾陵神道石刻组合

由于乾陵的石刻组合已趋于完善，因而受到后人的重视。高宗以下唐代诸陵石刻，大体上都是仿照乾陵设置的。比如，诸陵四门外都有石狮一对，神道自南而北，都有华表、翼兽、仗马、翁仲等石刻。其数量和排列顺序也与乾陵相似。说明乾陵石刻已经形成了一种制度，并且得到后世的遵从。

当然，乾陵以后的唐代诸陵，在遵从乾陵石刻制度的过程中，也曾经进行过一些小的变革，因而诸陵石刻及其组合并不是完全一致的，也存在着一些差异。定陵四门外石狮的排列与乾陵基本相同。神道石刻原来较多，由乳台二阙址向北依次有华表一对，翼马一对，仗马三对，翁仲五对，蕃酋翁仲一对，无字碑一通。石刻总数少于乾陵，形制也较乾陵石刻为小。桥陵东门外二狮相顾而视，其他则与乾陵石狮相似。神道很宽，达60余米，两侧的石刻由南向北计有华表、翼兽和鸵鸟各一对，仗马五对，翁仲十对。所有石刻都很高大，石刻南北之间的距离一般在28米到29米之间。泰陵门狮与桥陵基本相同，但体型变小。神道也比较宽，石刻由南向北亦为华表、翼兽和鸵鸟各一对，仗马五对，翁仲十对。北门外仗马与乾陵、桥陵相同。只是造型又有一定的变化。建陵神道石刻组合与泰陵相同，东西两列之间的距离为160米，翼兽离华表28米，仗马、翁仲间的距离则为32米。元陵石刻原来较多，现在仅有陵园东、西、北神门外石狮和北神门外仗马残块，石狮形制、大小与泰陵同。崇陵、丰陵石刻组合同泰陵。但崇陵又多了一些小翁仲。景陵、光陵神道石刻组合同泰陵，石刻之间的距离大体上在22米到24米之间。景陵北门外又有小石狮两对。庄陵神道石刻计有华表、翼兽和鸵鸟各一对，石人六个。石刻东西两列间距67.5米。章陵石刻组合原同泰陵，现均被破坏，已无从考证。端陵神道石刻现有华表一个、翼兽和仗马各两个、翁仲四个，鸵鸟一个。翁仲形制同庄陵。但东列翁仲的左侧不佩剑，腰带下无前后花结长帛。贞陵神道石刻组合略同泰陵。石刻间的距离约23米。北门外仗马与神道仗马相似。简陵神道石刻组合与贞陵相似，有小蕃酋翁仲5个，还有2个小翁仲。靖陵神道石刻组合略同庄陵。由此可见，中宗以后诸陵石刻基本上都是按照乾陵的样子设置的，虽然有变化，但变化不大。

上面论述了唐陵石刻的组合。通过这些情况可以看出，唐陵石刻是唐代帝王生前仪卫的象征，是当时朝仪的缩影。关中唐陵的修建，前后经历了250多年时间。在这250多年间，唐朝的社会状况发生了一系列的变化，唐陵石刻也随之发生着变化。正因为如此，诸陵石刻组合既有其共性，又有其个性。大致说来，华表、瑞兽、祥鸟、仗马、侍臣集中分布于南门外神道两侧，石狮分布于陵园的四门之外，各种石刻皆对称分布，是其共性；而献陵有"石犀"，昭陵有"六骏"和"十四国君长像"，乾陵有"六十一宾王像"，有《述圣纪》和《无字碑》，则是其个性。根据关中唐陵石刻的演变情况，可将唐陵石刻分为四个时期。

第一期：包括高祖献陵和太宗昭陵。这一时期唐王朝处于建立和巩固的阶段，陵墓石刻组合制度尚属草创，石刻数量相对较少，在雕刻手法上还带有一些魏晋南北朝时期的遗风。但是，石刻形制宏大，气势非凡，如献陵的石狮和犀牛都是巨型的雕刻。各种动物又作行走之状，锋芒毕露，显示出朝气蓬勃的时代精神。献陵陵园四门均置门兽，这在帝王陵墓中可能是最早的。昭陵列置十四国君长像和六骏像，对以后唐陵列置蕃像和北门六马也有很大的影响。

第二期：包括高宗乾陵、中宗定陵和睿宗桥陵。这一时期唐王朝处于从"贞观之治"到"开元盛世"的发展阶段，社会安定，国力强大，国家的各种制度均已形成，陵园制度也得到确立：陵园四门外各置石狮一对。神道两侧石刻由北向南依次为侍臣十对，仗马五对，祥鸟、瑞兽、华表各一对。北门外置仗马三对。

南门外置石碑（桥陵无），内列蕃酋像。石刻造型逐渐理想化，高大、雄壮，气势恢宏。雕工精细，线条流畅，如行云流水，富有美感。不仅刻画了祥鸟瑞兽、仪卫人马和蕃臣的外部特征，而且表现出了他们的个性。无论从哪个方面讲，这一时期的石刻都有很高的成就，充分显示了大唐雕刻的艺术水平。

第三期：包括玄宗泰陵、肃宗建陵、代宗元陵、德宗崇陵、顺宗丰陵。这一时期唐王朝经历了由盛到衰的转折，国力已不能和盛唐时期相比，但在文化上尚能继承盛唐时期的传统。在陵墓石刻

景陵石刻组合

方面基本上沿用着第二时期的组合方式，但刻意追求对称，不但文武侍臣按左文右武的方式排列，就连狮子、祥鸟也多分为牡牝，按左牡右牝的方式排列。石刻体型明显变小，在造型上趋于写实，失去了第二时期雄伟、豪迈的特征。但所雕人物鸟兽躯体肥胖，肌肉发达，装饰华丽，颇为美观。其中不少雕刻也称得上是不朽的艺术品。

第四期：包括宪宗景陵、穆宗光陵、敬宗庄陵、文宗章陵、武宗端陵、宣宗贞陵、懿宗简陵和僖宗靖陵。这一时期唐王朝已失去了活力。藩镇割据、宦官专权、朋党之争的情况愈演愈烈，社会矛盾不断加深，使唐王朝日益衰落。这种情况对当时的陵墓制度也有重要的影响。总的看来，这一时期帝陵石刻也变得卑小。石刻种类组合上出现了混乱现象。雕刻水平下降，线条粗简，有形而无神，视觉效果较差。除少数石刻属于精品外，大部分石刻都不能与第三时期相比，更不能与第二时期相比。显然，此时唐陵雕刻艺术的衰落，正是唐王朝衰落的结果。

第四章
唐代帝陵的绘画艺术

唐代帝陵不仅有大量精美的石刻，而且还有很多精美的绘画作品。这些绘画作品是以壁画和线刻画的形式存在的。壁画均绘于墓道或墓室，至于线刻画则散见于陵园石刻和墓门、石椁之上。无论是壁画还是线刻画，都有很高的历史价值和艺术价值。

1. 唐陵壁画

唐代帝陵中绘有大量的壁画[1]。唐代壁画的取材，与墓主生前的生活片段息息相关。除青龙、白虎、列戟、仪仗外，既有广阔的野外场景，也有宫廷内部的许多庭院小景。"画家们巧妙地利用了墓葬的不同部位，将各类题材布置在适当的位置上"[2]。

壁画的制作过程大体上可以分为四步：第一步：先将墙面整平，再抹上麦草泥做底层。第二步：待稍干后，即将掺有麻类纤维的白灰泥抹平，制成平坦的白

---

[1] 王仁波、何修龄、单暐：《陕西唐墓壁画之研究》（上），《文博》1984年第1期，第39—52页。
[2] 王仁波：《唐懿德太子墓壁画题材的分析》，《考古》1973年第6期，第381—393页。

灰墙皮。第三步：当白灰墙皮似干未干时，用香头及炭条在上面起稿，经修改，图形准确以后，即勾画墨线的白描稿。第四步：采用"硬抹实开"的办法在白描稿上着色，分别用单线平涂、晕染、叠晕的方法着色。尽管靖陵之外的唐陵目前尚未发掘，但从已发掘的唐陵陪葬墓来看，唐陵壁画形式多样，内容丰富，水平高超，与敦煌壁画一样，代表着唐代壁画艺术的最高成就。

从大量资料来看，唐陵壁画涉及祥云瑞草、龙虎鸾凤、城阙园林、卤簿仪仗、宫廷活动、日常生活、休闲娱乐诸多方面，对我们了解唐代的建筑风貌、宫廷生活、服饰制度、日常生活都是很有帮助的。

考古工作者在昭陵新城长公主墓、长乐公主墓、韦贵妃墓、阿史那忠墓，在乾陵永泰公主墓、懿德太子墓等墓葬中，都曾发现城阙图。其中懿德太子墓中的《阙楼仪仗图》是最具有代表性的。此图高305厘米，宽298厘米，下图高304厘米，宽296厘米。内容反映的是身为太子的李重润率兵即将出城的一个宏大场面。画面描绘了高大的阙楼及与之相连接的坚固的城墙，城墙下是由26人组成的人

懿德太子墓阙楼图

马肃立的仪仗队伍，旗幡被山风吹动而飘扬，背景以城外的峰峦叠嶂作为衬托，更显得画面的宏伟与壮观。仪仗队由骑兵和步兵两个队列组成，官兵们个个精神饱满，列队庄严肃穆，充满着高昂的士气和昂扬的斗志，是封建时代太子大朝仪仗时的煊赫场面情景的再现。与城阙相关的还有住宅建筑。如李寿墓墓室北壁就有一处贵族宅院。庭院内主体建筑为歇山顶庑殿面阔三间，其后为布置山石树木的园林。由此可见唐代贵族宅第之一斑。

唐陵陪葬墓中有大量的侍卫仪仗图像。在唐代，皇帝的仪仗称作卤簿，达官贵人也有与其身份地位相应的仪卫。唐陵的不少陪葬墓中都有侍卫仪仗。乾陵章怀太子等墓的《仪卫图》是最典型的。该图高222厘米，宽277.5厘米，共两幅，东西对称，内容相同，均各为十人组成。东壁仪仗图第一人形体高大，圆脸长发，身穿窄袖翻领蓝灰长袍，束带，黑靴。双目凝视前方，面部表情严肃，双手拄剑。似为仪仗队领班。其后每三人一队共三队。他们均头裹红幞头巾，身着圆领窄袖长袍。腰佩弓箭、箭囊及宝剑。各队中的第一人手持大旄，第一小队持熊旗，第二小队持鹰旗，第三小队持云纹旗。第三组中的最后一个手持钥匙。西壁人物相同，唯西壁旗帜已毁。其中所持之旗，可能是左右卫队旗。尽管图像有所残缺，但仍在一定程度上反映了唐代贵族出行的礼仪。

有关宫廷生活的画面在唐陵壁画中亦出现。章怀太子墓中的《礼宾图》（或称为《客使图》）就是其代表。礼宾图东西遥相对称，每图六人组成。东壁第一、二人相对而立，第三人半侧面。他们均戴有纱罩的笼冠，红长袍，宽衣束带，面庞丰满，神态和善。第三人手持笏板。第四人北向微侧面，

懿德太子墓仪卫图

长圆脸卷发,浓眉高鼻,目光炯炯有神。身穿翻领紫袍,两手叠于胸前。第五人半侧面,椭圆形脸,面庞丰满,须眉清晰,朱唇。头戴羽毛帽,帽前着朱色,两旁为绿色,两侧有带束于颈下,两耳露于外。双手拱于袖中。穿大和服,束白皮带,黄靴。第六人头戴皮帽,圆脸无须,身披圆领大氅,皮裤皮靴,两手拱于袖中。西壁第一至第三人,其服饰与东壁的第一至第三人相同。只是第一人双臂反剪,转头四顾其他五人。第四人宽圆脸,黄长袍,圆领窄袖。束腰带下系一短刀。蓄发梳于脑后。第五人长脸,大眼,头发高耸,束于脑后。身着圆领窄袖长袍。额头面颊鼻梁涂朱。第六人长脸,鼻高深目,络腮胡。戴胡帽,穿大翻领灰色长袍。束带,黑靴,持笏。从图中的人物特征及结合唐代有关文献资料来看,图中的这些外国人可能来自东罗马、日本、新罗、百济、高丽等国[1],是唐朝与周边国家的友好往来的见证[2]。

　　日常生活的片段在唐乾陵壁画中随处可见。宫女是墓室壁画中描绘最普遍和最具有特色的题材,其中永泰公主前墓室东壁南侧的《宫女图》(也叫《侍女图》)最为生动传神。画面上描绘了九位栩栩如生的身着宫装的宫女,为首者双臂交叉于腹前,挺胸趋步前行,姿容高雅华贵,有学者们认为她可能是墓主人永泰公主李仙蕙。其他宫女神态各异,服饰与发式不同,她们各司其职,手持宫廷贵族日常生活用品,分别捧盘、执杯、抱物、执扇、端蜡烛和拿拂尘。她们的发式有高髻、单刀髻、单螺髻、

章怀太子墓礼宾图

[1] 王维坤:《唐章怀太子墓壁画"客使图"辨析》,《考古》1996年第1期,第65—74页。
[2] 樊英峰:《乾陵唐墓壁画的历史价值》,《文博》2003年第1期。

双螺髻。在服饰方面,身体多着曳地长裙,外着半臂披彩帛,薄衣单衫,露颈袒胸,脚着如意尖头履,有的身着圆领窄袖长袍,腰束带,内穿条纹裤,着透空鞋。画面表现了一个夏令之夜,侍女们列队去侍奉主人的情景。画家从正面、背面及侧面等不同角度,运用参差错落的

永泰公主墓侍女图

人物布局,虽然没有任何背景衬托,却使这幅看似平淡的人物画,充满了韵律感和一种生动和谐的美感。特别是画面上所描绘的右起第四位捧杯侍女的形象,她身材修长,丰颊秀眉,双手捧着一只高脚杯,身体呈反"S"曲线而立,画家在细致的观察生活之后,画出她外在形象的同时更画出了她内在气质、风度和神韵,且赋予她一个优美的站立捧杯动作。我们不难发现,她若把杯子捧得高一点,会显得过了,再低一点,则显得谢了,她的姿态可以说不高不低,恰到好处,这是一种自然合度的动作美。所以日本《朝日新闻》美术部主任疋田桂一郎曾经评价她是"中国古代第一美人"。这幅形神兼备的艺术作品,堪称人物画中的杰作。

　　至于休闲娱乐的画面在唐陵壁画中亦屡见不鲜。如章怀太子墓前墓室西壁的《观鸟捕蝉图》描绘了三个侍女在宫廷花园内嬉戏游玩的瞬间情景,仅用一树、一石、一鸟和一只停息于树上的秋蝉作为情景气氛烘托,是一幅反映人与动物、人与自然和谐之美的秋情意趣图。章怀太子墓入口处东壁的《狩猎出行图》绘有40余骑人马,另有两匹骆驼满载狩猎用的辎重物资,近处有林木相间,这是一个分工明确的狩猎队伍,整幅画面由前导部队、中队、后卫及后勤部队四部分组成。他们驾鹰、抱犬、跃马、扬旗,反映了唐王朝一位太子狩猎出行的壮观场面:

一大队人马呼喊着急驰奔向狩猎场，人马过后荡起的漫天沙尘，给人以扑鼻窒息之感。当然，此类壁画中影响最大的要数《打马球图》。《打马球图》高225厘米，通长277.5厘米，绘在章怀太子墓道入口处的西壁上，与东壁的《狩猎出行图》相对称。这幅图描绘了在郊外山谷中进行的一场激烈争球的运动场面。画面上共绘有五人，他们每人身骑骏马，手持球杖，正在激烈地争打地上的一只红色小球。前一球手身体重心后移，右侧身反手作挥杆击球状，其余三人皆俯身纵马持杖相迎，而另一个人我们只能想象，因为画面被烟尘笼罩，只能看见马身的左侧后半部分。这是一幅古代马球运动的真实再现，他不仅是研究唐代体育运动的重要资料，也是中外友好文化体育交流的有力实证，具有很高的历史和艺术价值。

章怀太子墓狩猎出行图

2. 唐陵线刻画

唐代帝陵中还有大量的线刻画。所谓石刻线画就是用镌刻技法在石版上绘制的画作。由于这种画作主要是用线条在石版上勾勒出来的，因此，人们在习惯上称之为"线刻画"或"石刻画"。这种画作不同于画在纸上的绘画作品，不同于画在墙上的壁画，不同于画在岩上的岩画，也不同于画在或刻在木版上的版画，

"是我国艺苑中特有的一种艺术"[1]。从历史和现实的角度来看，唐陵陪葬墓石刻线画的艺术价值与史料价值十分突出，是唐代石刻艺术的杰作，具有永恒的魅力。兹以乾陵为例，略加陈说。

唐代墓葬中的石刻线画主要分布在石门的门楣、门扇和棺椁的内外两侧。有学者认为，这是唐代墓葬图像系统的"固定格式"，具有普遍的象征意义。[2]从考古资料和实际观察的情况来看，乾陵陪葬墓石刻线画的载体是石门和石椁。其石料可能采自陕西富平玉镜山，均经过精心打磨加工处理，大小形制根据石门和石椁的实际需要而定。线画即镌刻在石门的门楣、门扇，石椁的内外倚柱和厢板上。乾陵至少有17座陪葬墓，目前已经发掘了5座，即章怀太子墓、懿德太子墓、永泰公主墓、李谨行墓和薛元超墓。考古工作者在这些墓葬中发现了不少石刻线画。其中章怀太子墓、懿德太子墓和永泰公主墓石椁上的线刻画具有一定的代表性。

章怀太子墓、懿德太子墓和永泰公主墓都是在唐中宗神龙元年（705）至神龙二年修建的。由于下葬的时间大体相同，因而墓葬的形制和规模颇为相似，但由于章怀太子、懿德太子和永泰公主的身份、地位有所不同，其墓葬形制也存在着一些差异。这种情况在石椁的线刻画上也有所体现。

章怀太子李贤是唐高宗李治和武则天

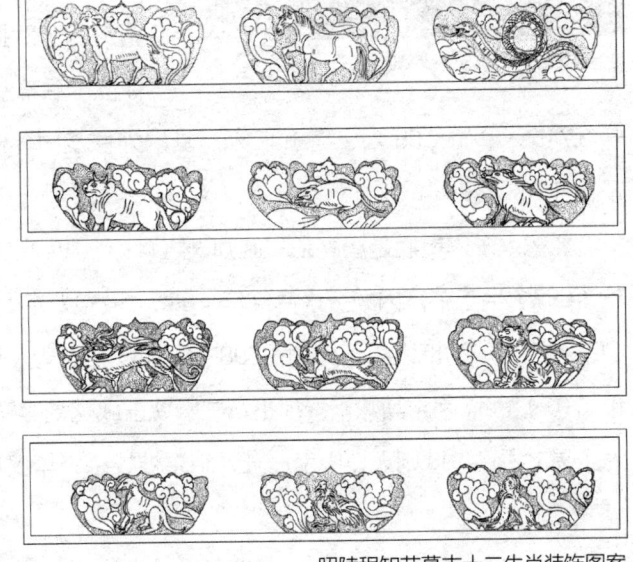

昭陵程知节墓志十二生肖装饰图案

---

[1] 王树村：《中国石刻线画略史》，刊《中国美术全集·绘画编》19，上海人民出版社1988年版，第1页。
[2] 李星明：《唐代墓室壁画研究》，陕西人民美术出版社2005年版，第138页。

永泰公主墓石椁内侧线刻画拓片

的第二个儿子，上元二年（675）六月三日立为太子。仪凤四年（679）间曾奉命监国。撰有《春宫要录》十卷[1]、《列藩正论》三十卷[2]、《修身要录》十卷[3]，并曾为《后汉书》作注。永隆元年（680），因李贤私藏皂甲"谋逆"被废为庶人，开耀元年（681）十一月八日，流放到巴州幽禁。文明元年二月廿七日，在巴州公馆自杀，死时年仅31岁。垂拱元年（685）被武则天追封为"雍王"。神龙二年（706）迁葬陪陵。墓园南北长180米，东西宽143米，面积25740平方米。封土呈覆斗形，高约18米。1971年至1972年，考古人员对此墓进行了发掘，出土文物600多件。石椁位于后墓室，由33块青石板组成，长3.745米、宽2.85米、高1.85米。其内外柱及内外壁均有精美的线刻画，数量达40幅之多。

懿德太子李重润是唐高宗和武则天之嫡孙、唐中宗与韦皇后之长子。开耀二年（682）生于东宫内殿。永淳元年（682）被立为皇太孙。文明元年（684）因中宗被废而成为庶人。圣历初（698）中宗复立为皇太子时被封为邵王。大足元年（701）九月，因与其妹永泰郡主及主婿魏王武延基等窃议张易之兄弟入宫之事，为张易之所谮。武则天让中宗严查，结果被杖杀，年仅19岁，葬于洛阳。中宗

---

[1]《新唐书》卷五九《艺文志三》，第1509页。
[2]《新唐书》卷五八《艺文志二》，第1480页。
[3]《旧唐书》卷四七《经籍志下》，第2026页。

表10　章怀太子墓石椁线刻画尺寸统计表　　　　　　　　单位：厘米

规格		第一幅	第二幅	第三幅	第四幅	第五幅	第六幅	第七幅	第八幅	第九幅	第十幅	第十一幅	第十二幅	第十三幅	第十四幅
内柱	高	136	137	135	136	137	136								
	宽	35	33	32	35	34	30								
外柱	高	137	135	133.5	137	136	133	137	138	134	136	135	138	136	138
	宽	36	34	34	34	33	33	34	30	35	33.5	35.5	34	31	36
内壁	高	126	128	131	130	130	125	125	125	124	124				
	宽	80	75	69	81	68	79	83	74	67	73				
外壁	高	131	130	132	131	132	127	128	132	130	133				
	宽	81	75	67	80	63	74	81	74	68	69				
备注		顺序从西北开始顺时针起始，即第一幅为石椁西北第一张。													

复位后，追赠为懿德太子，于神龙二年（706）迁葬，以帝王之礼陪葬乾陵。墓园长256.5米、宽214米，面积54891平方米。封土呈覆斗形，高17.92米。经1971年至1972年发掘，发现后墓室之大型石椁。石椁长3.7米、宽2.82米、高1.87米。内外部倚柱及椁壁上有精美线刻画33幅。

表11　懿德太子墓石椁线刻画尺寸统计表　　　　　　　　单位：厘米

规格		第一幅	第二幅	第三幅	第四幅	第五幅	第六幅	第七幅	第八幅	第九幅	第十幅
内柱	高	133	134	134	133.5	133.5	134				
	宽	34	34	34	33	34	34				
外柱	高	135	134	134.5	134	134	135	134	134	134	135
	宽	34	34	34.5	34.3	34.5	35	30.5	34	35	34
内壁	高	131	130.5	127.5	128	129	131	131.5	131	129	129
	宽	80	79	68	74	68.5	80	80.5	66	72	68
外壁	高	130	129	136.5	133.5	133.5	131.5	130			
	宽	80.5	79	67	75.5	69.5	80	80			
备注		顺序从西北开始顺时针起始									

永泰公主李仙蕙为唐高宗与武则天之孙女，为唐中宗与韦后所生。久视元年（700）被封为永泰郡主，食邑一千户，嫁给魏王武延基。大足元年（701）因窃议张易之等入宫事，被迫自杀，年仅17岁，葬于洛阳。中宗复位后于神龙元年（705）追赠"永泰公主"，令有司备礼改葬。次年迁葬陪陵，与其夫武延基合窆。1960年至1962年，考古工作者对其墓进行了科学发掘，出土了大量文物。其石椁长3.77米、宽2.79米、高近2米，内外柱、壁有精美线刻画33幅。

表12 永泰公主墓石椁线刻画尺寸统计表　　　　　单位：厘米

规格		第一幅	第二幅	第三幅	第四幅	第五幅	第六幅	第七幅	第八幅	第九幅	第十幅
内柱	高	132	131.5	132.5	133.5	133	132.5				
	宽	35	35.5	35.5	35.3	35.5	35				
外柱	高	135	134.5	135	135	134	134	134	136	136	134
	宽	35.5	35	35	35	35.5	35	33.5	33.5	35.5	34.5
内壁	高	131.5	134.5	135	130.5	132.5	130.5	130.5	135.5	130.5	136
	宽	76.5	80	67.5	79	66	78	76	76	78	68.5
外壁	高	136.5	137	136.5	136	136	136	136			
	宽	76.5	80	68.5	80	66	77.5	76.5			
备注		顺序从西北开始顺时针起始									

上述三座陪葬墓的石椁体量都比较大。内外壁每幅石刻线画面积一般为0.8—1.1平方米之间，内外柱的面积则为0.44平方米左右。厢板画刻人物（仕女、仆从）、动物（飞鸟、走兽）、植物（花卉、蔓草）和无生物（石头、建筑、器物等），是石刻线画的主体；倚柱画则刻蔓草、折枝、花卉、祥鸟、瑞兽等，带有装饰的性质。

考察乾陵陪葬墓石刻线画，我们可以清楚地看到，人物及人物活动的元素是最主要的内容。在这里，我们以章怀太子墓的内外壁石刻线画为例。章怀太子墓石刻人物画有14幅，刻画人物21个，全部为立像，神情姿态各异。当时奉行"事死如生"的丧葬理念，石刻线画主要表现墓主人生前的生活场景。

石椁内侧南壁线刻由西向东算起，第一幅石刻线画上有侍女两人。左一螺髻，簪钗，右一人凤钗。两人姿态一致，抄手伫立。有花三株，中间一株类似栀子花，左右两侧形似扶桑。右下侧有拳石。上部有山雀一只，做飞翔状。边饰为卷叶。第二幅石刻线画上有侍女两人，侧立，方向一致。前者为螺髻，后者为双螺髻。两人服饰相同，抄手伫立。中有大理菊类植物一株，高与目齐，枝叶错落有致。左边山葵类植物一株，上有双蝶飞舞。鸟二，一为杜鹃，一为山鹬。边饰缠枝海石榴。西壁由南至北算起，第一幅石刻线画上有侍女一人，抄手伫立，身材瘦削。螺髻，披巾，长裙曳地，云头鞋。左侧石榴花类植物一株，高与目齐。右侧类似杜若一株，头上有飞鸟二：一为燕珩，一为杜鹃。左上侧有一蜻蜓。边花为大卷叶，系剔底线刻。第二幅上有侍女两人，左一螺髻，簪珠花，步摇，云头鞋，面部雍容妍丽，抄手伫立，若有所思。右一人双髻，圆领花袍，系腰带荷包，女扮男装，手捧包袱。中有金盏菊类植物一株，高过人体，花盛开。右侧近似红蓼一株，高与人等。右侧形似秋葵，下方太湖石一块，画百合花一朵，紫花地丁两株。头上有白头翁鸟一对，展翅高飞。第三幅为双髻侍女，头簪珠花，圆领衫，长裙曳地，绣鞋，双手捧盆景，内植山葵一株。上部有蜂蝶、蜻蜓飞舞。锦雀三只，展翅翱翔。右下窠石一块，黄花（金针花）一朵。左为金盏花一朵。北壁第一幅为一侍女，直立凝思，螺髻，面部端庄，体态轻盈，双手抄胸前，绣鞋，头脚均与边框线连接，显得身材修长。左侧类似茶花一株，右侧山葵一株，一杆直上，叶互生。上部两侧山鹬一对，边饰大卷叶花纹。第二幅亦为侍女一人，螺髻，抄手伫立，披巾搭于双手上，长袍曳地，云头鞋。左有锦葵一株，高齐人目。一杆直上，顶部花两苞。右侧萱花一株，一花三蕾。萱花之上，刻茶花一株。右上侧刻一鸠飞翔。边饰大卷叶，系剔底凸面叶瓣。东壁第一幅为侍女一人，双手托花钵，作花下承露状。螺髻，双目凝视一正开花朵。披巾搭于左肩上，衣纹直立下垂。左为芙蓉一株，右为连翘一株。下有矾石，小草一株。上部中间一飞蝶，

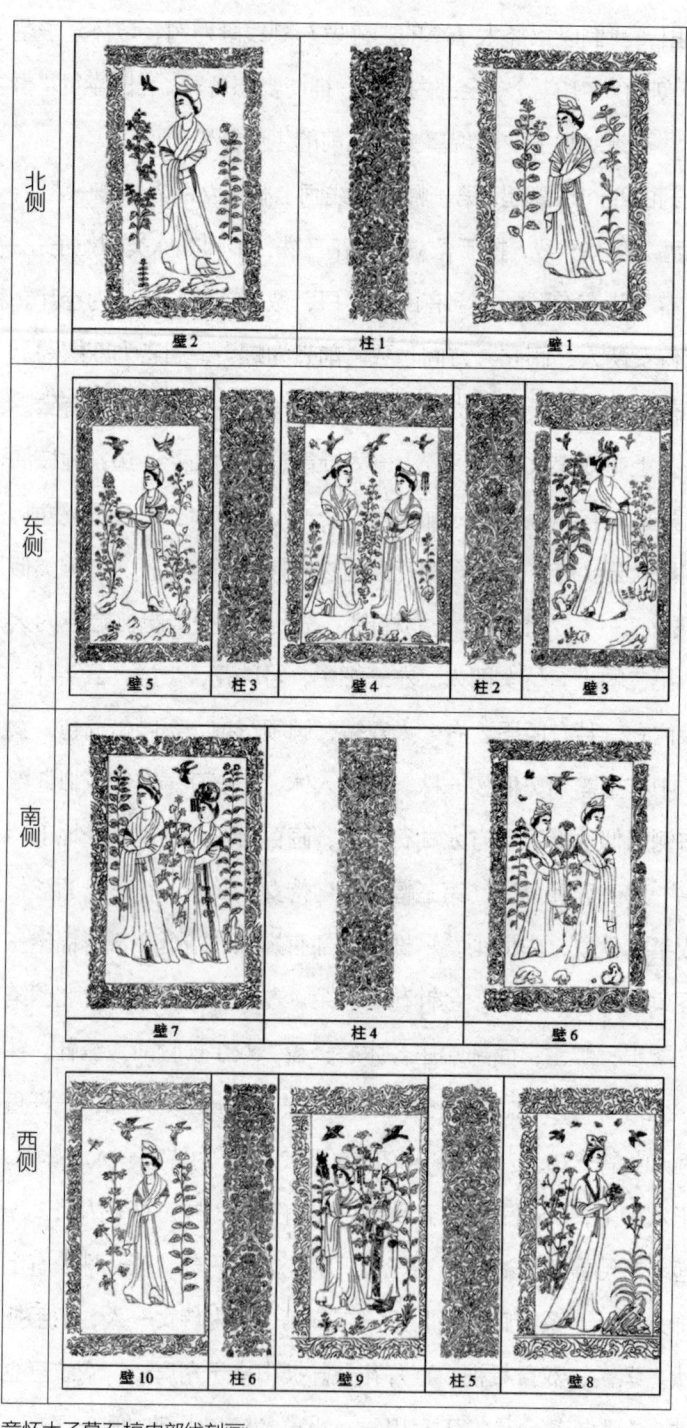

北侧	壁2	柱1	壁1		
东侧	壁5	柱3	壁4	柱2	壁3
南侧	壁7	柱4	壁6		
西侧	壁10	柱6	壁9	柱5	壁8

章怀太子墓石椁内部线刻画

两侧各有黄雀一只,正凌空飞翔。边饰卷叶石榴。侍女一,头戴凤冠,两髻侧簪有步摇。花上衣,披巾,长裙。绣鞋,抄手伫立。背景为花石,左为木槿花一株,花正开,右为白芷花,下为拳石。人物上部两侧,有鸳鸯两只,飞向一致。

石椁外侧南壁第一幅有侍女两人,前右一螺髻,面庞丰满,花上衣,长披巾,长裙曳地,抄手侧立,神态端庄。后一人螺髻,女扮男装。翻领长袍,双手捧一雕花钵。系腰带,佩刀,较前一人低一头，似为侍从。中间木芙蓉一株，花正开。左上侧飞鸟一，形似鸠。边饰大叶海石榴。第二幅也有侍女两人。前者蝶形高髻，披巾，长裙曳地，侧身俯视，凝目观花。左手扶杆，右手折花枝。身材修长，体态绰约。后者女扮男装，翻领绣袍，幞头，手执一花，侧身作嗅花状，意态悠闲。下有块石，花三株，左侧一辛夷，高与人等，花盛开。

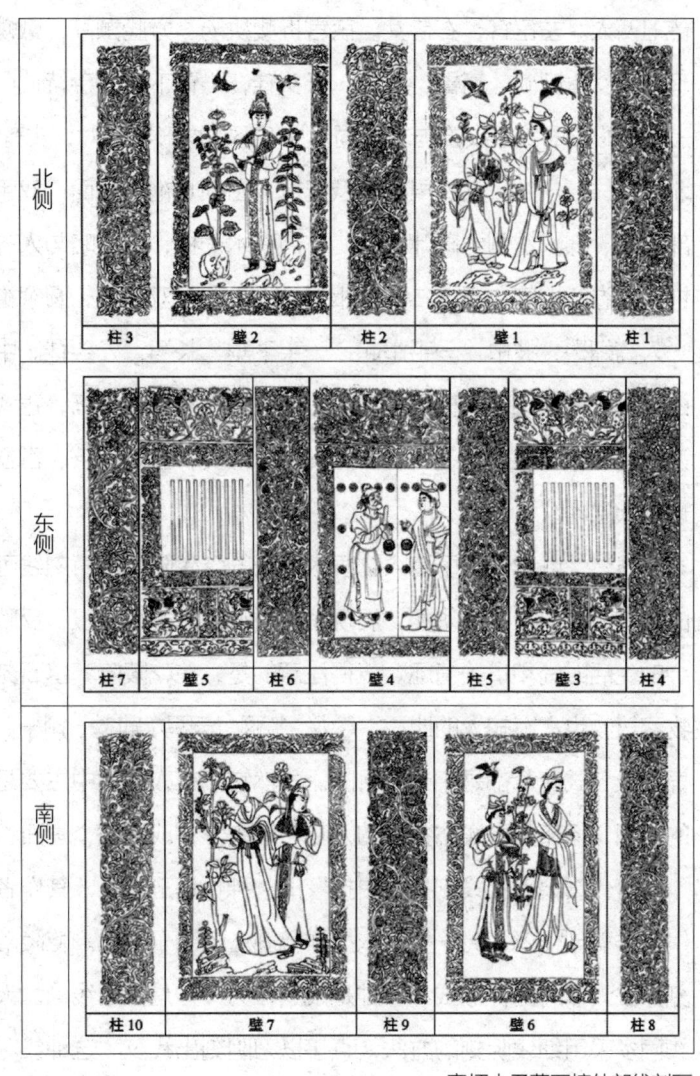

章怀太子墓石椁外部线刻画

人物身后有锦葵一株，与辛夷齐，有花有蕾，形势自然。边饰卷叶海石榴。东侧第一幅为庑殿门南窗棂。花纹分三部分。上为一对翼马，相对奔驰，以两株卷叶纹相间。中为直棂窗，有窗棂10根，四周以草叶纹饰。其下为两猛虎相对而立，张牙舞爪，欲作搏斗状。中以草叶纹相间，下为卷叶纹。第二幅象征殿门，有枋额、门楣，上刻卷叶海石榴纹，舞凤一对，衔花枝，尾部转化为海石榴叶，四周边饰海石榴花纹。双扇，门上横饰花泡钉四排，每排七个。门中铺首衔环。门前侍卫两人。左宦官，右侍女。宦官折腰执笏，方脸颧高，戴幞头，两下角垂为党耳。侍女体肥硕，高髻，披巾，云头鞋，一臂下垂，手持披巾，作欲语之状。第三幅为殿门右窗。纹饰与左窗同。唯下部饰虎形物一对，头有角，似为獬豸之属。北侧第一幅一人，女扮男装，戴花冠，圆领长袍，正面，双手捧一方形包袱。上部有鸟、蝶。左侧为阔叶蜀葵。右为苍术一株，高度略与人齐。下部太湖石，边饰大叶卷草。第二幅，二侍女相对而立。左一双螺髻，圆领袍，手执彩绘盆。右一人高螺髻，披巾，一手举起，一手下垂，长裙，云头鞋。中间一花一树。花似山茶，叶似冬青。上栖画眉鸟一只，上方左右各有一鸟，正飞翔。左为黄鹂，右为青鸟。四周有折枝花四，右为郁金、锦葵，左为山茶、百合。下方勾勒山石，边饰大卷叶纹。

显然，以章怀太子墓人物画为代表的乾陵陪葬墓石刻线画显示了墓主人煊赫的身份和生前宫闱的华丽，展现了当时宫廷的生活场景，反映了当时宫廷上层社会的生活时尚和审美情趣。值得注意的是，在乾陵陪葬墓石刻线画的画面中，动物和植物也占有较大的比重，飞龙、舞凤、天马、麒麟、狮子、鸵鸟、鸳鸯、仙鹤、异兽及各式花草都是相当醒目的。虽然它们在人物画中主要是起到一种装饰衬托的作用，但和画中姿态各异的人物和谐统一，成为整个画面不可或缺的一部分。

唐代石椁人物线刻是"白描"的一种传译形式。[1]其作者分为两类：一类是线刻样稿创作者，另一类是依据样稿施工的勒石工匠。乾陵陪葬墓石刻线画的镌刻方法大体有两种形式：一种是线刻，另一种是减地线刻。大体来说，厢板石刻线画多采用细线阴刻的方法，直接以刀阴刻出线纹。这种线刻具有白描画或"铁线描"的风格。减地线刻又称"剔底线刻"，即沿花纹外廓将石面表层剔去，使花纹部分凸起，然后再于轮廓内以线条阴刻。至于具体的画刻过程，从章怀墓石椁西壁有所反映。石椁西壁一般地紧贴于后室西墙，因此石椁西壁外的线刻比较潦草、粗糙，有的因紧贴于西墙，因此根本就无法弄清它是否有石刻线画。如永泰石椁西壁即紧贴于后室西墙，二者之间的距离仅15厘米至20厘米左右。因

---

[1] 李杰：《唐"白画"辨》，《艺术教育》2011年第1期，第119页。

积土无法清除，也就无从知晓椁外西壁是否有石刻线画。但是章怀太子墓石椁西壁与后室西墙之间尚有50厘米左右的距离，可容一人往来。总的来说，椁外西壁本不拟给人观看，因此，刻得粗犷潦草、简单，甚至连当时用白垩土涂底的白粉也保留未动，尚有几处留下了当初加工的痕迹。这种情况印证了《酉阳杂俎》中记载的线刻方法，是研究唐代石刻艺术的重要资料。就墓中石刻与同时期的一些墓中的线刻比较，我们可以得知，当时这些精心的雕饰，是先将青石或汉白玉石表面打磨光洁，然后以轻胶拌白垩土，用毛笔蘸着在石面上起样，用刻刀刻出极轻细的线条作为稿子。稿子确定后，即一次镌刻而成。从刀痕与笔迹判断，有些地方是出自一人手笔，也有的是一人画稿，另一人镌刻。《酉阳杂俎》卷五载："平康坊菩提寺中，雕饰奇巧，相传郑法士所起样也。"郑法士为唐代壁画高手，与吴道子、卢楞伽齐名。他们为石刻雕饰起样，说明线刻在唐代是很受重视的一种艺术形式。

著名艺术史专家王树村先生认为，以往"绘刻石上的线画作品，多是出自民间艺人士"[1]。乾陵陪葬墓石刻线画的作者是谁？文献中没有明确记载。但乾陵墓主或为亲王，或为公主，身份特殊。从线刻画的内容来看，画中的人物大多是以现实人物为原型的，人物的胖瘦、大小也是与其身份、地位相关联的。石刻线画的作者对墓主人的生活应当有一定的了解，这绝不是等闲之辈所能做到的。因此，画稿极有可能出自宫廷画师之手，而刻工也极有可能是雕刻者中的高手。就石刻线画本身而言，确实已经达到了很高的艺术水平。

乾陵陪葬墓石刻线画造型生动逼真，线纹流畅柔和，看上去十分美观。如章怀太子墓椁内的一幅石刻线画中，一侍女梳蝶形高髻，身着披巾，长裙曳地，左手扶杆，右手作攀折花枝状，侧身俯视，凝目观花，体态绰约；另一侍女女扮男装，着翻领绣袍，手执一花，侧身作嗅花状，仪态悠闲。又如永泰公主墓石椁内壁北边一幅"披巾侍女图"，画中侍女梳螺髻，簪步摇，上短襦，外半臂，两襟结于胸前，下着曳地长裙，柳眉凤眼，樱桃小口，一副亭亭玉立的少女形象。双手托

---

[1] 王树村：《石刻线画之发展及其研究价值》，《美术史研究》2007年第3期，第68页。

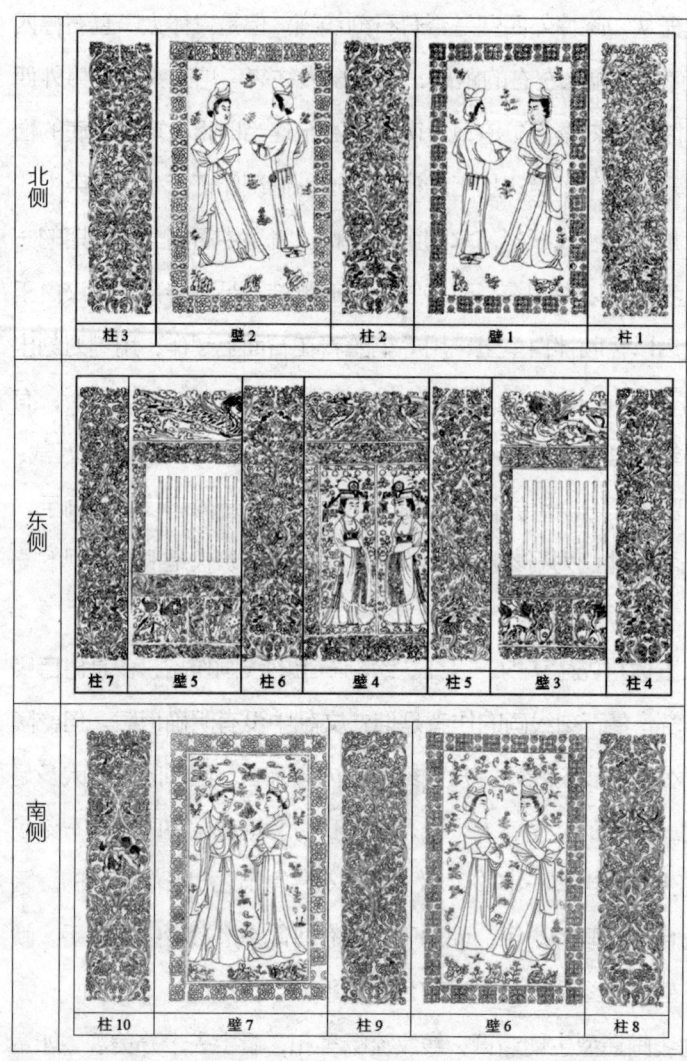

懿德太子墓石椁外部线刻画

起披巾，似欲翩翩而舞，静止的画面颇有几分动感。侍女的服饰也很有特点。有的梳单螺髻，有的梳双螺髻，还有梳单刀髻，戴幞头的。有的上着短襦，外披巾，下着曳地长裙，脚着云头高履；有的穿翻领长袍，条纹裤，脚穿线鞋，腰系革带，并缀有饰品。再如懿德太子墓石椁外东壁石门上的一幅石刻线画中，两侍女盛装打扮，她们头戴凤冠，身着宫衣，相向抄手而立，似乎在为墓主人值夜。侍女周围亦有植物花卉点缀，门框四周饰以卷叶纹。门楣上是相向而舞的双凤，整个画面看起来富丽美观。这些石刻线画都很细致，具有流畅、刚劲、明快的特点。工匠在刻画时运笔稳健，用力均匀，线条粗细变化很小，显得含蓄秀劲，流畅自如，达到以线造型、形随线生、神随线出的艺术效果。根据画面的内容，所描绘的人物性格，或柔媚如丝，或刚劲似铁，不一而足。在构图上，按照主次分明、协调对称和整齐划一的原则安排内容，既突出了完整的画面，也显示了工整的图案，使整个画面清晰严整富有生活气息，而又不显得复杂累赘。

唐人张彦远在《历代名画记》中说："无线者非画也。"由此可见线条对于绘画是何等重要。据研究，唐代画家在用笔实践中发展了中国传统的"高古游丝描"，善于表现含蓄连绵的"铁线描"和起伏变化的"兰叶描"，为中国画笔法的"描法"体系做出了不朽的贡献。[1]"铁线描"画法在魏晋南北朝之际已经产生，主要表现衣装褶纹，因线条粗细均匀，遒劲有力，状如"屈铁盘丝"，故有"铁线描"之称。这种画法在唐代得到很大发展，代表性的作品有阎立本的《历代帝王像》等。所绘帝王之衣服、胡须皆用铁线描画，形象逼真，可谓上乘之作。唐代墓室壁画，特别是棺椁石刻线画中，也经常使用"铁线描"。如永泰公主墓石椁上所刻宫女，或执纨扇，或捧玉盘，或端妆奁，或抱饭盒，或举烛台，举止娴静，仪容温顺，风姿绰约，造型优美，所着裙带，多用铁线描出，弯如曲铁，圆如盘丝，飘逸流畅，堪称石刻仕女画之杰作。"兰叶描"的特点是线型呈多种变化，用力不均，运笔时提高时顿，忽粗忽细，状如兰叶，故称"兰叶描"。据说这种画法是由唐代大画家吴道子创立的。吴道子常用此画法描摹人物，线条动荡，自由奔放，有"吴带当风"之说。

作为唐代绘画的重要组成部分，乾陵陪葬墓石刻线画是以线条为主的。其表现手法与传统中国画的白描手法极为相似，但它是以素净的线条架构画面，用线条造型描绘雕刻作品。石刻线画的特点是以石料为载体，以刀代笔，用线作画。故带有绘画和雕塑的双重性质。只有熟悉绘画艺术，又掌握雕刻技巧的人，才能完成这种工作。从乾陵陪葬墓石刻线画来看，当时的画家能够熟练地运用线条表现复杂的内容，而雕刻者亦能在线条与物形的紧密联系中表现线条的粗细、轻重、力度、质感、起伏、节奏和变化，当简则简，当繁即繁，以境取线，以意取线，从而达到妙趣横生、超越自然的境界。

乾陵陪葬墓石刻线画不仅仅是一种艺术品，同时也是一种具有重要历史价值

---

[1] 陈授祥：《隋唐绘画史》，人民美术出版社 2001 年版。

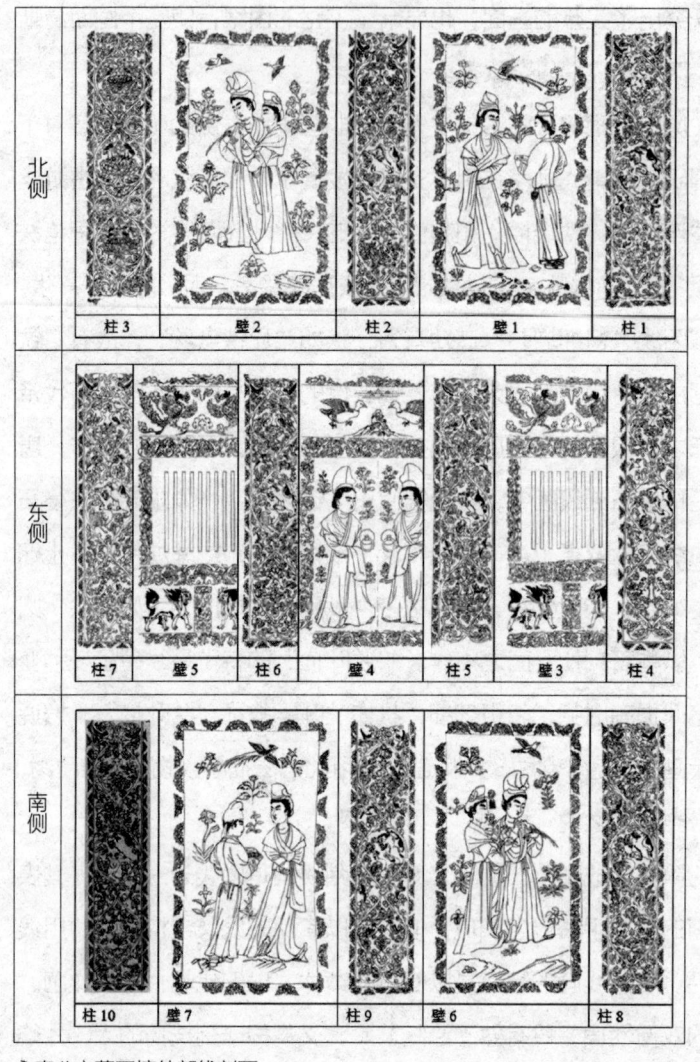

永泰公主墓石椁外部线刻画

的文物。它保存了唐代前期一些著名画工和雕刻家的真迹，为我们提供了不少唐代历史文化方面的重要信息。

首先，它是我们研究唐代绘画的重要依据。唐代是我国绘画艺术蓬勃发展的时期。在唐代289年中，曾出现一大批著名的画家，阎立本兄弟、大小尉迟、大小李将军、王维、吴道玄，等等。他们活跃在唐代的历史舞台上，曾创作出许多杰出的绘画作品。但由于年代久远，加之自然风化和人为破坏，绝大多数作品都已经消失或残缺了。乾陵陪葬墓石刻线画因深埋于高等级的陪葬墓中而幸免于难，并且呈现出完整、清新的品相。更重要的是，乾陵陪葬墓石刻线画数量众多，内容丰富，水平高超。可以毫不夸张地说，它是唐代石刻艺术的杰作，是唐代绘画艺术的瑰宝，是唐人留给我们的重要文化遗产。

其次，它是我们认识唐代文化的重要资料。唐代是中国古代文化最为璀璨的时期之一，乾陵陪葬墓石刻线画作为唐代石刻艺术的瑰宝，在展现其艺术魅力的同时，也铺开了唐代社会生活的画卷，成为研究唐代历史不可多得的珍贵资料。石刻线画中侍女画居多，其服饰有短襦、披帛、长裙、云头履、线鞋、窄袖圆领长袍、大翻领长袍和条纹裤，发式有单螺髻、双螺髻、单刀髻和蝶形髻，头饰有各种钗、步摇和珠花，这些都是研究唐代文化最真实、最直接的资料。这些资料不仅使文献记载更具体直观，也弥补了文献记载的缺漏和不足。同时对研究唐代服饰、装束的发展演变也有着积极意义。石刻线画作为石椁的装饰，是身份的象征，是荣耀的体现，也更多地展示了宫廷生活，同时也反映了当时的丧葬制度，这些都为唐史研究提供了宝贵的资料。

再者，它有助于我们对唐代生态环境的认识。文献记载，唐人喜爱花鸟。乾陵石刻中的花草、树木种类繁多，林林总总。树木即有木槿、石柚、冬青及栀子之类。花卉则有郁金、百合、杜若、金盏与草菊等。鸟类有鸳鸯、告天子、绶带、青鸟、百灵子、伯劳、黄鹂及燕珩等十余种。昆虫中有蜻蜓、蝶及蜂等。花卉组合，层次分明，构图巧妙，纹饰布局，点面结合，不一而足。如在章怀太子墓石椁内倚柱上刻的纹饰就有缠枝卷叶、缠枝海石榴、卷叶裹荷、卷叶海石榴和大叶海石榴等，其中以缠枝海石榴居多。除此之外，墓室石椁庑殿门南窗棂上部刻有一对相向奔驰的翼马，以两株卷叶纹相间，中部直棂窗四周以草叶纹为饰，下部两猛虎相对而立，中间仍以草叶纹间隔，下部边缘则为卷叶纹。椁外象征性的殿门门楣上刻卷叶海石榴纹，一对舞凤尾部转化为海石榴叶，四周以海石榴纹装饰。永泰公主墓石门和石椁上这种线刻纹饰也广为分布，每一幅石刻线画周边都有纹饰镶边，使画幅相对独立，如石椁外壁东面的"直棂窗图"，上部以卷云纹为

永泰公主墓石椁第八内壁拓片线描图

饰，接着是相向而舞的两凤，其尾部似也刻画为海石榴叶，中部窗棂四周以卷叶海石榴纹装饰，下部两雄狮相向而立，并以抱合式卷草图案相隔，底部饰卷叶纹。这些动物和植物，不仅表现了唐人的审美情趣，而且在一定程度上反映了唐代前期的生态环境。

石刻线画作为石刻艺术的一种，在民族文化的长河中举足轻重，在世界艺术史上独树一帜。有学者认为，"唐代石椁线刻是以绘画为标准，顺应石材特征，以刀代笔，以刻石代勾描而呈现其特有艺术风格。就刻石技法而言，唐代石椁线刻是由汉画像石中脱胎而出，汉代画像石采用凿刻方式，显然属于雕塑的技法表现范畴。而石椁线刻的推刻勒石技法则与绘画中毛笔的行笔方式基本相同，具有明确的绘画属性，行刀方式、刀型变化及造型塑造，都是追随绘画的转变而变化。其勒石技法的演变基本分为三个阶段：一为延续魏晋南北朝刻制技法的魏晋遗刀时期（630—689）；二为模拟绘画线形的以刀拟绘时期（706—721）；三为注重本体特性抒发的以刀代笔时期（724—748）"[1]。乾陵陪葬墓石刻线画即处于第二阶段，在中国绘画史上具有承前启后的作用。宋元时期，石刻线画有式微的倾向，但仍出现过一些重要的作品。如宋代的《水陆斋戒仪神像图》分三层刻绘天堂地府众神十八尊，无不具有修真度世之容。元代的《朝元仙仗图》《玄宗问法图》，亦是高水平的宗教类石刻线画。明清时期，理学臻盛，表现孝行的石刻线画层出不穷。这些绘画在内容和技法上或多或少地都受到了唐代石刻线画的影响。由此可见，唐代石刻线画在中国绘画史上确实占有十分重要的地位。

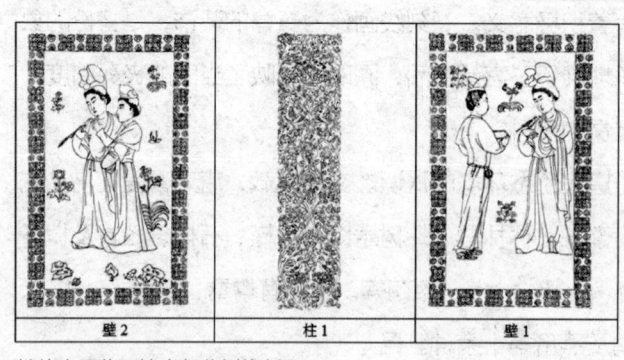

懿德太子墓石椁内部北侧线刻画

---

[1] 李杰：《唐代石椁人物的线刻艺术》，《美术》2011年第11期，第103页。

第五章
唐代帝陵的盛衰变迁

关中十八陵是在唐代290年间陆续建成的，距今最早的已有1300多年，最晚的也已1100年。在1000多年的历史岁月中，关中唐陵经历了由盛到衰的转变。大体说来，唐代是关中唐陵最辉煌的时期，唐亡以后关中唐陵遭受了很大的破坏，宋元明清诸代虽有所保护，但仍在继续破坏之中，直到20世纪50年代以后情况才有所好转。

1. 唐时诸陵的盛况

唐代帝王对本朝陵寝十分重视。一方面，每当"先帝"升遐，嗣君都要尽力于山陵之事，以表达孝心。不仅为其修建宏丽的地下宫殿，营造雄伟的地面建筑，而且为其树立精美的石刻，大张旗鼓地实行厚葬。另一方面，也非常注意对其祖先陵寝的保护和管理，使唐陵呈现出一派空前繁荣的景象。

唐代帝王对关中诸陵的管理主要是通过诸陵署来实现的。唐初诸陵署各设陵令一人，正五品上；丞一人，从七品下；录事一人；又设陵户若干。"陵令掌先帝山陵率户守卫之事，丞为之贰，凡朔望、元正、冬至、寒食皆修享于诸陵"[1]。天宝十三载（754），改陵署为陵台，改陵署令为陵台令，各升一阶。为了确保陵寝的安全，唐朝的统治者还特令在陵前驻扎军队："凡诸陵皆置留守，领甲士与陵令日知巡警。"[2] 从《宣室志》卷三的有关记载来看，内城常有数百名甲士持戈戟，列旗帜，环卫甚严。惊夜之兵也达数百人之多。

为了供奉诸陵，有唐一代曾多次对关中诸县的地位和辖区进行过调整。文明元年（684）八月十五日，以乾陵置奉天县，隶京兆府[3]。开元四年（716）十月二十八日，改同州蒲城县为奉先县，以奉桥陵。开元十七年（729），唐玄宗拜五陵，下诏："献陵、定陵官吏并管陵县官，各别加一阶，陵户并从放良，终身洒扫陵寝。仍每陵侧近取百姓六乡，以供陵寝，永勿徭役。"[4] 同年，升奉先县为赤县，以奉陵寝。广德元年（763），升礼泉县为赤县，兴元元年（784）升奉天县为赤县，贞元四年（788）升富平县、三原县为赤县以奉陵寝。元和元年（806）六月，以奉先县神泉乡、栎阳县大泽乡、美原县义林乡、族义乡并隶富平县以奉丰陵。元和十五年（820）四月，以美原县龙原乡、栎阳县万年乡隶奉先，以奉景陵。长庆四年（824）五月，以富平县丰水乡、华州下邽县翟公乡、同州澄城县抚道乡、白水县会宾乡并隶奉先县以奉光陵。开成五年（840）六月，割三原县仁化乡，充奉章陵。会昌元年（841）七月，割高陵县表平乡以奉庄陵。[5]

为了表示对陵寝的重视，唐太宗、高宗、玄宗和唐懿宗都曾亲自拜谒过关中唐陵。太宗贞观十三年（639）正月一日拜献陵，高宗永徽六年（655）正月一日拜昭陵，玄宗开元十七年（729）十一月十日拜桥陵，十二日拜定陵，十六日拜昭陵，十九日拜乾陵。对此，《唐会要》和《册府元龟》都有详细的记载。懿宗拜陵之事，《唐会要》不载。《会要》称："自开元十七年，后无亲谒陵事。"[6] 但《资

---

[1]〔唐〕李林甫等撰：《大唐六典》卷一四《太常寺》，三秦出版社1991年影印日本广池本，第289页。
[2]《文献通考》卷一二五《王礼》二十，第1124页。
[3]《唐会要》卷七〇《州县改置上》，1244页。
[4]《唐大诏令集》卷七七《谒五陵赦》，第439页；《唐会要》卷二〇《亲谒陵》条所载略同（第401页）。
[5]《唐会要》卷七〇《州县改置上》，第1244页。
[6]《唐会要》卷二〇《亲谒陵》，第400页。

治通鉴》卷二五〇载：懿宗咸通四年（863）"二月，甲午朔，上历拜十六陵"。[1]《新唐书》卷九《懿宗本纪》也有类似的记载。说明懿宗也曾拜谒关中诸陵。

除了皇帝亲自拜陵，还规定了公卿巡陵的制度："春则扫除枯朽，秋则芟薙繁芜。扫除者，当发生之时，欲使茂盛也；芟薙者，当秋杀之时，除去拥蔽，且虑火灾也。"[2]《唐会要》卷二〇《公卿巡陵》条载：唐太宗贞观年间以春秋仲月，命使巡陵。高宗显庆五年（660）二月二十四日，"以每年二月，太常卿少卿分行二陵，事重人轻，文又不备，卤簿威仪有阙，乃诏三公行事，太常卿少卿为副，太常造卤簿事毕，则纳于本司，仍著于令"[3]。武则天统治时期，每年四季之月及忌日、降诞日遣使往诸陵起居。玄宗开元年间，每年春秋两季，差公卿各一人，奉礼郎一人，右校署令一人，巡谒诸陵。天宝时停奉礼郎、右校署令，公卿至陵所，以县官和陵官摄其事。穆宗长庆元年六月二十七日，准吏部奏，公卿拜陵，通取尚书省及四品以上清望官、中书省及诸司五品以上清望官及京兆少尹充。

为了真正做到"事死如生"，当时还制定了向陵寝进献礼物的制度。马端临在《文献通考》卷一二五中说："唐凡园陵之制，皇祖以上至太祖陵皆朔望上食，元日、冬至、寒食、伏腊社冬一祭，皇考陵朔望及节祭而日进食，又荐新于诸陵，其物五十有六品。"[4]唐初仪注：品物时新，将堪供进之时，所司先进太常，令尚食相知简择。永徽二年规定献、昭二陵，每朔望上食，冬夏至、伏腊、清明社节等日，亦准朔望上食。武则天时，诸陵每日奠祭。开元二十三年四月规定献、昭、乾、定、桥、恭六陵朔望上食，岁冬至寒食日，各设一祭；桥陵除此日外，仍每日进半口羊食。元和十五年五月，殿中省奏："尚食局供景陵千味食数，内鱼肉委食，味皆肥鲜，掩埋之后，熏蒸颇极。今请移鱼肉食于下宫，以时进飨，仍令尚药局据数以香药代之。敕脯醢猪犊肉等，皆宜以香药代。其酒依旧供用。"[5]此外，唐朝的统治者还十分注意唐陵的绿化，不仅不许在陵园内樵采，

---

[1]《资治通鉴》卷二五〇，懿宗咸通四年二月甲午，第8103页。
[2]《唐会要》卷二〇《公卿巡陵》，第404页。
[3]《唐会要》卷二〇《公卿巡陵》，第402页。
[4]《文献通考》卷一二五《王礼》二十，第1124页。
[5]《唐会要》卷二一《缘陵礼物》，第408页。

唐代乾陵建筑示意图（局部）

而且规定每年都要在陵园中栽植松柏。为此，有些皇帝还专门颁发过敕文。如会昌二年（842）四月二十三日敕："诸陵柏栽，今后每至岁首，委有司于正月、二月、七月、八月四个月内，择动土便利之日，先下奉陵诸县，分明榜示百姓，至时与设法栽植，毕日，县司与守莹使同检点，据数牒报，典折本户税钱。"[1] 当年唐陵中松柏极多，看上去郁郁苍苍，故而时人又把唐陵称作"柏城"。

由于唐代帝王非常重视陵寝的修建和保护，当时关中诸陵大都显得很壮观。杜甫在《重经昭陵》诗中写道："草昧英雄起，讴歌历数归。风尘三尺剑，社稷一戎衣。翼亮贞文德，丕承戢武威。圣图天广大，宗祀日光辉。陵寝盘空曲，熊罴守翠微。再窥松柏路，还见五云飞。"[2] 由此可见昭陵之一斑。《宣室志》卷三载："清河张诜，贞元中以前王屋令调于有司。忽梦一中使来，诜即具簪笏迎之。谓诜曰：'有诏召君，可偕去。'诜惊喜，且以为上将用我。既命驾，与中使俱出，见门外有吏卒十余为驱殿者。诜益喜，遂出开远门西望而去。其道左有吏甚多，

---

[1]《唐会要》卷二一《诸陵杂录》，第419—420页。
[2]〔清〕彭定求等编：《全唐诗》卷二二五，杜甫：《重经昭陵》，中华书局1960年版，第2408页。

咸再拜于前。过二百里至一城，舆马人物喧喧然阗咽于路，槐影四匝，烟幕迤逦。城之西北数里又有一城。城外有被甲者数百，罗立门之左右，执戈戟，列幡帜，环卫甚严，若王者居。既至门，中使命诜下马，诜即整巾笏。既而中使引入门。其城内檐宇栉比，兵士甚多；又见宫阙台阁，既峻且丽。又至一门，中使引入门内，百余人具笏组列于庭，仪甚严肃。又有一殿岿然，琼玉华耀，真天子正殿。殿左右有武士数十，具甲倚剑，立殿上，有朱紫中使甚多。见一人峨冠被衮龙衣，凭玉几而坐其殿之东宇。又有一冠裳者，貌若妇人，亦据玉几，在殿之西宇。有宫嫔数十列于前。中使谓诜曰：'上在东宇，可前谒。'即趋至东宇前再拜。有朱衣中使立于殿之前轩。宣曰：'卿今宜促治吾宫庭事，无使有不如法者。'诜又再拜舞蹈。既而中使又引至西宇下，其仪度如东宇。既拜，中使遂引出门。诜悸且甚，因谓之曰：'某久处外藩，未得见天子。向者朝对，无乃不合于礼乎？'使笑曰：'吾君宽，固无惧尔。'言结毕东望，有兵士数百驰来。中使谓诜曰：'此惊夜之兵也。子疾去，无犯严禁。'即呼吏命驾。惶惑之际而寤，窃疑其梦，不敢语于人。后数日，诜拜乾陵令。及至，凡所经历尽符所梦。又，太后祔葬，诜所梦东宇殿下峨冠被衮龙衣者，乃高宗也。其殿西宇下冠衣貌如妇人者，乃天后也。后数月，因至长安，与其友数辈会宿，具话其事。有以历代圣图示诜者，高宗及天后，果梦中

乾陵令宗谨墓志

所见也。"[1] 这里讲张诜前往乾陵的所见所闻是梦中的经历，但既然张诜拜乾陵令后"凡所经历尽符所梦"，则当时乾陵的实际情况确实如此。张诜出任乾陵令是在唐德宗贞元年间（785—805），距武则天葬入乾陵已过了100多年。100多年以后的乾陵尚且如此，新建的陵寝就可想而知了。

此外，陵寝若有损坏，也能予以修理。如宝应二年（763）吐蕃侵犯京师，焚毁建陵寝室。事后统治者即令重修寝殿，建中二年（781）二月，"复肃宗神座于寝宫"[2]。唐德宗贞元十四年（798），宗正寺奏："诸陵宫寝宇摧坏。"唐德宗即下令对献、昭、乾、定、桥、泰、建及元等八陵进行了扩建和修葺。史载："（贞元）十四年正月诏曰：八陵宫寝，久要修葺，此缘日月非便，未及兴工，宜令宗正寺与所司即计料依所择日速修理。"[3] 不久，"遣右谏议大夫平章事崔损充修八陵使，及所司计料，献、昭、乾、定、泰五陵，各造屋三百七十八间，桥陵一百四十间，元陵三十间，惟建陵不复创造，但修葺而已。所缘寝陵中帷幄床褥一事以上，并令制置，上亲阅焉"[4]。八陵的修建工程完成后，朝廷上下一片欢腾。权德舆作《代中书门下贺八陵修复毕表》说："臣闻宗庙之享，以致吉蠲；山园之制，以极严敬。国朝祀典，参用汉法，寝宫便殿，虔奉衣冠。日往月来，久未修复。伏惟皇帝陛下继明恭己，大孝因心，丕承祖宗，对越天地，荐馨香于九调庙，崇经构于八陵。庶工子来，百堵皆作，人神协吉，龟筮告犹。用成奕奕之新，实自蒸蒸之孝。行宫尽复，神御以安……"[5]

当然，唐朝后期，社会矛盾复杂，国力衰落。在这种情况下，唐陵也出

昭陵栈道遗存

---

[1]（唐）张读：《宣室志》，《笔记小说大观》第一册，广陵古籍刻印社1983年版，第113页。
[2]《册府元龟》卷三〇《帝王部·奉先三》，第329页。
[3]《册府元龟》卷三〇《帝王部·奉先三》，第329页。
[4]《唐会要》卷二〇《陵议》，第400页。
[5]《全唐文》卷四八四，权德舆：《中书门下贺八陵修复毕表》，第4949页。

现了衰落的趋势，不仅陵寝的建筑不能与唐代前期相比，就连陵寝的安全也不能确保无虞。史载，宪宗元和十年（815）十一月十一日，"盗焚献陵寝宫"。元和十一年（816）正月十八日，"盗断建陵门戟四十七竿"[1]。这两起事件都可能与叛乱的藩镇有关。当时，吴元济据淮西造反。唐宪宗决定讨伐。吴元济即派刺客杀了宰相武元衡，焚献陵寝宫、永巷，建陵门戟，目的与刺杀武元衡相同，都是想迫使唐宪宗放弃讨伐行动，对藩镇实行姑息政策。到唐文宗时，唐陵建筑又有损坏。大和五年（831）五月，宗正等官请修献陵、乾陵、定陵、桥陵、泰陵、建陵、元陵、崇陵、丰陵、景陵、光陵、庄陵、惠陵和昭陵。唐文宗下诏："所修陵寝事至严重，简计崇饰，须得精实，宜令度支郎中卢商、将作少监韦长同往诸陵子细简计，具合修处与不合修处闻奏。"[2] 后来到底修葺与否，史无明文记载，不得而知，很可能只是一纸空文而已。黄巢起义之后，关中多次沦为战场。在这种情况下，关中唐陵每况愈下，不断遭到破坏，甚至发生了毁坏地宫的事件。唐昭宗天复二年（902）"二月己亥（二十二日），盗发简陵"[3]。简陵是唐懿宗的陵墓，建成于唐僖宗乾符元年（874）二月，不到30年光景就被发掘，说明唐王朝已无力保护陵寝了。简陵是关中十八陵中第一个被盗掘的陵墓，也是唐代唯一被盗的一座帝王陵墓。唐昭宗天祐元年（904），朱温毁坏长安城，胁迫唐昭宗迁都洛阳，关中地区到处是一片残破的景象。哀帝天祐二年（905）正月十八日，又发生了"盗焚乾陵下宫"的事件[4]。此时唐王朝已完全控制在朱温手中，危在旦夕，自然不能修复陵寝了。

2. 五代以后关中唐陵的破坏

唐朝灭亡以后，关中唐陵的地位一落千丈。陵署解散了，守军逃亡了，原来

---

[1]《旧唐书》卷一五《宪宗纪》下，第455页。
[2]《册府元龟》卷三〇《帝王部·奉先三》，第331—332页。
[3]《新唐书》卷一〇《昭宗本纪》，第299页。
[4]《新唐书》卷一〇《哀帝纪》，第303页。

的陵户也不复存在。在五代、宋、元、明、清时期，虽然有些帝王采取过保护唐陵的措施，但在更多的时间里，关中唐陵都处在无人管理的状态，不断遭受着自然的破坏和人为的破坏。

五代时期，长安失去了全国首都的地位，下降为一般的地方都会。在后梁、后唐、后晋、汉、后周诸王朝更替的过程中，关中一带又发生了一系列的战争。这些战争使关中千疮百孔，满目疮痍，也给关中唐陵带来了悲惨的命运。在五代战乱的过程中，关中唐陵遭受了一场空前的浩劫，大部分陵墓都被华原（今陕西耀州区）贼帅温韬盗掘。

《资治通鉴》卷二六七载：后梁太祖开平二年（908），冬十月，"华原贼帅温韬聚众嵯峨山，暴掠雍州诸县，唐帝诸陵发之殆遍"。[1]《旧五代史》卷七三《温韬传》载：温韬为耀州节度使，"唐陵在境者悉发之，取所藏金宝"[2]。《新五代史》卷四〇《温韬传》载："韬在镇七年，唐诸陵在其境内者，悉发掘之，取其所藏金宝，而昭陵最固。韬从埏道下，见宫室制度宏丽，不异人间，中为正寝，东西厢列石床，床上石函中为铁匣，悉藏前世图书，钟、王笔迹，纸墨如新。韬悉取之，遂传人间，惟乾陵风雨不可发。"[3] 后唐庄宗同光二年（924）三月以工部郎中李途为"长安按视诸陵使"[4]，前往关中进行考察。同光三年（925）六月，后唐庄宗下敕说："关内诸陵，顷因丧乱，类遭穿发，多未掩修。其下宫殿宇法物等，各令奉陵州府据所管陵园修制，仍四时各依例荐飨，逐陵各差近陵百姓二十户，放杂差役，以备洒扫。其寿陵等一十陵亦一例修掩，量差陵户，仍授尚书工部郎中李途京兆少尹、完修奉诸陵使。"[5] 后唐明宗时，诛杀了唐陵大盗温韬。明宗在《诛温韬等诏》中说："德州流人温韬，生为黔首，起自绿林，依凭中夏干戈，劫盗本朝陵寝。"[6] 后唐末帝李从珂《修奉列圣陵寝诏》也说：

---

[1]《资治通鉴》卷二六七，后梁太祖开平二年十月，第8705页。
[2]〔宋〕薛居正等撰：《旧五代史》卷七三《温韬传》，中华书局1976年版，第961页。
[3]〔宋〕欧阳修撰：《新五代史》卷四〇《温韬传》，中华书局1974年版，第441页。
[4]《资治通鉴》卷二七三，后唐庄宗同光二年三月庚申，第8918页。
[5]《文献通考》卷一二五《王礼》二十，第1127页。
[6]《全唐文》卷一〇七，后唐明宗《诛温韬诏》，第1095页。

"列圣陵寝，多在关西，中兴已来，未暇修奉，宜令京兆河南凤翔等府，耀州乾州奉陵诸县，其陵园有所阙漏，本处量差人工修奉，仍人给日食，祭告下太常宗正寺参详奏闻。"[1] 这些事实都说明：温韬在光天化日之下，公然干起了盗掘唐陵的勾当，用了短短的七年时间，便将大部分唐陵盗掘。其贪欲之大，手段之高，行为之猖獗，在古今中外的盗墓贼中是罕见的。

被墓盗挖开的丰陵埏道入口

后唐的统治者虽然对唐陵比较关注，诛杀了温韬，并颁发了《修奉列圣陵寝诏》，但由于后唐的实力有限，实际上并没有能够真正实施，因而没有起到多少保护唐陵的作用。不过唐陵被盗的事件对当时的统治者有很大的震动。后周太祖郭威曾多次对晋王柴荣说："昔吾西征，见唐十八陵无不发掘者。此无他，惟多藏金玉故也。我死当衣以纸衣，敛以瓦棺，速营葬，勿久留宫中，圹中无用石，以甓代之。工人徒役皆和雇，勿以烦民。葬毕，募近陵民三十户，蠲其杂役，使之守视。勿修下宫，勿置守陵宫人，勿作石羊虎人马，惟刻石至陵前云：'周天子平生好俭约，遗令用纸衣瓦棺，嗣天子不敢违也。'汝或违吾，吾不福汝。"[2] 郭威之所以不厌其烦地对柴荣讲这件事，主要是怕自己的陵墓将来也被人盗掘。他分析唐陵被盗的原因是"多藏金宝"的缘故，所以要求柴荣对他进行薄葬。

宋元时期，关中地区恢复的速度很慢，极目四望，依然是一片残破的景象。《宋

---

[1]《册府元龟》卷一七四《帝王部·修废》，凤凰出版社2006年版，第1939页。

[2]《旧五代史》卷一一三《周太祖纪》，第1503—1504页；《资治通鉴》卷二九一后周太祖显德元年正月条所载略同（第9500页）。

史》卷二七七《张鉴传》、卷三二〇《余靖传》载，宋时西北用兵，关中之民"畜产荡尽"，"十室九空"。方回《长安》诗云："客从函谷过南州，略说长安旧日愁。仙隐有峰存紫阁，僧居无寺问红楼。兰亭古瘗藏狐貉，椒壁遗基牧马牛。万古不随人事改，独余清渭向东流。"[1]可见宋时关中尚未复苏。及金人占据关中，长安一带再遭受兵燹。时人李献甫在《长安行》中写道："长安大道无行人，黄尘不起生荆棘。高山有峰不复险，大河有浪亦已平。向来百二秦之形，祇今百二秦之名……河东游子泪如雨，眼花落日迷秦城。长安道，无人行，长安城中若为情。"[2]不过，宋初的统治者对前代帝王陵墓还是比较重视的。在保护历代帝王陵墓的过程中，也对关中唐陵进行了保护。

宋太祖建隆二年（961），诏先代帝王陵寝，令所属州县遣近户守视，其陵墓有堕毁者亦加修葺。乾德四年（966），宋太祖赵匡胤下诏：给唐高祖献陵、太宗昭陵各置守陵五户，蠲其他役，长吏春秋奉祀；唐玄宗、肃宗、宪宗、宣宗各给守陵二户，三年一祭。唐高宗、中宗、睿宗、德宗、顺宗、穆宗、文宗、武宗、懿宗、僖宗诸陵常禁樵采者著于令[3]。不久又令地方官员对历代帝王陵墓进行考察。开宝三年（970）九月六日，河南府、京兆、凤翔府、耀州上言：唐高祖、太宗、中宗、肃宗、代宗、德宗、顺宗、文宗、武宗、宣宗、懿宗、僖宗、昭宗等二十八陵曾经开发。宋太祖下诏："每帝制造礼衣一幅，帝服一袭，具棺椁重葬。……当用金宝，以假者代之。"四年二月二十八日下诏："先代帝王陵寝曾经开发者已令重葬，所役丁夫恐妨农务，宜以厢军一千人代之。"三月，又诏：先代帝王陵寝修创庙宇，唐高祖置守陵庙七户。唐太宗、肃宗、明皇、宪宗、宣宗五户，岁添植林木。[4]由此可见，宋太祖在保护唐陵方面是很有功绩的。不仅下诏对被盗唐陵进行了重葬，填补了盗洞，为献、昭、泰、建、景、贞等陵设置了陵户，在献、昭、景诸陵修建了庙宇，而且禁止在关中唐陵中樵采，并对关

---

[1] 雍正《陕西通志》卷九七《艺文》十三。
[2] 雍正《陕西通志》卷九五《艺文》十一。
[3] （清）徐松辑：《宋会要辑稿》卷八一九八《礼三八之一·守陵》，中华书局1957年版，第1358页。
[4] 《宋会要辑稿》卷八一九八《修陵》，第1358—1359页；《宋史》卷二《太祖本纪》，第32页。

中唐陵进行了绿化。

从宋代所撰写的几通修庙碑文来看，宋太祖的诏书都得到了很好的贯彻执行，北宋初年对唐陵的保护是很有成效的，的确曾在一定程度上改变了唐陵自五代以来的残破局面。如开宝六年（973）七月《大宋新修唐高祖神尧皇帝庙碑铭并序》称："矧自唐祚将季，秦甸挺祓，一抔曾盗于汉陵，三月几焚于骊岫。我皇恩延历代，泽漏重泉，惜魏帝之铜台空存旧址，嗟茂陵之玉碗已出人间，乃命授以规模，修其圮陊，仍颁宠诏，说法建灵祠。"[1]宋开宝六年五月十二日赵孚《新修唐宪宗庙碑铭并序》："自唐抵宋，绵革五朝，梁则干戈日寻，晋则猃狁孔炽，汉因屠戮而覆，周乃功烈未伸"，"宪宗陵在同州蒲城县，庙貌圮毁，基址芜没"。至宋始修新庙，"其成也，广殿回廊，岳立翼张，瑶阶列侍，宝座当阳。巍巍塑衮冕之容，烈烈绘旌旗之状，于是神有依而人有奉矣。

大宋新修唐太宗庙碑（973）拓片

厨库咸敞，牺币毕臻，笾豆有常，笙镛在列，斯则时饷丰而礼文备矣"[2]。

北宋中期，对历代帝陵也曾采取过一些保护措施，如宋真宗大中祥符六年（1013）六月十四日，河南府言盗发汉睿陵。诏：京东、京西、河东、陕西、

---
[1]《金石萃编》卷一二四《大宋新修唐高祖神尧皇帝庙碑铭并序》。
[2]（清）朱孔阳：《历代陵寝备考》卷二八《新修唐宪宗庙碑铭并序》。

淮南、江南、两浙、荆湖南北路有历代帝王陵寝之处，依景德元年（1004）敕禁止樵采，不得侵耕发掘，违者收捕严断。[1] 但为时不久，情况发生了变化。洪迈《容斋四笔》载："有议前代帝王陵寝许民请射耕垦，司农可之。唐之诸陵因此悉见芟刈。昭陵乔木，剪伐无遗。御史中丞邓润甫言：'熙宁著令，本禁樵采，遇郊祀则敕吏致祭，德意可谓远矣。小人掊克，不顾大体，使其所得不赀，犹为不可，况至为浅鲜者哉！愿绌创意之人而一切如故。'于是未耕之地仅得免。"[2]

到北宋末年，关中多故，战乱频繁，唐陵殿宇凋残，石刻也遭到严重破坏。元祐年间，游师雄担任陕西转运使时，看到关中唐陵石刻惨遭破坏，十分痛心，曾采取过一些保护措施。他在礼泉县主持重建了唐太宗庙，并且树立了《昭陵图碑》和《昭陵六骏碑》。此外，还重绘了乾陵狄仁杰等60人画像。据《长安志图》记载，《昭陵图碑》画出了昭陵的陵园范围和地面建筑，反映了唐代的陵墓制度。昭陵六骏原来立在昭陵北阙，"距陵北五里，自山下往返四十里，岩径峭险，欲登者难之，因谕邑官仿其石像带箭之状，并丘行恭真塑于邑西门外太宗庙庭，高卑丰约，洪纤尺寸，毫毛不差，

游师雄昭陵六骏碑 拓片

---

[1]《宋会要辑稿》卷八一九八《修陵》，第1360页。
[2]〔宋〕洪迈撰，孔凡点校：《容斋四笔》卷一一《熙宁司农牟利》，中华书局2005年版，第758页。

以便往来观者。又别为绘图刻石（即《昭陵六骏碑》）于庑下，以广其传焉"。关于重绘乾陵狄仁杰等60人画像一事，《长安志图》也有记载：乾陵"狄仁杰以下六十人画像姓名今皆不存，其见于奉天县丞赵楷绘像记者才二十九人焉。楷之记文多不尽载，撮其大指，略曰：唐之诸帝功烈如太宗、明皇者可谓盛矣，宜其丘垅完固及于无穷。今兵火之余，荒墟坏皿，瓦砾仅存，理亦宜也。独高宗武后之陵，崇丘磅礴，上诣青冥，双阙耸峙，丹青犹在。是岂造物者有以扶护而致然耶？抑亦穷匮国力，深规厚图，使人未易窥也？转运游公一日按部过乾陵，慨然兴叹，乃录高宗天后时朝臣六十人重图于陵所"。[1]

宋辽夏金时期，来唐陵凭吊者不乏其人，或在乾陵无字碑上刻写题记。据无字碑上的题记，金太宗时，"大金皇弟"也曾对乾陵进行过整修。

明朝统一全国后，对历代帝王陵墓比较重视。一方面定期派人前往各地，祭祀在历史上有所作为的帝王，另一方面，指派专人看守陵墓。《续文献通考》载：明初朱元璋阅读《宋史》，见宋太祖诏修历代帝王陵寝，叹曰："此美事也。"遂遣翰林编修蔡元，侍仪舍人李震亨、陈敏、虞谦等四方求之，仍命各行省之臣同诣所在审视，若有庙祀，并具图以闻。《历代山陵考》卷上载："洪武三年遣官访历代帝王陵庙，令具图以进。四年，遣使祭历代帝王陵寝，始罢天下府州县

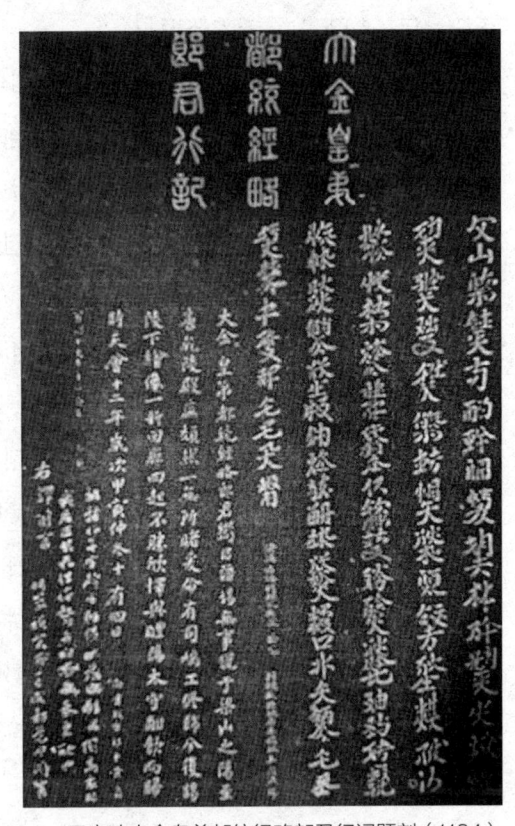

无字碑大金皇弟都统经略郎君行记题刻（1134）

---

[1]〔元〕李好文：《长安志图》卷中，第50页。

129

祀三皇。又令历代帝王但在中原安养人民者俱春秋祭祀。虽贤而在偏方与中原而昏愚者俱不祭，亦不禁樵采。九年，遣官行祀历代帝王陵寝，凡三十六陵，令百步内禁樵采，设陵户二人看守，有司督近陵之民以时封培，每三年降旨致祭。""天顺八年令各处帝王陵寝被人毁发者所在有司即时修理如旧，仍令附近人民一丁看护，免其差役。"[1]

明代规定祭祀的唐代帝王有四位：唐高祖，陕西三原县祭；唐太宗，陕西礼泉县祭；唐宪宗，陕西蒲城县祭；唐宣宗，陕西泾阳县祭。除县祭外，对一些重要的陵寝还曾遣使祭祀。如洪武三年（1370）遣使祭太宗昭陵，御制祝文，遣之以白金二十五两具祭物。其后洪武四年、洪熙元年（1425）、宣德元年（1426）、正统元年（1436），皆曾祭祀[2]。

明代中期以后，关中唐陵进一步遭到自然的和人为的破坏。如乾陵在宋代保存尚好，金代又经过修葺，但到明武宗统治时期，就已经相当残破了。正德四年（1509）重阳节，宋廷佐等数人游乾陵，深有感触。在《游乾陵记》中记述了他的所见所闻。他说："陵正南两峰对峙，上表双阙，曰'朱雀门'。内列石器：首华表二，次飞龙马二，朱雀二，马十匹，仗剑者二十人。次二碑：东碑无文，间刻前人题名；西碑文曰《述圣记》，后自制也。碑制四方如局，俗曰七节碑，今仆矣。次双阙，陵之内城门也。大狮二，南向。左右列诸番酋长像，左之数二十有八，右之数三十，今仆竖相半；背有刻，皆剥落，不可读。论者谓太宗之葬，诸番酋长来助者甚众。武后不知太宗之余威遗烈，乃欲张大其事，刻之以夸耀后世，是也。复北行，抵后山下，并麓而西，曰'白虎门'，北曰'元武'，东曰'青龙'，皆表双阙，树石器。于是复抵朱雀门，将寻临川上仙之迹而吊之，遂憩阙下，削苔读碑。喟然叹曰：'……吾想武后之营斯陵也，以为不穷奢极侈，无以耀当时而夸后世，且无以尽身后之富贵。肆兹土木器物之制，皆壮丽坚固，盖欲传之百千万世而无蔽也。抑岂知今日如此哉？。'"[3] 显然，到明代中期，乾陵的地

---

[1]（明）王在晋：《历代山陵考》卷上《国朝遣祭》，第90—91页。
[2] 曹骥观：《续修礼泉县志稿》卷二。
[3] 吴廷锡：《陕西通志》卷七一《陵墓二》；《乾县新志》卷十四《文征志》。

面建筑已不复存在，石刻也多有损坏。"述圣纪"已仆倒，宾王像仅有58个，也已"仆竖相半"。

世宗嘉靖年间，关中地区发生了大地震。这场大地震对唐陵也有一定的破坏。到神宗万历年间，就连明王朝列入令典，经常祭祀的昭陵也都是一片残破景象。明刘永《谒昭陵》"玉寝荒凉无识处，石文断蚀不甚收"。[1] 明赵崡《游九嵕山记》说："既至峰下，观历朝祭碑与翁仲或侧或仆，独六马皆一片石刻其半，左右列，各三。"明代所修《礼泉县志》载，昭陵"有献殿，有后殿，有下宫，山巅亦有游殿，今俱废，惟陵北存石屋三间（楹），六骏列于左右，及贞观中擒服诸番君长颉利等十四人像，琢石列之北司马门内。今皆不完。其周垣、重门、甬路诸故迹犹存也。陪葬凡一百七十有七。下宫在九嵕山陵之右，后毁于火，贞元十四年欲复置，山高无水泉，苦于供役，廷臣集议，移置瑶台寺侧，去陵一十八里，周一百二十里，今废"。[2] 宋代所修诸陵庙至此已毁，就连当时所立的碑铭也多被毁。《蒲

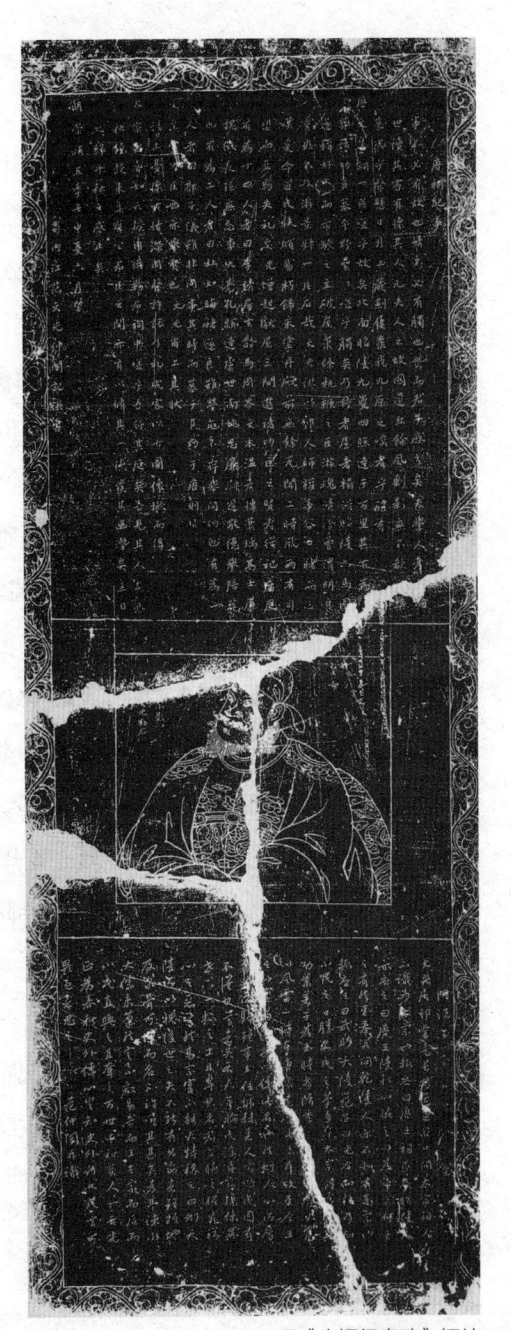

明《唐祠纪事碑》拓片

---

[1] 民国二十四年《续修礼泉县志稿》卷十二《艺文》。
[2]《古今图书集成·方舆汇编·坤舆典》卷一三〇。清吴廷锡《陕西通志》卷七十《陵墓》条略同。

城县志》载："景陵在丰山，陵南下宫有宋重修庙记，桥陵、泰陵、光陵碑俱毁，惟景陵有录其全文者，今犹传。"

明神宗万历年间，出现了两本记述古代陵墓的专著：一部是王在晋的《历代山陵考》；另一部是祁光宗的《关中陵墓志》。《历代山陵考》记述明代以前历代山陵，涉及范围很广。诚如《四库全书总目提要》说："是书仅从《一统志》抄撮而成，无所考证。况既名山陵，而赵宣子、孟尝君辈遗冢亦列其间，尤非礼也。"对关中唐陵的记载十分简略，没有多少参考价值。《关中陵墓志》是万历丁未三十五年（1607）余懋衡令督学祁光宗撰写的。全书一卷，又有附录一卷。"网罗旧闻，互相参考。有图有说，附录各陵墓道里远近，俱以各州县城定其相若里许，载于说"[1]。《四库全书总目提要》称："是编乃光宗督学陕西时，于历代陵墓详加考证，各为之图而系之以说，其距诸州县城方隅道里皆备志之。亦《皇览》《圣贤冢墓记》之流也。"事实上，此书对关中陵墓的记载也很简略，尤其是对帝王陵墓的记载，既未说明陵墓的修建情况，也未详细记载陵墓的变化。所绘诸图只是简单地标明陵墓所在的方位，并没有能反映陵墓本身的情况。对诸陵的文字描述也较空泛，如写到乾陵时只是说："高宗荒淫，惑于武后，致牝鸡晨鸣，几移李祚，犹与武氏合葬。乾陵在乾州北十里，古梁山之巅。按唐书，后崩，议合葬，严善思争之不能得。俗呼为武后陵。岂后盗魁柄，千载下遂无高宗乎。陵上刻诸蕃酋长，各肖其形，并刻名姓，今犹有存者。又有于阗国进无字碑。"这段话中我们所能得到的信息只有两处：一是在明代，乾陵"俗呼为武后陵"；二是诸蕃酋长像"犹有存者"。其他情况不得而知，这是令人十分遗憾的。从这两部专书记载的情况来看，明代后期，政府似乎没有采取什么保护唐陵的措施。

值得一提的是，崇祯五年（1632）礼泉知县范文光曾对昭陵进行过保护。范文光在礼泉两年间，编写了《昭陵志》，修整了昭陵祭坛遗址，重建了"唐太宗祠"，并且镌刻了《唐太宗像碑》。

到了清代，情况稍微有了好转。清代前期，统治者曾多次派人至礼泉祭祀昭

---

[1]（明）祁光宗：《关中陵墓志》，上海图书馆藏清代抄本。

陵。康熙七年（1668）、二十一年（1682）、二十七年（1688）、三十五年（1696）、三十六年（1697）、四十一年（1702）、四十二年（1703）、五十二年（1713）、五十八年（1719），雍正元年（1723）、二年（1724），乾隆元年（1736）、二年（1737）、十四年（1749）、十七年（1752）皆有祭昭陵之举[1]。当时的地方官也比较注意对唐陵的保护。

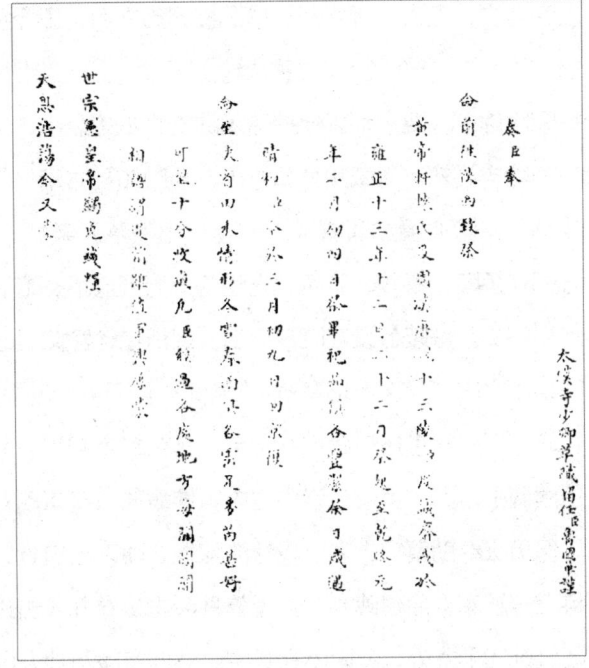

鲁国华乾隆元年（1736）察陕西十三陵奏折

在这方面做出贡献的人当首推陕西巡抚毕沅。

毕沅在乾隆年间出任陕西巡抚，撰写《关中胜迹图志》和《关中金石志》等书，对陕西境内的名胜古迹都划出保护范围，建立标志，并派专人进行管理，尤其注意保护关中地区的唐代帝王陵墓。文献记载，毕沅到陕后，张开东向他递交了《呈请护礼泉昭陵启》，说昭陵六骏尚在，十四国君长像仅存六尊，且"立仆不等"，陵户

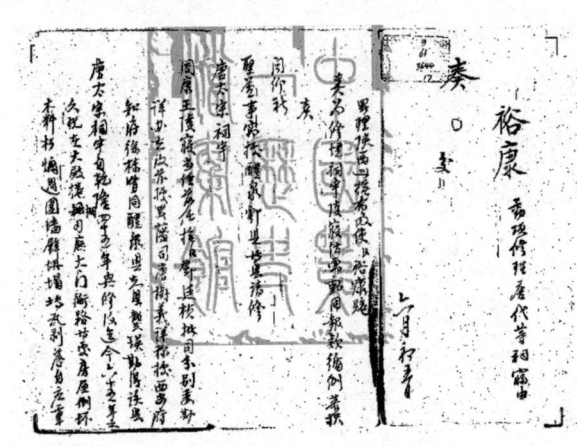

裕康奏报修理礼泉唐太宗祠事由（1846）

---

[1]《续修礼泉县志稿》卷二。

名存实亡，无人进行管理。毕沅接到启文后，即令礼泉县县官负责，修筑昭陵围墙 30 余丈，并在陵区广植松楸，进行绿化。乾隆四十九年（1784），又立了《防护昭陵碑》，要求都来保护昭陵的文物古迹。

除毕沅外，蒲城知县冯方邺、泾阳知县方承保等人对唐陵的保护也有一定的成绩。清张心镜《蒲城县志》卷二《陵墓》条载：乾隆四十年（1775）知县冯方邺在桥陵、泰陵、景陵、光陵各筑周围墙垣，通长一百丈，高六尺，厚三尺，前后门二。每陵各设守陵户十名。周斯亿《泾阳县志》卷二《陵墓》：德宗崇陵在崇山之内，"丘垄形址莫辨。乾隆间知县诏秉刚勘报陵旁隙地一顷九十四亩七分，募陵户四户，量拨口食地八十亩，其余每亩起租三分解库，已经知县方承保复勘后建碑亭"。"贞陵在崇山之内，惟翁仲石兽东西对峙。乾隆间知县唐秉刚、方承保历次奉勘墓户十名，拨外滩隙地二顷以给口食，馀地四顷四十八亩，每亩起科三分解库，后建碑亭"。《乾县新志》卷九《古迹·陵墓》载："清代祭告之陵，凡三十九处，乾陵不在其中。然向有陵租地九顷九十八亩六分，分与陵户耕种。不知何年拨二十亩为狄梁公墓地租。余地九顷七十八亩七分。陵户其二十五家，计每年征银十九两五钱七分二厘，不在正项钱粮内，另文解布政局。"由于清代前期最高统治者和地方官吏都对关中唐陵比较重视，因之唐陵一度得到了较好的保护。

但是，鸦片战争以后，唐陵又处于无人问津的境地，遭受着自然的和人为的破坏。当时修纂的《蒲城县志》记载："昔唐盛时，寝园秘殿，楼阁峥嵘，今则荒原寥落，无复凤翥鸾翔之巨观，惟陇上闲云往来卷舒于复道御碑间耳。"时人吴玉在《晚过乾陵》诗中也说："二圣长眠处，萧条余野草。万古悲荒凉，当年徒改造。"唐陵之衰败，于此可见一斑。

3. 当代对关中唐陵的保护

20 世纪前期，关中地区兵荒马乱，唐代帝王陵墓继续处于被破坏的状态。这一时期对唐陵最严重的破坏是昭陵六骏被盗的事件。1914 年，美国的文物贩子勾结一位姓黄的奸商，买通了袁世凯的儿子袁克文和陕西将军陆建章等，将昭陵六骏中的"飒露紫"和"拳毛䯄"盗走，运至美国费城。1917年，美国文物贩子又怂恿黄某盗窃其余四骏。为了掩人耳目，竟丧心病狂地把价值连城的四骏浮雕打成了小块，企图装箱运走。消息传来，民怨沸腾，西安民众奋力抗争，官方看到事态严重，出面将四骏追回，交给当时的陕西省立图书馆保存。

20世纪初叶的乾陵

30年代，日本学者足立喜六在撰写《长安史迹考》时，曾对关中六座唐陵进行过实地考察。他在《长安史迹考》第十二章《唐代之陵墓》中说：献陵前有毕沅所建之石碑，题曰："唐高祖献陵"。石像排成两行，有石虎一对，大础石一对，华表一对。左侧华表已折，仅存基础。东、西、北三面门址尚存。昭陵北阙玄武门址有砖瓦残留，十四国君长像已不复存在，登上石阶，有历代祭祀重修石碑数方，字迹已完全磨灭。再登小石阶，两侧有石室对立，屋顶破，墙壁崩，看上去相当荒凉，"其内各置半裸之六骏碑三座"，为太宗所乘六匹爱马，保存尚好。"近因某欧洲人前来秘密收买，运至西安城，为官宪没收"。乾

20世纪20年代末的乾陵

陵狄仁杰等 60 朝臣画像祠堂已成瓦砾堆积之处。陵前石刻自南向北排列。最前方有石柱一对，倒折左右。其次有飞龙马一对，右者已埋入土中，仅露出头部，左侧者亦转倒一旁。其北有半裸刻朱雀一对，状若鸵鸟或食火鸟。次有石马五对，右边者幸皆完整，左边者缺损较多。再往北有石人十对，右侧倒地者二，左侧倒竖相半。次为述圣纪和无字碑。

内城门中蕃酋石像右侧立者二十一，倒者三，共二十四；左侧立者十六，倒者十三，总二十九，惜其头部均已失去。蕃像北有石狮一对，又有毕沅所立"唐高宗乾陵碑"。崇陵有朱雀门遗址，并有石柱一对，花纹大都磨灭。次为天马一对，左右之制互异。次为祥鸟一对，石马三对，石人十一对，左侧鸟已颓坏，仅有一部露出地面。石人倒坏者右六左三，完整者不过半数。其北面有内城门遗址，附近散布瓦砾残片甚多。又有石狮一对，后有毕沅所立"唐德宗崇陵碑"。献殿遗址与乾陵略同。在石狮与毕沅所立碑石之间有与献殿平行排列的四个础石。端陵前有毕沅"唐武宗端陵碑"。石刻有石狮一对，石人六对，其中只有五尊石人完整。又有石马两对，石鹅一对，天马一对，石柱一对，除左边石柱外，均已倒折。东西北三面，各有石狮一对。其他陵墓之残破由此可以想见。

50 年代以后，政府重视文化遗产，关中唐陵得到了较好保护。1953 年以来，考古工作者对关中唐陵进行了普查。重点勘查了昭陵、乾陵、桥陵和建陵，发表了《乾陵勘查情况》《唐乾陵勘查记》《唐建陵探测工作简报》《唐桥陵调查简报》等文章[1]。其后，又有人写了介绍昭陵的文章[2]。

20 世纪 50 年代的乾陵

---

[1] 分别刊登于《文物》1959 年第 7 期、1960 年第 4 期、1965 年第 7 期和 1966 年第 1 期。
[2] 允时《昭陵》，《文物》1977 年第 10 期，第 80—82 页。

1961年，国务院将昭陵和乾陵确定为第一批全国重点文物保护单位。其他诸陵也都被确定为陕西省文物保护单位。为了加强对关中唐陵的保护和研究，1961年成立乾陵文物保护管理所，1972年成立昭陵文物管理所，1978年，又分别成立了乾陵博物馆和昭陵博物馆。昭陵博物馆收藏昭陵文物4500多件，其中包括500平方米的唐墓壁画和40余通唐代墓碑。乾陵博物馆收藏乾陵文物4598件，其中一级品27件[1]。其他诸陵则由陵寝所在各县的文教局管理。通过这些措施，大大加强了唐陵保护的力度。因此，除"文革"时期外，唐陵很少受到人为的破坏。

20世纪60年代的乾陵

20世纪70年代的乾陵

通过五六十年代的重点勘查，对昭陵、乾陵、桥陵和建陵的情况有了比较深入的了解。在此基础上，对这些陵墓的石刻及其他设施进行了若干修整。如1957年对乾陵石刻进行了修复，1987年修整了乾陵神道。近年又加固了石刻基座。此外，还对唐陵的18座陪葬墓进行了发掘。这18座陪葬墓即献陵的李凤墓，昭陵的尉迟恭墓、张士贵墓、郑仁泰墓、李福墓、李勣墓、李震墓、阿史那忠墓、

---

[1]《中国大百科全书·文物博物馆卷》，中国大百科出版社1993年版，第412页。

临川公主墓、安元寿墓、李贞墓、李冲墓，乾陵的章怀太子墓、懿德太子墓、永泰公主墓、薛元超墓和李谨行墓，桥陵的金仙公主墓等[1]。

20世纪80年代后，考古工作者对唐陵表现出较大的热情。1980年贺梓城发表了《"关中唐十八陵"调查记》，对1953年以来的调查成果进行了报道[2]。同年，王世和、楼宇栋发表了《唐桥陵勘查记》[3]。1982年，贺梓城、王仁波在《文物》杂志上发表了《乾陵》，再次对乾陵进行了介绍。1987年，刘庆柱、李毓芳又发表了篇幅很长的《陕西唐陵调查报告》[4]，详细报道了他们1973年至1978年对陕西唐陵的考察情况，孙中家、林黎明在《中国帝王陵寝》中也对关中唐陵进行了若干介绍。通过这些报道和介绍，加之唐陵旅游业的展开，人们对关中唐陵的了解逐渐增多，保护唐陵的意识也有所增强。1988年，国务院又公布桥陵为全国重点文物保护单位，从而使唐陵中的"全国重点文物保护单位"增加到了三个。这也在一定程度上显示出国家对关中唐陵的重视。

从目前的情况来看，昭陵、乾陵和桥陵的文物保护工作做得较好。以石刻而言，昭陵为保护碑碣修建了"昭陵碑林"，使40余通墓碑和20多方墓志得到妥善安置。乾陵现有大型石刻124件，过去仆倒的石刻均已扶正，过去残损的石刻也已得到修整。自神道南端往北，依次排列着华表一对，瑞兽一对，祥鸟一对，仗马五对，翁仲十对，巨碑两通，宾王像六十一身。四门外各有石狮一对。经过修整，陵园内外都显得很有气势。桥

20世纪80年代的乾陵

---

[1] 黄展岳：《中国西安洛阳汉唐陵墓的调查与发掘》，《考古》1981年第6期，第535页。
[2]《文物资料丛刊》1980年第3期。
[3]《考古与文物》1980年第4期。
[4] 刊《考古学集刊》第5集，中国社会科学出版社1987年版，第216—263页。

陵现存大型石刻 53 件。除宾王像外，其石刻结构大体上与乾陵相似。此外，泰陵、建陵和景陵石刻也保存较多，泰陵有华表一对，石人九对，石马五匹，石狮三对，独角兽一对，又有"飞马"等石刻。建陵有石刻 40 余件。其中，

乾陵近景

华表一对，瑞兽一对，祥鸟一对，翁仲十对，仗马五对，驭手石人一尊。景陵有翁仲十对，仗马五对，石狮、祥鸟各一对。其余诸陵石刻则相对较少。虽然 50 年代以来在唐陵保护方面取得了一定的成绩，但也存在着一些问题。一则对昭、乾、桥三陵以外诸陵，缺乏具体的保护措施，不少石刻仍未扶正，有些石刻仍在遭受着自然的风化和人为的破坏。再则对关中唐陵的研究也比较薄弱。此外，开发与保护的关系尚未理顺，所有这些都应当尽快予以解决。

表 13 关中唐陵现存石刻表

陵墓名称	神道石刻								四门外石刻			
	华表	翼兽	鸵鸟	仗马	驭手	翁仲	石碑	蕃像	石狮	仗马	驭者
高祖献陵	2 1残	犀牛 2							8 2残 一埋		
太宗昭陵								石座 7个	2	六骏 2在美国	
高宗乾陵	2	2	2	10 2残	7 1残	20	2	61 均残	8 3残	3 1残	1
中宗定陵						2			3		
睿宗桥陵	2 1残	2	2	10 1残		14			8 2残	4 1残	

续表

陵墓名称	神道石刻							四门外石刻			
	华表	翼兽	鸵鸟	仗马	驭手	翁仲	石碑	蕃像	石狮	仗马	驭者
玄宗泰陵	1残	2	2残	7 1残	1残	21 16残		1残	7	5 4残	1
肃宗建陵	2 1残	2	2	10 5残	1残	1残	20 4残		8 1埋		
代宗元陵									6	5残	
德宗崇陵	2	2	2	6残		19 4残		3残			3残
顺宗丰陵	1残									2残	
宪宗景陵	1残	2残	1	10 3残		10 8残		8小4	6 3残		
穆宗光陵	1残	2	1残	2残	1残	5 1残			3	4 3残	
敬宗庄陵	2残	2 1残	1残			6		8残			
文宗章陵											
武宗端陵	2 1残	2 1残	1	2残		4			6		1残
宣宗贞陵	2	2	1残	4		12			7	5 2残	
懿宗简陵		2		2残		2残		2残 石座 5		3残	
僖宗靖陵	1残	1残		3残		3残					

中编
唐代帝陵巡礼

第一章

唐高祖献陵

1. 墓主生平

唐高祖李渊（566—635），陇西成纪（今甘肃秦安）人。祖父李虎，西魏八柱国之一，追封唐国公。父李昞，北周安州总管、柱国大将军、唐国公。因出自贵族家庭，又是隋朝皇帝的近亲[1]，李渊7岁时，即袭封唐国公。隋文帝时，曾担任谯、陇、岐等州刺史。炀帝即位后，他出任荥阳、楼烦太守，弘化留守，山西河东抚慰大使等职，可以说，一直受到了隋王朝的重用。大业十三年（617）初，隋炀帝任命李渊为太原留守，把镇守北边的重任交给了他。也就在这一年，李渊开始起兵反隋，

唐高祖像

---

[1] 隋文帝的独孤皇后是李渊的姨母，隋炀帝是李渊的姨表兄弟。

最终建立了唐朝。

隋朝末年,爆发了大规模的农民起义。隋末农民起义是由隋炀帝的暴政引起的。隋炀帝曾经是一位有所作为的皇帝,但他多次大规模地营建离宫,游幸江都,进攻高丽,严重地消耗了人力物力,增加了人民的负担,激化了民族矛盾和阶级矛盾。因此,王薄在长白山登高一呼,各地百姓纷纷起义,并形成了三支强大的起义军,即翟让、李密领导的瓦岗军,窦建德领导的河北军和杜伏威领导的江淮军,向隋王朝展开了猛烈的冲击。大体与此同时,四面八方的官僚地主也相继起兵割据。刘武周起马邑,林士弘起豫章,薛举起金城,梁师都据朔方……称王称帝者不可胜数。在这种情况下,隋王朝的一统江山开始分崩离析,并且达到了一发不可收拾的地步。李渊看到天下大乱,隋炀帝的统治摇摇欲坠,已经不能收拾残局,便产生了夺取农民起义果实、扫灭天下群雄、实现改朝换代的打算。据《大唐创业起居注》记载,李渊是一位老谋深算的政治家,"素怀济世之略,有经纶天下之心",在担任河东抚慰使以前,就暗中活动,招揽人才,开始进行取代隋朝的准备。隋炀帝派遣李渊担任太原留守以后,李渊十分高兴,认为是天赐良机。他首先率军镇压历山飞起义,把起兵反隋一步步地提上了议事日程。

隋大业十三年(617)春天,李渊派人与突厥作战失利,隋炀帝大怒,让使者与心腹官吏、太原副留守王威和高君雅逮捕李渊,解往江都问罪。这件事便成了太原起兵的导火线。李渊闻讯后,原想马上起兵,考虑到长子建成、四子元吉都在河东,力量比较分散的情况,才没有付诸行动。不久,隋炀帝赦免了李渊。李渊立即厉兵秣马,倾财养客。他先以"通突厥"的罪名,杀掉了隋炀帝的亲信王威及高君雅,接着又采用拉拢、利诱的手段解除了突厥的威胁,然后进兵西河,杀了忠于炀帝的西河郡丞高德儒,开仓济贫,扩充军队,为起兵做最后的准备;建立大将军府,建左、中、右三军;以李建成为陇西公、左领大都督,李世民为敦煌公、右领大都督,裴寂为大将军府长史,刘文静为司马,殷开山为掾,刘政为属,长孙顺德、刘弘基、窦琮等为统军。五月,李渊以李元吉为镇北将军、太原留守,举行升旗仪式,召开誓师大会,宣布正式起兵,随即率3万人马离开晋阳(即太原),向关中进发。

中编/唐代帝陵巡礼

进兵关中，是一个非常高明的政治决策。一是关中据山阻河，四面雄塞，古来就为兵家所重；二是这里素有"天府"之称，关中平原，坦荡如砥，物产丰富，粮秣充足；三是此时各地起义军蜂起，牵制了隋朝的有生力量，关中防务相对空虚，易取而易守。而最重要的原因在于这里曾是周、秦、汉三个强盛王朝的故都，隋王朝又建都于此，是天下的政治中心，取得关中，对隋朝君臣以及天下群雄的心理影响，是其他各地无法比拟的。

李渊起兵后，进军相当迅速，很快攻下离石、龙泉、文城三都。这时，瓦岗军首领李密致书李渊，试探李渊的志向。为了掩盖自己改朝换代的真意，同时麻痹李密，使其专心"拒东都之兵，守成皋之厄"，李渊回信说："天生蒸民，必有司牧，当今司牧，非子而谁！老夫年逾知命，愿不及此。"用卑辞推奖的办法哄骗李密，获得了李密的信任，避免了与瓦岗军之间的摩擦。李渊在南进途中所遇到的主要敌人是盘踞在霍邑（今山西霍县）的隋将宋老生。宋老生奉代王杨侑之命率2万精兵阻止李渊南下。李渊逼近霍邑时，忽传刘武周勾结突厥攻打太原。是进攻霍邑还是回救太原，部下有两种截然不同的意见。李渊采纳了李世民等人宁进勿退的主张。他派兵埋伏在霍邑城东，亲至城下诱敌。宋老生不知是计，出城追赶，不料伏兵大起，几面受敌，一败涂地。李渊乘胜歼敌，杀宋老生，攻克霍邑。接着以破竹之势，拿下绛郡，西进到黄

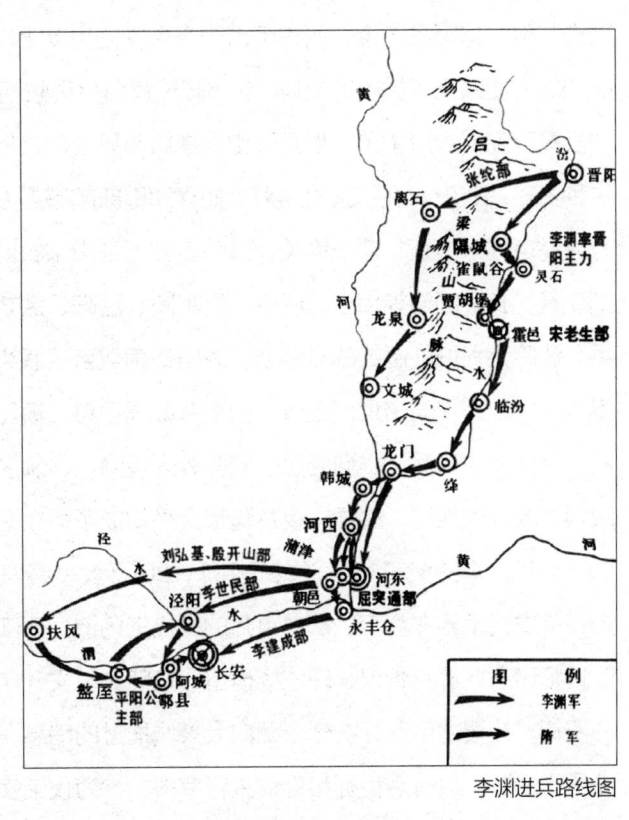

李渊进兵路线图

145

河边的龙门。当时，河东地区有隋将屈突通带领一股隋军，威胁着李渊的背后。李渊摆出一副攻打河东的架势，镇住屈突通，旋即掉头，渡过黄河，直扑关中。

隋末以来，在各地轰轰烈烈的农民战争影响下，关中地区也暴发了数股农民起义。其中，比较重要的有冯翊（今大荔）孙华起义、土门白玄度起义、眉县丘师利起义、周至何潘仁起义和泾阳刘鹞子起义。此外，李渊的从弟李神通、女儿平阳公主、女婿段纶等，也分别在周至、鄠县、蓝田起兵。平阳公主家住大兴城。李渊起兵前派人前来联系，平阳公主遣其夫柴绍秘密离京，奔赴太原，自己亲往鄠县（今西安鄠邑区）别墅，散发家资，起兵响应，并派家童马三宝联络何潘仁、李仲文，与李神通攻下鄠县。平阳公主不断招兵买马，在东起鄠县，西到眉县的范围内聚集了万余人，号"娘子军"，多次打败了前来讨伐的隋军。李渊兵临黄河的时候，对关中的情况已了如指掌。他先派人与孙华等势力较大的农民首领相联系，得到了他们的支持。接着向关中东部的隋朝官吏发起攻势，迫使冯翊太守萧造归附，华阴县（今陕西华阴市）令李孝常也以永丰仓来降。这样，李渊不费吹灰之力便踏上了关中的土地。李渊渡过黄河后进驻朝邑，受到关中缙绅的欢迎，"三秦士庶、衣冠子弟、郡县长吏、豪族弟兄老幼相携，来者如市"。李渊看到这种情形，心里有说不出的高兴。他立即重新部署兵力，派李建成、刘文静率数万人马屯驻永丰仓，镇守潼关，以防屈突通及山东农民军进入关中；派李世民、刘弘基、长孙顺德等率主力西进，沿高陵、泾阳、武功、周至、鄠县一线扩大战果，清除大兴城外围的敌对势力；派柴绍领数百骑联络平阳公主，以扩大军威。不久，平阳公主与李世民会合，西路军如虎添翼，镇压了刘鹞子起义，迫使丘师利、李仲文、何潘仁、向善思、刘邢等人投降，占领了大兴周围的大部分地区，取得了较大的胜利。这样，攻打隋都大兴便成了势在必行的事。

十月，李渊父子在大兴城下会师，20万大军磨刀霍霍，准备攻城。当时隋炀帝被农民军困在江都，从镇京师的是代王杨侑，刑部尚书卫文升、右翊卫将军阴世师和京兆郡丞骨仪，辅佐杨侑留守京师。卫文升年过花甲，是深受炀帝信任的所谓"社稷之臣"，听到李渊向大兴城推进的消息，"祸恐及己，遂称老病，无所干预"。只有阴世师和骨仪主管军事，肯为代王卖力。李渊想通过和平的方

隋都大兴城图

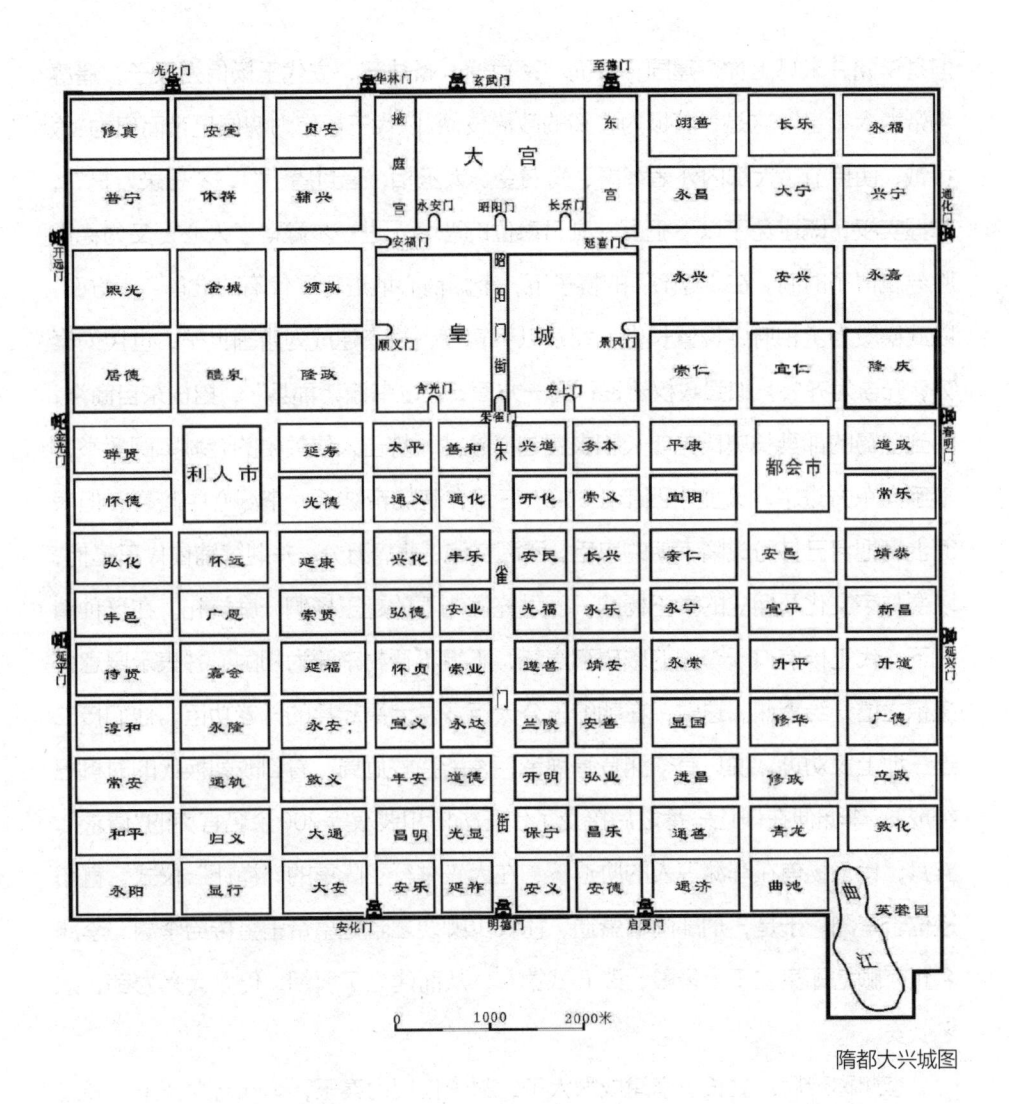

式解决问题，"遣使至城下，谕以匡复之意"，但阴世师等置若罔闻，拒不投降。于是，李渊决心诉诸武力。号令一下，李建成、李世民分别从东南、西北方向发起猛攻。代王杨侑魂飞魄散，卫文升忧死家中，大兴城里一片混乱。十一月，李建成部将雷永吉率先登城，打开缺口，大队人马蜂拥而入，斩骨仪、阴世师，俘代王杨侑。从此，京师大兴落入李渊手中。

李渊在攻克大兴以后，废除隋炀帝的一切苛令，"约法为十二条，惟制杀人、动盗、背军、叛逆者死。余并蠲除之"，局势很快稳定下来，改朝换代已是易如反掌。

但是李渊并未马上称帝建国，反而"率百僚，备法驾，立代王杨侑为天子，遥尊炀帝为太上皇"。这是一着极为狡猾的政治伎俩。以代王杨侑为傀儡皇帝而自为"假黄钺、使持节、大都内外诸军事、尚书令、大丞相，晋封唐王"，"总录万机"，掌握实权，既避免了以下犯上、弑君篡位的恶名，进一步赢得了人心，又为稳操胜券赢得了时间。在"尊隋"的幌子下，李渊精心地进行了代隋的准备。一方面，以武德殿为丞相府，设置长史、司录以下官僚，封李建成为唐国世子，世民为秦公，元吉为齐公，加强政权建设；另一方面，"以书谕诸郡县"，招抚东自商洛，南到巴蜀的郡县长史氏羌酋长和农民起义领袖，打击入侵关中的金城军阀薛举，着手向东方进军。大业十四年（618）三月，隋炀帝被杀，李渊心中暗喜，但表面上仍把自己打扮成隋王朝的忠臣，涕泗交流，悲痛万分，并继续辅佐代王杨侑，以便与宇文化及拥立的秦王杨浩、王世充控制下的越王杨侗分庭抗礼。在这种情况下，代王杨侑迫于李渊的威望和声势，不得不晋封李渊为相国，并表示愿意把皇帝之位让给李渊。这时，在朝的王公大臣多是太原起兵的元老功臣，他们接二连三地上表劝进，说只有李渊登基称帝，才能挽救危局。看到改朝换代的时机已经成熟，李渊便在谦让一番之后接受了代王杨侑和裴寂等200余名官吏的"请求"。五月，代王杨侑在李渊等人的胁迫下，在大兴举行了隆重的"禅让"仪式，宣布逊位于李渊。于是，刑部尚书萧造、司农少卿裴之隐把皇帝玉玺传给李渊。李渊名正言顺地即皇位于太极殿，改元武德[1]，从而建立了唐朝，仍以大兴为都，改名长安。

李渊称帝后，立长子李建成为太子，封李世民为秦王，李元吉为齐王，经过长期的准备和艰苦的努力，终于实现了改朝换代的梦想。但李渊称帝只是唐王朝建立的标志，当时的形势是十分严峻的。李唐的势力主要集中在关中地区。李密、窦建德、杜伏威所率领的农民军和王世充、宇文化及等军阀仍有很大的势力。他们或独霸一方，或挟隋朝皇室以发号施令，都威胁着新生的李唐政权。因此，李渊并没有沉醉于欢呼声中，而是马不停蹄，积极出击。又经过10年奋战，先后

---

[1]《旧唐书》卷一《高祖纪》，第6页。参（唐）温大雅《大唐创业起居注》卷三，上海古籍出版社1983年版，第57页。

消灭了各地的农民起义军和割据势力,才使唐王朝巩固下来,最后确立了李氏的统治地位,迎来了长安历史上最辉煌的一个时代。

李渊晚年未能妥善处理皇位继承问题,太子集团与秦王集团矛盾尖锐。武德九年(626)六月,其次子秦王世民发动"玄武门之变",杀死太子建成和齐王元吉。李渊遂立秦王李世民为太子。同年八月,传位于太子,自称太上皇。《旧唐书·高祖纪》载:"九年五月庚子,高祖大渐,下诏:'既殡之后,皇帝宜于别所视军国大事。其服轻重,悉从汉制,以日易月。园陵制度,务从俭约。'是日,崩于太安宫之垂拱前殿,年七十。群臣上谥曰大武皇帝,庙号高祖。"谥号"太武皇帝",庙号"高祖"。高宗上元元年(674)八月,追尊为"神尧皇帝"。玄宗天宝十三载(754)二月,又追尊为"神尧大圣大光孝皇帝"。

2. 献陵营建始末

唐高祖的陵墓叫献陵,在三原县东20公里的徐木塬上。徐木塬南宽北窄,西高东低,海拔约500米左右。献陵位于徐木塬东西居中的位置,北距定陵18公里。陵墓系堆土而成,封域20里,在关中十八陵中最小。从徐木乘车前往永合,踏上平坦开阔的荆塬,可看见一座规模较大的覆斗形土丘,那就是献陵。

献陵修建于贞观九年(635),是唐太宗李世民为唐高祖李渊营造的陵寝。唐高祖在遗诏中说:"既殡之后,皇帝宜于别所视军国大事。其服轻重,悉从汉

献陵

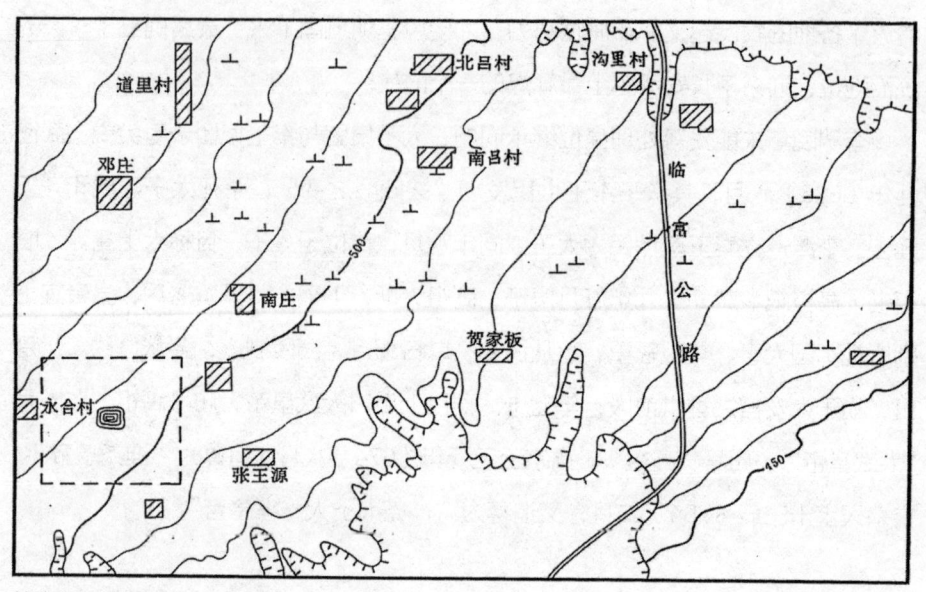

献陵陵园及陪葬墓分布示意图

制,以日易月。陵园制度,务从俭约。"[1] 也就是说,要按照俭约的原则,对他进行薄葬。而唐太宗为了行孝,决定按西汉长陵的故事给高祖修建陵寝,要求丧事"务在崇厚"。唐太宗派术士为其父李渊占卜墓地,结果选中了三原荆塬上的风水,遂决定在荆塬上为李渊营建献陵。

按照唐太宗的旨意,献陵由将作大匠阎立德设计,并如期开工。由于陵园工程浩大,又为葬期所迫,"功役劳敝",秘书监虞世南上书以为:古代的圣帝明王实行薄葬,并不是不想崇高光显,以厚其亲,而是吸取厚葬导致被盗的教训,从"长久万世"的立场出发,割其常情,做出的时智选择。过去汉成帝造延昌二陵,规模宏大,功费甚多,以为用北山石为椁可以防盗。张释之说:"使其中有可欲,虽锢南山犹有隙。使其中无可欲,虽无石椁,又何戚焉。"死者无终极,而国家有废兴。张释之的话是长远之计。汉武帝厚葬茂陵,不足为训。魏文帝薄葬之制,深明事理。如今献陵丘垄如此高大,就是其中不藏珍宝,也没有什么好处,

---

[1]《旧唐书》卷一《高祖本纪》,中华书局 1975 年版,第 18 页。

万代之后，人们看见高坟大冢，谁会相信其中没有金银珠宝！应当按照西周制度，"为三仞之坟，方中制度，事事减少"。事毕之日，刻石陵侧，说明丘封大小高下之式，明器所需，皆用瓦木，合于礼文，一律不用金银铜铁，使后世子孙都来遵奉。这样一来，岂不甚好！

唐太宗看了奏章，没有给予答复。虞世南又上书说：汉帝王即位后就开始修建陵墓，少者十余年，多者50年，才能修成。现在要用几个月时间，做完汉人几十年才能完成的事，"其于人力，亦已劳矣"，能否按期完工，令人担心。其他大臣也上书请按高祖遗诏务从节俭。太宗内心很矛盾，想按遗诏办事，但不忍心顿为俭素；想厚葬，又怕百世之后有废毁之忧。进退两艰，不能自决，遂将虞世南的奏章交给大臣讨论。司空房玄龄等人认为，长陵高九丈，过于宏侈，而以二丈立规，又伤矫俗。光武帝是中兴明主，行事多依典故，其原陵高六丈。宜依原陵制度行事。太宗采纳了虞世南等人的建议，遂下诏说："朕既为子，卿等为臣，爱敬罔极，义犹一体。无容固陈节俭，陷朕于不义也。今便敬依来议。"于是山陵制度，颇有差减省[1]。

献陵是唐代的第一座帝王陵墓，在陵墓制度上尚属于草创阶段。宋敏求《长安志》载："献陵封内二十里，下宫去陵五里。"

献陵神道

---

[1]《唐会要》卷二〇《陵议》，中华书局1955年版，第394—395页。

献陵系堆土成陵，封土夯筑，为覆斗形，位于陵园中部偏东处，高六丈。陵园四面筑有墙垣。每边各置一门。南为朱雀门，北为玄武门，东为青龙门，西为白虎门。四角各有角楼一座。陵园四门外有石虎（狮）四对。朱雀门南为神道，即所谓"司马道"。神道南北长576米，宽39.5米。其两侧列置大型石刻犀牛一对、石人三对、华表一对。此外，陵园中还有献殿、寝殿、下宫等重要建筑。

经过1300多年的风雨沧桑，献陵的地面建筑已荡然无存，但陵冢基本上还保持了原来的面貌。献陵石刻数量较少。在陵区所能看到的只有一只石狮（虎）和一个华表。另有一只石狮和一只石犀陈列于碑林博物馆。石犀体形高大，凝重自然。石狮（虎）造型别致，颇为凶悍。

3. 陵园变迁

献陵是唐代第一座帝王陵墓。故统治者对此十分重视。不仅置陵署、设陵令，而且驻军进行保护。有时帝王拜陵，有时公卿巡陵，并采取多种措施，使献陵得到很好保护。

据两《唐书》记载，康子元、张公及等人都曾担任过献陵令。唐太宗、唐玄宗等人都曾拜过献陵。如《唐会要》卷二〇载：贞观十三年（639）正月一日，太宗朝谒高祖献陵，"七庙子孙及诸侯百僚、蕃夷君长，皆陪列于司马门内。太宗至小次，降舆纳履，哭于阙门，西面再拜，恸不能兴。礼毕，改服入于寝宫；亲执馔；阅视高祖及先后服御之物，匍匐床前悲恸，左右侍御者莫不歔欷"。《旧唐书》卷二十五对此有更为详细的记载。永徽六年（655）正月一日，唐高宗亲谒昭陵，"文武百官、宗室子孙并陪位。上降辇易服，行哭就位，再拜擗踊。礼毕，又改服奉谒寝宫。上入寝，哭踊绝于地。进至东阶，西面于拜，号恸久之。乃进太牢之馔，加珍馐具品，引太尉无忌、司空勣、越王贞、赵王福、曹王明及左屯卫大将军程知节，并入执爵进俎。上至神座前，拜哭奠馔，阅先帝先后衣服。拜辞讫，行哭出寝北门，乃御小辇还宫。"

唐宪宗时，藩镇曾派间谍向献陵纵火。《旧唐书》卷三十七载：元和十年（815）

十一月，"献陵寝宫永巷火"。对此，唐宪宗十分震怒，及时采取了补救措施。唐朝灭亡后，献陵建筑日渐损毁。五代时被军阀温韬盗掘。宋初曾下令修补，并进行祭礼。明初禁樵采。清乾隆四十四年（1779），陕西巡抚毕沅立"唐高祖献陵"碑，划界保护。晚清以来石刻有所损坏。

献陵陵园遗址分布图

4. 陪葬墓

献陵起初无陪葬墓。贞观十八年，唐太宗对侍臣说："佐命功臣，义深舟楫。追念在昔，何日忘之。汉氏相将陪陵，又给东园秘器，笃终之义，恩意深厚。自今以后，功臣密戚及德业佐时者如有薨亡，赐茔地一所，及赐以秘器，使窀穸之时丧事无阙。凡功臣密戚请陪陵葬者听之。以文武分为左右而列。若父祖陪陵，子孙从葬者亦如之。"[1] 此后陪葬献陵者凡20余人。

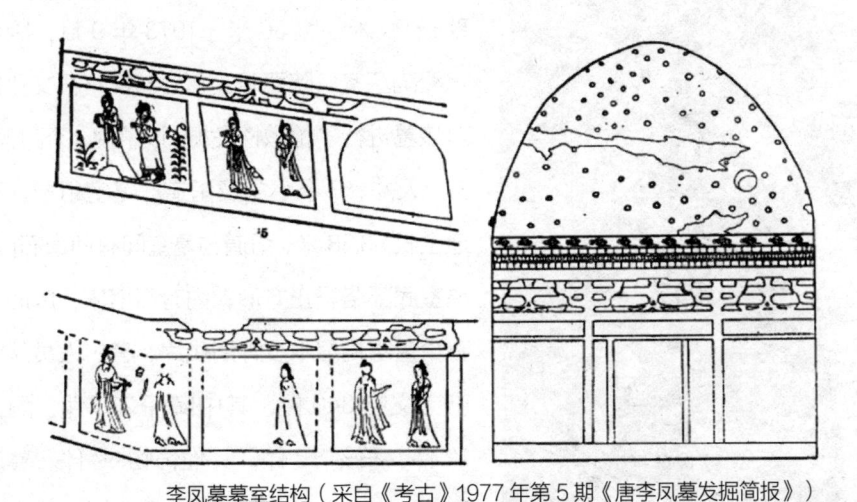

李凤墓墓室结构（采自《考古》1977年第5期《唐李凤墓发掘简报》）

---

[1]（元）马端临：《文献通考》卷一二五《王礼》二十，中华书局1986年版，第1124页。

据《唐会要》卷二一记载，献陵有25座陪葬墓。《长安志》卷二〇则说献陵的陪葬墓为23座。据考古工作者调查，献陵的陪葬墓达52座之多，其中有封土者26座，无封土者20座，还有6座已被破坏。综合相关记载可知献陵陪葬者分为三类：一类是后妃，一类是宗室，还有一类是大臣。后妃墓2座，即太穆皇后窦氏墓、楚国太妃万氏墓。宗室墓17座，即河间王李孝恭墓、襄邑王李神符墓、清河王李诞墓、韩王元嘉墓、彭王元则墓、道王元庆墓、郑王元懿墓、虢王元凤墓、酆王元亨墓、徐王元礼墓、滕王元婴墓、邓王元裕墓、鲁王灵夔墓、霍王元轨墓、江王元祥墓、密王元晓墓、馆陶公主墓。大臣墓6座，即并州总管张纶墓、平原郡公王长楷、荣国公樊兴、谭国公邱和、巢国公钱九陇、刑部尚书刘德威。考古工作者曾对虢王李凤墓和房陵大长公主墓进行了科学发掘。

李凤（622—674）系唐高祖第十五子，两《唐书》有传。据本传记载，李凤在武德六年（623）初封豳王，贞观十年（636）改封虢王。历任邓、虢、豫、青诸州刺史，实封千户。高宗上元元年（674）死，赠司徒、扬州大都督，陪葬献陵。其墓位于富平县吕村乡北吕村西300米处。封土呈覆斗形，顶部长7米，宽限5米，底部长90米，宽30米。1973年9月，因雨水浸陷墓室，陕西省文管会与富平县文化馆对该墓进行了抢救性发掘。该墓由4个过洞、3个天井、8个小龛及甬道、墓室组成。墓道全长63.38米，甬道与墓室间有两道石门，墓室底部略呈正方形，内有石棺床，床面上有少量腐朽棺木及骨骼残片。考古人员从中出土文物340件，其中陶俑225件，陶器12件，石刻12件，其他饰物87件。墓道和墓室中有大量彩色壁画，内容以建筑、花鸟、人物为主。据墓道中所存墓志铭载，此

房陵大长公主墓持果案仕女图

墓为李凤及其夫人刘氏的合葬墓。刘氏死于上元二年（675）五月十四日，其死后与李凤合葬。

房陵大长公主（618—673）为唐高祖第六女。初嫁左卫将军窦奉节，奉节死后改嫁贺伦僧伽。咸亨四年（673）病死于九成宫，同年十月四日陪葬献陵。其墓位于富平县吕村乡双宝村北300余米处，地面封土荡然无存。1975年农民在搜肥时发现墓室，文物考古部门即对此墓进行了清理。据发掘资料，斜坡墓道宽2.56米，长57.8米，有5个过洞，4个天井，6个小龛，甬道分为前后两段，均用砖券筑。墓室有二：前室南北长3.6米，东西宽3.54米，穹隆顶，中心高度4.45米。后室南北长4.1米，东西宽4.16米，穹隆顶，中心高度5.2米。石椁在后室偏西处，因早年被盗，空无一物。考古人员在前甬道发现墓志一合，盖顶篆书"大唐故房陵大长公主墓志铭"12字，志文阴刻，凡809字。墓中虽出土少量陶俑，然而品相不佳。墓道、甬道及墓室壁画残损严重，但有27幅侍女人物画颇为精美，生活气息浓厚，很有参考价值。

献陵陵园（1906）

5. 遗迹与遗存

唐代以后，献陵的地面建筑逐渐被毁，仅余地基。封丘在陵园的位置，东西居中，南北门与封丘间距分别为320米和280米。实测献陵封丘形如覆斗，坡度为20度48分。东西长150米，南北宽120米，高度约20米。站在献陵之巅，仍有高大雄伟之感，可以想见当年陵墓的壮观场面。实测外墙东西长467米，南北宽470米，其宽度在2米至2.5米之间。南门、北门与陵冢相距180米，东门距冢130米，西门距冢198米。门址及角楼周围堆积大量板瓦、筒瓦残片。

献殿遗址位于朱雀门内十余米处。其范围东西长约20米，南北宽8米，总面积约160平方米左右。地面上有红烧土及砖瓦残块堆积。寝殿位于玄武门内，具体结构不详。地面上遗留有大量砖瓦残块，还有一些石灰和红烧土块。下宫在陵园西南2.5公里处，南距唐村100米。遗址东西长约100米，南北宽120米。北宋时曾在此修建"唐高祖庙"，地表砖瓦残存较多。

献陵在历史时期曾经被盗。目前尚未进行科学发掘，遗物主要是陵园中的大型石刻和陪葬墓出土的一些文物。其中大型石刻是最重要的。

（1）石狮（虎）

朱雀门外的一对石狮（虎）位于门址南165米处。东侧的石狮（虎）向西而立，保存完好。身长2.75米，胸宽1米，通高1.8米，颈下有"武德拾年九月十一日石匠小汤二记"铭文。西侧石狮（虎）大小与东侧石狮（虎）相同，于1959年移至西安碑林博物馆展出。青龙门外石狮（虎）位于门址东140米处，二虎南北相对，相距37.5米。南侧者已埋于地下，北侧者在"文革"时被毁。玄武门外石狮（虎），在门址北150米处，二虎东西相对，间距37.5米，东侧者埋于地下，地表仅余石座，西侧者半埋土地中，保存完好。白虎门外石狮（虎），在门址西150米处，二虎南北列置，相距37.5米，南侧者与基座分离，腿、嘴残破，身躯完好。北侧者半掩土中。

献陵石狮（虎）

献陵石犀（现藏西安碑林博物馆）

（2）石犀

石犀位于石狮（虎）之南、华表之北，东西相对。东侧石犀高2.12米，长3.35米，体态硕大，造型逼真，现存西安碑林博物馆，保存完好。其右前足下石板上刻有"高祖怀远之德"六字，"高"字已漫漶不清。西侧石犀被掩埋于地下，情况不明。

（3）华表

献陵华表位于南门外神道的尽头，原为一对，东西相距39米。东者保存较好，西者现已残毁。东边华表由上、中、下三部分组成，通高7.23米。下部包括础石和石座，显得厚重稳当。石座略成覆钵形，质地十分坚硬。四面线雕花纹。座上浮雕一对首尾衔接的螭龙，鳞甲如新，形态逼真，颇为精美，可惜龙头已被破坏。石座中部有卯，以接柱身。中部柱身为八棱形，向上收束。每面线刻绕枝花团，通身又有S形对舞双龙。上部柱顶有八棱形石盖，盖上雕有一蹲辟邪，挺胸、昂首、耸耳、披鬣，小巧玲珑，看上去很有趣。西边华表倒埋在水沟中，刨开泥土，舞龙和花瓣清晰可见。西边华表的盘龙石座在1958年大炼钢铁时被砸成了石子，殊为可惜。献陵华表在造型上仍保留着南北朝华表的某些风格，但已显示出唐代的特点。汉魏六朝时，华表的纹饰多为首尾相接的双虎或双螭，华表的主体多为瓦楞圆形。从献陵开始，华表柱身改为八棱形，纹饰改为舞龙和缠枝。

献陵华表

1956年8月6日，陕西省公布献陵为重点文物保护单位。2001年6月25日，国务院公布献陵为全国第五批重点文物保护单位。

第二章
唐太宗昭陵

1. 墓主生平

人们来到昭陵，望着高耸入云的九嵕山，自然会想到唐太宗，想到这位叱咤风云的一代名君。

唐太宗李世民，是唐高祖李渊的第二个儿子，母亲为太穆皇后窦氏，隋文帝开皇十八年（598）十二月二十二日生于武功之别馆[1]。李世民出生之时，正是隋王朝由盛转衰之际，隋炀帝大修离宫、游幸江都、三侵高丽，给社会带来了巨大的灾难，激起了人民的反抗。大业七年（611），知世郎王薄登高一呼，各地农民纷纷起义。在农民战争如火如荼的年月，李

唐太宗像

---

[1]《旧唐书》卷二《太宗纪》上，第 21 页。

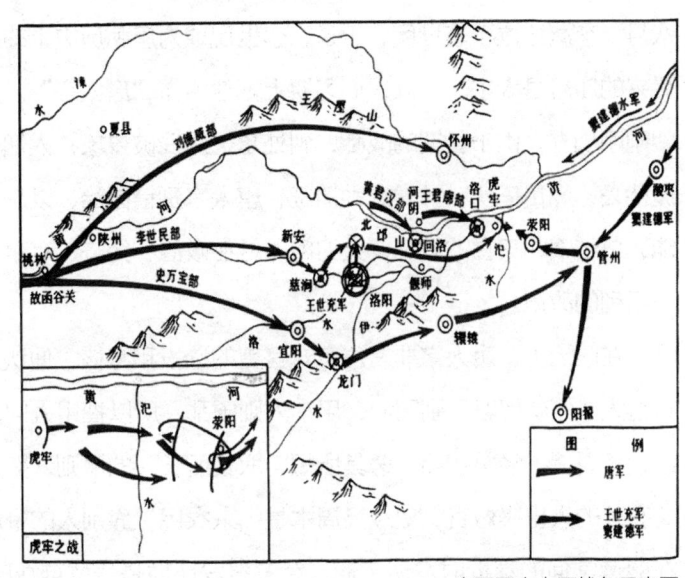

渊被隋炀帝提升为太原留守。李世民看到隋王朝已处于风雨飘摇之中,即积极协助李渊起兵反隋。大业十三年(617)从晋阳(即今山西太原)出发,克霍邑,过黄河,直扑关中,以排山倒海之势,攻克隋都大兴。次年三月,

唐军平定中原战争示意图

隋炀帝在江都(今江苏扬州)被杀之后,李渊建立唐朝,李世民被李渊晋封为秦王。唐朝建立之初,辖区仅仅局限于关中地区。刘武周据有山西马邑,梁师都盘踞陕北,薛举父子称霸金城,萧铣割据长江上游,辅公祏在长江下游活动,中原有王世充建立的"郑",河北则有窦建德建立的"夏"。如何结束分崩离析的状态,实现天下的统一,是摆在统治者面前的迫切任务。武德元年(618)秋,李世民率领唐军西进,以逸待劳,一举击败西秦霸王薛仁杲,平定陇西。翌年,向刘武周及其同党宋金刚发起强大的攻势,次年四月大获全胜,平定河东。接着挥师南下,矛头直指王世充所建立的"郑",围洛打援,击败窦建德的10万军队,迫使王世充投降,取得了异常辉煌的战绩。至此,黄河上下,大江南北,基本上纳入唐王朝的版图。在实现统一的过程中,李世民出生入死,指挥若定,表现出杰出的军事才能,立下了卓越的战功。

统一战争基本结束以后,唐朝统治集团内部围绕皇位继承权展开了激烈的斗争。武德九年(626)六月四日,宫门喋血,发生了震惊朝野的"玄武门之变"[1]。

---

[1]《资治通鉴》卷一九一,武德九年六月庚申条,第6010-6011页。

八月，李渊让位于李世民。于是，李世民成为唐朝历史上的第二代皇帝。由于他后来的庙号是太宗，所以人们习惯上把他叫作"唐太宗"。唐太宗即位时，唐王朝刚刚确立。由于长期的战乱，到处是一片残破景象：人烟稀疏，土地荒芜，百废待兴，满目疮痍。针对这种情况，唐太宗励精图治，以超人的意志和非凡的才能，总结隋朝灭亡的教训，大刀阔斧地在政治、经济、军事、文化等方面进行了一系列的改革。

在政治上，唐太宗非常注意对官吏的选拔和考核。他认为："为政之要，惟在得人。"[1] 用君子则国治，用小人则国乱。所以把用人问题作为关系国家兴亡的大事看待，经常按照"舍其所短，取其所长"的原则，努力发现人才。选择有德有才的人出来做官。史载马周本是山东农民，靠别人的资助来到京师。唐太宗在阅读常何的奏折时发现了他，经考察发现他是一位难得的人才，便破格任命他为监察御史，后来一直提拔到宰相。由于唐太宗知人善任，因此，在他身边的谋臣猛将，大都能够各显神通，发挥作用。

针对隋炀帝拒谏饰非，独断专行所造成的恶果，唐太宗接受了"兼听则明，偏信则暗"的思想，在统治阶级内部提倡"民主"，积极引导群臣进谏，尽量集中统治阶级的集体智慧，力图使自己的决策正确一些，使自己不犯或少犯错误。由于他善于纳谏，比较开明，大臣们都敢在他面前讲真话，发表自己的见解。据说，魏徵一个人就向他进谏200多次，他常常把魏徵当作一面镜子。

在以人为镜方面，唐太宗经常向群臣征求意见，并虚心接受臣下对他的指责和

房玄龄像　　杜如晦像

---

[1]〔唐〕吴兢：《贞观政要》卷七《崇儒学第二十七》，上海古籍出版社1978年版，第219页。

批评。魏徵经常不客气地当面指责他的错误，有时弄得他很难堪。有一次退朝后，他怒气冲冲地说：我总有一天要杀掉这个乡巴佬！皇后问他这个乡巴佬是谁，他回答说：魏徵常常在朝廷上侮辱我。皇后听后就告退了，然后穿上朝服站立在庭中。唐太宗看到后，不禁吃惊地问她，为什么要这身穿戴，皇后回答说：我听说君主贤明，臣下才会直言不讳，现在，魏徵直言不讳，正说明您是贤明的君主。我怎么能不向您表示祝贺呢？唐太宗听后不由得转怒为喜。魏徵去世后，唐太宗十分痛惜失去一面能使他知道过失的镜子。这种做法在很大程度上保证了国家方针政策的正确性。

为了达到"安人宁国"的目的，唐太宗还十分重视人民群众的作用。他常说："为君之道，必先存百姓。若损百姓以奉其身，犹割股以啖腹，腹饱而身毙。"[1]因此，他提倡节俭，去奢省费，轻徭薄赋，尽量不去剥夺人民休养生息的机会。这也在很大程度上保证了社会的安定，缓和了阶级矛盾。

唐太宗得到一只名贵的鹞，爱不释手，成天让鹞落在自己的胳膊上玩。连朝政也懒得过问。魏徵得知后，决定向太宗进谏。太宗见魏徵来了，怕他谏阻玩鹞的事，赶紧抓鹞从臂上取下，放入怀中，装作没事的样子。魏徵看清了唐太宗的一举一动，知道他的心思，便不谈有关鹞的问题，好像他根本不清楚这回事，而把话题一转，和太宗谈起了治国方略和行政得失，故意越说越远。太宗不时地用手摸摸胸部，既不便打断话题，也不能将鹞取出，心里十分着急。等魏徵走后，太宗从怀中取出那鹞一看，早已经死了。这时，唐太宗才明白了魏徵的真实意图。

在经济上，唐太宗采取多种办法，努力恢复和发展社会经济。在他看来，农业是经济之本。他不止一次地告诫臣下：凡事皆须务本。国以人为本，人以食为本，凡营衣食，以不失时为本[2]。为了发

清宫南薰殿藏魏徵像

---

[1]《贞观政要》卷一《君道第一》，第1页。
[2]《贞观政要》卷八《务农第三十》，第237页。

唐太宗《帝范》序

展农业，唐太宗努力改革，如推行北魏以来的均田制和租庸调法。一方面尽量使农民得到一定数量的土地；另一方面尽量减轻剥削，遇到自然灾害时，常用减免赋役和赈济的办法帮助百姓，使他们渡过难关，安心从事农业生产。商业是社会经济的一个重要组成部分。唐太宗也知道商业的重要性。所以下诏开放关禁，修葺道路，鼓励贸易。这些措施不仅促进了农业经济的恢复和发展，而且促进了手工业和商业的兴起。当时首都长安、东都洛阳以及广州、扬州、成都等地的手工业和商业都相当发达。尤其是首都长安，东西两市异常繁华，更是全国的经济中心。经过十几年的发展，贞观初年残破的景象消失了，社会经济出现了崭新的面貌。

在军事方面，唐太宗进一步完善府兵制，特别重视边疆地区的巩固和开发。为了维护祖国辽阔的疆域，他抛弃了以往帝王所持的民族偏见，实行开明的民族政策。他曾说："自古帝王皆贵中华而贱夷狄，朕独爱之如一。"[1]他是这样说的，也是这样做的。除平等看待各民族，怀柔少数民族外，还经常提拔少数民族成员做官，参与国家政治。但是，当少数民族贵族背叛朝廷，搞分裂活动时，他也毫不迟疑地予以打击。贞观四年（630），他派李靖、李勣抗击东突厥的侵扰，加强了唐王朝对北方大漠地区的统治。贞观八年（634）派李靖打击在青海叛乱的吐谷浑，取得了辉煌的胜利。贞观十四年（640），又派侯君集灭掉高昌，设

[1]《资治通鉴》卷一九八，太宗贞观二十一年五月庚辰，第6247页。

置安西都护府和安西四镇，保障了丝绸之路的畅通。至于贞观十五年派文成公主入藏，与松赞干布成婚的事，早已被传为历史的佳话。

唐太宗一共当了 23 年的皇帝，由于他锐意维新，励精图治，终于促成了著名的"贞观之治"，给盛唐的出现奠定了基础，因而千百年来一直得到人们的高度称赞。作为"贞观之治"的促成者，唐太宗从各个不同的角度充分显示了自己的政治才能。

2. 昭陵营建始末

昭陵位于陕西省礼泉县东北 20 多公里的九嵕山上，东北距贞陵 19 公里。九嵕山海拔 1188 米，孤耸回绝，气势雄伟，树木葱茏，风景绮丽，是渭北山系中最有代表性的大山。昭陵因山而置，封域 120 里，总面积达 30 万亩，是关中十八陵中规模最大的一座。

昭陵是唐太宗亲自为自己选定的葬身之地。史载，贞观十年（636）文德皇后长孙氏死后，唐太宗下诏开始营建昭陵。据《唐会要》卷二〇《陵议》记载，贞观十八年（644），唐太宗对侍臣讲："古者因山为坟，此诚便事。我看九嵕山孤耸回绕，因而旁凿，可置山陵处，朕实有终焉之理。""乃诏营山陵九嵕山上，足容一棺而已，务从俭约。"[1] 事实上，昭陵绝非仅仅"足容一棺而已"。《唐会要》卷二〇载：昭陵因九嵕层峰，从南面的悬崖峭壁上挖掘深七十五丈的墓道，修建地宫（即玄宫）。缘山傍岩，修筑栈道，悬绝百仞，

昭陵近景

---

[1]《唐会要》卷二〇《陵议》，第 395 页；《文献通考》卷一二五《王礼》二十，第 1124 页。

绕山二百三十步，才能到达玄宫门。昭陵规模之宏大，于此可见一斑。

昭陵是由唐代著名建筑设计及工艺美术大师阎立德、阎立本兄弟精心设计的。其平面布局仿照唐长安城设计。当年昭陵有富丽堂皇的地面建筑和地下宫殿。高大的朱雀门，雄伟的献殿和庄严的祭坛，构成地面建筑的主体。陵寝因山而建，居于陵园的最北部，相当于长安的宫城。在地面上围绕山顶堆成方形小城，城四周有四垣，四面各有一门。

玄宫建筑在山腰南麓。初建时架设栈道，"缘山傍岩，架梁为栈道，悬绝百仞，绕山二百三十步，始达元宫门"[1]。栈道长230步，约合400米。玄宫深75丈，石门五道，中间为正寝，是停放棺椁的地方，东西两厢排列着石床。床上放着许多石函，里面装着殉葬品。墓室到墓口的通道上，用3000块大石砌成，每块石

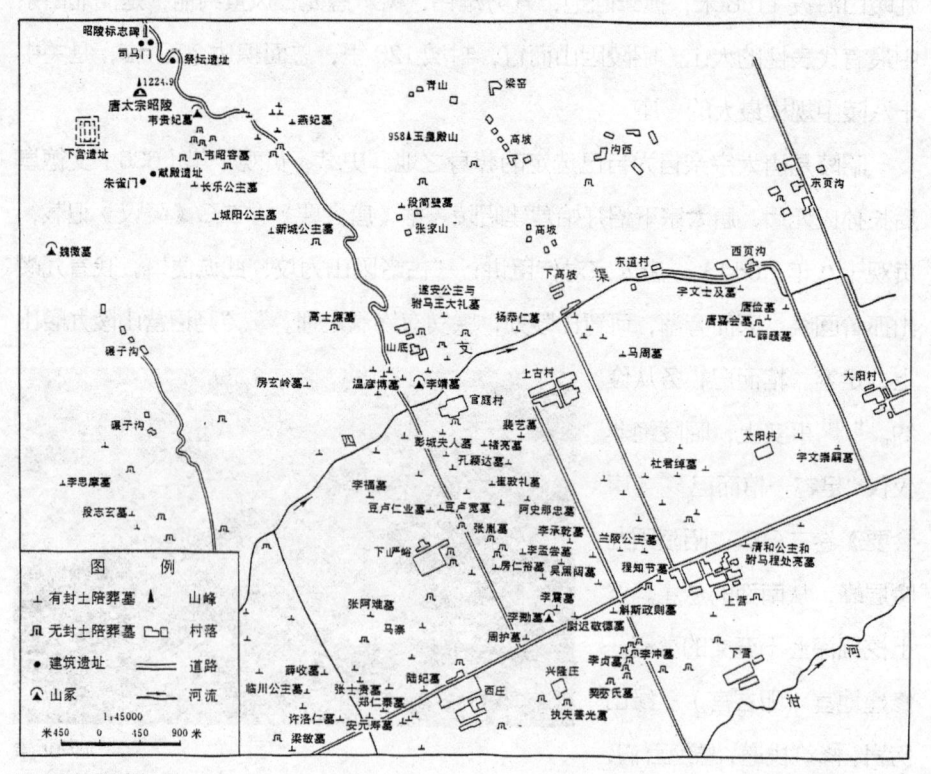

昭陵及其陪葬墓图

---

[1]《唐会要》卷二〇《陵议》，第395页。

头有 2 吨重，石与石之间相互铆住。

在主峰地宫山之南面，是内城正门朱雀门，朱雀门之内有献殿，是朝拜祭献用的地方，与门阙距离很近，整个遗址约 10 米见方，加门阙南面约 20 米见方的场地，仍然是一个狭小的遗址。在这里曾出土残鸱尾一件，经复原后高 1.5 米，宽 0.6 米，长 1.1 米。门阙之间约 5 米，恰在献殿正中。

在主峰地宫山之北面，是玄武门，设置有祭坛，紧依九嵕山北麓，南高北低，由五层台阶地组成。在南三台地上有寝殿，东西庑房，阙楼及门庭，中间龙尾道通寝殿，是昭陵特有的建筑群。在司马门内列置了十四国君长的石刻像。

贞观二十三年（649）五月二十六日，唐太宗积劳成疾，在终南山翠微宫溘然长逝，终年 52 岁。同年八月十八日，唐高宗为太宗举行了隆重的葬礼，把唐太宗安葬在昭陵之中。

3. 陵园演变

《册府元龟》卷二百六十一载："上元三年，左威卫大将军权善才、右监门卫中郎将范怀义，并为斫昭陵柏木，高宗将杀之。太子抗疏善才等尝预蓄寮，先经驱策，期于矜贷，帝从之。善才仅免死除名，怀义配流桂州，昭陵令孔祯以不能简察免官。"其管理之严格，由此可见一斑。

昭陵寝宫，是供奉墓主饮食起居的地方，起初建筑在陵墓旁边的山上，后因供水困难，移到山下，称"陵下宫"，在山陵的西南脚下，与南面的朱雀门大致在一条线上。唐代后期因山火焚毁，就移于封内西南方的瑶台寺，距陵 18 里。据瑶台寺遗址出土的题刻残石看，晚唐时期与建陵同祭于此。这里是守陵宫女住宿之处，不但是皇帝谒陵、公卿巡陵必到之处，也是春秋祭、朔望祭、节日祭、日进食、朝夕祭之处。史载，开元十七年（729）十一月十六日，唐玄宗拜昭陵，"及上入寝宫，闻室中有謦咳之音。上又令寝门外设奠，同祭陪陵功臣将相萧瑀、房玄龄等数十人，如闻其抃蹈之声"。此外，陵寝若有损坏，也能予以修理。如贞元十四年（798）正月，右谏议大夫平章事崔损曾在昭陵造屋 378 间。杜甫在《重

昭陵下宫南望

经昭陵》诗中写道:"草昧英雄起,讴歌历数归。风尘三尽剑,社稷一戎衣……陵寝盘空曲,熊罴守翠微。再窥松柏路,还见五云飞。"

在五代战乱过程中,昭陵遭受了一场空前的浩劫,被华原(今陕西耀州区)贼帅温韬盗掘。《新五代史》卷四〇《温韬传》载:"韬在镇七年,唐诸陵在其境内者,悉发掘之,取其所藏金宝,而昭陵最固。韬从埏道下,见宫室制度宏丽,不异人间,中为正寝,东西厢列石床,床上石函中为铁匣,悉藏前世图书,钟、王笔迹,纸墨如新。韬悉取之,遂传人间。"[1]

宋太祖建隆二年(961),诏先代帝王陵寝,令所属州县遣近户守视,其陵墓有堕毁者亦加修葺。据《长安志图》记载,《昭陵图碑》划出了昭陵的陵园范围和地面建筑,反映了唐代的陵墓制度。昭陵六骏原来立在昭陵北阙,"距陵北五里,自山下往返四十里,岩径峭险,欲登者难之,因谕邑官仿其石像带箭之状,并丘行恭真像塑于邑西门外太宗庙庭,高卑丰约,洪纤尺寸,毫毛不差,以便往来观者。又别为绘图刻石(即《昭陵六骏碑》)于庑下,以广其传焉"。

明朝统一全国后,对历代帝王陵墓比较重视。一方面定期派人前往各地,祭祀在历史上有所作为的帝王,另一方面,指派专人看守陵墓。但到明后期,昭陵又是一派残破景象。明人刘永《谒昭陵》说:"玉寝荒凉无识处,石文断蚀不甚收。"明赵崡《游九嵕山记》说:"既至峰下,观历朝祭碑与翁仲(石人)或侧

---

[1]《新五代史》卷四〇《温韬传》,中华书局1974年版,第441页。

或仆，独六马皆一片石刻其半，左右列，各三。"明代所修《礼泉县志》载，昭陵"有献殿，有后殿，有下宫，山巅亦有游殿，今俱废，惟陵北存石屋三间（楹），六骏列于左右，及贞观中擒服诸番君长颉利等十四人像，琢石列之北司马门内。今皆不完。其周垣、重门、甬路诸故迹犹存也。陪葬凡一百七十有七。下宫在九嵕山 陵之右，后毁于火，贞元十四年欲复置，山高无水泉，苦于供役，廷臣集议，移置瑶台寺侧，去陵一十八里，周一百二十里，今废"。宋代所修诸陵庙至此已毁，就连当时所立的碑铭也多被毁。

清代前期，统治者曾多次派人至礼泉祭祀昭陵。康熙七年、二十一年、二十七年、三十五年、三十六年、四十一年、四十二年、五十二年、五十八年，雍正元年、二年，乾隆元年、二年、十四年、十七年皆有祭昭陵之举。当时的地方官也比较注意对唐陵的保护。

20世纪前期对昭陵最严重的破坏是昭陵六骏被盗的事件。1914年，美国的文物贩子勾结一位姓黄的奸商，买通了袁世凯的儿子袁克文和陕西将军陆建章等，将昭陵六骏中的"飒露紫"和"拳毛䯄"盗走，运至美国费城。1917年，美国文物贩子又怂恿黄某盗窃其余四骏。为了掩人耳目，竟丧心病狂地把价值连城的四骏浮雕打成了小块，企图装箱运走。消息传来，民

昭陵北门遗迹（1906）

昭陵祭坛西庑

怨沸腾，西安民众奋力抗争，官方看到事态严重，出面将四骏追回，交给当时的陕西省立图书馆保存。

中华人民共和国成立后，昭陵得到了较好的保护。1953年以来，考古工作者对昭陵进行了普查。1961年，国务院将昭陵确定为第一批全国重点文物保护单位。为了加强对关中唐陵的保护和研究。1972年成立昭陵文物管理所，1978年，又成立了昭陵博物馆。此后，又对昭陵的尉迟恭墓、张士贵墓、郑仁泰墓、李福墓、李勣墓、李震墓、阿史那忠墓、临川公主墓、安元寿墓、李贞墓、李冲墓进行了发掘。从目前的情况来看，昭陵的文物保护工作做得较好。以石刻而言，昭陵为保护碑碣修建了"昭陵碑林"，使40余通墓碑和20多方墓志得到妥善安置。

昭陵博物馆

4. 陪葬墓

昭陵陪葬墓分布于昭陵的东南方向，陪葬区很大，实际上是一个庞大的陪葬墓群。关于昭陵陪葬墓的数量，文献中有不同的记载：两《唐书》记载74座，《唐会要》载155座，《长安志》记载166座，《文献通考》载174座，《关中陵墓志》载130座，《礼泉县志》载203座，《历代陵寝备考》《陕西通志》等书所载则为160余座。1977年，昭陵文物管理所对昭陵陪葬墓进行考古调查，称昭陵有陪葬墓167座，其中可确定墓主姓名、身份和入葬时间的有57座。后来昭陵博物馆与煤炭部航测遥感中心合作，运用航测和实地勘查相结合的方法，确定陪葬墓数为188座，其中可以确定墓主的陪葬墓有62座。

现在可以确定墓主的陪葬墓有62座，自北至南依次为：韦贵妃墓、燕妃墓、韦昭容墓、长乐公主墓、段简璧墓、城阳公主墓、新城公主墓、魏徵墓、宇文士及墓、唐俭墓、唐嘉会墓、薛赜墓、遂安公主与驸马王大礼墓、杨恭仁墓、高士廉墓、马周墓、房玄龄墓、温彦博墓、李靖墓、裴艺墓、宇文崇嗣墓、彭城夫人墓、褚亮墓、孔颖达墓、杜君绰墓、崔敦礼墓、李思摩墓、李福墓、阿史那忠墓、豆卢宽墓、豆卢仁业墓、段志玄墓、张胤墓、李承乾墓、清河公主与驸马程处亮墓、兰陵公主墓、李孟常墓、吴黑闼墓、房仁裕墓、程知节墓、姜遐墓、姜简墓、李震墓、斛斯政则墓、张阿难墓、李勣墓、尉迟敬德墓、王君愕墓、周护墓、李冲墓、李贞墓、薛收墓、契苾氏墓、张士贵墓、陆妃墓、执失善光墓、临川公主墓、郑仁泰墓、牛进达墓、许洛仁墓、安元寿墓和梁敏墓。

从现存封土情况来看，昭陵陪葬墓有四种类型：第一类依山为墓。魏徵墓和韦贵妃墓即是如此。第二类是覆斗形墓。如太宗第五女长乐公主墓和太宗第十六女城阳公主墓和太宗二十一女新城公主墓。墓前均存有石人、石羊、石虎、石望柱。

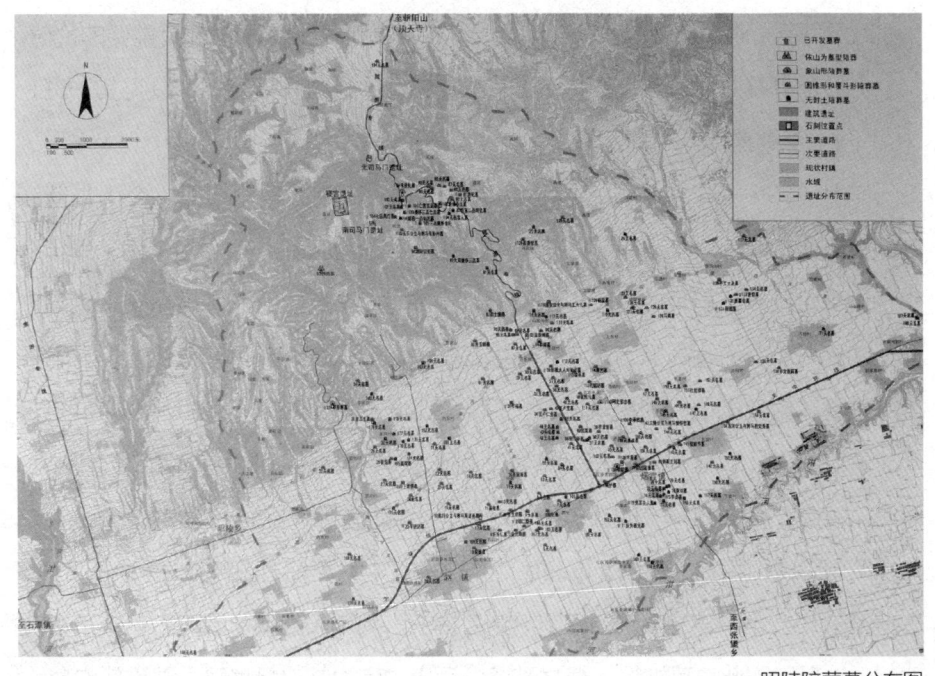

昭陵陪葬墓分布图

房玄龄墓

墓的南北两面有土阙。第三类是圆锥形墓葬。此类陪葬墓所占比重很大，文武大臣的墓冢基本上都是这种形制。第四类是山形墓。此类陪葬墓的数量不多，目前只发现李勣和李靖墓。据文献记载还有李思摩墓和阿史那社尔墓。李靖墓象征阴山、积石山，现存形状略如起伏的山岭，中间有一主峰，两边各一缓丘。冢前立有石人、石羊、石虎、石碑。李勣墓象征阴山、铁山、乌德鞬山，同样在墓前有石人、石羊、石虎、石碑。这种特殊形状的墓葬封土，是对有特殊功勋重臣的特殊奖赏。无论哪种类型的陪葬墓，在墓前都树有墓碑，在墓中都埋有墓志。这些墓碑和墓志都是极为重要的资料，对于了解墓主人的生平事业，对于认识唐代前期政治、经济、文化和社会生活，都有重要的价值。

昭陵陪葬墓数量众多，不能逐一列举。兹略举几座重要墓葬，以见其一斑。

（1）李勣墓

李勣（594—669），原名徐世勣，字懋功。汉族，曹州离狐（今山东菏泽东明县东南）人。唐高祖赐其姓李，后避唐太宗李世民讳，改名为李勣。早年从李世民平定四方，后来成为唐王朝开疆拓土的主要战将之一，曾破东突厥、高句丽，功勋卓著。历事高祖、太宗、高宗三朝，出将入相，深得朝廷倚重。与名将李靖并称，封英国公，为凌烟阁二十四功臣之一。总章二年（669）十二月初三卒，享年76岁。高宗辍朝七日，赠李勣太尉、扬州大都督，谥号贞武，陪葬昭陵。李勣墓冢由3个高约6丈的锥形土堆组成，上部形成倒"品"字形的3个山头，象征阴山、铁山和乌德鞬山，以表彰生前破敌之功。墓前有石碑一通，高5.6米，碑首雕刻6条龙。碑文由唐高宗李治亲自撰书。武则天临朝称制时，其孙子李敬业起兵造反，因此坟墓被挖，棺材被劈。后唐中宗为其追复官爵，并重新安葬。

李勣墓位于礼泉县东北18公里之烟霞新村，墓前有翁仲（石人）、石羊、石虎等雕刻，各三只。

1974年文物部门配合农田水利基本建设对此墓进

李勣墓

行了发掘。发掘结果表明，此墓为斜坡土洞式墓葬，墓道长63.75米，有4个天井，4个过洞，2个壁龛。墓室虽经盗掘破坏，仍出土了一些重要文物。如"大唐故司空太子太师赠太尉扬州大都督上柱国英国公李公墓志之铭"、鎏金铜鞘铜柄剑、三梁进德冠等。墓室周壁原绘画有大量精美壁画，惜多已残破，好在乐舞图仍较完整，是研究唐代乐舞的重要资料。

（2）尉迟恭墓

尉迟恭（585—658），字敬德，朔州平鲁人。原为刘武周部将，刘武周灭亡后投降李世民。起初不被众将信任，后被李世民重用。唐郑决战时有单骑救主之功，得以稳固地位，此后以勇将身份参与李世民历次战役。纯朴忠厚，勇武善战，征战南北，驰骋疆场，屡立战功。在玄武门之变中充当重要角色，亲手杀死齐王元吉，又率兵威逼李渊下旨立李世民为太子，官至唐右武侯大将军，封鄂国公，为凌烟阁二十四功臣之一。晚年谢宾客不与通，显庆三年（658）去世，享年74岁。唐高宗为其废朝三日，诏京官五品以上及朝集使赴第凭吊，册赠司徒、并州都督，谥曰忠武，陪葬昭陵。赐东园秘器。由于他对唐太宗忠心耿耿，后来与秦琼被民间尊为"门神"。其墓在礼泉县东北18公里的烟霞新村，西北距昭陵12公里。墓前原有许敬宗所撰"大唐故司徒并州都督鄂国忠武公之碑"，1974年移入昭陵博物馆。封土为圆丘形，高8.8米，底径26.5米。

1971年10月至1972年1月，考古工作者对该墓进行了发掘。此墓由墓道、

4个过洞、4个天井、4个壁龛、前后两个通道和前后两个墓室组成,水平全长56.3米。甬道与墓室均由砖砌成。后室内有一正方形石棺床,床上堆满淤泥。泥土中夹杂零碎腐朽棺木,随葬品早已被盗劫一空。出土敬德夫妇墓志各一方,均很完整。另有陶俑残部数十块,以及铜带饰1件、玉佩2件、料珠58粒。

尉迟恭墓志盖

(3) 杨恭仁墓

杨恭仁,本名杨伦,后改名温,以字行。弘农华阴(今陕西华阴市)人。隋观王杨雄之子。隋文帝仁寿年间,任甘州刺史。隋炀帝大业初,转任吏部侍郎。曾率兵平定杨玄感之乱。隋亡后降唐,被李渊任命为门下省黄门侍郎,封为观国公。李世民即位后,改任雍州牧,加授左

杨恭仁墓志

光禄大夫,并行扬州大都督府长史。贞观五年(631)迁洛州都督。贞观十三年(639)卒。追赠开府仪同三司、谭州都督,陪葬昭陵。《大唐故特进观国公墓志》载:

"维贞观十三年龙集己亥十二月己巳日,特进、观国公薨于京城安定里第,春秋七十二。"其墓在礼泉县烟霞乡山底村东,西北距昭陵主峰约5公里。

1979年7至9月,昭陵博物馆与厦门大学合作对此墓进行了发掘,出土《大唐故特进观国公杨公墓志》一合,同时出土文物110件。其中女立俑29件,男立俑42件,男骑马俑12件,文官俑4件,武士俑1件,镇墓兽1件,八菱铜镜1件,四耳瓷罐1件,长颈壶3件,陶磨1件,卧狗、卧羊各1件,还有侏儒俑1件,胡人俑头1件。墓室壁画大多损坏,唯"七侍女图"保存较好。

(4)张士贵墓

张士贵(586—657),本名忽峀,字武安,弘农卢氏(今属河南)人。自幼习武,"善骑射,臂力过人","弯弓百五十斤,左右射无空发"。隋末聚众揭竿起义,后归顺李渊,唐初屡立战功,历任右光禄大夫、右屯卫大将军、左领军大将军等职,封虢国公。唐显庆二年(657)病故,享年71岁,陪葬昭陵。其墓在礼泉县烟霞乡马寨村西南300米处。

1972年1月,考古工作者对该墓进行了发掘。墓由墓道、甬道和墓室三部分组成,有5个天井、5个过洞、2个小龛,全长约57米。墓室中原有壁画,惜全部剥落。由于经过多次盗扰,室内较为零乱。出土墓志一方。志盖厚15.1厘米,底边长98.2厘米,盖面篆书"大唐故辅国大将军荆州都督虢国公张公墓志铭"。志石边长98.2厘米,厚15.1厘米,由上官仪撰文,张玄靓正书,共55行,满行57字。同墓还出土有其妻子虢国夫人岐氏墓志铭盖,志石已失。此外,还出土各种文物409件。随葬明器有瓷质、白陶质和红陶质三类,均彩绘或彩绘贴金。瓷质俑凡22件,均为男骑马乐俑,马披鬃长尾。瓷质坚硬,釉上涂彩,简捷明快。白陶俑共207件,胎质洁白坚硬,

张士贵墓出土的贴金彩绘文官俑

表面施以黄釉或白釉，男女的脸部涂有红、白粉。或加彩、贴金。女俑衣裳和马的鞍鞯描画得精细，看上去很精美。红陶俑共95件，胎质均为细泥红陶，不施釉，彩绘比釉陶简略。在这些陶器中，有2件白陶抬蹄舞马，造型优美，栩栩如生，系陶俑中的珍稀种类。

（5）长乐公主墓

长乐公主，本名李丽质（620—643），唐太宗第五女，母亲是文德皇后长孙氏。长相秀丽，性格开朗，为人仁爱，擅长书画，深受李世民与长孙皇后宠爱。贞观二年（628），封长乐郡公主，食封三千户。贞观七年（633），下嫁长孙无忌之子宗正少卿长孙冲。贞观十七年（643）八月十日，因气疾而死，享年23岁，陪葬昭陵。长乐公主墓位于礼泉县烟霞乡陵光村，西北距昭陵元宫仅1公里。封土为方形覆斗式，墓园中有4个土阙，墓前还有石人、石虎、石羊、石望柱等石雕群。

长乐公主墓壁画位置图

1986年长乐公主墓被盗。同年8月，考古工作者对此墓进行了清理。发掘显示，该墓为单砖墓室，由墓道、4个过洞、5个天井、4个壁龛、甬道及墓室六部分组成，总长48.18米。甬道中设有三道石门，这是其他墓葬所不能比拟的。墓中的随葬品虽然被盗，但仍清理出完整品123件，包括武士俑4件，男立俑40件，镇墓兽2件，立猪、立牛、立羊、立鸡各1件，卧狗1件，杯3件，豆1件，彩绘骑马男女陶俑22件，骆驼3件，等等。其中白瓷壁雍砚底径31.5厘米，高9.4厘米，是目前所见最大的唐代砚台。墓内各处都绘有壁画，但该墓曾经多次被盗，因而墓内损坏严重，壁画大多残缺，所出土的随葬物也仅有百余件。但所存壁画中绘有苍龙、白虎、骏马、仪卫、仕女等大量图案，其中《云中车马图》相当特别：在瑞气流云中，两匹骏马所驾的红色木车正在奔驰。车辕饰以龙头，轭顶饰以红缨，车后两侧各插一面5旒红旗，车厢中坐3人，神态安详，栩栩如生。车厢左下方有一摩羯，张嘴伸舌，鳍尾俱全，是唐墓壁画中难得的上乘之作。这幅壁画出土后曾引起轰动。此外，第二过洞口上的三间重楼建筑显示了唐代高超的绘画技巧，也为研究唐代的政治、经济、文化和建筑，提供了新的佐证。

（6）新城公主墓

新城长公主（634—663），唐太宗第二十一女（幼女），生于贞观八年，母亲是文德皇后长孙氏。贞观十六年（642）封衡山公主。同年，许配魏徵长子魏叔玉。贞观十七年（643），婚事取消。贞观二十三年（649）二月六日下嫁长孙诠，因太宗于五月去世，婚礼中断。永徽三年（652）五月二十三日，改封新城郡长公主，完婚，增食封至五千户。显庆四年（659），长孙诠被流放巂州，不久被杀，于是改嫁韦正矩（也作政举）。龙朔三年（663）三月，病逝于长安县通轨坊南园，时年方30，有诏陪葬昭陵。其墓在礼泉县烟霞乡东坪村北的小山梁上，西距昭陵仅1公里。封土为覆斗形，南北长40米，东西宽42米。墓前原有碑一通，华表、石羊、石虎、石人各2件，后被昭陵博物馆移至他处。

1994年10月至次年6月，陕西省考古研究所、陕西历史博物馆与昭陵博物馆组成的联合考古队对此墓进行了科学发掘。墓为长斜坡墓道单砖室墓，坐北朝南，由墓道、5个过洞、5个天井、8个壁龛、甬道和墓室组成，总长50.8米。

墓室盗扰十分严重，石棺床被撬起翻乱，棺木及人骨散落各处。出土各类彩绘陶俑293件，包括立俑181件、骑马俑63件、武士俑2件、镇墓兽2件、动物俑45件，还出土陶靴34件，以及少量小件铜器、铁器、水晶、玉石等。所出《大唐故新城长公主墓志铭》对了解新城公主生平有一定帮助。值得注意的是，此墓保存了大量精美壁画。墓道两边分别绘制青龙白虎及仪仗出行场景，过洞、天井、甬道和墓室则用较宽的赭红色带绘出枋栏、斗拱、廊柱等建筑图案。内容虽然简单，但仍有重要参考价值。特别是绘于墓道东壁的"担子图"（抬轿图）是研究唐代轿辇制度的重要资料。

新城长公主墓镇墓俑线描图

（7）韦贵妃墓

韦贵妃（597—665），名珪，表字泽，京兆杜陵人，北周太傅韦孝宽的曾孙女，太宗李世民之妃。武德七年（624），生临川公主（太宗第十二女）。贞观元年（627），被册立为贵妃。贞观二年（628），生纪王李慎（太宗第十子）。太宗死后，被

韦贵妃墓

高宗封纪国太妃，随儿子纪王李慎迁居藩地。唐高宗麟德二年（665），与燕太妃陪同高宗前往泰山封禅。九月二十八日卒于洛阳，享年69岁。次年十二月陪葬昭陵。其墓位于礼泉县烟霞镇陵光村北冶姑岭上，西北与昭陵陵山仅一沟之隔，依山而成，是昭陵陪葬墓中距昭陵最近、规格最高的一座墓葬。墓前有华表、石羊、石虎等石刻。

1990年11至12月，昭陵博物馆对此墓进行了发掘。墓道水平全长49.38米，由墓道、4个过洞、4个天井、前后甬道、前后墓室和四壁龛构成。墓内出土文物100余件，其中有贴金彩绘双头镇墓兽及彩绘贴金天王俑堪称珍品，为唐代陪葬墓所仅见。墓内壁画内容丰富，色彩鲜明，保存良好。有威武雄健的仪卫，肃穆直立的门吏，有神情各异的给使，有亭亭玉立的侍女，有生动传神的乐伎等。所出《大唐太宗文皇帝故贵妃纪国太妃之铭》对了解韦氏生平有一定价值。1991年11月1日韦贵妃墓正式对外开放。

5. 遗迹与遗存

昭陵陵园的地面建筑已荡然无存。我们现在所能看到的遗迹主要是陵园建筑遗址和数十座陪葬墓而已。

昭陵之玄宫是昭陵的主体建筑，在九嵕山主峰南侧的山腹之中。其入口在悬崖之上，具体位置目前尚未探测。

昭陵陵园的墙垣、角楼久已废毁，四门之中，唯南面的朱雀门和北面的玄武门遗址较为清晰。朱雀门遗址在玄宫南800米处。门外有双阙残迹，门内有献殿遗址。玄武门在玄宫北侧600米处，门内有祭坛和山门遗址。下宫位于玄宫西南1150米处，基址均较为明显。

昭陵献殿在昭陵乡皇城村昭陵南门内，殿址约40米见方，殿南有三门，殿内砖铺地面，残垣之上有壁画痕迹，殿址内曾出土高130厘米、底长100厘米、宽65厘米的鸱尾，重约150公斤。有学者据此推算，献殿的高度当在10米左右，由此可以想见当时献殿建筑之规模。

昭陵祭坛发掘现场

　　下宫遗址略呈长方形，东西长 237 米，南北宽 334 米，四周有墙垣残迹，南北垣墙中各辟一门，宫内有大量房屋基址。

　　祭坛位于玄武门内，遗址亦为长方形，南北长 86.5 米，东西宽 53.5 米，具体情况已在前边说明，兹不赘述。

　　昭陵遗物甚多，部分精品收藏于中国历史博物馆、陕西历史博物馆，大部分收藏在昭陵博物馆中。在这些遗物中，影响最大的当推"昭陵六骏"。20 世纪初，昭陵六骏遭到外国强盗的破坏，被打破运出昭陵。1914 年美国文物贩子窃走了这组石刻中的"飒露紫"和"拳毛䯄"两件，运放在美国费城宾夕法尼亚大学博物馆陈列。其余四骏现在收藏于西安碑林博物馆。

6. 目前保护状况

　　1961 年 3 月 4 日，国务院公布昭陵为第一批全国重点文物保护单位。具体保护工作由昭陵博物馆承担。

　　昭陵博物馆位于昭陵园区中心的李勣（徐懋功）墓前，北距昭陵陵山 11

公里。1972年成立"昭陵文物管理所",1978年建成昭陵博物馆并对外正式开放。馆藏文物8000余件,其中等级文物4000余件。现有陈列室四座,即昭陵文物精品陈列室,唐墓壁画陈列室,碑石陈列室两座(昭陵碑林),四座陈列室共集中展示昭陵陵园近40座陪葬墓出土的精品文物400余件(组)。

昭陵文物精华展厅里陈列着昭陵祭坛遗址和部分陪葬墓出土的大批珍贵文物,既有瓷和红陶,也有昭陵独有的彩绘釉陶和绚丽多彩的唐三彩。张士贵墓出土的贴金彩绘文武官俑被定为国宝级文物。

唐高宗书李勣碑

昭陵壁画

唐太宗书褚亮碑额

唐墓壁画陈列室展出诸多从陪葬墓中出土的大量壁画，有婀娜多姿的侍女，翩翩起舞的乐伎，神态各异的给使，还有贵妇人乘牛车出行的场面。这些都是唐代政治、外交、文化和军事活动的视觉再现。

昭陵碑林始建于1974年，共收集昭陵六骏碑、唐太宗像碑、昭陵图碑等60余通，出土墓志40余合，60余通碑石中有22通1979年被国家文物局公布为书法艺术名碑，为国家一级文物。40余合墓志，有26合被定为国家一级文物。

1991年建成长乐公主墓文管所和韦贵妃墓文管所并正式对外开放。2000年，投资750万元，修建从昭陵博物馆起，途经长乐公主墓文管所、韦贵妃墓文管所至昭陵主峰的14.8公里的旅游专线，使整个景区有四个文物景点，年接待中外游客30多万人次，成为陕西省境内重点和热点景区之一。

第三章

唐高宗、武则天乾陵

1. 唐高宗、武则天生平

唐高宗李治是太宗的第九个儿子，贞观二年（628）六月十三日生于东宫之丽正殿，贞观五年（631）封晋王，贞观十七年（743）四月七日册封为皇太子，不久与武则天相识。武则天祖籍山西文水，武德七年（624）生于长安，14岁被唐太宗诏入宫中，封为"才人"，赐号"武媚"。贞观二十三年（649）五月二十六日唐太宗病死，武则天到感业寺出家为尼。六月一日，唐高宗即位，成为唐朝历史上的第三代皇帝，时年22岁。高宗即位之初，能够效法太宗行事，"永徽之政，百姓阜安，有贞观之遗风"[1]。永徽四年（653）将武则天接入宫中，封为昭仪。永徽六年（655），又力排众议，立武则天为皇后。显庆四年（659）高宗患病，"风眩头重，目不能视"，即令武则天参与朝政[2]。咸亨五年（674）八月十五日，高宗自称"天皇"，让武则天称"天后"，时人称之为"二圣"。

---

[1]《资治通鉴》卷一九九，高宗永徽元年正月，第6270—6271页。
[2]《资治通鉴》卷二〇〇，高宗显庆五年十月，第6322页。

弘道元年（683）十二月四日，唐高宗死于洛阳贞观殿，享年56岁。遗诏太子李显柩前即位，"军国大事有不决者，取天后处分"[1]。唐高宗死后，皇太子李显即位，是为中宗。中宗无心处理国家大事。武则天废中宗，另立睿宗，亲自临朝称制，首先考虑埋葬高宗的问题。高宗死于洛阳而高祖、太宗葬于关中。高宗临死时，曾对侍臣讲，"天地神祇若延吾一两月之命，得还长安，死亦无恨"[2]，宛然有西归之意。因此，武则天决定遵照高宗遗愿，把他葬在关中。但是，这一决定遭到许多官僚，尤其是新科进士陈子昂的反对。陈子昂诣阙上书，认为关中地狭，又遭荒馑，"流人未返，田野尚芜"，既不能供给千乘万骑的食宿，也不堪凿山采石的劳役，如果大驾长驱西进，势必造成新的危机；而东都富庶，地灵人杰，"景山崇丽，秀冠群峰，北对嵩邙，西望汝海，居祝融之故地，连太昊之遗墟，帝王图迹，纵横左右"，是设置陵寝的最佳之地[3]。武则天召见陈子昂，说他很有才气，授以"麟台正字"之职[4]，但没有接受他的建议。

经过认真比勘，最后决定依梁山为坟头，为唐高宗修建陵寝，并定墓所为"乾陵"。准备工作就绪之后，即任命吏部尚书韦待价摄司空，为山陵使，发兵民十余万开始破土动工，营建乾陵。乾陵修成以后，武则天又命侍中刘齐贤和霍王元轨知山陵葬事，为唐高宗举行隆重的葬礼。文明元年（684）五月十五日，武则天欲亲护高宗灵柩西返，群

唐高宗像　　　武则天像

---

[1]《旧唐书》卷五《高宗纪》下，第112页。
[2]《旧唐书》卷五《高宗纪》下，第112页。
[3]《全唐文》卷二一二《谏灵驾入京书》，第2147—2148页。
[4]《旧唐书》卷一九〇《陈子昂传》，第5021页。

臣谏阻，乃命睿宗护柩。八月十一日，葬高宗于乾陵。

武则天（624—705），名曌，并州文水（今山西文水）人。唐朝功臣武士彟次女。14岁入后宫为唐太宗当才人，太宗死后在感业寺为尼。唐高宗时再度入宫，先为昭仪，后当皇后，长期参与朝政，被尊为"天后"，与唐高宗李治并称"二圣"。高宗死后废中宗，另立睿宗，独揽朝纲。天授元年（690）九月九日，武则天改唐为周，成为中国历史上唯一的女皇帝。她在位15年，能够用人纳谏，并进行了一系列的改革，使当时政治比较清明，经济有所发展，国力相当强大。神龙元年（705）十一月二十六日，武则天死于上阳宫之仙居殿，享年82岁。

武则天临终时，头脑很清醒。她招来中宗、相王、太平公主及武三思等，叮咛后事，留下一份完整的"遗制"，要求归葬乾陵[1]。对此，给事中严善思等人表示反对，他们认为"则天太后卑于天皇大帝，今欲开乾陵合葬，即是以卑动尊"。建议于乾陵之傍，另择吉地，"别起一陵"[2]。唐中宗看了奏折，令群臣详议。由于武三思等人通过上官婉儿及韦后反对严善思的意见，唐中宗才决定停止讨论，下诏"准遗制以葬之"[3]。

神龙二年（706）正月二十一日，唐中宗"护则天灵驾还京"[4]。五月十八日，武则天的灵柩徐徐进入乾陵地宫。武则天自名曌，生前被尊为则天大圣皇帝，遗制称则天大圣皇后，死后中宗谥曰则天大圣皇后，睿宗改谥则天皇太后，开元四年（716）玄宗又改为则天皇后，天宝八载（749），加谥则天顺圣皇后，故史称武则天。她最终到达了她所向往的归宿地，长眠在唐高宗的"御床"之左。

2. 乾陵营建始末

乾陵是渭北唐十八陵最西边的一座，位于今乾县县城北（偏西）4650米的

---

[1]《旧唐书》卷六《则天皇后本纪》，第53页。
[2]《旧唐书》卷一九一《严善思传》，第1303页。
[3]《唐会要》卷二〇《陵议》，第397页。
[4]《旧唐书》卷七《中宗纪》，第57页。

乾陵风貌

梁山主峰之上，东南距靖陵 4.5 公里，距西安市 80 公里。梁山为渭北名山，海拔 1069 米。西为南北向沟壑，漠西河河道从沟中穿过，高程 640 米；梁山东和北麓较平缓，南面山势较陡。乾陵因梁山主峰而筑，封域范围 80 里，气势极为宏伟，被称为"关中唐陵之冠"。

乾陵实际上是唐高宗与武则天的合葬墓。这里之所以称作"高宗乾陵"，只是为了行文的方便。乾陵的营建工作是从唐高宗去世后开始的。弘道元年（683）十二月四日，唐高宗死于洛阳宫之贞观殿。高宗临死时，曾对侍臣讲：如果天地神祇能够延长我一两月的寿命，使我得还长安，死亦无恨[1]！因此，武则天决定遵照唐高宗的遗愿，把他葬在关中。但是，这一决定遭到一些士人的反对。陈子昂诣阙上表，认为关中地狭，又遭荒馑，"流人未返，田野尚芜"，不能供给千乘万骑的食宿，也不堪凿山采石的劳役；而东都富庶，地灵人杰，是设置陵寝的最佳之地[2]。武则天召见了陈子昂，授以"麟台正字"之职，但没有接受他的建议[3]。她认为关中的形势并不像子昂说得那么坏，坚持遵奉高宗的遗愿，将他埋在关中地区。

按照唐朝的礼制，帝王陵墓的具体位置要通过堪舆的办法来选择。唐高祖的

---

[1]《旧唐书》卷五《高宗本纪》，第 112 页。
[2]（清）董诰编：《全唐文》卷二一二《谏灵驾入京书》，中华书局 1983 年版，第 2148 页。
[3]《旧唐书》卷一九〇《陈子昂传》，第 1281—1282 页。

献陵和太宗的昭陵都是经过堪舆选定的。武则天在确定高宗灵柩去向之后，照例派出卜陵使前往关中堪舆。由于高祖、太宗的陵寝皆在渭北，因而卜陵使自然而然地把注意力集中到了渭北山系。经过认真比勘，最后选中了梁山。梁山东距长安80公里，位于长安西北的"乾"地，九嵕处其东，武水环其西，北连丘陵，南接平壤，孤峰特起，挺拔俊秀，是修建陵墓的好地方。武则天决定在梁山为唐高宗修建陵寝，并将陵墓的名称确定为"乾陵"。

准备工作就绪之后，武则天任命吏部尚书韦待价摄司空，为山陵使，发兵民十余万破土动工，营建乾陵[1]。乾陵的主体工程由地下宫殿和地面建筑组成。地下宫殿以墓室为主，结构复杂，操作难度很大；地面建筑包括城阙、献殿、寝殿、游殿等设施，修建起来也有较大的难度。但由于当时物力雄厚，人员充足，加之设计合理，组织得法，兵民昼夜辛劳，经过半年时间，就基本上完成了巨大的陵园工程。

文明元年（684）八月，武则天命侍中刘齐贤和霍王元轨知山陵葬事，为唐高宗举行隆重的葬礼。八月十一日，葬高宗于乾陵[2]。为了确保地宫的安全，在

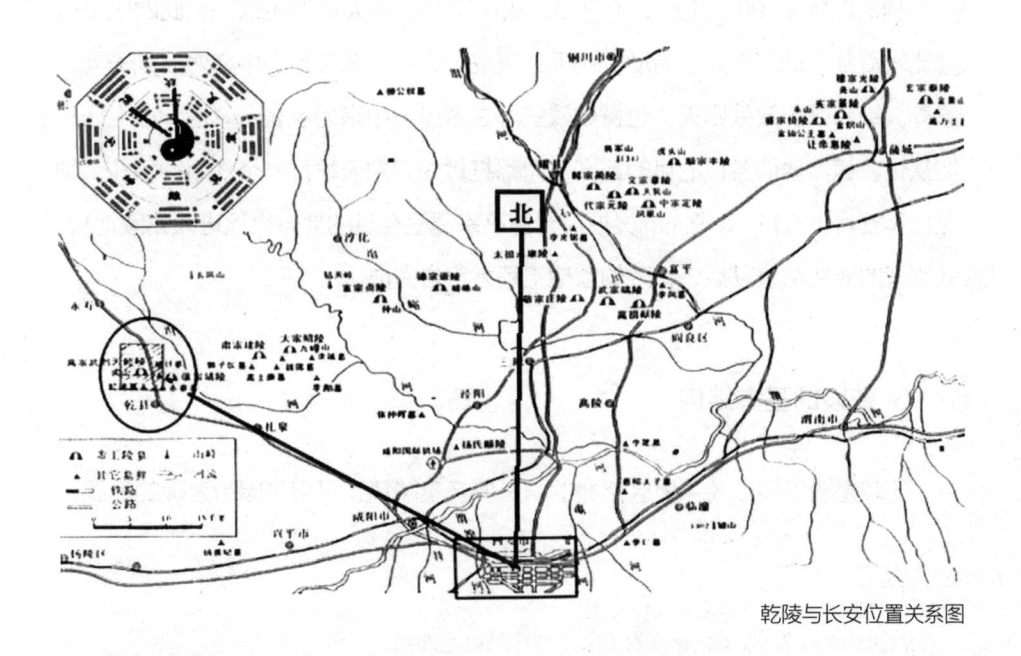

乾陵与长安位置关系图

---

[1]《旧唐书》卷七七《韦挺传附韦待价传》，第691页。

[2]《旧唐书》卷五《高宗纪》，第112页。

埏道口外塞满石条，"其石缝铸铁，以固其中"[1]。葬礼结束后，武则天打破帝王陵前不立石碑的惯例，在乾陵朱雀门外为唐高宗树立《述圣纪碑》，把永徽以来唐王朝所取得的成就，全部推到唐高宗身上[2]。据说此碑刻成后，复嵌金屑，碑文在阳光照射下闪闪发光，使宏伟的陵园显得十分壮观。

本来，乾陵的修建到此就算结束，但后来又发生了在乾陵合葬武则天的事。武则天在天授元年（690）改唐为周，当了皇帝。神龙元年（705）正月，中宗复辟，徙武则天于上阳宫。十一月二十六日，武则天死于上阳宫之仙居殿。武则天临终时，招来中宗、相王、太平公主及武三思等叮咛后事，要求与唐高宗合葬。武则天死后，有人反对把武则天与唐高宗合葬。给事中严善思上书认为武则天的地位比唐高宗低，"今欲开乾陵合葬，即是以卑动尊"[3]。建议于乾陵之傍，另择吉地，别起一陵。唐中宗看了奏折，心里有所动摇，诏令群臣详议。由于武三思等人通过上官婉儿及韦后反对严善思的意见，唐中宗决定停止讨论，令"准遗制以葬之"[4]。

神龙二年（706）正月二十一日，唐中宗"护则天灵驾还京"。此时国家政局比较混乱。武三思为了借助武则天亡灵庇护自己，劝韦后、中宗对武则天实行厚葬。韦后欲仿效武则天，也赞成武三思之意见。中宗为了表示孝道，亦主张一切从优。虽然他们各自的目的不同，但都打算为武则天举行一个隆重的葬礼。神龙二年五月十八日，武则天的灵柩沿着唐高宗灵柩经过的地方徐徐进入乾陵地宫。武则天的葬礼结束以后，乾陵的营建工程才宣告完成。

3. 乾陵的基本结构

乾陵是唐王朝在关中地区修建的第三座帝王陵墓，采用了因山为陵的形式。

---

[1]《唐会要》卷二〇《陵议》，第396页。
[2]《唐文续拾》卷一、《全唐文》卷九五、《金石萃编》卷六〇。
[3]《旧唐书》卷一九一《严善思传》，第1303页。
[4]《唐会要》卷二〇《陵议》，第397页。

乾陵陵园实测图

其陵园基本呈方形，东、南、西、北四面神墙的长度分别为1582米、1438米、1450米和1450米。

经过千百年的风风雨雨，乾陵的地面建筑已不存在，但相对而言，乾陵是关中十八陵中保护最好的一座，其规模之大，文物之多，景色之美，都是罕见的。乾陵大体上是模仿唐高宗生前的生活环境设计的，所以在封域之内有两重城郭。第一重城郭是地宫和寝殿的所在地，相当于皇帝居住的宫城。第二重城郭是朝仪的所在，相当于国家机关所的皇城。皇城之外，封域之内的大片地方为陪葬墓区，相当于外郭城或百姓居住的地方。陵墓坐北而朝南，看上去十分壮观。

由于年代久远，加之自然和人为破坏，乾陵的地面建筑已不存在，但建筑遗迹仍依稀可辨。从文献记载和考古资料来看，乾陵的建筑布局是以神道为南北中轴线来安排的，地面建筑主要有城阙、封丘、寝宫、游殿、下宫和陵署等。

(1) 地面建筑

①城阙

乾陵四周均有围墙。当时在陵园中修筑围墙，主要是为了保障陵寝的安全。乾陵的墙垣原来都比较高大，墙基宽约3米，往上层层收束，至顶部宽度约为2米左右，墙高则在5米以上，8米以下。但由于这些墙垣都是用夯土筑成的，经过1000多年的风吹雨打和人为破坏，到现在绝大部分都已夷平，只有少数墙垣若断若续，尚能体现昔日的盛况。

20世纪以来，考古工作者曾对乾陵的墙垣进行过探测，得到了一些比较可靠的数据。南墙东起沈家池村之北，向西经石马道村、黄巢沟至上坡岭，全长1450米，东偏北3度。北墙由东华门村北842米处起，向西经后宰门村，到村西708米处止，全长1450米，东偏北3度。东墙南起沈家池，向北经东华门村西，到村北842米处止，全长1582米，北偏西2度。西墙由西华门村北842米处起，向南经西华门村、下沟上坡而止，全长1438米，北偏西2度。南墙经过黄巢沟，西墙经过何家沟底时，均有用石条修成的排水洞。东南城角高7.5米，东北城角高5.1米，西北城角高5.5米，西南城角高10米，均为夯土筑成，周围残存唐代瓦当、瓦片、砖块、石碴，特别是西北城角和东北城角，均有石条砌筑的地基存在[1]。

---

[1] 陕西省文物管理委员会：《唐乾陵勘查记》，《文物》1960年第4期，第53—60页。

从现存城垣遗迹来看，乾陵墙垣的建筑主要有两种方式：一是用石条砌筑墙基，上面再以土夯筑墙。墙顶铺有板瓦，做成双坡，以利排水。墙身则涂为白色或淡红色。二是下挖土壕，打造墙基，直接在墙基上夯筑城垣，仅在四角及四门有阙处用石条作基。

乾陵城垣四面中部各开一门。门的名称以"四象"而定，即南朱雀、北玄武、东青龙、西白虎。人们在习惯上又将白虎门和青龙门分别称作"西华门"和"东华门"。由于是因山为陵，因而四门只是大体对称。四门外各有土阙一对。土阙上建有土木结构的楼阁。此外，城墙四角均筑有角阙，上建楼阁，有如城墙四角的角楼。鹊台和乳台上也有阙。无论是门阙、角阙还是台阙，都是十分醒目的建筑，造型独特，雄壮美观。阙的大量存在，不仅烘托了乾陵的气氛，而且增加了乾陵的气势。

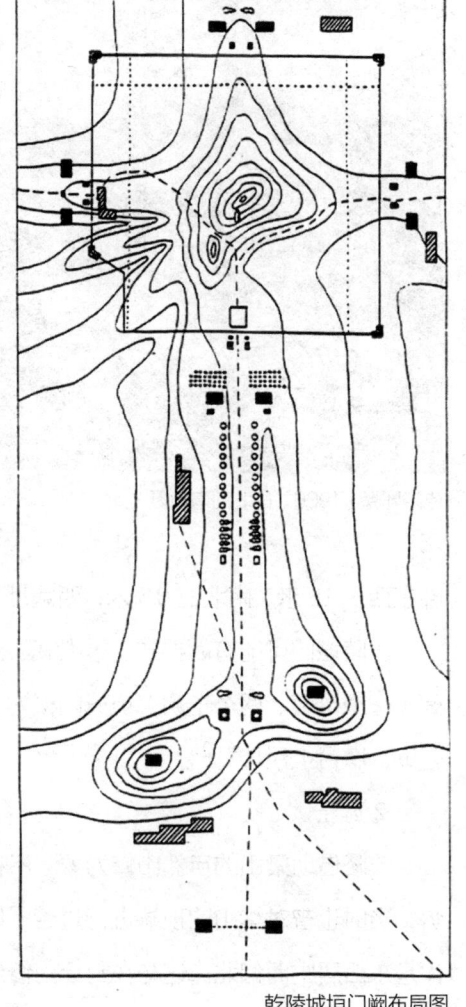

乾陵城垣门阙布局图

乾陵内城四门则清晰可辨：朱雀门在司马道北端的二峰之间，门外25米处有残高约10米左右的土阙两个，阙间距为41.5米。玄武门在梁山北麓，门前28米处有高约5米的遗阙两个，阙间距为40米。青龙门在梁山东麓，门外38米处有土阙二，北边的高6.5米，南边的高5米。白虎门在梁山西麓，门外31米处也有遗阙2个。

鹊台位于乾陵乡张家堡村，有东西二阙，二阙址东西间距100米，阙址基部置石条。乳台在梁山主峰以南的东西对峙二山峰之上，东阙址高19.3米，底

乾陵乳阙（1906，由北向南拍摄）

部东西长 18 米、南北宽 8.5 米；西阙址高 8 米，底部东西长 9.5 米、南北宽 3 米。

唐陵城门可能有阙楼式、过殿式、过洞式和混合式四种。其"门楼均为三出阙（一个母阙、两个子阙）……门楼为土木结构，楼基和墩台均系夯筑，外用砖包砌，墩台上建楼"[1]。

②封丘

乾陵借助梁山的自然山峰为冢，不存在修建封丘的问题。但为使乾陵更有气势，当时也曾对梁山的顶端进行过若干修饰。乾陵"封丘"在陵园中的位置，大体是东西居中而偏北。这与在封丘前修建寝殿的制度有关，与唐代帝王的统治思想也有一定的关系。文献记载乾陵内城中有献殿、寝殿等建筑。这一点也已为考古工作者所证实。献殿等建筑群落即位于封丘之南，则封丘所处的位置自然要偏北一些。否则，陵园布局就显得不够合理。此外，封丘东西居中而偏北，也符合当时"坐北朝南"的"尊君"思想。

③寝宫

寝宫是一个较为庞大的建筑群，包括献殿、寝殿等建筑在内，规模宏大，门

---

[1] 贺梓城、王仁波：《乾陵》，《文物》1982 年第 3 期。

外列戟数十竿，显得十分庄严。

献殿又称"享殿"，是寝宫的主体建筑。文献中在涉及乾陵时，曾提到过献殿。元李好文《长安志图》所载《唐乾陵图》中就在南门内绘有"献殿"。另一方面，考古工作者也在乾陵发现了献殿的遗址。乾陵献殿位于朱雀门内，为长方形建筑。献殿与南神门之间的东西两边还有东西阁遗址。献殿是依照朝堂建筑的，象征皇帝生前处理朝政之地，规模宏大，蔚为壮观。从《宣室志》卷三所载张诜的经历来看，献殿内的陈设一如朝堂之制。因为大臣的拜陵和祭祀活动均在此殿举行，故有"献殿"之名。又因此殿类似帝王生前处理朝政的大殿，所以也有人称之为"衙殿"。

寝殿在献殿之北，是寝宫中最重要的建筑。象征帝王生前居住的大殿，里边彩塑死者的真容或树立死者神主，安放死者的各种遗物，供养如平生之仪。凡帝王拜陵，在献殿行礼之后，都要到寝殿来献食，并瞻仰遗物。《大唐开元礼》卷四五《吉礼·皇帝拜五陵》详细记载了当时皇帝拜陵的议程。其中有不少地方涉及寝殿及其他建筑。这些记载至少可说明：寝殿有东西二廊；殿中有神位，陈设一如帝王生前所居，床帐、冠冕、衣服，应有尽有。

④下宫

下宫即后宫，为守陵宫人所居，以供奉帝王日常饮食起居。"下宫"在陵园中的位置并不确定。唐陵下宫只是在柏城之内择便地修筑，具体方位并没有什么严格的规定。从宋敏求《长安志》等书的记载来看，唐陵下宫多在陵园的西南部。乾陵下宫在乳台西南，北距梁山2500米。今严家嘴村东，陵前村南，邀驾宫村北有大面积建筑遗址，唐代砖瓦甚多，疑为乾陵下宫遗址。从现存遗址来看，乾陵下宫是一组规模庞大的建筑群。由于文献资料缺乏，加之又未进行考古发掘，乾陵下宫的布局和陈设目前尚不清楚。

⑤其他

除上述建筑外，乾陵中还有一些设置。比如神游殿、陵署，等等。乾陵神游殿在梁山之巅，仿神宫建筑，供死者魂游。陵署是管理陵园的机构，在关中十八陵中普遍存在。唐玄宗天宝十三载（754）二月下令："献、昭、乾、定、桥五署，

乾陵三阶三阙布局图

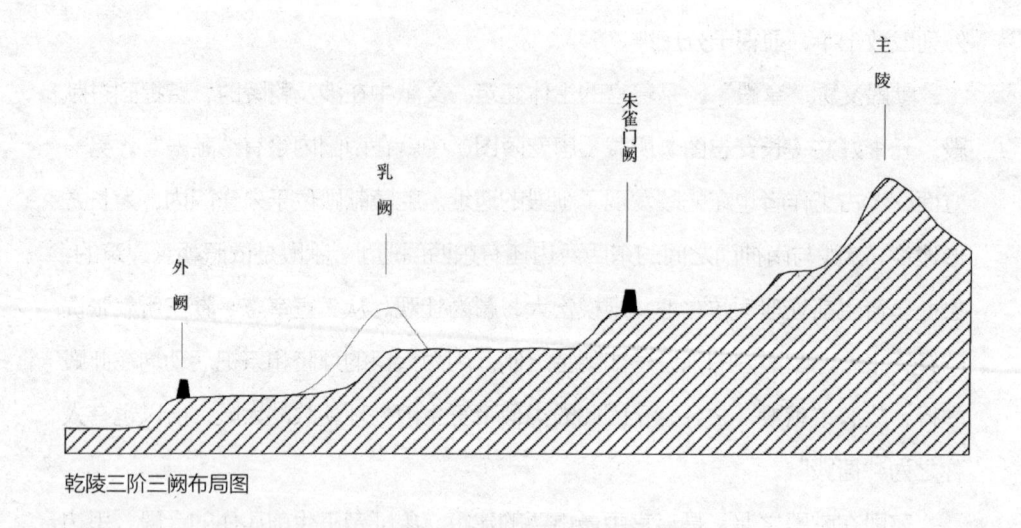

改为台令，各升一阶。自后诸陵，例皆称台。"[1] 据文献记载和考古资料，乾陵陵署在陵南六里，过去当地人称之为"看墓司"。

（2）地下宫殿

乾陵"地宫"是该陵最重要的组成部分。不知有多少人梦寐以求，想弄清其中的奥秘。但是由于缺乏文字记载和考古资料，时至今日，人们对它的具体情况仍然知之甚少。毫无疑问，在进行科学发掘之前，要完全揭开乾陵地宫的秘密是不可能的。不过，我们可以根据文献和考古资料所披露的蛛丝马迹，进行一些有益的探索。

①墓门与羡道

羡道也叫"埏道"，就是通常所说的墓道。唐代盛行斜坡墓道，帝王陵墓也不例外。在"堆土成陵"的场合，一般是从土冢之南百余米处下斜凿隧，至于墓室。"因山为陵"的场合，则是从山峰南腰斜凿而下，直入山腹。乾陵即属于后一种情况。

20世纪60年代，考古工作者曾对乾陵墓道进行过探测。乾陵墓道开凿在南部山腰的青石山脊上，有隧道通往墓门。墓门在隧道的北端，隧道呈斜坡形，正

---

[1]《唐会要》卷二〇《陵议》。上海古籍出版社2006年版，第460页。

南北向，全长约 65 米，东西宽 3.87 米，墓门外隧道北端宽 2.75 米，深度只勘查出 2.75 米，由于道内全为铁细腰拴板石条所堵塞，无法继续勘查。墓门及隧道内全用石条叠砌，并用铁细腰嵌住，再用铁浆灌注在石条与铁细腰之间。其上部全为夯土，也相当坚硬。夯土每层厚 16~23 厘米，石条最长 1.25 米，铁细腰长 18~27 厘米、厚 5~8 厘米，重 10~20 斤。隧道内石条上凿有嵌铁细腰的凹槽，有的槽内填满石灰代替细腰，有的凹槽内既不填石灰也不嵌细腰，有的石条上有数个凹槽。石条由南而北顺坡一层一层筑上，夯土亦顺山坡一层层打上去。有的石条上刻"莱常口"三字。隧道的中腰南部两边石墙上残存石灰及壁画痕迹，道内夯土中夹杂着小砖瓦块、石灰块、小石片，部分地方是一层土一层小石碴。隧道由南到北至墓道口，石条的叠砌可以看出约二十四层。如把二十四层作为十五层平方计算，那么这个隧道就要叠砌两千五百多块，全部的砌筑是够坚固的[1]。

乾陵羡道迄今尚未发掘，所以没有确切的数据。从有关资料分析，乾陵羡道的长度应与昭陵羡道相近。《唐会要》卷二〇记载，昭陵羡道长 75 丈，合今 232.5 米。因梁山较九嵕山为小，乾陵的羡道可能要短一些。至于羡道的宽度，据考古工作者实测，为 3.9 米。考古工作者在乾陵羡道口外的石墙上发现了石灰和壁画的痕迹。这说明，乾陵羡道经过粉刷，且绘有精美的壁画。此外，羡道内口与墓室之间，很可能有较长的过洞，过洞中有石门。五代时期的军

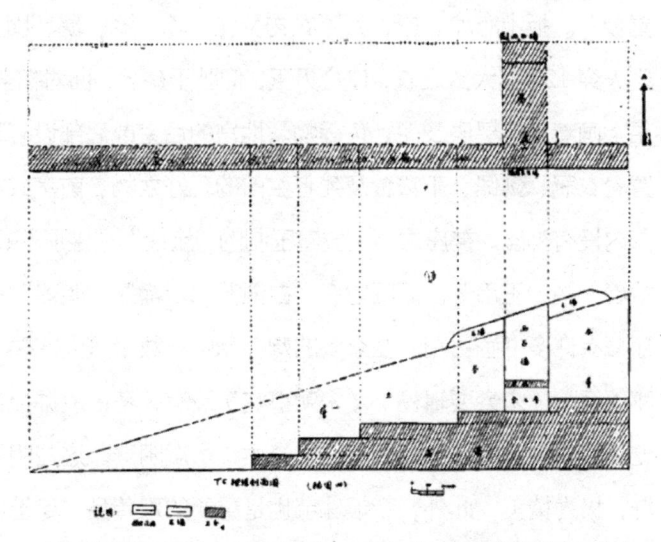

乾陵墓道探测图（采自《文物》1960 年第 4 期《乾陵勘查记》）

---

[1] 杨正兴：《唐乾陵勘查记》，《文物》1960 年第 4 期，第 53—60 页。

阀温韬在盗掘昭陵时发现，昭陵的石门达五重之多。至于羡道的外口，则以石条封之。可以说，羡道是乾陵地宫的一个重要组成部分。

②地下玄宫

关于乾陵墓室的形状，从唐人的宇宙观念和已发掘的王公大臣、皇亲国戚及六朝五代帝王陵墓分析，应当是上圆下方，顶部为穹隆式，底部呈四方形的。至于墓室的大小，虽然目前尚无具体材料可资说明，但肯定不是"足容一棺"而已。相反，比我们看到的永泰公主墓、懿德太子墓及南唐二陵的墓室都要大得多。《长安志》载，乾陵封域为80里。地面气派如此宏大，地下规模绝不可能低矮窄小，这是可想而知的。《新五代史·温韬传》载，温韬入昭陵地宫，见"宫室制度宏丽，不异人间"。昭陵如此，乾陵至少也是如此。

③地宫中的陈设

乾陵地宫里有什么东西？《大唐元陵仪注》等资料给我们提供了一些唐陵地宫的信息：在地宫的中室或中部，有所谓"棺床"。棺床上分别停放着唐高宗和武则天的"梓宫"，也就是棺椁。棺材的底部有防潮材料及珍宝之类，上加"七星板"。板上有席、褥，旁置衣物及珪、璋、璧、琥、璜"六玉"。唐高宗、武则天穿120套大敛之衣，口含贝玉，仰卧于褥上，面对棺盖。棺盖内侧镶有黄帛，帛上画着日月星辰及龙、鱼等物。地宫的后室或后部设有石床，石床及其周围放置着衣冠、剑佩、千味食及死者生前的玩好之物。前室或前部则设有"宝帐"。账内设有神座。神座之西，放着玉制的"宝绶""谥册"和"哀册"。神座之东，放着一些"玉币"。周围置有"白佩""素幡""明器"等。此外，乾陵地宫中还藏有许多书画古籍。在众多的殉葬品中，数量最大的要数明器。从《大汉原陵秘葬经》《宋会要辑稿》《宋朝事实》及有关考古发掘报告所提供的材料推测，乾陵地宫中有数以千计的陶质、瓷质、木质明器。这些明器大都经过锦绣金银装饰，极为精美。此外，金银珠宝也是重要的殉葬品。尽管唐代帝王临终时都对他们的子孙说"陵园制度，务从节俭"[1]，"不得以金银锦彩为饰"，但他们的子

---

[1]《唐大诏令集》卷一二《遗诏上》，第60页。

孙的所作所为正好与此相反。后来唐僖宗曾自供说："累朝遗训，毕及山陵，以汉文薄葬之词，为烈圣循常之命。约锦绣金银之饰，禁奢华雕丽之工，皆例作空文，而并违先旨。"[1] 因此，乾陵地宫中也可能存放着金玉宝器。

4. 乾陵的变迁

乾陵是嗣圣元年（684）开始修建的，距今已有1300多年的历史。在漫长的历史岁月中，乾陵经历了由盛到衰的转变。大体说来，唐代是乾陵最辉煌的时期，唐亡以后乾陵与其他唐陵一样，遭受了很大的破坏，宋元明清诸代虽有所保护，但仍在继续破坏之中，直到20世纪50年代以后情况才有所好转。

在唐代，乾陵"宫阙台阁，既峻且丽"[2]。若有损坏，也能及时修理。唐德宗时，曾遣右谏议大夫平章事崔损为乾陵造屋378间，"所缘寝陵中帷幄床褥一事以上，并令制置，上亲阅焉"[3]。太和五年（831）五月，宗正官请修献、乾等十四陵。唐文宗亦曾下诏照办[4]。黄巢起义之后，关中多次沦为战场。唐昭宗天祐元年（904），朱温毁坏长安城，胁迫唐昭宗迁都洛阳。哀帝天祐二年（905）正月十八日，发生了"盗焚乾陵下宫"的事件[5]。此时唐王朝已完全控制在朱温手中，危在旦夕，自然不能修复陵寝了。

五代时期，关中唐陵大部分陵墓都被华原（今陕西铜川市耀州区）贼帅温韬盗掘。《旧五代史》卷七三《温韬传》载：温韬为耀州节度，"唐陵在境者悉发之，取所藏金宝"[6]。《新五代史》卷四〇《温韬传》载："韬在镇七年，唐陵在其境内者悉发掘之，取其所藏金宝……惟乾陵风雨不可发。"[7]

---

[1]《唐大诏令集》卷一二《遗诏下》，第66页。
[2]（唐）张读：《宣室志》卷三，上海古籍出版社2000年版，《唐五代笔记小说大观》本，第1006—1007页。
[3]《唐会要》卷二〇《陵议》，第400页。
[4]《册府元龟》卷三〇《帝王部·奉先三》。
[5]〔宋〕欧阳修、宋祁：《新唐书》卷一〇《哀帝纪》，中华书局1975年版，第303页。
[6]《旧五代史》卷七三《温韬传》，第961页。
[7]《新五代史》卷四〇《温韬传》，第441页。

宋初在保护历代帝王陵墓的过程中，也对乾陵进行了保护。元祐年间，游师雄担任陕西转运使时，曾重绘了乾陵狄仁杰等60人画像。《长安志图》也有记载：乾陵"狄仁杰以下六十人画像姓名今皆不存，其见于奉天县丞赵楷绘像记者才二十九人焉。楷之记文多不尽载，撮其大指，略曰：唐之诸帝功烈如太宗、明皇者可谓盛矣，宜其立垄完固及于无穷。今兵火之余，荒墟坏皿，瓦砾仅存，理亦宜也。独高宗武后之陵，崇丘磅礴，上诣青冥，双阙耸峙，丹青犹在。是岂造物者有以扶护而致然耶？抑亦穷匮国力，深规厚图，使人未易窥也？转运游公一日按部过乾陵，慨然兴叹，乃录高宗天后时朝臣六十人重图于陵所"。[1]宋辽夏金时期，来乾陵凭吊者不乏其人，或在乾陵无字碑上题记。据无字碑上的题记，金太宗时，"大金皇弟"也曾对乾陵进行过整修。

明正德四年（1509）重阳节，宋廷佐等数人游乾陵，深有感触。在《游乾陵记》中记述了他的所见所闻。他说："陵正南两峰对峙，上表双阙，曰'朱雀门'。内列石器：首华表二，次飞龙马二，朱雀二，马十匹，仗剑者二十人。次二碑：东碑无文，间刻前人题名；西碑文曰《述圣记（纪）》，后自制也。碑制四方如局，俗曰七节碑，今仆矣。次双阙，陵之内城门也。大狮二，南向。左右列诸番酋长像，左之数二十有八，右之数三十，今仆竖相半；背有刻，皆剥落，不可读。论者谓太宗之葬，诸番酋长来助者甚众。武后不知太宗之余威遗烈，乃欲张大其事，刻之以夸耀后世，是也。复北行，抵后山下，并麓而西，曰'白虎门'，北曰'元武'，东曰'青龙'，皆表双阙，树石器。于是复抵朱雀门，将寻临川上仙之迹而吊之，遂憩阙下，削苔读碑。喟然叹曰：'……吾想武后之营斯陵也，以为不穷奢极侈，无以耀当时而夸后世，且无以尽身后之富贵。肆兹土木器物之制，皆壮丽坚固，盖欲传之百千万世而无蔽也。抑岂知今日如此哉？'"可见到明代中期，乾陵的地面建筑已不复存在，石刻也多有损坏。述圣记已仆倒，宾王像仅有58个，也已"仆竖相半"。世宗嘉靖年间，关中地区发生了大地震。这场大地震对乾陵也有一定的破坏。

---

[1]〔元〕李好文：《长安志图》卷中，第50页。

到了清代，由于最高统治者和地方官吏都对乾陵比较重视，因而乾陵一度得到了较好保护。《乾县新志》卷九《古迹·陵墓》载："清代祭告之陵，凡三十九处，乾陵不在其中。然向有陵租地九顷九十八亩六分，分于陵户耕种。不知何年拨二十亩为狄梁公墓地租。余地九顷七十八亩七分。陵户其二十五家，计每年征银十九两五钱七分二厘，不在正项钱粮内，另文解布政局。"但鸦片战争以后，乾陵又处于无人问津的境地，遭受着自然和人为破坏。时人吴玉在《晚过乾陵》诗中也说："二圣长眠处，萧条余野草。万古悲荒凉，当年徒改造。"乾陵之衰败，于此可见一斑。

毕沅所立乾陵碑

20世纪前期，关中地区兵荒马乱，乾陵继续处于被破坏的状态。1906—1907年间，日本学者足立喜六曾到乾陵考察。他看到的情况是：乾陵狄仁杰等60朝臣画像祠堂已成瓦砾堆积之处。陵前石刻自南向北排列。最前方有石柱一对，倒折左右。其次有飞龙马一对，右者已埋入土中，仅露出头部，左侧者亦转倒一旁。其北有半裸刻朱雀一对，状若鸵鸟或食火鸟。次有石马五对，右边者幸皆完整，左边者缺损较多。再往北有石人十对，右侧倒地者二，左侧倒竖相半。次为述圣纪和无字碑。内城门中蕃酋石像右侧立者二十一，倒者三，共二十四；左侧立者十六，倒者十三，总二十九，惜其头部均已失去。蕃像北有石狮一对，又有毕沅所立"唐高宗乾陵碑"。

中华人民共和国成立以后，政府重视文化遗产，乾陵得到了较好保护。1953年以后，考古工作者对乾陵进行了重点考察，发表了《乾陵勘查情况》。1961年，国务院将乾陵确定为第一批全国重点文物保护单位。为了加强乾陵的

乾陵（1960）

保护和研究，1961年成立乾陵文物保护管理所。1978年，又成立了乾陵博物馆。通过这些措施，大大加强了乾陵保护的力度。因此，除"文革"时期外，乾陵很少受到人为破坏。通过五六十年代的重点勘查，已经对乾陵的情况有了比较深入的了解。1957年，乾陵博物馆对乾陵石刻进行了修复，1987年修整了乾陵神道。近年又加固了石刻基座。此外，还对乾陵的章怀太子墓、懿德太子墓、永泰公主墓、薛元超墓和李谨行墓进行了科学发掘[1]。

5. 陪葬墓

乾陵陪葬墓位于陵园东南方向。《唐会要》载乾陵有16座陪葬墓，《长安志》载6座，《文献通考》《关中陵墓志》俱载17座，《乾州志稿》则称有41座。据《唐会要》卷二一载，陪葬乾陵者有章怀太子李贤、懿德太子李重润、泽王李上金、许王李素节、邠王李守礼、义阳公主、新都公主、永泰公主、安兴公主、特进王及善、中书令薛元超、特进刘审礼、礼部尚书左仆射豆卢钦望、右仆射刘仁轨、左卫将军李谨行、左武卫将军高侃。另据《文献通考》和《关中陵墓志》等，陪葬乾陵者还有左仆射杨再思。这就是说，乾陵陪葬墓至少有17座。

---

[1] 黄展岳：《中国西安、洛阳汉唐陵墓的调查与发掘》，《考古》1981年第6期，第531—538页。

乾陵陪葬墓的封土形式有两种类型。第一类为覆斗形墓，共有5座。其中，懿德太子墓和永泰公主墓为二层台覆斗形，封土规模较大，且有陵园，陵园南面还建有土阙，土阙之南排列有石狮、石人、石华表等。章怀太子墓亦为覆斗形，但是没有二层台，墓前的石刻是石羊。第二类为圆形封土，规模较小，无陵园和石刻。已发掘的陪葬墓有懿德太子墓、永泰公主墓、章怀太子墓、李谨行墓和薛元超墓。墓葬形制均为带斜坡墓道多天井、多过洞带小龛的砖砌双室或单室墓。

在乾陵陪葬墓中，永泰公主墓、章怀太子墓和懿德太子墓是最有名的。

（1）永泰公主墓

永泰公主李仙蕙（684—701），字秾辉，中宗第七女，在韦皇后所生之女中排行第三。初封永泰郡主。以郡主身份下嫁武承嗣长子武延基。因与其兄懿德太子李重润和丈夫魏王武延基私议武则天男宠，受到惩罚。墓志铭称事件发生后第二天，身怀有孕的李仙蕙因难产而死，但《资治通鉴》《旧唐书》《新唐书》等史书记载永泰郡主坐罪被杀。中宗复位后追赠李仙蕙为永泰公主，以礼改葬，号墓为陵。

永泰公主墓属乾陵十七座陪葬墓之一，是中华人民共和国成立以来发掘最大、最典型的一座唐代女性墓葬。1960年到1962年发掘。经过修复和整理，1965年正式对外开放。墓葬选址在312国道旁，乾陵博物馆即建其上。由地面建筑（神道、外部石刻、围墙、角楼、阙楼等）和地下建筑组成。地面建筑有14米

永泰公主墓

高，56米见方的覆斗形稳固厚重的墓葬封土堆。外顶平面呈方形，封土夯筑方式为平夯，夯层平均厚度为0.6~0.8厘米。围绕封土堆四周的建筑，有高大的围墙，南北长275米，东西宽220米，总面积达60500平方米。围墙四角各建高15米以上的角楼，朱雀门左右各建立一对高约20米的单出阙楼。阙楼以南是一条长约百米的神道。两侧分别放置石狮一对、武士四尊、华表一对等大型石刻。

这座墓规模宏大、结构复杂，确实具有特殊墓葬所体现的奇异与奢华。依据发掘清理后的实地测量，永泰公主墓全长87.5米、宽3.9米、深16.7米，墓道设计为长斜坡形向下延伸，与地平面呈28度夹角，土洞、双室砖墓结构。有前后甬道和宽敞的前后墓室，8个便房、6个天井、5个过洞，一套高级石椁葬具，一道坚固的石门，四个具有礼仪性质的石幔座，一合墓志，从墓道开始到后墓室，按照不同部位的功能和性质，绘制有内容丰富、题材广泛的壁画。虽然此墓早年已被盗掘，但出土的各种类型文物仍达1000多件[1]。

进入永泰公主墓，仿佛置身于一个富丽堂皇的地下艺术宫殿。墓道两旁精美的壁画，使整个地下宫殿盎然生辉。代表吉祥如意的左青龙、右白虎腾飞于流云之中。中国古代有"四神"之说，《史记·天官书》中把星际天空归纳划分为四大区域，即东、西、南、北四宫，分别用青龙、白虎、朱雀、玄武代表，因此，古人的脑海里就有了东青龙、西白虎、南朱雀、北玄武的印象。下面紧随一组威武的仪仗队伍。永泰公主墓东西两壁绘制一边均为36人的步行仪仗队伍，一边分为六组，每组前一人率先，后五人为一队，也曾有人说这就是队伍的来历。据说这种仪卫形式是模仿皇后出行的规格，因永泰

永泰公主墓出土的镂空蟠螭纹玉佩

---

[1] 陕西省文物管理委员会：《唐永泰公主墓发掘简报》，《文物》1964年第1期，第7—18页。

永泰公主墓壁画仕女图　　　　永泰公主墓出土的三彩贴花马

公主神龙二年（706）由洛阳迁来乾陵陪葬，她父亲中宗李显已经复位，以"号墓为陵"制度埋葬，追封公主名位等，享受生前未能得到的恩惠和荣耀，因此，葬式、规格、葬具、陪葬品、壁画等诸方面都有僭越的现象，这也就不足为奇了。另外，还有高大雄伟的阙楼图，等级森严高级别的列戟图（共有12杆戟），都给人不同寻常的感觉。进入过洞，那些浓墨重彩的图案让我们看到一个多姿多彩的艺术世界，因为过洞上都是。它们有代表吉祥富贵的宝相花，象征多子多孙的海石榴花。白色的墙壁上，红、绿、蓝、黑诸色交错使用，看起来是那样的五彩斑斓、华贵典雅。不过，这些壁画大部分都是后来临摹上去的，原迹保存在具有现代化设施的陕西历史博物馆壁画库中。

过洞两侧的便房，是用来放置大量陪葬品的，有琳琅满目的唐三彩及陶制品，他们是代替活人殉葬的俑以及一些日常生活用品。这里面陈列的是武卫文侍、歌舞乐工、马牛羊猪、粮仓井架、碗盘瓶罐等随葬品，虽然在地下埋葬了1300多年，但极富个性化特征的个个偶人、件件物品，都让我们感到一种摄人心魄的艺术魅力。尤其是第二天井，东西两侧便房众多的女骑马俑，充分反映了唐代社会开放的格局。女子不但能够骑马、射猎、郊游，还可以参加其他社会活动。武则天当政时期，政治清明，文化繁荣，经济发展，国力强盛，人民安居乐业。这些出土的文物，就是最好的证明。

位于第五过洞下面，有一合长宽各为117厘米由上为志盖、下为志底组成的墓志铭。绕过墓志铭进入前甬道不远，在东壁上侧有一个盗洞，当初盗墓贼就是从此处盗走墓内金银珠宝的。当时盗洞下有一副死人的骨骼，头骨在地下，骨骼旁有一把铁斧，并散落了一些金银珠宝，由此可以断定，这是盗墓同伙之间互相残杀所致，而盗墓的时间大约在唐末或五代十国那个混乱的年代。

走过狭长的前甬道，蓦地一个豁然明朗、充满奇幻色彩的大厅映入眼帘，这便是前墓室（相当于客厅），一道石门将前后墓室隔开，但它们的结构却相同。上圆象天，绘有天体图，东面的山峦、金乌与西边的月亮、玉兔遥遥相对，亦绘有白色的星星点点，象征着繁星满天。下方法地，绘有唐代建筑图案，体现了天圆地方之说。东壁南侧的九人《宫女图》最为著名，中国美术家协会主席叶浅予带着他的学生到此墓写生时，细心地品味，端详了两个多小时后感慨万千，作诗一首："公主长眠宫女在，壁上着意塑粉黛。口角眉尖似有情，是喜是忧费疑猜。"可以说是对这幅壁画高度的概括和总结。

经过最后一道坚固的石门和后甬道，进入后墓室（相当于寝室），里面一副高级葬具——石椁，依照房屋建造，一个完整的唐代房屋建筑式样的模型。石椁由34块石料拼装而成，上面有刚劲凝练的线刻画。题材大多是宫女的生活风貌以及花枝缠绕、蔓草依依、鸟兽图纹等。

（2）章怀太子墓

章怀太子李贤（654—684），字明允，陇西狄道人。唐太宗之孙，高宗李治第六子，武则天次子。永徽五年（654）出生，不久封王。自幼得到良好教育，长大后容貌俊秀，举止端庄，才思敏捷，深得高宗喜爱。上元二年（675）立为太子，曾多次监国，得到朝野内外称赞。又曾召集文官注释《后汉书》，史称"章怀注"，具有较高的史学价值。调露二年（680），以谋逆罪被废为庶人，流放巴州。文明元年（684），武则天临朝，遣酷吏丘神勣赴巴州校检李贤居所。丘神勣至巴州拘禁李贤，逼令自尽，终年31岁。

李贤之死在朝中引起震动。武则天为了安抚人心，将丘神勣左迁为叠州刺史。垂拱元年（685）四月二十二日，在显福门为李贤举行哀悼仪式，派司膳卿李知十持节，册命追封李贤为雍王。李贤死后，遗体埋在巴州城南化成山麓。唐中宗李显复位后，在神龙二年（706）追赠李贤为司徒公，令其子守礼前往巴中，将李贤的灵柩迁迎回长安，虽是被贬而死，但死后仍以皇族的墓陵制度入葬，安葬时以雍王的身份陪葬乾陵，中宗命令自京师给鼓吹仪仗送至墓所。中宗死后，睿宗践祚，又进一步为其兄李贤恢复名誉。景云二年（711），睿宗追赠李贤为皇太子，谥曰"章怀"。又重开墓室，将其妃清河房氏尸骨迁之乾陵与其合葬。

章怀太子墓入口

　　章怀太子墓位于乾陵乡马家坡杨家崖村北的高地上，西南距永泰公主墓约600米，南距杨家洼约200米。发掘工作于1971年7月2日开始，至1972年2月下旬基本结束。其墓为洞室墓，整个墓形结构，可以分为墓道、过洞、天井、前后甬道、前后室和小龛（便房）等。全长71米。墓道在南，由南而北呈斜坡形，墓道水平长20米，宽2.5~3.5米（南宽北窄），最浅仅距地表0.2米，最深处距地表7米。墓道坡21度。过洞4个，券拱形，长2.7~3.4米，宽2.2~2.4米，高2.8~3米。天井4个（由北往南算），第一天井因接近甬道，系用砖砌，故未发掘。其余3个天井东西长3米，南北宽1.8~2米，深9米至12米。三个天井的东西二壁，分别有六个小龛，放置随葬品。前甬道长14米，宽1.7米，高2.1米。前后甬道及前后室全用砖砌，用方砖铺地。

　　前甬道口有木门一道，木门已经朽坏。发掘时过洞、前后甬道及前后室均积有淤土。前甬道的淤土高2米，前室淤土高2.5米，后室甬道口为前室淤土所掩，故后室淤土仅1.5米。在清理淤土时，在前甬道木门内发现铜质鎏金门泡钉66个，铜质鎏金铺首一对，铜质鎏金锁子一把（未见钥匙），以及残存的木门残片，镶嵌木门边的铜质鎏金片门钉，以及朽木灰等。从木门倒塌情况看，是向西北倒塌的。故在清理时，很多泡钉都在门内偏西北处。在木门后约1米的甬道上，发现有重65公斤的铅块6块。其形状有圆形、方形、椭圆形和长方形等。在铅块附近，发现有柳叶形箭头和机具零件。铅块、箭头和机具零件可能是作为防盗设施的。但是，这些设施已被盗墓者破坏，已经失去作用。在未掘甬道时，淤土中经常发现朽木（带漆皮的，可能是木棺朽后被水冲刷出来的）、人的肋骨、小腿骨等。靠近前室甬道口，发现铜镜一面。镜面朝上，可能是被盗墓者由后室盗出后又摒弃的。盗坑在第二天井的东南角，洞系椭圆形，长75厘米，宽60厘米。

前室略呈正方形，长宽各4.5米，穹隆顶，高5.6米。顶部绘有日、月、星辰及银河。先用深蓝色作底，然后涂以乳白色石灰。银河是从西南到东北角，形如一条长带。星辰用大小不同的圆点代替。大小不同的星，可能代表亮度不同的星座。能看出北斗七星。东部偏南绘有黄色太阳，中有三足金乌。西壁靠西南绘有淡黄色月亮，中间为桂树，其右为玉兔站立捣药，左为蟾蜍。后甬道及后室淤土较少，可容一人匍匐爬行进入后室。故后室未被淤土掩埋的壁画，其颜色鲜艳如新。前室顶部由于石灰浆剥蚀，有的地方显露出深蓝或黑色。在清理前室底部时，发现有零星的三彩小立俑、双螭壶、三彩骑俑。这些东西被盗墓者砸得粉碎。后室石门被砸断，左扇完好，均倒卧于后甬道中。后甬道淤土1.6米，后室淤土1.4米，后甬道长9米。后室结构与前室同，长宽各5米，高6.2米。顶部及四壁的部分星辰系贴金、贴银，日月均贴金。西壁的月亮及贴金的星辰被盗墓者刮去。东壁太阳贴金及金星、银星，除个别自然脱落外，均全部保留。银星则氧化为黑色。后室太阳在东壁正中，西壁月亮则偏西北。这样不同方位地绘制日月，可能代表不同季节，或含有日月运转之意。

后室有庑殿式石椁一座，约占后室面积的三分之二。石椁长4米，宽3米，高2.1米。由33块大石板组成。椁盖五块石板中的最南一块已被盗墓者撬开成八字形，石椁东南角倚柱亦随之向南壁倾倒。第一块顶部椁盖被撬开后，即进入椁内，将棺内之物盗窃一空。石椁内淤土厚1.5米。在清理椁内时，淤土全部筛过，未发现随葬品，木板已朽，在石椁内壁东北角发现两只腿骨和头骨碎片，触之即成粉末。棺椁内均被盗扰，葬式不明。石椁中未发现有二具骨殖的现象。在椁外西壁

章怀太子墓石椁　　　　　　章怀太子墓出土的男骑马俑

淤土中发现有一只腿骨，有可能是李贤的妃子房氏的。在发掘天井过洞及甬道时，也曾发现过零量的肋骨、脊椎骨和一片扇胛骨，大概是后室房氏的棺木朽后被水淤后冲刷出来的。从章怀太子墓志铭推知，其妻房氏在景云二年（711）十月死后与之合葬，石椁已封闭，不易启开。故收其妻棺柩放置于石椁外东部，是故知其同室不同椁。石椁内外壁均刻有人物、动植物、飞禽、昆虫等线雕画。与壁画同为重要文物之一。

出土文物绝大部分为陶器，各龛中的放置情况是：第四天井放置陶立俑、伎乐陶俑、骑俑、陶猪、陶犬、陶牛、陶羊、陶马、陶鸡等。第三天井东西小龛放置男女三彩立俑、大型三彩马、三彩骆驼及牵马、牵驼俑等。第二天井东西小龛放置三彩天王俑、文臣俑、武官俑、镇墓兽、彩绘塔式罐、绿釉花盆等。墓志共有二合：一为《雍王墓志》，一为《章怀太子墓志铭》，均放置于后室甬道口及后室内。雍王墓志铭长宽各90厘米，厚20厘米，盖面上有3行9字篆书："大唐故雍王墓志之铭。"盖的周边雕刻蔓草及十二生肖，四斜边亦饰蔓草，志文40行，每行41字，共1600余字。章怀太子墓志铭长、宽各87厘米，厚17厘米。志盖4行16字："大唐故章怀太子并妃清河房氏墓志铭。"四周斜边及志文四边均刻蔓草纹。志文34行，每行33字，约1100字。志文为其子邠王李守礼之师卢灿撰，岐王李范书。这两方墓志均有重要的史料价值和艺术价值[1]。

---

[1]陕西省博物馆、乾县文教局唐墓发掘组：《唐章怀太子墓发掘简报》，《文物》1972年第7期，第13—19页。

墓中壁画丰富而精美。从墓口至后室总长71米的墓道、过洞、天井至后室四壁，全为壁画。全墓共有58组壁画，200多个人物、动植物、山石等。壁画可分为两部分：一部分是墓道口至甬道，全都画在土墙上；甬道口至后室则画在砖墙上。壁画内容除了传统的青龙、白虎是作为方位之神外，其余整个壁画，都是反映李贤生前生活片段的。墓道两壁上画的是狩猎出行、马球、礼宾和仪仗等。从第一过洞开始以后，似乎表示进入庭院，诸如槃载、侍女、门卫宦者、歌舞等画面。这些壁画，除个别的自然脱落外，95%以上均保存完整。所绘人物、动植物、山石飞鸟等，从布局、线条、比例服饰乃至设色等，无不气韵生动，随类赋彩。所绘人物形象生动，活泼自然，很有艺术性。

章怀太子墓仪卫图

（3）懿德太子墓

懿德太子李重润（682—701），本名重照，避武则天名讳，改为重润。系高宗李治与武则天之孙，中宗李显与韦皇后长子。唐高宗永隆二年（681）被封为皇太孙。684年中宗失位，重润被废为庶人。圣历元年（698）中宗复为太子，重润被封为邵王。大足元年（701），因与其妹永泰郡主等人私下议论武则天的男宠张易之等，为人谗构而死，年仅19岁。中宗复位后，于神龙元年（705）追封为"懿德太子"。神龙二年将其灵柩由洛阳迁至乾陵陪葬，特制"号墓为陵"。故在唐陵陪葬墓中等级最高。

懿德太子墓在乾县乾陵东南隅约2公里的台地上。墓园面积约54891平方米，地面建筑已毁，基址尚存。地表有双层覆斗形封土，南北长56.7米，东西宽55米，高17.92米。南面有土阙、石狮、石人、华表等。

1971年7月至1972年2月，陕西省博物馆与乾县文教局组织专家对此墓进行了发掘。地下由斜坡墓道、6个过洞、7个天井、4对小龛、前后甬道和方形前后砖室组成，全长100.8米。前后墓室均为方底穹隆式，全部用砖砌成。前室长4.45米，宽4.54米，高6.3米。后室长5米，宽5.3米，高7米。葬具置于后室，庑殿式石椁内外壁均有线刻图，墓壁满绘壁画。墓道两壁以楼阙城墙为背景绘太子出行仪仗，过洞绘驯豹、架鹰、宫女、内侍等。第一、二天井绘列戟，为天子之制。

此墓规模宏大，随葬品十分丰富[1]。虽已遭盗掘，但仍出土文物1000余件，包括太子哀册、俑、三彩器和鎏金铜马饰等，具有很高的艺术价值。墓内壁画比较完整，凡40幅，分别绘在墓道、过洞、天井、前后甬道和前后墓室墙壁上。其题材有仪仗、青龙、白虎、城阙、伎乐、男仆、宫女等，显示出李重润的显赫地位和特殊身份。如仪仗队中列戟

懿德太子墓

懿德太子墓出土的彩绘贴金铠甲骑马俑

---

[1]陕西省博物馆、乾县文教局唐墓发掘组：《唐懿德太子墓发掘简报》，《文物》1972年第7期，第26—31页。

达 48 杆，属帝王一级。仪仗队有 196 人，由步队、骑队和车队 3 个部分组成，阵容庞大，气势不凡。《架鹰图》《侍女图》《鹰犬畋猎图》《列戟图》等，真实地反映了唐代宫廷的日常生活。

6. 遗迹与遗存

1961 年 3 月 4 日，国务院公布乾陵为第一批全国重点文物保护单位。乾陵陵园在关中唐十八陵中保存最好，故留下的遗迹较多。内外城墙基址，献殿、阙楼

懿德太子墓墓道西壁仪仗图

遗址，北门遗址，下宫遗址均已发现。

（1）城垣遗址

乾陵四面城基都比较完整。城垣系夯土筑成，平面略呈方形。东垣南起沈家池，向北经东华门村西，到村北 842 米处止，长 1582 米，北偏西 2 度。西垣由西华门村北 842 米处起，向南经西华门村、下沟上坡而止，长 1450 米，北偏西 2 度。南垣南墙东起沈家池村之北，向西经石马道村、黄巢沟至上坡岭，长 1438 米，东偏北 3 度。北垣由东华门村北 842 米处起，向西经后宰门村，到村西 708 米处止，长 1450 米，东偏北 3 度。南墙经过黄巢沟，西墙经过何家沟底时，均有用石条修成的排水洞。东南城角高 7.5 米，东北城角高 5.1 米，西北城角高 5.5 米，西南城角高 10 米，均为夯土筑成，周围残存唐代瓦当、瓦片、砖块、石碴，特别是西北城角和东北城角，均有石条砌筑的地基存在。墙垣残高在 0.5 米至 2.5 米之间，基宽 2.1 米至 2.5 米，夯土层在 10 厘米至 12 厘米之间。

四门居中，门址宽度均为 27 米。门阙及城垣四角角楼基址清晰，周围均有

残砖、瓦片、瓦当、石碴遗存。青龙门阙台在门址东28米处，现存南北二阙相间28米，南阙底长19.3米，残宽8.5米，残高4米。北阙底长19.5米，宽11.5米，残高6米。白虎门阙台在门址西31米，现存南北二阙相间43.5米。南阙底长17米，残宽6.4米，残高4米。阙台上有木柱及柱眼，周边堆积砖瓦较多。朱雀门阙台在门址南25米，东西二阙相间41.5米，考古发掘显示，该阙均为三出阙。东西通长23.5米，南北宽12.54米。东阙残高11.2米，西阙残高12.1米。有印纹砖、筒瓦、板瓦、瓦当、鸱尾残片。玄武门阙台在门址北28米，现存东西二阙相间约40米。东阙底长20米，残宽10米，残高5.6米。西阙底长24.8米，宽16.3米，残高11.5米。

（2）献殿遗址

乾陵献殿位于朱雀门内，殿址呈长方形，东西长63米，南北宽11.8米。考古发现石柱础1个。该柱础为方形，边长0.74米，中部有卯眼。献殿与朱雀门间的殿阁遗址亦清晰可辨。

（3）乳阙遗址

乳阙系南门外第二道阙台。遗址北距朱雀门址650米左右，分别位于海拔944米和930米的乳峰之巅。东西二阙呈东北西南相对，间距380米。经1995年发掘，得知此二阙亦为三出阙，东西通长22.9米。南北通宽12.8米，东阙残高14.4米，西阙残高9.7米，其下部均有基石及包砖。周边残存大量建筑材料。

乾陵北门阙址

乾陵西门阙楼遗址　　　　　　　　　　　乾陵东乳阙遗存（1999）

（4）鹊台遗址

鹊台系南门外第三道阙台。遗址约在南门外3000米处。现存东西二阙相间101.8米。东阙底长31米，宽27.4米，残高9.8米。西阙底长约37米，宽约21米，残高17.2米。底部均有长方形基石。

（5）下宫遗址

下宫在西乳峰之南，遗址平面呈长方形，东西长约290米，南北宽约250米，残垣高0.3米至2.1米。地面有莲花方砖、板瓦、筒瓦等遗物残片。看上去规模较大。

乾陵文物极为丰富。择其要者如下：

（1）精品石刻

乾陵不仅以规模宏大著称，而且以石刻众多闻名。在乾陵陵园中，有数以百计的石刻。这些石刻或高大雄伟，气势磅礴，或鬼斧神工，玄妙莫测，或造型逼真，栩栩如生，都是珍贵的艺术品。无论从数量还是质量上来看，都远远地超过了前代陵墓石刻，并对后世产生了重要影响。可以说乾陵石刻在中国古代帝王陵墓石刻中具有划时代的历史意义，集中反映了唐代石刻艺术的最高成就，同时也在一个重要的侧面反映了唐朝的历史状况和唐代文化的特点。

从有关资料来看，乾陵石刻是按照唐代帝王生前的仪卫制作的，主要有华表、瑞兽、祥鸟、仗马、侍臣、狮子、蕃像和石碑等十余种。从有关资料来看，这些石刻以现实生活中的侍臣和仗马为主，又增加了体现符瑞思想的祥鸟瑞兽。

乾陵华表一对，通体高约7.5米，保存完好。石鸟位于瑞兽和仗马之间，身高1.8米，长1.4米，做侍立状。瑞兽位于石鸟和华表之间，看上去形状古怪，似马非马，似鹿非鹿，具有很好的装饰效果。乾陵共有八尊狮子，有些狮子被毁坏了，但有些仍完整地保存下来。

乾陵的仪卫人马计有两种：一种是文武侍臣，一种是立仗马。纪念性石刻主要是蕃臣像。蕃臣像分为两组，每组南北4行，东西8排，分别侍立于南门阙内的东西两侧。其总数达到60余人。这些人都是唐高宗和武则天统治时期归附唐朝，并在唐朝担任过高级职务的少数民族首领。明代中后期蕃臣像遭到很大的破坏，"仆竖相半"，其头部均已失去。

乾陵的碑石和墓志主要有"述圣纪碑""无字碑""永泰公主墓志"和"章怀太子墓志"等。

乾陵神道石刻　　　　乾陵南门石狮

①述圣纪碑

述圣纪碑位于朱雀门外的西阙楼前，与高大的无字碑两相对峙，这是武则天为唐高宗立的歌功颂德碑。述圣纪碑通高6.85米，宽1.86米，重约89.6吨。碑体由五块方石榫卯套接而成，碑顶为庑殿式，基座雕有獬豸和海石榴纹，碑为七节，象征"七曜"，七曜是古人认为构成世界的七种基本物质：日、月、金、木、水、火及土。七节碑寓意唐高宗的文治武功如日月星辰，普照天下，光耀千秋。碑文由武则天亲自撰写，唐中宗李显书丹的述圣纪全文就镌刻在碑的正南面，46行，共5600余字。

由于千余年的风雨侵蚀及人为破坏，现仅存1000余字。据说碑文刻好后，每个文字还填以金屑，不但使碑身金碧辉煌，也使整个陵园显得更加宏伟壮丽。此碑曾经倒塌，是新中国成立后重新修复起来的。碑顶是新修建的。檐角的护法力士原有4个，现在只留下2个，也都残缺不全。

②无字碑

无字碑又称"没字碑"，以巍峨壮观闻名于

《述圣纪》碑上残存的文字

无字碑碑首侧面　　　　　　　　　无字碑侧升龙图

世。整个碑用一块巨石雕成，通高7.53米，宽2.1米，厚1.49米，重约百吨。相传此碑来自于阗[1]。以其当初未刻一字和高大雄浑而吸引着更多的游客。碑首采用浮雕的手法，雕刻着八条螭龙，龙身相互缠绕，鳞甲分明，栩栩如生。碑座正面刻有《狮马图》，狮昂首怒目，十分威严；马屈蹄俯首，温顺可爱。

提起无字碑人们就会联想到武则天，提起武则天就会联想到乾陵及无字碑。所以说在某种程度上无字碑不仅成了乾陵的象征，也成了武则天的象征。无字碑现在成了有字碑，从宋到明，四朝的文人墨客在上面刻了42段文字。其中最珍贵的是碑阳正中一块用契丹文字刻写的《郎君行记》，旁边有汉字译文，内容为公元1134年金人修葺乾陵地面建筑的事情。契丹文字早已绝迹，这段文字为我们研究契丹族的历史文化提供了珍贵的资料。

---

[1]《陕西金石志》卷九。

③永泰公主墓志

永泰公主墓志位于永泰墓第五过洞下面，长宽各为117厘米。志盖上刻"大唐故永泰公主志铭"九个篆体大字。在志盖的四周，雕刻着十二生肖和蔓草图案。十二生肖经过艺术家的提炼，形成各种动物应有的特性，个个生动活泼，形神兼备。

志底上面有在正方形方格中用楷书写成的1000多字铭文。志文显示：永泰公主，姓李，名仙蕙，字秾辉，是唐中宗李显的第七女，武则天和李治的嫡孙女，生于公元684年，死于公元701年。对于公主的死因，徐彦伯写的墓志铭文"珠

永泰公主墓志

胎毁月，怨十里之无香。琼荨凋春，忿双童之秘药"句成为解读和探讨永泰死因的关键性问题。前句用珍贵的珠子受到月缺的影响不能正常的发育，隐喻了公主受到武则天的威胁不能正常生存。后句以双童之秘药借喻永泰公主获罪于武氏之故使她年纪轻轻而早死。

《新唐书·诸帝公主》记："永泰公主，以郡主下嫁武延基，大足中，为武后所杀。"又据《资治通鉴·则天顺圣皇后》载："太后春秋高，政事多委张易之兄弟。邵王重润与其妹永泰郡主，主婿武延基窃议其事，易之诉于太后。九月壬申，太后皆逼令自杀。"志铭证实史书记载是可信的。换句话说：永泰公主直接或间接的死因，都是因武则天而起的。

④章怀太子墓志

章怀太子墓志共有二合：一为《雍王墓志》，一为《章怀太子墓志铭》，均放置于后室甬道口及后室内。雍王墓志铭系李贤棺柩在神龙二年（706）由巴州迁回以雍王礼葬的墓志铭。章怀太子墓志铭系景云二年（711）追赠李贤为章怀太子，其妃房氏与之合葬时的墓志铭。

雍王墓志铭长宽各90厘米，厚20厘米，盖面上有3行9字篆书："大唐故雍王墓志之铭。"盖周边雕刻蔓草及十二生肖，四斜边亦饰蔓草，志文40行，每行41字，共1600余字。志文未署撰书人姓名。书法严正遒劲。

章怀太子墓志铭长宽87厘米，厚17厘米。志盖上有4行16字："大唐故章怀太子并妃清河房氏墓志铭。"四周斜边及志文四边均刻蔓草纹。志文34行，每行33字，约1100字。志文为其子邠王李守礼之师卢灿撰，岐王李范书。这两方墓志同样具有重要的史料价值和艺术价值。

（2）壁画和线刻画

文物考古工作者从1960年至1972年先后发掘清理了永泰公主、章怀太子、懿德太子、薛元超、李谨行等五座陪葬墓，出土壁画1200平方米，石椁线刻画150平方米。这些壁画和线刻画在乾陵博物馆的陈列厅有所展示。

其一，内容丰富的墓室壁画。

壁画是中国古代一种传统的绘画形式，起源甚早。然而，壁画艺术作为一个

雍王墓志盖拓片　　　　　　　　章怀太子墓志盖拓片

独立的艺术分类的繁荣时期，却是在经济文化高度发展的唐代。唐墓壁画是唐代绘画艺术的重要组成部分。乾陵的壁画取材于唐代宫廷生活，内涵十分丰富。它们线条圆浑凝重，色彩富丽大方，画面细致丰润，具有鲜明的时代感和浓郁的生活气息，再现了盛唐画坛的光彩。

其二，独具特色的石刻线画。

乾陵博物馆中保存的石刻线画也很多。其中，最为精美的部分是人物形象。艺术家通常用屏风画的形式来表现，在高约1米、宽80厘米的石板上被镌刻出来。一般每扇刻画一两名仕女，用花草、木石、小鸟补白，宝相花、缠枝、蔓草、云纹等装饰图案镶边。作品比例协调，形象生动，写实感强，如一幅幅屏风画，给人以细腻而深刻的印象。黑白色调为主的画面，给人以深邃、悠远的

懿德太子墓墓道东壁辂车

感觉，往往使每一位观者在凝神静气之余，会顿然抛开世俗的浮躁心绪，进而欣赏那一幅幅线条刚劲、纤细、流畅的画面，并在线条的变化中体味那历史悠远而美好的瞬间永恒。

乾陵石刻线画，分布于石椁内外，石门上下左右，石墓志四侧和石雕基座之上。其中以石椁上的数量为多，也最精湛。有端庄丰满的仕女、形象丑陋的宦官、凶恶吓人的猛兽、自然界中的飞鸟和缠枝蔓草花纹，可谓形式多样，雕刻精美，内容丰富，题材广泛[1]。线刻画是用白描手法，全部用阴刻线条来描绘景物的图画。乾陵的线刻画刀法刚劲，技巧娴熟，所刻宫女呼之欲出，鸟兽形神兼备，花草生意盎然。整个画面气韵生动，优美传神，线条流畅，堪称石刻艺术中的瑰宝。

懿德太子墓石椁外壁线画龙虎图

---

[1] 樊英峰、王双怀：《线条艺术的遗产：唐乾陵陪葬墓石椁线刻画》，文物出版社2013年版。

(3) 唐三彩

在乾陵博物馆的众多藏品中，唐三彩是一道亮丽的风景线。唐三彩是唐代盛行的一种美术陶瓷，以器物表面施以灿烂夺目的彩釉为主要特征。这种器物先做成胚胎，待阴干后入室烧至1000℃左右，取出晾凉，再上釉彩进行第二次焙烧，烧成温度约为800℃~1100℃，比瓷器的烧成温度1300℃稍低。其釉色主要有褐红、浅黄、赭黄、绿色、蓝色、紫黑等。这种釉陶工艺把器物的形与色完美地结合，使器物富有柔润感，再加上烧成后器物表面出现的波化效果，更显得那么的光彩夺目，绚丽莹润，因此赢得了人们的喜爱。

其一，造型奇特的镇墓兽。

镇墓兽出土于章怀太子墓，系两尊三彩辟邪。它们通高1.1米左右，施黄绿色釉，通常被安放在墓内第一道墓门外两侧。这是迄今为止，唐墓出土同类明器中最高大者之一。这两尊镇墓兽其中一尊如龙的头，长有双角，并有戟直立，身生一双鹰翅，足下为四只爪子，非禽非兽；而另一尊则明显是武士的面孔，马蹄足，头出双角，臂长双翼，鬣毛耸立，非人非兽。显然，这种怪异的动物，不是工匠的随意制作，而是刻意创造。它们择取各种动物形体的某些部位，附着在一个组合的、独创的、奇异的形体上衔接拼装起来，其造型是那么的狰狞恐怖令人神畏，它是放在墓门两侧，用以驱魔辟邪的陪葬品，其形象给人以凛然不可侵犯的艺术感染力。由此可见，埋葬墓主人者的良苦用心。

其二，栩栩如生的三彩俑。

在乾陵发掘清理的五座陪葬墓所出土的4000余件珍贵文物中，章怀太子李贤墓所出土的三彩文官俑和武官俑最具特色。其造型、高度、色泽完好程度等都堪称唐三彩之冠。

武官俑：冠上饰有一只展翅欲飞的小鸟。此鸟叫鹖，即鹖鸡，是一种勇健好斗不惧生死的鸟。因此，这种冠称为鹖冠。相传春秋时孔子的弟子子路曾戴过这种冠。到了唐代，在武士的冠上经常可以看到这种装饰物，它是猛健与常胜将军的标志。

文官俑：文官俑头戴三梁进德冠。三梁进德冠是唐太宗李世民结合进贤冠和幞头亲自创制的,以冠梁数区别等级,作为礼冠,以赐臣下。一般情况是皇帝七梁,王五梁,三品以上的贵官三梁。能享受如此殊荣的文官俑其身份都是非常尊贵的。这两尊三彩文武俑,是唐三彩中的极品,高度均在1.2米以上,虽经1300多年,出土时色彩仍艳丽如初,曾有幸多次被国家文物部门选中,在海外展出。

天王俑出土于唐章怀太子墓,通身施绿色彩釉,面部涂白,头戴兜鍪,身穿铠甲,脚穿长靴,身体比例协调,形象生动逼真。他们圆睁的双眼放射着慑人的光芒,身体发达的肌肉透着威猛正义的气质。坚实有力的右脚下踩踏一伏卧着的鬼怪,做左手叉腰,右手握拳状。身体的重心落在右脚上。脚下的鬼怪,尖帽大耳,鼓目咧嘴,做垂死反抗挣扎状。这种造型是要告诉世人:若谁胆敢来盗墓,那么下场就同这鬼怪一样被永远踏在他们的脚下。

三彩骑马狩猎俑出土于懿德太子李重润墓。一个骑在马上的猎手正在拉弦向空中射箭。马驻足静立,猎手左手持弓,右手搭箭,随着猎物在空中的飞移,而转换不同角度,准备随时放箭,千钧一发的情景瞬间定格。此物是所谓绞胎釉色,即在制胎时将釉色加入之后成型,使体表呈现五彩斑斓的艺术效果。

三彩马与三彩牵马胡俑出土于唐章怀太子墓。三彩马呈象牙白色,马蹄咖啡色,金鞍绿鞯齐备,马头套及马身均贴黄花,花心绿色点缀其间,马头向左微侧颔首屏气,马尾紧扎翘起,马身、马腿肌腱纹理块状均匀自然清晰分布于身体各部位,膘肥体壮,臀圆腰长,造型生动传神。马左前方站立一位三彩牵马胡俑,上着绿色白翻领、束腰、窄袖、齐靴长袍,嘴角上翘,脸部表情自然舒展,颧骨微突,面部表情丰富。头顶的发丝纹理细腻逼真,发辫在两耳上端用红头绳扎紧后辫起相交脑后一圈盘起,头向左微偏,右手呈握缰绳状,与左前方的三彩马相呼应。充分反映了工匠们高超的艺术水平。

三彩牵驼胡俑和三彩载物骆驼亦出土于唐章怀太子墓。该骆驼为深赭色的双峰骆驼。双峰骆驼产于西北新疆和中亚、西亚一带。骆驼呈站立姿势,形体高大,姿态劲健,驼头前伸,尾向左下卷曲,驼身肌腱纹理自然清晰,骆峰上驮虎头状行囊,囊的旁边有绿白相间的丝线环绕,囊下有棕色架板,釉色从骆驼身上自然流下,形成了自上而下的流釉效果。胡俑头戴赭色尖顶帽,浓眉、鼓目,阔嘴上翘的八字胡须，满脸络腮胡须，典型的西域胡人形象。身穿大翻领紧袖、束腰、褶皱裙，腰下裙摆尖叶瓣装饰，脚着绿色长靴，右手高，左手低，呈握绳状。看到这一组文物，我们的脑海中立即会浮现出一副丝路商旅跋山涉水的生动画面。

其三，种类繁多的三彩器皿。

三彩碗出土于永泰公主墓，奢口、圈足。碗内由24道绿白相间上有杏红色小点点缀其间的条纹装饰，色彩浓烈艳丽。碗外则由上、中、下三部分组成，除下部圈足外，上中两个部分之间用一条稍突起的线条隔开，中部花纹较繁，上部花纹较窄且疏，碗外部也是绿、白、杏红三色装饰，但用色较清淡。宽窄相间的花纹，繁简有致的纹饰布局，浓淡相宜的色彩构图，使这件器物显得华美高雅，富丽而不媚俗，集实用性、美观性、艺术性于一体，是一件不可多得的艺术品。

三彩盘，绿底色，红白相间，盘内有三叶瓣状白色花纹相错装饰，中间犹如几只红色的金鱼游弋在碧水绿草之间，颇有情趣。用这样的器物不论摆设还是实用，都会给人以爽心悦目的感觉。这只盘子设色大胆，工艺精致，是同类器物中的上品。

三彩小酒盅与陕西关中地区农村使用的小酒盅几乎一模一样，做工精细，小巧玲珑，象牙白，翠绿釉色自然过渡，交错使用，使其呈现翠玉般温润的质感。

乾陵陪葬墓出土的三彩盘

三彩熨斗过于小巧，显然不是实用器，只是明器而已。唐代人用的是比这种器型较大的陶熨斗，器物里盛放烧红的木炭以增加温度来熨平衣物。

（4）其他收藏

除了石刻、壁画、线刻画、三彩俑等文物之外，乾陵博物馆还收藏了一些其他类型的精美文物，包括金属器物、玉器、陶器，等等。这些文物也具有很高的史料价值和鉴赏价值。

其一，高档次的金属器物。

金饰品：鎏金小饰品是马身上的装饰物，如杏叶状，古人叫它杏叶，叶瓣上有凸凹有致的叶脉，显得生动、形象、逼真。它们的制作材料、工艺与鎏金门锁相同，做工精细，图案优美，体现了我国古代高超的金工制作工艺水平。

铜镜：1971年，文物考古工作者在发掘清理章怀太子墓时，出土的铜镜是墓主人生前使用过的，直径24.5厘米，厚1.5厘米，重4.26公斤。此镜颜色洁白如银，至今仍明亮如新，光可鉴人。其铭文曰："鉴若止水，光如电耀。仙客来磨，灵妃往照。鸾翔凤舞，龙腾麟跃。写态征神，凝兹巧笑。"文物考古学家根据镜铭将这面镜定为"鉴若止水"镜。镜铭大意为：光滑的镜面平整如静止的水平面一样，太阳照在镜子上的反光，像一道道闪电那样夺目耀眼，因为它是巧夺天工的工匠们精心磨制出来。世界上最美丽的女人宓妃曾用它映照过自己的容

乾陵陪葬墓出土的鎏金饰件

颜。假若翻过镜子的背面,将会看到鸾凤翱翔,龙腾麟跃的情景,而无论任何人使用它,都会被它的神奇所征服。因为镜子里映照出的是一张连您自己都无法相信的美丽的笑容。

铁锁、马镫:展柜中这些锈迹斑斑的铁制品,一组是铁锁,一组是马镫,这两组器物均严重锈蚀。锁是人类生活中的必备用具,生命财产的保护神。考古数据表明,我国是最早发明和使用锁的国家之一。马镫也是我国人民发明的,是重要的实用马具。

其二,玉器、陶器和木器。

玉器:乾陵博物馆收藏的玉器有玉璜、玉璧、玉佩三类。这些玉器可能是永泰公主身边的陪葬礼器。据专家考证,均为羊脂玉,属汉代传世物。其突出特征是温润如羊脂,水嫩无比。

绿釉罐和绿釉瓶:罐和瓶都是釉质明亮、色调纯正的翠绿色,器物上只有一种绿色,即单色釉。在古代,罐和瓶是盛放食物、酒的器具,也是汲水(从井里打水)的器具。

绘彩俑:彩绘是陶器制作的另外一种形式。这种工艺早于唐三彩。陶质的猪、牛、羊三牲和犬,是陪葬品的重要组成部分,从侧面反映了唐文化的多样性。

章怀太子墓出土铜镜

塔式罐:这个塔与罐的结合体,叫塔式罐,造型非常少见,由基座、中腰部、上圆罐、盖四部分组成。基座上是大象头与佛像相间的浮雕圆形,中部如细腰鼓形,上部是圆形的罐,罐盖把做成七层佛塔形,具有印度佛塔建筑艺术的风格特点。

这些绘彩男女俑、骑马俑、陶卧狗、陶马、陶骆驼都是从文臣薛元超和武将李谨行墓中出土的,他们虽为朝廷重臣,但与太子、公主墓相比,他们的墓葬等级低下,随葬品数量少,制作粗糙,因为唐代的等级制度是非常森严的。

这些陪葬品展示了乾陵文物新、杂、奇、美的特色,其独特的艺术魅力,是我们认识、研究唐代社会政治、经济、军事、文化及对外交流可靠而翔实的历史资料。

永泰公主墓出土镂空游鱼瑞兽玉珩

第四章

唐中宗定陵

1. 唐中宗生平

唐中宗（656—710）是唐高宗和武则天的第三个儿子，显庆元年十一月五日生。显庆二年二月二日封周王，仪凤二年（677）十月三日徙封英王，改名李哲。

定陵标志

永隆元年（680）八月二十三日册封为皇太子。弘道元年（683）十二月四日，唐高宗病死，遗诏皇太子柩前即位，"军国大事有不决者，取天后处分"[1]。十二月六日，李显即位，次年改元"嗣圣"，是为中宗。

中宗是一个昏庸的皇帝。他在即位之后不能根据高宗新丧、天下多事的情况采取相应的对策，尽快为唐高宗办理国葬，而是在皇后韦氏的操纵之下，千方百计地为韦氏家族牟取利益，甚至不顾朝臣的反对，要将韦后的父亲一下子提拔为宰相。这些做法引起了宰相裴炎和武则天的不满，旋即被废为庐陵王，逐出长安，先软禁于均州，后安置于房州。武则天改唐为周后，李显感到自己的日子不好过，常有自杀的念头。据说经过韦氏的劝慰，才继续生活下来。武则天晚年在皇位继承问题上遇到了很大的麻烦，最后决定诏回李显，重新立为皇储。于是，圣历元年（698）九月十五日，李显又被册封为皇太子，恢复旧名，仍称李显。圣历二年腊月二十五日赐姓武氏。

中宗于神龙元年（705）正月在张柬之政变之后复位。十一月，上尊号应天皇帝。神龙三年八月，加尊号应天神龙皇帝。自复位以来，中宗又故伎重演，不仅不听臣下劝阻，破例追封韦皇后的父亲为王，而且让韦后参与朝政。韦后及其幼女安乐公主均有政治野心，想做武则天第二，但无德无才，结果与武三思勾结，

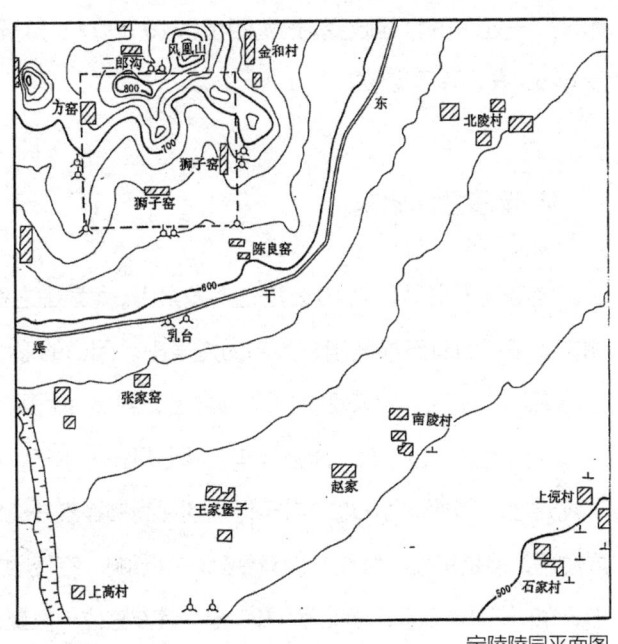

定陵陵园平面图

---

[1]《旧唐书》卷五《高宗纪下》，第112页。

酿成了一连串的宫廷政变。景龙四年(710)六月二日被韦后和安乐公主合谋毒死,享年55岁,葬于定陵。

2. 定陵营建始末

定陵位于富平县北10公里处的龙泉山。龙泉山之得名,可能与泉水有关。《耀州志》载:山有五泉涌出,故名为龙泉山。因山的形状像凤凰,故又名凤凰山。主峰海拔751米。定陵即修于主峰之上,封域40里。

《旧唐书》卷七载:唐隆元年"秋七月……甲子,右仆射许国公苏瓌、兵部尚书姚元之、吏部尚书宋璟、右常侍判刑部尚书岑羲并充使册定陵"。中宗死后,政局动荡,但是定陵的修建并没有受到多少影响。定陵因凤凰山而建,陵园基本为方形,东西长1250米,南北宽1180米。其玄宫位于凤凰山南腰腹中。城垣东西南北四边正中有青龙、白虎、朱雀、玄武四门。门前有阙,城垣四角有楼。城垣中有献殿、下宫等建筑。《长安志》卷一九载:定陵"封内四十里,下宫去陵五里"。

唐睿宗在景云元年(710)十一月二日给中宗举行了葬礼。唐玄宗天宝八载(749),追尊中宗为孝和大圣皇帝。天宝十三载,加尊中宗为孝和大圣大昭孝皇帝。

3. 定陵的演变

定陵在唐代曾遭受过两次人为的破坏。一次是在唐玄宗开元四年十二月乙卯(716年12月31日)夜,寝殿发生火灾[1]。另一次是在代宗永泰元年二月戊寅(765年3月12日),寝殿被党项羌所

定陵翼马(已毁)

---

[1]《旧唐书》卷八《玄宗纪上》,第177页。

焚[1]。此外，还遭受过自然的破坏。《旧唐书》卷三十七载："大和八年……七月辛酉，定陵台大风雨，震，东廊之下地裂一百三十尺，其深五尺。诏宗正卿李仍叔启告修之。"德宗贞元十四年（798）四月至六月，左谏议大夫、平章事崔损奉诏对定陵进行维修，建屋三百八十间[2]。

定陵采石场

后梁开平二年（908），华原（今属铜川耀州区）军阀温韬盗掘定陵。宋太祖于建隆二年（961）、开宝三年（970）两次下诏对定陵等被盗陵墓进行修葺。明万历二十七年（1599），定陵又受到太监梁永等人的盗掘。直到清乾隆四十一年（1776），陕西巡抚毕沅才在定陵竖碑予以保护。

4. 陪葬墓

节愍太子墓

定陵陪葬者各书记载不一，主要有和思皇后赵氏、节愍太子、宜城公主、长宁公主、成安公主、定安公主、永寿公主及驸马王同皎等。在这些陪葬墓中，唯节愍太子墓的位置得到确定。

---

[1]《旧唐书》卷一一一《代宗纪》，第278页。
[2]《旧唐书》卷一三《德宗纪》，第387页。

节愍太子李重俊，唐中宗第三子。神龙二年（706）被立为皇太子，因非皇后韦氏所生，立为太子后颇受猜忌。安乐公主想当皇太女，视李重俊为眼中钉，欲置之死地而后快。神龙三年（707）七月，重俊率李多祚、李承况、独孤祎之等人，矫制发左右羽林兵及千骑300余人，杀死武三思、武崇训及其党羽十余人。又派李千里分兵守宫城诸门，亲率兵自肃章门斩关而入，欲杀韦皇后等。结果被阻于玄武门之外，士兵临阵倒戈，斩李多祚及李承况等于楼下，余党溃散。政变失败后，重俊奔匿终南山，终为左右所杀。睿宗即位后，追赠为节愍太子，陪葬定陵。

其墓位于富平县宫里乡南陵村北。1992年9月20日被公布为省级重点文物保护单位。1995年，省考古研究所对该墓进行了发掘清理。探明陵园东西长120米，南北宽150米。每边中部有门阙一对，面积10×10米，四个角阙有夯筑城墙相连，宽2至2.5米，门阙前有司马道，宽约20米，司马道两侧原有大量石刻，今仅存石人一尊，石蹲狮一尊。墓冢为夯筑覆斗形，夯土层厚12至15厘米，封土底部边长37米，高20余米。地下部分由墓道、过洞、天井、甬道、壁龛、墓室等六部分组成，全长54.25米。在壁龛、天井、过洞、甬道、墓室出土大量的文物，有彩绘陶俑、三彩残片、白瓷、哀册、玉璧等文物200余件。

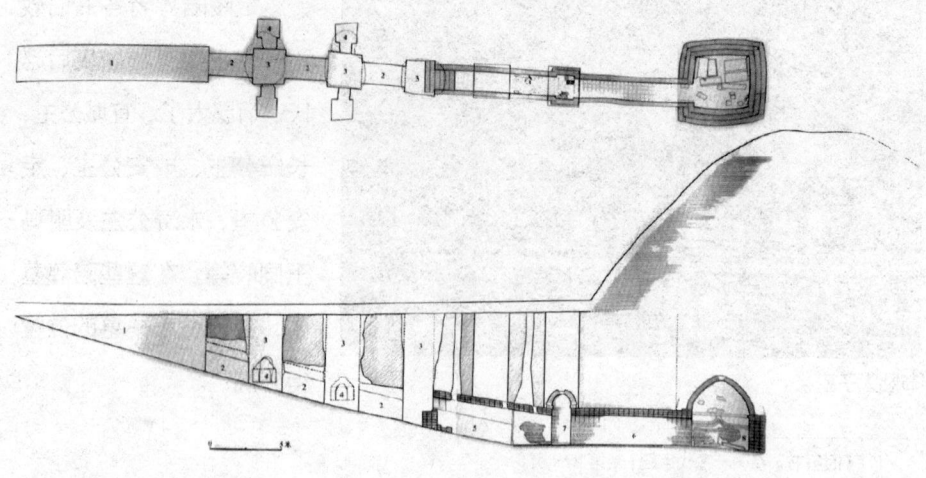

节愍太子墓内部结构

定陵南门阙址　　　　　定陵南门石狮

墓室中还有大量壁画，内容涉及山水、马球图、列戟、仕女、官吏、瑞禽、屏风等，对研究唐代礼制制度、工艺绘画等有重要参考价值。

5. 遗迹与遗存

定陵地面建筑损坏已久。现在所能看到的遗迹主要有四门基址和乳台、鹊台基址。

（1）四门阙台遗址

青龙门阙台遗址在东门址外34米处。南北两阙相间约70米。南阙底残长14米，宽8米，高4米。北阙底长12米，宽10米，高5米。白虎门阙合遗址在西门外24米处，南北两阙相距约60米。南阙已被剥平，北阙底长12米，宽约8米，残高4米。朱雀门阙台遗址在南门外23米处。东西两阙相间78米。东阙底长13米，宽8米，高5米。西阙底长14米，宽7米，高5米。玄武门阙址在北门外37米处。东西两阙相距49.5米。东阙底长14米，宽7米，残高3.5米。西阙底长18米，宽12米，高5米。四边门阙均为夯筑，夯层厚度在7至19厘米之间。各阙台周边均有砖瓦残片。

（2）乳台和鹊台遗址

乳阙在南门外623米处，现存东西两阙，间距为175米。东阙底长14米，宽12米，高6米。西阙底长15米，宽11米，高7米。鹊台在南门外2863米处。现存东西两阙相间约180米。东阙底长15米，宽11米，高4米。西阙底长15米，宽10米，高5米。乳台和鹊台均为夯筑，夯层在9厘米左右。各台周边有残砖断瓦堆积。

定陵神道石人

定陵立仗马

定陵遗物主要是陵园中石刻和陪葬墓中出土的文物。

（1）四狮

在陵园四门之外，原有石狮四对。现存东门、南门、北门外各存石狮1尊，其余石狮均已残毁。实测各门石狮相距27米至30米不等，与门址的距离在4米至10米之间。

石狮的高度为 2.4 米，均作蹲踞之状，看上去比较凶猛。

（2）神道石刻

除门狮之外，在南神道两侧，还有石人、石马等大型雕刻。20 世纪 60 年代，尚有华表、翼马、仗马、翁仲（石人）及巨型无字碑等石刻 25 件。可惜这些石刻在"文革"中多已被毁。今仅存翁仲一对。翁仲东西相距 90 米，距朱雀门约 300 米，通高 2.9 米，戴鹖冠，穿长袍，双手拄剑。其身躯半埋土中，可清楚地看出其头部特征。

（3）节愍太子墓出土文物

考古工作者曾从节愍太子墓中出土大量陶质彩绘武士俑、骑马俑等。详见陪葬墓部分。

节愍太子墓出土的三彩女俑　　节愍太子墓出土的三彩男俑

1956 年 8 月 6 日，陕西省人民政府公布定陵为第一批重点文物保护单位。2001 年 6 月 25 日，国务院公布定陵为全国第五批重点文物保护单位。

第五章

唐睿宗桥陵

1. 唐睿宗生平

唐睿宗（662—716）是唐高宗和武则天的小儿子。龙朔二年六月一日生于蓬莱阁之含凉殿。初名为旭轮，后改名为轮。同年十一月十八日封殷王。乾封元年（666）七月徙封豫王，总章二年（669）十一月十二日又徙冀王。上元三年（676）正月再封为相王。永隆二年（681）又封为豫王，改名为旦。

嗣圣元年（684）二月中宗被废后，他代替中宗成为皇帝，是为睿宗，改元文明。但实际上大权掌握在武则天手中，他本人被"居之于别殿"[1]，只不过是个傀儡而已。天授元年（690）武则天改朝换代时，睿宗被降为皇嗣，赐姓武氏，仍旧名轮。圣历元年（698），武则天改立李显为皇太子，另立李旦为相王，仍名为旦。神龙二年（706）正月六日，中宗即位时，曾封他为皇太弟，他坚辞不就。十月十四日，改封为安国相王。唐隆元年（710）中宗被毒死后，他的儿子李隆

---

[1]《旧唐书》卷七《睿宗纪》，第152页；《资治通鉴》卷二〇三，则天后光宅元年二月己未，第6418页。

基发动羽林军冲入宫中,杀死韦后、安乐公主及上官婉儿,与太平公主拥立他当皇帝。六月二十四日,睿宗即位于承天门楼,改年号为景云,时年49岁。

唐睿宗也是一个庸庸碌碌的皇帝。他在第二次当上皇帝后,以为李隆基和太平公主有功,便立李隆基为皇太子,而让太平公主参与朝政。凡宰相奏事,他都要求先与太平公主和皇太子商量,这就大大助长了太平公主的权力欲望,同时也加剧了皇太子与太平公主之间的矛盾。据说太平公主极力想除掉太子,然后独揽朝纲,当时文武百官多依附于太平公主,七个宰相中有五个是她的亲信。这样就出现了政出多门,号令不一的情况。

延和元年(712)八月二十五日,唐睿宗禅位于皇太子李隆基,自称太上皇。开元四年(716)六月二十日,死于长安城之百福殿,享年55岁。唐玄宗天宝八载(749)六月,追尊睿宗为元真大圣皇帝。天宝十二载(753)二月,加尊睿宗元真大圣大兴孝皇帝。后世史家对唐睿宗的品格颇为赞许,认为他是"三让天下的皇帝":即一让其母,二让其兄,三让其子。实际上他是不得已而为之。

2. 桥陵营建始末

桥陵在蒲城县西北15公里的丰山之上,东北距景陵4公里,距泰陵约22公里。

桥陵近景

丰山为蒲城名山[1]，"前襟浩泉之水"[2]，海拔743米，与秦岭遥相呼应。其主峰西面有三山起伏，北面也是崇山峻岭，唯东南面地势较为平缓。登顶远眺，平野辽阔，令人心旷神怡。

桥陵的营建工作开始于开元四年（716）六月，由将作少监李尚隐负责，由御史大夫李杰护作。《新唐书》卷一百三十《李尚隐传》："尚隐以将作少监营桥陵，封高邑县男。"同书卷一百二十八《李杰传》载：李杰"以护作桥陵，封武威县子"。当时唐王朝已进入全盛时期，经济发达，文化繁荣，国力强大，有能力修建规模宏丽的陵园。所以尽管唐睿宗在遗诏中强调说，"厚葬伤生，可以深诫。其丧纪及山陵制度，一依汉制故事"[3]，但唐玄宗还是按照自己的想法给睿宗修建了庞大的陵寝。石刻种类与乾陵相似，然而更加高大雄伟。所有这些，都显示出盛唐的时代特征。桥陵的修建是在山陵使李杰和山陵判官王旭的主持下进行的。据说桥陵原来规划极为雄壮，只因王旭在监修桥陵期间私自缩小建筑规模，从中贪污了十几万两银钱，才未能达到预期的效果。虽说有此变故，但相对而言，桥陵的气派在关中唐陵中仍是罕见的。

桥陵因山而筑，封域40里，桥陵因山为陵，在山腹开凿地宫，并在四周建造城阙。史载陵园地面城垣因山势而筑，略呈正方形，唯东北部突出，不甚规则。

桥陵神道及石刻组合

[1]《大明一统志》卷三二《陕西布政司》，三秦出版社1990年版，第557页。
[2]〔明〕祁光宗：《关中陵墓志》，上海图书馆藏清抄本。
[3]《唐大诏令集》卷一二《睿宗遗诏》，第73页。

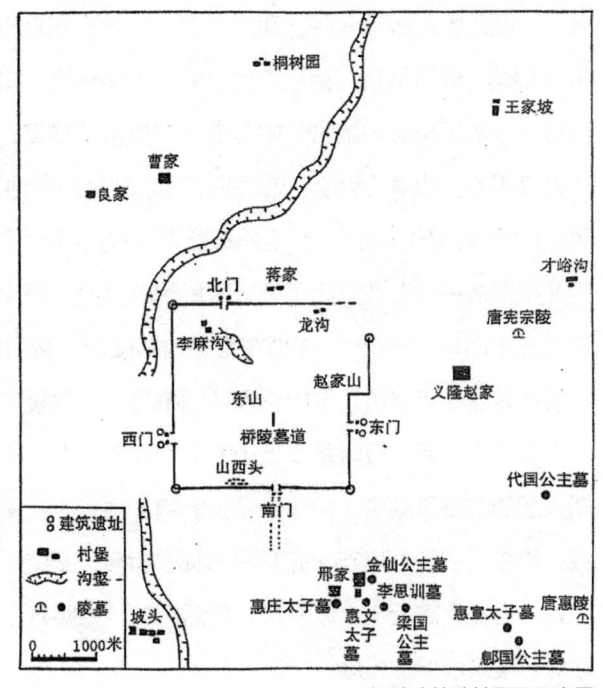

四边各置一门，以四神命名。青龙门与白虎门东西相对，朱雀门居中，而玄武门位于北墙偏西处。陵园中有献殿、寝殿、下宫等大型建筑，以及数十件高大的石刻，还有不少陪葬墓。占地29顷90亩4分。陵园四角阙址尚在。在南神门东阙址、东神门南阙址和乳台西阙址的基部均发现有条状基石，其大小、形制相近。实测南墙长2871米，西墙长836米，东墙长2303米，北墙长2883米，周长约11公里，陵区总面积达到852.7万平方米。陵墙四周各开一门，前为朱雀门，后为玄武门，左为青龙门，右为白虎门。各门两侧均有门阙。城垣四隅均有角阙。陵园内还建有规模宏大的献殿下宫及陵署，朱雀门外为神道，长625米，宽110米，两侧列有高大的石刻。桥陵四门互不对称，南、东和西三门基本对着山陵，北神门偏西。当地人传说，四门的位置是在凤凰的头尾和两翅的中心，实际上不过是因地制宜而已。因为此陵修建于"开元盛世"，故制度严谨，规模宏大，气度非凡。

睿宗开元四年（716）六月二十日死于长安城之百福殿，开元四年十月二十八日，葬睿宗于桥陵。同时，改蒲城县为奉先县，以奉睿宗陵寝。

3. 桥陵的演变

桥陵在唐代得到了很好的保护。《通典》卷第五十二载：开元二十三年四月敕："献昭乾定桥恭六陵，朔望上食，岁冬至寒食日，各设一祭，如节祭共，朔望日相逢，依节祭料。桥陵除此日外，仍每日进半口羊食。"大诗人杜甫在《桥陵诗三十韵因呈县内诸官》中写道："先帝昔晏驾，兹山朝百灵。崇冈拥象设，沃野开天庭。即事壮重险，论功超五丁。陂陁因厚地，却略罗峻屏。云阙虚冉冉，风松肃泠泠。石门霜露白，玉殿莓苔青。宫女不知曙，祠官朝见星。空梁簸画栱，阴井敲铜瓶……"[1] 于此可见唐时桥陵的盛况。据《唐会要》等文献记载，唐德宗贞元十四年（798），崔损在维护唐八陵时，曾为桥陵增筑屋舍140间。陵园中设有陵台令等官员，专门管理陵园事务，又置陵户400以供奉陵寝。

唐朝灭亡后，桥陵基本处于无人管理的状态，陵园建筑逐渐损毁。在五代时期兴起的盗墓风潮中，桥陵未受到影响。清张心镜《蒲城县志》卷二《陵墓》条载：乾隆四十年（1775）知县冯方邺在桥陵、泰陵、景陵、光陵各筑周围墙垣，通长一百丈。高六尺，厚三尺，前后门二。每陵各设守陵户十名。毕沅抚陕时，亦对桥陵采取保护措施。

4. 陪葬墓

桥陵陪葬墓《唐会要》及《长安志》所载计有8座，即惠宣太子李业墓、惠庄太子李㧑墓、惠文太子李范墓、金仙公主墓、凉国公主墓、代国公主墓、鄎国公主墓及云麾将军李思训墓。《文献通考》所载为9座，《关中陵墓志》所载为12座，《蒲城县志》所载为13座。现在，可以确定位置的陪葬墓主要有以下几座：惠庄太子墓、王贤妃墓、金仙公主墓和李思训墓。目前已发掘的比较重要的陪葬墓主要有以下几座：

（1）惠庄太子李㧑墓

惠庄太子李㧑又名李成义，睿宗第二子，母亲为掖庭宫人柳氏。垂拱三年（687），封恒王。武则天临朝时，改封为衡阳郡王。长安年间，官居尚衣奉

---

[1]〔清〕彭定求编：《全唐诗》卷二一六，杜甫《桥陵诗三十韵因呈县内诸官》，中华书局1960年版，第2263页。

御。神龙元年（705），唐中宗复位，加赐实封二百户，通前五百户。唐睿宗复位，进封申王，先后担任右卫大将军、殿中监、光禄卿、右金吾卫大将军、行司徒兼益州大都督等职。玄宗开元二年（714），任司徒兼幽州刺史。避讳昭成皇后谥号，改名李㧑。历任邓、虢、绛三州刺史。后复为司徒。性格弘裕，仪貌环伟，善于饮啖。开元十二年（724）十一月二十五病逝，赠惠庄太子，陪葬桥陵。

惠庄太子墓出土的玉哀册

　　惠庄太子墓在蒲城县坡头乡桥陵村东，西北距桥陵约3000米。地面仅存封土及石狮一对。封土呈覆斗形，底边长32米，高7.5米。墓室多次被盗。1995年10月至1996年5月，陕西省考古研究所与蒲城县文体广电局组织专家对此墓进行了发掘清理。发掘资料显示，此墓由斜坡墓道、3个过洞、3个天井、6个壁龛、甬道及穹隆墓室组成，水平全长53米。出土陶、铜、玉、石等各种质料文物1300余件。陶俑最多，达1100余件。其中骑马俑507件，男立俑563件，女立俑18件，镇墓兽2件，陶猪、陶牛、陶鸡、陶狗、陶羊、鹦鹉等13件。其次是铜质类门饰。玉质类主要是汉白玉哀册。石质类则主要是石门及其

惠庄太子墓出土的男立俑

附件。此外，墓道、过洞、天井、甬道和墓室中均绘有壁画，惜多已脱落。但第一过洞两侧的文吏图，第二过洞两壁的列戟图及墓道两侧的车骑出行图保存较好，有一定参考价值。

（2）金仙公主墓

金仙公主墓志

金仙公主（689—732），讳无上道，睿宗第九女，玄宗第八妹。初封西城县主，进封金仙公主。神龙二年（706）度为女道士，师从道士史崇玄和叶法善。金仙公主卒于洛阳开元观，开元二十四年（736）病死，陪葬桥陵。

金仙公主墓在蒲城县三合乡之武家屯村。封土原为覆斗形，后被剥平。墓前有石羊及神道碑。其碑由徐峤撰文，玄宗书丹，颇为名贵。1974—1975年间，陕西省文物管理委员会及蒲城县文化局对此墓进行了发掘。发掘显示墓为斜坡墓道，有5个天井、6个小龛及前后两个墓室。出土"大唐故金仙长公主志石之铭"一方，书丹者为其胞妹玉真公主。还出土武士俑、天王俑、乐伎俑、胡俑、生肖俑等文物，藏蒲城县博物馆。

5. 遗迹与遗存

桥陵陵园城墙遗迹依稀可辨。南墙和西墙的长度均为2800余米，东墙长2640米，北墙东段随地势弯曲，总长约5080米。墙垣残高1米，宽2.8~3米。

四面门外阙台遗址及角楼遗址均较清晰。青龙门阙台遗址西距东门47米，南北两阙相间97米。南阙址底径14米，高约5米。北阙址长14米，宽7米，高5米。台基有条状基石，附近散布砖瓦残片。白虎门阙台在西门外44米处，南北两阙间距87米。南阙底长11米，宽7米，顶部长8米，宽3米，残高约2米。北阙址底长17米，宽11米，顶长7米，宽3米，高约3米。附近有瓦砾。朱雀门阙台在南门外25米处。东西两阙相距64米。东阙址底长25米，宽19米，高3米。西阙址底长12米，宽10米，高2.5米。基部有条状石块，地表有砖瓦残片。玄武门阙台遗址在北门外38米处，东西两阙相距97米。东阙址底长7米，宽4米，高3米。西阙台底径14米，高4米。地表亦有砖瓦残片。

桥陵玄宫凿于山腹，考古探测羡道全长70米，宽3.78米，由南向北以石条叠砌封固，石条大小不一，以千字文编序，推测石条总数约3900块。石条上下铺有0.1米厚的黄土，以石灰灌缝。因埏道无扰动痕迹，故专家推测桥陵玄宫未曾被盗。

桥陵乳台北距南门门址641米，现存东西二阙址相间180米。东阙址底长21米，宽18米，高约5米。西阙址底长20米，残宽8米，高约5米。基部有

桥陵神道

条状基石，其长度为 1.2 米，宽 0.7 米，厚 0.32 米左右。

桥陵石刻自南而北计有华表一对，獬豸一对，祥鸟一对，石马五对，石人十对。这些石刻大都完整地保存下来。

现存华表通高 8.64 米，由座、身、顶三部分组成。座为方形，上雕覆莲 12 瓣。柱身为八棱形，线雕缠枝卷叶纹及各种祥禽、瑞兽图案。柱顶为仰莲承桃。

獬豸身高约 3 米，体形硕壮，怒目露齿，身有双翼，保存完好。

祥鸟（鸵鸟）位于瑞兽（天马）北 28 米，身高 1.9 米，长约 2 米，回首贴附于翅外下部，两腿行进于山间，身上毛羽较细密。其构图虽较乾陵祥鸟美观，但似无脱凡超俗的气势。以后诸陵祥鸟大体上都采用了这样的模式，但造型不同，神态各异。

桥陵五对仗马大小基本相近，马体肥美，唯马饰有所不同。石马身高 1.7 米至 2 米，身长 2.3 米至 2.6 米，均立于石台之上，形态不一，栩栩如生，东列仗马鞍鞯所系饰物，除南数第三仗马为珂形装饰外，其余均为唐代流行的杏叶，叶中实以宝相花。南数第三个仗马有圆形马镫，鞍鞯侧系五鞘孔绦带，鞍后马背之上置火珠，形如覆莲盆，直径约 20 厘米。其他仗马未置马镫。西列南数第四仗马马头转向北（左），马鬃短鬃，前有攀胸，系挂杏叶，但后无鞦，有鞍，无镫，南数第三、第五匹仗马均披鬃，鞍鞯俱全，鞍鞯齐备，其侧均有五鞘孔绦带，除南数第三匹仗马的鞍鞯系挂珂饰外，其余仗马均无马镫。桥陵北门外仗马共三对，

桥陵獬豸

桥陵祥鸟

桥陵石人　　　　　　　　　　　　　　　　　桥陵石狮

除西列南数第一仗马为缚尾外，其余仗马的形制、大小均与神道仗马无异。

石人身高3.67米至4.28米不等，头戴鹖冠，中饰飞鹰，褒衣博带，足蹬高头履，双手拄剑，面部表情，庄严肃穆。其体型之高大，为诸唐陵之冠。

此外，桥陵四门外均有石狮。石狮呈蹲踞状，雌雄分明，张目露齿，挺胸昂首，形态各异，镌刻细腻，肌肤丰满，造型雄伟，高达2.8米，堪称石刻艺术的珍品。青龙门外蹲狮作回首之状，比较罕见，其他各门石狮也均保存完整。由于桥陵是在开元年间（713—741）修建的，因之石刻高大宏伟，充分显露出充实、富丽、博大、雄浑的盛唐景象。

1988年1月13日，桥陵被国务院公布为全国第三批重点文物保护单位。

第六章

唐玄宗泰陵

1. 唐玄宗生平

唐玄宗名隆基（685—762），是唐睿宗的第三个儿子，母亲为昭成顺圣皇后窦氏。垂拱元年（685）八月五日生于东宫之别殿。垂拱三年闰正月二日封楚王。长寿二年（693）十二月降封为临淄郡王。中宗复位后，曾被任命为潞州别驾，后遭韦后诬陷，被革职罢官，闲居京师。他对韦后和安乐公主的专权十分不满，并且看出了韦后之流篡逆的野心，故在暗中活动，密召勇士，待机而作。后来当韦后和安乐公主果然毒死中宗，秘不发丧，让其亲信掌握京师军权，准备称帝时，他毫不犹豫地发动兵变，率羽林军攻入宫中，杀死韦后及其党羽。唐隆元年（710）六月二十日以功晋封为平王。睿宗即位后，被立为皇太子。延和元年（712）七月五日，睿宗将皇位禅让给他，他便坐上了皇帝宝座，成为唐朝历史上继武则天之后出现的又一位重要的封建帝王，是为玄宗，当时年仅28岁。玄宗即位后，与太平公主之间的矛盾斗争发展到了白热化的地步。太平公主多次想谋害他，他便大义灭亲，下诏诛杀了太平公主和她的党羽，从而完全控制了政局。先天二年（713）十二月一日，改年号为开元，上尊号为开元神武皇帝[1]。从此，唐朝历史开始进入了一个新的时期。

　　唐玄宗曾经是一位很有作为的帝王。在他即位之时，唐王朝刚刚经历了中宗以来的动荡，社会上出现了种种弊端。面对这种情况，他先后在宰相姚崇、宋璟、张说及张九龄等人的协助下，针对中宗、睿宗时的弊政，进行各方面的改革：裁汰冗官、擢拔贤才、打击豪强、抵

唐玄宗像

制食封、兴修水利、发展农业、压抑佛教、禁造佛寺。劳动人民创造了大量的社会财富，使唐朝社会经济发展到高峰，成为唐代最繁盛时期。史家誉之为"开元盛世"。开元盛世也叫"开元天宝盛世"。《资治通鉴》卷二一四载：开元二十八年，"天下县千五百七十三，户八百四十一万二千八百七十一，口四千八百一十四万三千六百九。西京、东都米斛直钱不满二百，绢匹亦如之。海内富安，行者虽万里不持寸兵"[2]。当时的政治家元结（次山）说："开元天宝之中，耕者益力。四海之内，高山绝壑，耒耜亦满。人家粮储，皆及数岁。太仓委积，陈腐不可较量。"[3]大诗人杜甫在《忆昔》诗中写道："忆昔开元全盛日，小邑犹藏万家室。稻米流脂粟米白，公私仓廪俱丰实。九州道路无豺虎，远行不劳吉日出。齐纨鲁缟车班班，男耕女织不相失。"这首诗形象而又具体地描写了开元时期的繁盛景象。结合其他文献记载，可以看出当时国家粮食储备丰富，物价便宜，人口增加，社会安定，国力强大，出现了前所未有的发展态势。这些事实都说明唐玄宗在开元年间的统治的确是很有成绩的。也正因为如此，唐玄宗受到世人的关注，被认为是唐代历史上杰出的帝王之一。

　　但人总是会变的。唐玄宗在取得了这些成就之后，就逐渐失去了进取精神，

---

[1]《旧唐书》卷八《玄宗纪》上，第172页。
[2]〔宋〕司马光：《资治通鉴》卷二一四，玄宗开元二十八年，中华书局1956年点校本，第6843页。
[3]《元次山集》卷七《问进士》。中华书局1960年版。

玄宗骑马图

开始骄傲自满,追求享受。在奸相李林甫的引诱和蒙骗之下,拒谏饰非,重用小人,使朝纲开始出现紊乱现象。然而他并没有意识到这一点,相反,认为自己统治越来越好,所以不断地给自己加封尊号。开元二十七年二月七日,加尊号开元天宝圣文神武皇帝。天宝元年(742)二月十一日,加尊号开元天宝圣文神武皇帝。天宝七载五月十三日,加尊号开元天宝圣文神武应道皇帝。天宝八载闰六月五日,又加尊号开元天地大宝圣文神武应道皇帝。天宝十三载十二月七日,再加尊号为开元天地大宝圣文神武孝德证道皇帝[1]。似乎天地之间,他已是完美无缺的人了。事实上,这时他的所作所为已经给唐王朝埋下了祸根。唐玄宗在他61岁时开始宠爱杨贵妃。于是杨家亲族依靠裙带关系连类而升,平步青云,成为红极一时的显贵。杨贵妃的堂兄杨国忠在李林甫死后担任宰相之职,更是权倾内外,胡作非为。自从得了杨贵妃,唐玄宗纵情床帏,沉醉于歌舞升平中,日益怠于政事。在杨国忠等人的煽动下,统治阶级日益腐朽,从而大大削弱了自己的统治力量。加之府兵制破坏之后,逐渐形成了外重内轻的形势。天宝十四载(755),身兼范阳、平卢、河东三镇节度使的安禄山以讨伐杨国忠为名,公然发动了叛乱。次年六月,叛军西犯长安,唐玄宗仓皇出逃,行至马嵬,不料又发生了兵变。结果杨国忠和杨贵妃被杀,唐玄宗在精神上受到很大的打击。后来唐玄宗逃到了四川,而太子李亨北上灵武,并在那里当起了皇帝,尊玄宗为太上皇,事实上废除了他的皇帝资格。肃宗至德二载(757),唐玄宗回到长安,幽居于甘露殿中,回想昔日尊

---

[1]《唐会要》卷一《帝号》上,第6页。

贵，面对眼前凄凉，不胜伤感。宝应元年（762）四月五日抑郁而死，享年78岁。因谥号为"至道大圣大明孝皇帝"，故被后人称为"唐明皇"。

唐玄宗是唐代最有名的皇帝之一，杨贵妃是"倾国倾城""绝世无双"的美人，两个人曾经在盛唐时期的历史舞台上表演过一场空前绝后的"爱情戏"。大诗人白居易在《长恨歌》中叙述了他们的爱情故事，把他们描写成非常亲密的一对。事实上，唐玄宗和杨贵妃的爱情是不够完美的，因为结局是令人痛惜的悲剧。

杨贵妃本名玉环，系杨玄琰之女，既非名门，更非望族，但却是"回眸一笑百媚生"的佳人。杨玉环长得什么样，现在说法不一。一般认为杨贵妃长得比较胖，大家口口相传，似乎已经成为定论。其实，这种说法并没有什么可靠的根据，只是一种臆测。史书记载，杨贵妃是"倾国倾城""绝世无双"的美人。她的美主要表现为"鬓发腻理""纤秾中度""资质天挺""举止闲冶"。也就是说她有一头乌黑柔顺的亮发，眉目清秀，肌肤如玉，胖瘦适中，丰而不满，艳而不妖，不仅长得十分漂亮，而且气质高雅，聪明睿智。正因为如此，千百年来，人们一直将她推为四大美人之首。

唐玄宗比杨贵妃大34岁。开元二十八年（740）十月，唐玄宗56岁，在华清宫诏见22岁的杨玉环。开元二十九年正月初二，唐玄宗下了一道《度寿王妃为女道士敕》，敕文中说在皇太后忌日，寿王妃为了给太后追福，坚决要求度为女道士。由于"雅志难违"，所以批准了她的请求，将她度为女冠，也就是女道士，并且给她起了个法号，叫"太真"。开元二十九年（741）冬天，杨太真从太真观来到兴庆宫，穿上了皇妃的衣服，当上了唐玄宗的情人，宫中称之为"娘子"。杨太真不仅是姿色冠代的美人，而且通晓音律，善解人意，具有超凡的魅力。她入宫后，"回眸一笑百媚生，六宫粉黛无颜色"，很快得到唐玄宗的宠爱。天宝四载（745）八月六日，唐玄宗正式册封杨太真为

《百美新咏》中的杨贵妃

贵妃。从此，杨太真被称为杨贵妃。唐玄宗非常喜欢杨贵妃，他曾经对人说"朕得贵妃，如得至宝也"，并且专门写了得宝歌。史书记载，杨贵妃专宠十余年，"礼教一同皇后"。唐玄宗和杨贵妃与兴庆宫有密切的关系。从天宝元年（742）到天宝十四载（755），唐玄宗和杨贵妃大部分时间都是在兴庆宫度过的。

唐玄宗和杨贵妃在盛唐时期的历史舞台上演出了一出又一出的爱情戏，但是，他们未曾料到，他们的爱情到头来却是一场悲剧。天宝十五载（756），安史叛军逼近长安，唐玄宗带着杨贵妃逃往四川，结果在马嵬驿发生了兵变。有人认为马嵬兵变的主谋是陈玄礼。事实上，这种说法缺乏应有的论据。从大量材料分析，这次兵变的主谋应当是太子李亨。太子李亨与杨贵妃和她的堂兄杨国忠矛盾很深。杨国忠当宰相，权倾天下，嫌太子李亨不依附自己，常欲动摇太子的地位。作为杨国忠的堂妹，杨贵妃也常在唐玄宗面前说太子的坏话。太子李亨对此怀恨在心，在"安史之乱"前就想除掉杨氏一门。"安史之乱"发生后，唐玄宗逃往四川，从而为太子李亨夺权创造了条件。当玄宗一行到达马嵬坡时，太子李亨与宦官李辅国等密谋，利用将士对杨国忠的不满，指使龙武大将军陈玄礼发动兵变，杀死杨国忠，同时造成了杨贵妃的悲剧。

马嵬兵变的直接后果是杨贵妃的死亡和唐玄宗的失位。史书记载，龙武大将军陈玄礼趁机发动兵变，杀了杨国忠父子，围困玄宗所在的驿宫，要玄宗交出杨贵妃。玄宗无奈，只好赐贵妃以死。一代佳人，在佛堂前梨树下缢死。杨贵妃死后，唐玄宗继续逃往成都，而太子亨则北上灵武，即皇帝位，尊唐玄宗为太上皇，从而使他失去了皇帝地位。

唐玄宗临死时，"安史之乱"还没有最后平

杨贵妃墓

息，肃宗多病，政权控制在宦官李辅国和皇后张氏手中，政局动荡。对于这些情况，唐玄宗深感不安，但又无能为力。他所能做的事只有一件，那就是留下一份"遗诰"。他在"遗诰"中提出：天下吏人守孝三日就脱去孝服。不要禁止婚娶、祠祀、饮酒、音乐。来灵堂的官员早晚各哭十五声，礼毕而罢。皇帝三日后即临朝听政，十三日小祥，二十五日大祥，二十七日释服[1]。他说"以日易月，固有所闻，人子之念，皆所未忍，而艰难之际，万国事殷，其葬送之仪，尤须俭省，特宜改裁，无守常规"[2]，要求肃宗一切从俭，早日将他埋掉。但当时肃宗已经自身难保。

对于唐玄宗的死，《资治通鉴》说是"崩于神龙殿"，属正常死亡。但《鸿书》的作者却说："唐明皇不得其死，人罕知之。后温韬发其陵，见皇头乃破两半，以铜丝缝合。"唐玄宗究竟是怎样死的？唐玄宗生前与唐肃宗和权阉李辅国的矛盾很深。唐肃宗名亨，是玄宗的第三个儿子，开元二十六年（738）被立为皇太子而不为玄宗所喜。玄宗晚年宠爱杨贵妃，沉溺于歌舞酒色之中，把政事交给奸相李林甫、杨国忠和宦官高力士处理。李林甫和杨国忠为了自己的既得利益，多次企图动摇李亨的皇太子地位，造成了太子亨对自己前途的忧虑和对唐玄宗的怨恨。"安史之乱"爆发后，叛军逼近长安，唐玄宗带皇太子和杨贵妃仓皇出奔。不料行至马嵬，皇太子便在李辅国等人的帮助下发动兵变，杀了杨国忠及杨贵妃，挥师北上，自称皇帝，使唐玄宗失去了至高无上的皇位。对此，唐玄宗极为痛恨，只是迫于时势，不说而已。郭子仪等人收复两京后，唐玄宗以太上皇的身份从四川回到长安。唐肃宗怕他死灰复燃，对他管束很严。760年8月，李辅国诬奏玄宗交通外人，阴谋复辟；肃宗即贬逐玄宗的贴身侍卫，强令唐玄宗迁往西内太极宫居住。在西迁途中，李辅国率铁骑数百人拦住去路，杀玄宗随从一人，要不是高力士拼死护驾，玄宗可能就成为刀下之鬼。

但是，我们从史书中找不出唐玄宗被杀的其他材料。相反，有关唐玄宗正常死亡的记载却很多。《鸿书》所载温韬盗掘玄宗陵墓的说法也未必可靠。温韬的确是唐陵大盗，但他没有把唐陵掘完，只是盗掘了在他辖境之内的唐陵。如前所

---

[1] "小祥""大祥""释服"均丧礼名称。旧制：周年小祥，两年大祥，三年释服。
[2] 《唐大诏令集》卷一二《明皇遗诰》，第73页。

述，温韬的势力范围始终没有超出耀、鼎二州即今耀州区、三原、泾阳北部及富平西北一带；而唐玄宗的泰陵在蒲城金粟山，属同州管辖，当时被后梁控制，他怎能插足？据后唐末帝李从珂和北宋太祖赵匡胤修复唐陵的诏令，温韬并没有掘开泰陵。因此，我们又很难得出唐玄宗被杀的结论。当然，史书记载帝王死亡往往有隐讳之处。唐玄宗之死还是个谜。恐怕到泰陵发掘之日，才能揭开谜底。

2. 泰陵营建始末

泰陵在蒲城县东北15公里的金粟山，西南距西安市约125公里，是关中十八陵中最东边的一座陵墓。金粟山因山上"有碎石若金粟"而得名，是五龙山的支脉，海拔852米，山势突兀，与西岳华山遥遥相望。

泰陵因金粟山主峰而筑，前有东西二峰环拱，封域76里，看上去很有气势。这个地方是唐玄宗生前亲自选定的风水宝地。《旧唐书》卷九《玄宗本纪》载：开元十七年，唐玄宗至桥陵之东，见金粟山有龙盘凤翥之势，又靠近他父亲的陵寝，便对侍臣说："吾千秋后宜葬此地，得奉先陵，不忘孝敬矣。"《唐会要》卷二〇载：开元十七年（729），唐玄宗拜罢桥陵，至金粟山下，"观冈峦有龙盘凤翔之势，谓左右曰：'吾千秋后宜葬于此地。'"《大唐新语》卷十也有类似的记载[1]。这些记载虽略有差异，但都说明金粟山一带的自然形势很好，唐玄宗活着的时候希望把这里作为他身后

毕沅所立泰陵碑

---

[1]（后晋）刘昫等：《旧唐书》卷九《玄宗纪》下，中华书局1975年点校本，第235页；〔宋〕王溥：《唐会要》卷二〇《陵议》，中华书局1955年版，第397页；〔唐〕刘肃：《大唐新语》卷一〇《厘革第二十二》，中华书局1984年版，第152页。

的归宿之地。《新唐书》卷一百二十五《苏诜传》载："诜子震……起为绛州刺史,进户部侍郎,判度支,为泰陵、建陵卤簿使,以劳封岐国公,拜太常卿。"据此,苏震是泰陵丧葬活动的主要负责人之一。

泰陵的陵园规模较大,封域达38公里。陵园分为内外两城,平面布局较为严整。内城四面各开一门,城内有献殿及其他建筑。神道两侧布列象生卤簿,有许多大型石刻。陵园内广植松柏,与城阙浑然一体,显得庄严而又肃穆。

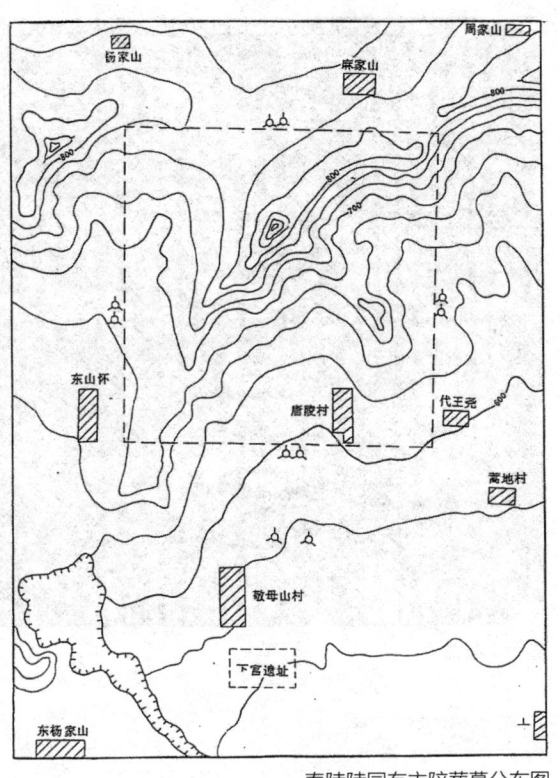

泰陵陵园有主陪葬墓分布图

泰陵陪葬墓据《唐会要》《长安志》《文献通考》及《关中陵墓志》记载只有一个,即赠扬州大都督高力士。另据《新唐书》记载,元献皇后葬泰陵。考古调查发现陪葬墓一座。杨贵妃死于马嵬,最终未能陪葬,对此后人颇多感慨。唐人吴融在《泰陵》诗中说:"七夕琼宴事已陈,花开花落共伤神。金粟山下三更月,不见骊山私语人。"明人赵晋在《泰陵行》说:"玉环不返三生梦,石穴空遗万古藏。洛水潺潺声未歇,行人独自忆莲汤。"清人毕秋帆在《泰陵》诗中则说:"鼎湖龙去坠遗弓,地久天长誓不终。占得泰陵抔土在,到头恩眷让高公。"

唐玄宗以宝应元年(762)四月五日死于长安。玄宗死后,肃宗病情加重,13天以后,便被李辅国吓死。所以玄宗的陵墓实际上是由唐代宗李豫主持修建的,他的葬礼也是在代宗的主持下进行的。代宗按照玄宗生前的愿望,以严武为山陵桥道使,在金粟山上修建了泰陵,并在广德元年(763)三月十八日

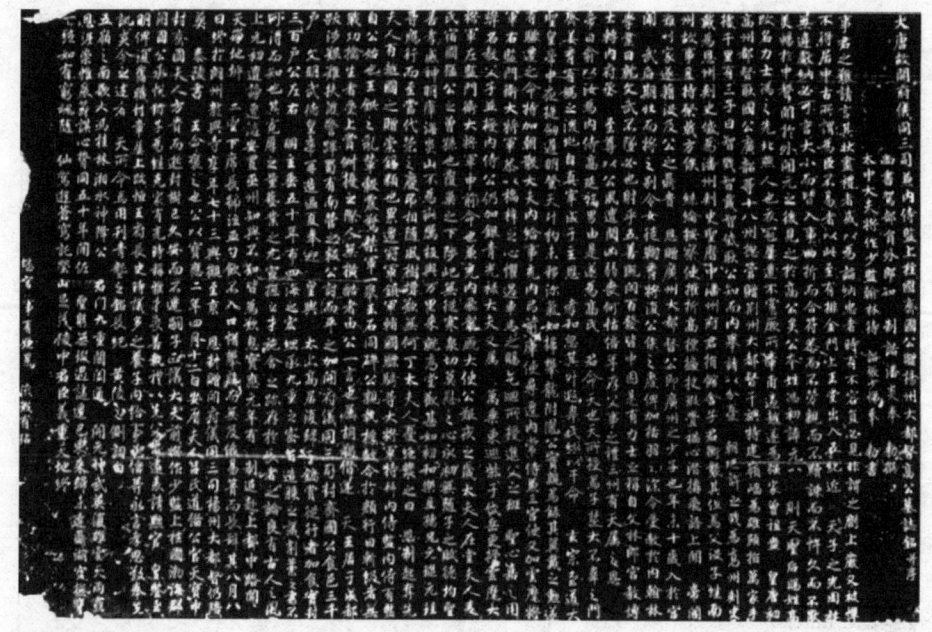

高力士墓志

给唐玄宗举行了葬礼。

3. 泰陵的演变

唐代在泰陵设陵署进行管理。有陵台令、主文、主乐、主辇、典事等职官，并有陵户数百。德宗贞元年间（785—804），曾在泰陵建屋380间。唐亡后泰陵陵园建筑荒废毁损。北宋初，宋太祖曾下令修葺泰陵。开宝六年（973）所立《大宋新修唐玄宗皇帝庙碑》云："圣朝乾德四年，敕置守陵人户，建庙于旧陵之侧。内降礼衣一幅，常服一袭之。"清乾隆四十年（1775）陕西巡抚毕沅立"唐元宗泰陵"碑（"元"即"玄"，避康熙讳），并加以保护。

4. 遗迹与遗存

泰陵四门外亦有双阙，门与阙的距离在29米至39米之间，两阙间的距离最近 44 米，最远 70 米。

南神门北 20 米为献殿遗址，东西长 120 米、南北宽 80 米。遗址范围内地面遍布唐代残砖碎瓦。

下宫去陵 5 里。遗址在泰陵南 2250 米的敬母山村南，遗址范围东西长 250 米，南北宽 200 米。遗址南有"大宋新修唐玄宗皇帝庙碑"。

泰陵的所在地现在归保南乡管辖。陵园遗址东西长 1680 米、南北宽 1700 米。殿宇建筑已荡然无存，石刻多被破坏，仅存三四十件。

泰陵门狮与桥陵基本相同，但体形变小。神道也比较宽，石刻由南向北亦为华表、翼兽和祥鸟（鸵鸟）各一对，仗马五对，石人十对。北门外仗马与乾陵、桥陵相同。只是造型又有一定的变化。

华表东残西毁，仅存上部。从残存部分来看，其形制可能与桥陵华表基本相同，只是泰陵其他石刻均小于桥陵石刻，故华表肯定也比桥陵华表要小。

祥鸟（鸵鸟）双腿较短，身躯肥硕，颈部弯曲较甚，毛羽不大清晰。

瑞兽（天马）位于华表北 20 米处，披长鬃，两肋浮雕出翼翅，翅作三长翎，后腿上部线刻流云纹，腹下与座连为实体，尾巴下垂，与石座相连，兽体左、右、前三面均有流云纹浅浮雕。东列者头顶有独角，颈部微缩，马身后倾，作欲奔之势；西列者头顶独角微小，前后腿直立，前腹下沉，躯体肥硕，作侍立之状。从雕刻艺术方面来看，泰陵瑞兽不像乾陵瑞兽那样夸张，似有一点写实的味道。玄

泰陵墓道口开凿痕迹　　　　　　　　　泰陵石狮

宗生前喜爱"骨力追风""毛彩照地"的玉花骢等名马，曾命大画家韩幹"悉图其骏"。也许当时的工匠在泰陵雕天马时参考了这些名马的特征。泰陵天马不再凭马腿支撑庞大的躯体，而以马腹之下的云纹浮雕与石座相连。天马身体各部均按比例雕刻，马翼与马腹下的云纹呼应，既增加了"天马行空"的感觉，看上去也比较美观。

泰陵翼马

翁仲（石人）南北间距19米，比桥陵石人小，身高大约2.5米。东侧的头戴进贤冠，身穿宽袖长袍，袖胡过膝，腰系革带，足着高头履，背部腰带下有双佩、大绶，双手执笏，雍容大度。西侧的头戴高冠，冠前饰雁鸟，身穿长袍，肩有背带，腰系革带，足着靴，双手拄七节剑，颇有将军风度。

泰陵仗马均已残毁。从所存部分看，马背有鞍无镫，马身置鞯鞧，其下系杏叶。马栽短鬃，尾下垂。泰陵北门外仗马三对，同神道仗马。

1956年8月6日，陕西省公布泰陵为重点文物保护单位。2001年6月25日，国务院公布泰陵为全国第五批重点文物保护单位。

第七章

唐肃宗建陵

1. 唐肃宗生平

唐肃宗（712—762）是唐玄宗的第三个儿子，景云三年（712）九月三日生于东宫之别殿，其母为元献皇后杨氏。最初唐玄宗给他起的名字叫嗣升。先天元年（712）九月封陕王。开元十五年（727）三月徙封忠王，改名为浚。开元二十三年（735）七月改名为玙，开元二十六年（738）六月三日册封为皇太子，改名为绍。天宝三载（744）又改名为亨。

"安史之乱"发生后，与玄宗一起奔蜀，至马嵬，怂恿龙武大将军陈玄礼发动政变，后被唐玄宗任命为"天下兵马元帅"，北上组织平叛力量。同年七月十二日，在灵武即位，时年46岁，改年号为至德。针对两京沦陷，叛军十分猖獗的情况，唐肃宗即位

唐肃宗像

后起用名将郭子仪与叛军对抗。郭子仪团结各地官军义勇,并借回纥兵向叛军发动进攻。至德二载(757)夏秋之际,郭子仪率军先后收复长安和洛阳,取得战略反攻的重大胜利。但唐肃宗本人并无军事才能,他错误地估计了当时的形势,并轻信逸言,猜忌郭子仪等人,把军政大权交给宦官鱼朝恩和李辅国等人,坐失良机,使战争进入旷日持久的状态。

肃宗晚年,宠信宦官李辅国和张皇后,纵容他们干预朝政。李辅国起初和张皇后结为一党,后来逐渐发生矛盾。张皇后谋立越王李係为太子,得到唐肃宗的默许,而李辅国则表示反对。宝应元年(762)四月,肃宗患病,加之玄宗新丧,病情加剧。张皇后怕李辅国趁机作乱,密谋诛之,不料走漏风声,反为李辅国所制。四月十八日,李辅国和程元振等人假传太子命令,率军入宫将李係等人投入大牢,并带兵进入肃宗所居之长生殿,逼张皇后出宫。张皇后不从,哀求肃宗救命。宫人四散逃亡,肃宗惊吓致死。享年52岁。群臣上谥号曰"文明武德大圣大宣孝皇帝",庙号肃宗。

2. 建陵营建始末

建陵在礼泉县北12公里的索山石马岭之上。东北距昭陵5公里。索山一名武将山,海拔783米。东西两侧为大沟深壑。东与九嵕山昭陵遥相对峙,西与梁山之乾陵隔川遥望,北面群山叠嶂,南面是层层梯田和广阔的沃野。陵园因山而筑,封域40里。

建陵的修建大体上与泰陵的修建同时进行。但代宗对建陵较为重视,他曾下《厚奉建陵诏》说:"人子之道,存乎色养,穹苍不待,创痛诚深!朕触目哀荒,攀号无计,终天永诀,先远有期,欲报之心,不胜罔极,务崇兆宅,

建陵远景

建陵近景

庶竭哀怀。应缘山陵监护卤簿等事，宜令有司备其厚礼，不得节减。尽库藏之所有，成迁厝之大仪。"[1] 因此，建陵实行了厚葬。但因时值"安史之乱"之后，国家财政困难，故陵墓制度已不能与盛唐时期的桥陵相比。

建陵陵园按"因山为陵"的制度因索山而筑，封域40里。因受武将山（索山）地形的限制，陵园略呈梯形，南宽北窄。城垣上有四座城门，东青龙，西白虎，南朱雀，北玄武。玄宫位于武将山主峰的小山包中，入口位置即在山包南面的半山腰处。南门内有献殿、角楼等建筑。城南有下宫。肃宗于宝应二年（763）三月二十七日葬于建陵。

建陵陪葬墓《唐会要》《长安志》所载只有汾阳王郭子仪墓。据《新唐书》等文献记载还有章敬皇后墓和李怀让墓。现存圆锥形墓址三处。

3. 建陵的演变

建陵因与泰陵同时修建，故其制度与泰陵相仿，用功则多于泰陵。起初，建陵陵园管理尚好。但中唐以后出了问题。《唐会要》卷十七载："建中二年二月，复肃宗神座于寝宫。初，宝应中，西戎犯京师，焚建陵之寝，至是始创复焉。

---

[1]《唐大诏令集》卷七六《厚奉建陵诏》，第431页。

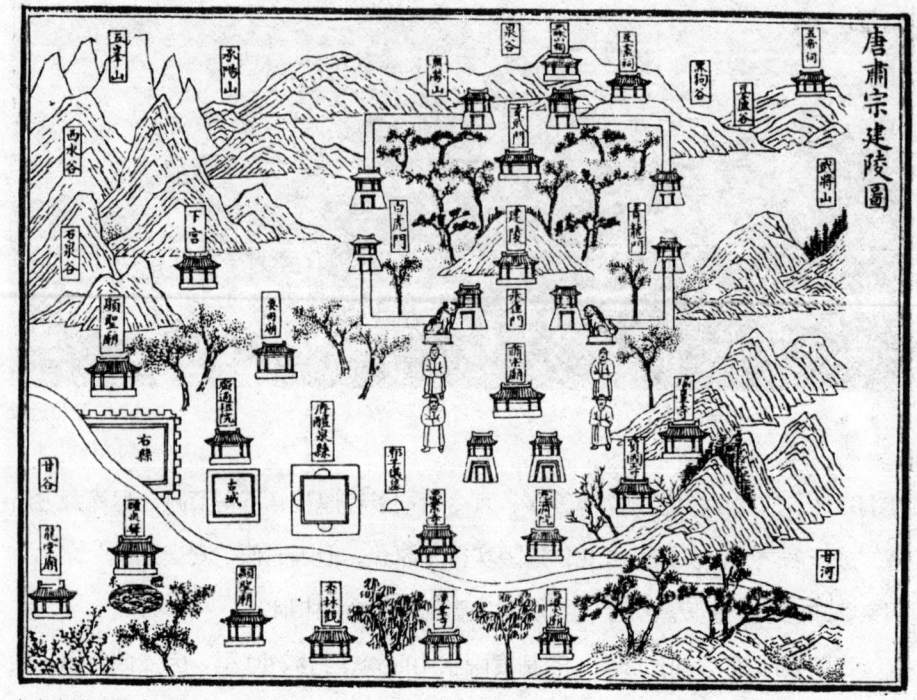

唐肃宗建陵图（采自《长安志图》）

元和十一年正月，宗正寺奏，建陵黄堂南面丹景门，去年十一月，被贼斫破门戟四十七竿。"可见在德宗至宪宗当政时期，建陵曾遭到人为破坏。到唐文宗时，唐陵建筑遭到损坏。五代时，建陵被温韬盗掘。宋、明两代略有保护。清乾隆四十四年（1779），陕西巡抚毕沅立"唐肃宗建陵碑"。1957年，礼泉县有关部门鉴于建陵石刻艺术价值颇高，因"久已剥蚀，倾塌殆尽"的情况，曾向中央文管会报请修葺。修葺工作于1957年12月完成，对建陵的保护起了一定的积极作用。

4. 遗迹与遗存

建陵陵园呈不规则矩形，东南与西南角阙址间距1050米，东北与西北角阙址间距879米，东南与东北角阙址间距1524米，西南与西北角阙址间距1373米。建陵依山为陵，总面积15万平方米。从遗址分布情况来看，城垣四面各辟一门，以四神命名，门外各筑门阙一对，并置石狮一对。

四门互不对称，皆依山势而设。北门西距西北角楼址173米，西门北距西北角楼址618米，东门北距东北角楼址900米，南门西距西南角楼址570米。东门阙距50米，西门阙距111米，南门阙距84米，北门阙距134米。

四个角楼遗址保存较好。城垣四角均有角阙。东南角阙高2.5米，底径12米。西南角阙高3.5米，底径12米。东北角阙高3米，底径12.5米。西北角阙高3米，底径14米，宽12米。朱雀门（南神门）外设神道，长763米。

献殿遗址在南神门北，范围东西长50米，南北宽50米，总面积约250平方米。周边有残砖断瓦。

下宫去陵5里。今陵园西南2200米有一处长110米、宽70米的建筑遗址，疑即为下宫所在。

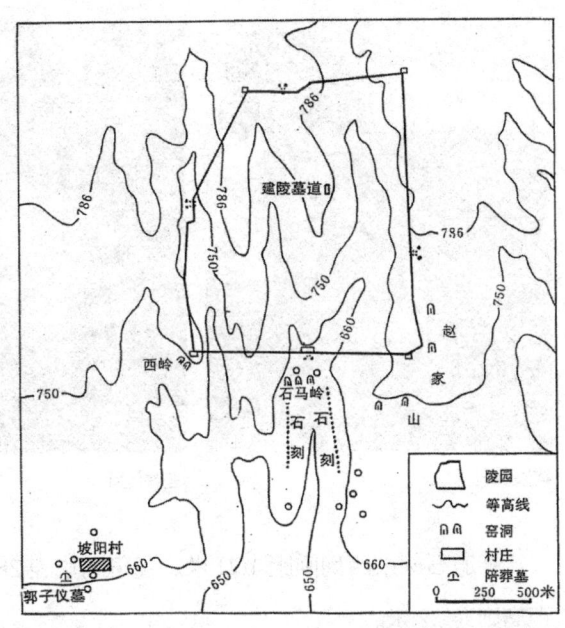

建陵范围平面示意图

陵园南偏西约2公里为陪葬墓区，原有封土6座。1961年调查时尚存3座，如今两座已无存，仅余汾阳王郭子仪墓1座，其封土已所剩无几。由于1000多年的水土流失，陵区内横贯南北两条大沟，致使遗迹破坏严重。

郭子仪墓

建陵翼马　　　　　　　　建陵石狮

　　神道石刻东西列间距 160 米。翼兽离华表 28 米，仗马、翁仲（石人）间的距离则为 32 米。

　　华表位于乳台阙址北 95 米，华表高 5.5 米（石座埋在土中，未计在内），造型与桥陵华表略有不同。石座已不是 12 瓣覆莲环座，而是微隆圆盘环座。顶部的仰覆莲之间的莲珠也变得较小。

　　翼马位于华表北 28 米，身长 2.40 米，身高 2.45 米，形制与其他陵的基本相同，唯其翼翅的三长翎尾端卷云纹更为突出。

　　祥鸟位于翼马北 32 米，身高 1.19 米，长 1.40 米，头颈回曲于翅上，双脚立于山石之间，其毛羽清晰，犹如鳞状，头较大，眼突出，尾部发达，雕刻精美。

　　石马位于鸵鸟北 32 米，每对南北间距 30 米。形制略同泰陵，身长 1.90 米，身高 1.80 米。其变化之处主要是在马颈下系一圆球状的东西，如足球大小。马前原来均有一驭手，现多已残毁，仅存其一。

　　翁仲（石人）形制略同泰陵，有文武之分。文左武右，身高在 2.3 米至 2.5 米之间。文者头戴冠，衣袖宽广，前绅后绶，有革带双佩，双手执笏，表情严肃。武者头戴冠，着广袖衣，双手拄剑，神态威严。

　　1956 年 8 月 6 日，陕西省公布建陵为第一批重点文物保护单位。2001 年 6 月 25 日，国务院公布建陵为全国第五批重点文物保护单位。

第八章

唐代宗元陵

1. 唐代宗生平

代宗李豫（726—779）系肃宗长子，其母为章敬皇后吴氏。原名俶，开元十四年十二月十三日生于东都上阳宫之别殿，开元二十年（732）八月二十一日封为广平郡王。马嵬兵变后随其父北上灵武。肃宗即位后，被任命为"兵马元帅"，统率郭子仪等诸将与叛军作战，收复两京。至德二载（757）十二月十五日进封楚王，乾元元年三月改封成王，同年五月十九日被册立为太子。不久改名为豫。肃宗被吓死后，李辅国拥立他当皇帝，是为代宗，改元"宝应"，时年37岁。

代宗即位之初，大将李光弼等人最终平息了"安史之乱"。但战争使黄河流域广大地区遭受了一场空前的浩劫，边疆地区也开始出现危机。唐王朝从此走向衰落。当时朝廷大权实际上继续掌握在李辅国手中。李辅国曾对代宗说："大家但内里坐，外事听老奴处置。"[1] 代宗对此颇为不满，但慑于李辅国的淫

---

[1]《旧唐书》卷一八四《宦官·李辅国传》，第4761页。

威,却一味委曲求全,甚至尊李辅国为"尚父",事无大小,都与他商量,听任他的摆布。对于当时出现的藩镇割据、宦官专权、吐蕃入侵、回纥勒索等问题,代宗显得无能为力,便一心向佛,提倡佛教,希望从中得到解脱。

大历十四年(779)五月二十日,死于长安城之紫宸殿,享年54岁。

2. 元陵营建始末

元陵在富平县西北14公里的檀山之上,东北距章陵3公里,东南距定陵5.5公里。檀山海拔851米,东有支家沟,西有三条沟。

代宗临终前,曾在遗诏中说:"其丧仪及山陵制度务从俭约,并不得以金银锦彩为饰。"[1]但德宗即位,却下诏要求:"应缘山陵制度,务从优厚。"《唐会要》卷二〇载:"建中元年,德宗即位,将厚奉元陵。刑部员外郎令狐峘上疏谏曰:'臣闻……秦始皇葬骊山,鱼膏为灯烛,水银为江海,珍宝之藏,不可胜计,千载非之。宋桓魋为石椁,夫子曰不如速朽。子游问丧具,夫子曰,称家之有无。张释之对孝文曰,使其中无可欲,虽无石椁,亦何戚焉。汉文帝霸陵,皆用瓦器,不以金银为饰。由是观之,有礼者葬愈薄,无德者葬愈厚,昭然可睹矣。陛下自临御天下,圣政日新,进忠去邪,减膳节用,不珍云物之瑞,不近鹰犬之娱。有司给物,悉依元估,利于人也。远方底贡,惟供祀事,薄于己也。故泽州奏庆云,诏曰以时和为嘉祥;邕州奏金坑,诏曰以不贪为宝。恭惟圣虑,无非至理。而独六月一日制节文云:缘应山陵制度,务从优厚,常竭帑藏,以供费用者。此诚仁孝之德,切于圣衷。伏以尊亲之义,贵于合礼。陛下每下明诏,发德音,追踪唐虞,超迈周汉。岂取悦凡常之口,有违贤哲之心,与失德之君,竞于奢侈者也。臣又伏读遗诏曰:其丧仪制度,务从俭约。陛下恭顺先志,动无违者。若制度优厚,岂顾命之意也。'疏奏,优诏从之。"[2]由于刑部员外郎令狐峘上书切谏,后被德宗采纳,故元陵规模略如建陵,并无多大改变。

---

[1]《唐大诏令集》卷一一《代宗遗诏》,第68页。
[2]《唐会要》卷二〇《陵议》,第398页。

元陵近况　　　　　　　　　　　元陵的保护设施

元陵依山而筑，陵园平面呈不规则矩形，封域40里。内城四面各置一门，四隅均建角楼。南门外设神道及乳台，神道两侧列置大型石刻。其形制与建陵相仿。

元陵无陪葬墓，唯以睿贞皇后（德宗生母）袆衣祔葬[1]。

大历十四年（779）五月二十日，唐代宗死于长安城之紫宸殿，十月十三日葬于元陵。

3. 元陵的演变

元陵之陵园制度与丧葬礼仪是按照《大唐元陵仪注》实施的。该仪注现存杜佑《通典》中，由此可知德宗时对元陵的修建十分重视。唐代后期，元陵基本上得到较好的保护。但唐朝灭亡后，元陵受到自然和人为破坏。宋、明两代，曾对元陵有所保护。清代毕沅曾为其立碑。晚清以来，破坏较为严重。

4. 遗迹与遗存

元陵陵园虽然破坏严重，但城垣遗址依稀可辨。实测东西二门相距2500余米，南北二门相距2700余米。四门外阙台均有遗存。

---

[1]《旧唐书》卷五二《后妃·代宗睿贞皇后沈氏》，第2190页。

元陵石狮　　　　　　　　　　　元陵翼马

青龙门阙台在东门外34米处，南北二阙相间55米。南阙底长17米，宽9米，残高3米。北阙底长17米，宽8米，残高5米。周围有残砖破瓦遗存。

白虎门阙台在西门外34米处。现存南北二阙相距55米。南阙底长28米，宽10米，高8米。北阙底长18米，宽14米，残高6米。周围亦有残砖断瓦。

朱雀门阙台在南门外，东西二阙相距80米，东阙底长18米，宽12米，残高4米。西阙底长25米，残高5米。有砖瓦散布。

玄武门在北门外54米处，东西二阙相间55米。东阙底长17米，宽12米，残高4米。西阙底边长22米，宽14米，残高5米。同样有残砖堆积。

元陵石刻原来较多，大部分在20世纪60年代被毁。现在仅有陵园东、西、北神门外石狮和北神门外仗马残块，石狮形制、大小与泰陵同。

石狮现存6件，分别为东、西、北门外石狮。每对石狮间的距离在18米至22米之间。三对石均作蹲踞状，左牡右牝，但都遭到破坏。其残高1.1米至1.5米，残长0.8米至1.2米不等。

神道石刻仅存翁仲一件。

北门外有立仗马3对，残高0.6米至0.69米不等，残长1.4米左右。

1956年8月6日，陕西省公布元陵为重点文物保护单位。2001年6月25日，国务院公布元陵为全国第五批重点文物保护单位。

第九章

唐德宗崇陵

1. 唐德宗生平

唐德宗李适（742—805）为代宗长子，天宝元年四月十九日生于长安东宫。其母为睿真皇后沈氏。出生不久，拜特进，封奉节郡王。宝应元年（762）正月，充任天下兵马元帅，进封鲁王。八月，改封雍王。十月，出镇陕州。广德元年（763），拜尚书令，充任元帅如故，食实封2000户，赐铁券，图形于凌烟阁。广德三年（765）被册封为皇太子。大历十四年（779）五月即位，时年38岁。次年（780）改元"建中"。建中元年正月，接受尊号，称圣神文武皇帝。[1]

德宗即位后，唐朝前期所实行的均田制和租庸

唐德宗像

---

[1]《旧唐书》卷一二《德宗纪》上，第324页。

调法已被破坏，土地兼并严重，社会上出现了许多田庄，国家的土地制度和赋税制度面临着重大的变革。建中元年（780），他接受了宰相杨炎的建议，废除租庸调制，实行两税法。

两税法实际上是用户税和地税来取代租庸调的一种新的赋税制度。其主要内容是：（1）取消租庸调及各项杂税的征收，保留户税和地税。（2）量出制入，政府先预算开支以确定赋税总额。实际上以大历十四年（779）政府各项税收所得钱、谷数，作为户税、地税总额分摊于各州；各州则以大历年间收入钱最多的一年的数字作为两税总额分摊于各地，全国无统一定额。（3）户税按户等高低（分上上至下下九等）征钱，户等高者出钱多，低者出钱少。划分户等，是依据财产的多寡。户税在征收时大部分钱要折算成绢帛，征钱只是很少一部分。（4）地税按亩征收谷物。纳税的土地，以大历十四年的垦田数为准。（5）无论户税和地税都分夏秋两季征收。夏税限六月纳毕，秋税限十一月纳毕。因为夏秋两征，所以新税制称为两税法。（6）对商贾征税三十分之一（后改为十分之一），使与定居的人负担均等。

两税法的实行，实际上是现实已经发生的生产关系的某些变化在赋税制度上的反映。它把租庸调和一切杂徭统归于两税，简化了税收手续，"天下便之"，结束了以前税收的混乱状态，暂时抑制了一些官吏在收税中渔利的行为。它规定"唯以资产为宗，不以丁身为本，资产少者其税少，资产多者则其税多"[1]，从而在一定程度上增加了富户的负担，相对减轻了贫户的负担；"户无主客，以见居为薄"，不仅有利于户籍的整理，社会生产的安定，而且极大地扩大了纳税面（皇亲国戚、官僚地主、浮户、客户、商贾都得纳税），打击了官僚豪强势力；户税纳钱及对富人之三十税一，在某种意义上也有利于商品货币关系的发展。因此，这种制度是与均田制破坏、田庄制兴起的情况相适应的，有一定的积极意义。两税法的实行，使中央政府的财政收入增加了一倍以上。在推行两税法之前每年收入总额为一千二百万贯，而盐利占一半。实行两税法之后，"赋入

---

[1]（唐）陆贽：《陆宣公集》卷二二《均节赋税恤百姓六条》，中华书局1935年《四部备要》本，第117页。

一千三百五万六千七十贯，盐利不在此限"[1]，增强了同藩镇斗争的力量。

在对赋税制度进行改革的同时，唐德宗还试图削弱藩镇力量，以加强中央集权，但由于措置失宜，反而引起了一连串的事端。

建中二年（781）发生了"四镇之乱"，成德镇的李惟岳、魏博镇的田悦、淄青镇的李纳和山南东道的梁崇义联兵反唐。田悦首先派兵抢攻邢、磁二州，挑起了战端；李正己派兵扼守徐州甬桥、涡口；梁崇义阻兵襄阳，切断了唐朝廷江淮和江汉的粮道。唐德宗得到这个消息，勃然大怒，决意平藩。他从西京长安抽调防秋兵（防止吐蕃秋季入侵抢粮的军队）12000人，同时调集朔方、关中、太原，西至蜀汉，南尽江、淮、闽、越诸道兵，准备一举歼灭抗命的四镇。战争一开始，官军势力强大，四镇接连吃了败仗。梁崇义为淮南节度使李希烈所杀。成德李惟岳先被幽州留后朱滔打败，后为成德兵马使王武俊所杀。淄青李正己急怒下病死，其子李纳擅领军务。四镇中去了两镇，田悦和李纳势孤力单，不得不各自困守一隅。唐德宗非常得意，轻率地下诏三分成德镇（李惟岳的地盘），由此招致幽州留后朱滔和成德兵马使王武俊的不满，认为皇帝不是论战功行事，因而对朝廷生怨。田悦趁机派人与朱滔和王武俊联络，晓以利害，许以重利。朱滔和王武俊竟然倒戈相向，发兵援救被唐军围困的田悦。德宗命朔方节度使李怀光讨伐田悦、朱滔、王武俊三镇。结果，李怀光率领的唐官军大败，朱滔、王武俊与田悦、李纳四镇重新结盟：朱滔为盟主，自立为冀王，称"孤"；田悦立为魏王，王武俊立为赵王，李纳立为齐王，均称"寡人"。四镇称王问题还没有解决，淮南节度使李希烈又开始叛乱。

德宗建中四年（783年）八月，李希烈发兵3万，围攻襄城（今河南襄城）。淮西招讨使李勉为救襄城，采用围魏救赵之计，派兵乘李希烈后方空虚，直捣李希烈巢穴许州（今河南许昌）。李勉本是一心为国，不料德宗竟不理解，以为李勉也是想趁机捞一把，为自己谋取利益，立即派遣宦官指责李勉违诏。李勉被迫从许州撤兵，半途中李勉军遭到李希烈军伏击，大败而归，襄城因而更加危急。

---

[1]《旧唐书》卷一二《德宗纪》上，第324页。

襄城一旦陷落，东都洛阳就会吃紧。德宗急忙从西北抽调泾原（治所在今甘肃泾川县北）的兵马去救援襄城。泾原节度使姚令言带了5000人马途经京城长安城外。正赶上天降大雨，士兵冻得发抖。朝廷派京兆尹王翔犒赏军队，王翔只送了些粗米咸菜。泾原官兵大怒，鼓噪攻入长安。德宗急忙派宦官带着20车钱帛去慰劳兵士，想亡羊补牢。然而，泾原兵士失去理智，杀死宦官，胁迫姚令言冲击皇宫。德宗在仓促之下无计可施，只好带着太子、诸王、公主从宫苑北门仓皇出走。泾原兵士冲进了宫，发现皇帝已经跑了，就强行打开官库，大肆抢掠，一直闹了一夜。第二天，泾原兵士心满意足，却不知道该如何收场，最后决定拥戴朱泚为主。朱泚是个野心家，立即趁机接管长安兵马，与河北诸镇割据势力遥相呼应。这就是历史上著名的"泾原之变"。泾原兵变发生后，唐德宗经咸阳跑到奉天（今陕西乾县），下诏征发附近各道的兵马入援。左金吾大将军浑瑊率先来到奉天护驾。浑瑊曾任中郎将、左厢兵马使、大都护、节度使、左金吾卫大将军等职。善骑射，屡立战功，以忠勇著称。众人看到他的到来，才安下心来。朱泚自称为"大秦皇帝"，改元"应天"，杀死滞留在长安来不及逃跑的唐皇族70多人，亲自带兵攻打奉天。当时，朱泚叛军有数万人，而唐守军仅有数千人，兵力对比悬殊，情况十分危急。浑瑊率唐军浴血苦战，坚守危城。朱泚为了攻城，派人造了很大的云梯。浑瑊得知后，事先在城墙边掘通了地道，地道里堆满了干柴，还在城头准备好大批松脂火把。叛军攻城时，箭如雨点般密集，唐军根本无法还击。叛军兵士便开始攀缘云梯，打算攻入城中。不料云梯一一陷进地道，城头上的唐军又往下扔火把，点燃了地道里的干柴，烧着了云梯。大火熊熊中，云梯上的叛军被烧得焦头烂额，纷纷掉了下去。浑瑊趁机率唐军从城门杀出，朱泚叛军大败。朱泚见强攻不行，便将奉天团团包围，攻打了一个月。城中粮食全都吃光了，情况非常危急。关键的时刻，神策河北行营节度使李晟昼夜兼程，赶到奉天救援。奉命东讨田悦的朔方节度使李怀光，此时也回师向西救援。朱泚一看形势不妙，便撤了对奉天的包围，退回长安。后来李晟率领神策军逐杀朱泚，唐德宗回到长安，与朱滔、王武俊等人妥协，才算平息了这场叛乱。

经过"奉天之难"，唐德宗被藩镇吓破了胆，开始对藩镇实行姑息迁就的政

策，使藩镇割据的问题更加严重。贞元年间，德宗任用贤相李泌，政局渐趋稳定，但他又宠信宦官，提倡"进奉"，设置"宫市"，榷酒榷茶，加重税收，引起了新的社会矛盾。贞元二十一年（805），唐德宗64岁。时太子李诵突然中风，不能说话。德宗悲伤过度，死于会宁殿中。

崇陵

2. 崇陵营建始末

崇陵位于泾阳县云阳镇东北15公里嵯峨山的主峰东边，东北距庄陵23.5公里。嵯峨山又名慈山，海拔955米，东西群山相连不断。据说山巅云起就会下雨，故当地人多用此山来判断天气好坏。

崇陵是由中唐著名理财家杜佑担任山陵使而主持修建的。主要负责人还有礼仪使杜黄裳、礼仪副使李庸、按行山陵地副使李抒、卤簿使郑云达等。杜佑深明礼典，因而陵园的各种设施都比较合乎礼度。

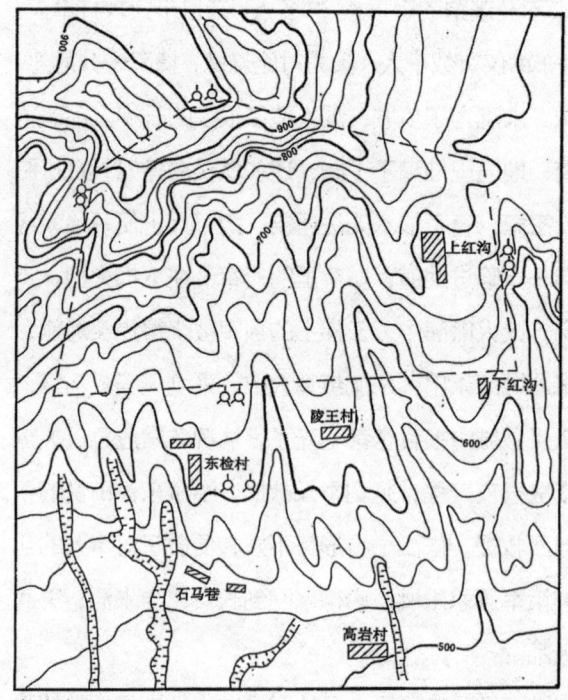

崇陵陵园图

崇陵因嵯峨山而建。陵

园分为内外两城。内城东西长，南北短。东西二门间距2500米，南北二门间距1670米。封域40里。玄宫位于嵯峨山南麓中峰的山腰间。此处为九条山脉交汇处，有如九瓣莲花之心，古人称之为"莲花穴"。

《新唐书·后妃传》载，贞元三年（787），德宗昭德皇后王氏去世，葬于靖陵。至永贞元年，改葬于崇陵。据此，崇陵为唐德宗与昭德皇后的合葬之所。

史载，永贞元年（805）十月十四日，唐宪宗葬德宗于崇陵。

3. 崇陵的演变

崇陵在唐代保护较好。五代时可能被盗。其后陵园建筑因自然风化和人为破坏不复存在。宋、明两代曾有诏保护。清乾隆四十四年（1779），陕西巡抚毕沅曾立碑保护。

4. 遗迹与遗存

崇陵陵园东西北三门及门外双阙均筑于山上。内城遗址附近散布古旧瓦砾残片甚多。其次有石狮一对，并有毕沅所立"唐德宗崇陵"碑。碑的北边是正方形的献殿遗址，酷似高宗乾陵。但此陵在石狮与毕沅碑之间，有基础四个，与献殿基底平行，呈直线排列，较为特别。

崇陵陵园石刻保存较多，虽有损坏，但颇为精美。

华表形制基本与建陵相同，高6.9米（底座未计）。华表上部宝珠较高，覆莲下的八棱面台盘较厚。华表的柱体上出现了伎乐飞天和忍冬等纹饰。可惜大部分已被磨灭，唯

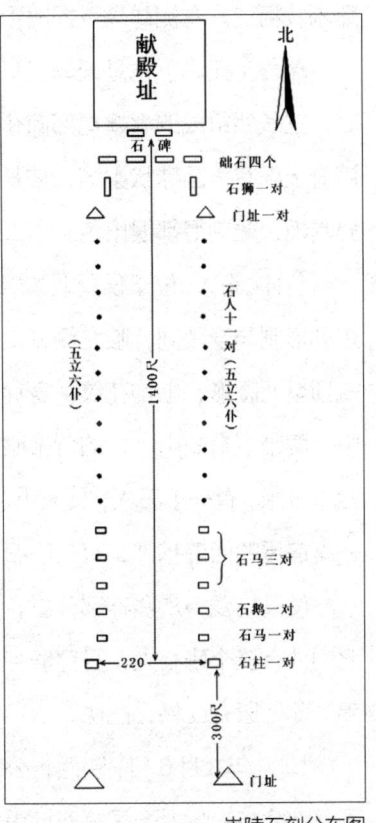

崇陵石刻分布图

崇陵翼马　　　　　　　　　　　　　崇陵石人

有左侧石柱的正面，纹饰比较清晰。

祥鸟（鸵鸟）个体相对较小，头颈弯曲后折于翅上，颈部较直，头小，嘴尖，雕刻较粗疏。左侧祥鸟受损严重。

瑞兽（天马）也是天马，马头显得清瘦，颈部较长，角变大，身变短，腿变高，三长翎组成的翼翅尾部简化，左右翼翅上部交于鬃处。东边的一匹较肥壮，眉脊上部有一圆球状鬃结，披长鬃；西边的一匹较瘦长，栽短鬃。二者相对，迥异其趣，雕刻得都很出色。

翁仲（石人）位于仗马北22.4米，每对南北间距亦为22.4米。身高2.76米左右。东列形制与泰陵同，唯左侧佩剑，剑的两头从胸前和肘后露出。西列头戴高冠，冠顶呈亚腰形，上饰花纹，身穿广袖袍，袖胡过膝，左右肩有背带。背后冠下施巾，腰带下有短巾，袍的背部服饰种类较多。值得注意的是，崇陵神道西列瑞兽西160米，有一小石人，其大小、服饰与北门外驭手相同。在驭手小石人东10米，一座房屋的西墙基部，有二小石人，其一身披袈裟，下垂莲叶，似为佛僧。

仗马均残，从残存部分看，马背置鞍韂、披障泥，饰鞦鞧，马尾下垂。崇陵北门外有三个残石人，身穿窄袖袍，腰系革带，双手拱握，脚着小靴，应当为驭手。此处原有仗马，已佚。

1956年8月6日，陕西省公布崇陵为重点文物保护单位。2001年6月25日，国务院公布崇陵为全国第五批重点文物保护单位。

第十章

唐顺宗丰陵

1. 唐顺宗生平

唐顺宗李诵（761—806）系德宗长子，母亲为昭德皇后王氏。肃宗上元二年（761）正月十二日生于长安之东内（大明宫）。代宗大历十四年（779）六月封为宣王。德宗建中元年（780）立为皇太子。贞元二十一年（805）正月带病即位，时年45岁。

顺宗对肃宗以来形成的宦官专权、藩镇割据及其他弊政颇为不满，早在当太子期间，他就常和侍读王叔文等人谋划革新。当皇帝后，立即重用王叔文等人进行改革。王叔文以翰林学士的身份执掌朝政，依靠唐顺宗和尚书左丞同平章事韦执谊、散骑常侍王伾、屯田员外郎刘禹锡、礼部员外郎柳宗元及韩晔、韩泰、程异、陈谏、凌准、吕温、陆质等人进行改革，史称"永贞革新"。由于改革触犯了宦官和藩镇的利益，因而一开始就遭到他们的反对。四月，宦官俱文珍、刘光琦、薛盈珍等拥立顺宗长子李纯为皇太子。五月以后，逐渐剥夺了王叔文等人的权力。七月，剑南西川节度使韦皋、荆南节度使裴均等上表要求皇太子监国。八月，顺宗再次中风，宦官俱文珍等以顺宗多病，口不能言为借口，逼迫顺宗退位，称太上皇，禅位于太子李纯，同时向改革者进行反扑，贬杀王叔文，又贬柳宗元等八人为远州司马。至此，唐顺宗所倡导的改革宣告失败。

顺宗退位后，居于兴庆宫中。宪宗元和元年（806）正月，上尊号应乾圣寿太上皇。正月十九日，死于兴庆宫之咸宁殿。享年46岁。唐顺宗曾经想有一番作为，但身体多病，终无所成。故《新唐书》的作者说："昔韩愈有言：'顺宗在东宫二十年，天下阴受其赐。'然享国日浅，不幸疾病，莫克有为，亦可以悲夫！"[1]

2. 丰陵营建始末

丰陵远景

丰陵近景

丰陵在富平县东北20公里的金瓮山上，东北距桥陵26公里。金瓮山俗称虎头山，海拔851米。东部、南部地势平缓，北部、西部山峰叠连。

顺宗临死，在遗诏中说："伏以崇陵仙寝，复土才旋，甸邑疲人，休功未几，今又重劳营奉，朕所哀矜，况汉魏二文，皆著遗令，永言景行，常志夙心。其山陵制度，务从俭约，并不得金银锦彩为饰。"[2]当时距德宗崇陵竣

---

[1]《新唐书》卷七《顺宗纪》，第219页。
[2]《唐大诏令集》卷一二《顺宗遗诰》，第74页。

工才两个多月，在这么短的时间内又要修建丰陵，的确是不容易的。顺宗死后，宪宗以杜佑摄山陵使，以杜黄裳为礼仪使，主持修建丰陵。杜佑深明礼制，有主持修建崇陵的经验，故丰陵建设过程较为顺利。

丰陵埏道入口

陵园依金瓮山而筑，制度略如崇陵，封域40里。玄宫位于山之南麓中腹。陵园呈不规则矩形。四面有墙垣，各辟一门。门有门阙，角有角楼。门阙内有石狮。南门外神道列置石象生，即所谓石人、石马之属。

《文献通考》说丰陵无陪葬者，但实际上有陪葬墓1座。据《新唐书·后妃传》等文献所载，为庄宪皇后墓。

顺宗李诵元和元年七月十一日葬于丰陵。

3. 丰陵的演变

丰陵在唐代诸陵中规模相对较小。但唐王朝对它的管理一如其他陵寝，故在唐代，丰陵保护较好。五代时，丰陵被温韬盗掘。其后陵园建筑损毁。宋、明两代虽下令保护，禁止樵采，但作用有限。清代陕西巡抚毕沅曾为丰陵立碑。近代以来，破坏加剧，陵园石刻多被损毁。

4. 遗迹与遗存

丰陵内城遗址隐约可见，但遗迹所存无几。据勘测，东西长度约1500米，

丰陵华表

南北长约1700米。门阙、角楼破坏殆尽，唯白虎门和玄武门外的阙台较为清晰。白虎门阙台南北二阙相距30余米。南阙台底长8米，宽4米，高6米。北阙台底长6米，宽5米，高约5米。玄武门外阙台东西相距56米。东阙台底长6米，残宽2米，残高3米。西阙台底长11米，宽8米，高5米。周边有残砖瓦存在。

今陵园遗迹所存无几，石刻仅余数件。玄武门外石狮一对，通高1.75米，作蹲踞状，尚属完整。白虎门外石狮一对，已残。立仗马2件，残。华表一件，残。

1956年8月6日，陕西省公布丰陵为重点文物保护单位。2001年6月25日，国务院公布丰陵为全国第五批重点文物保护单位。

第十一章

唐宪宗景陵

1. 唐宪宗生平

唐宪宗李纯（778—820）是唐顺宗和庄宪皇后王氏的长子。代宗大历十三年（778）二月十四日生于长安之东内（大明宫）。德宗贞元四年（788）六月封为广陵郡王、开府仪同三司。取名为淳。二十一年（805）四月册为皇太子，改名为纯。七月，唐顺宗病重，权且勾当军国政事。永贞元年（805）八月，在宦官俱文珍等人的簇拥下接受唐顺宗的禅让，时年28岁。次年改元为"元和"。

唐宪宗虽为宦官所立，但年轻气盛，很想有一番作为。当时朝臣如李吉甫、武元衡等人多主张抑制藩镇，宪宗也力图削平割据一方的藩镇，从而恢复唐王朝的中央集权。他首先派高崇文率兵入川，平定了刘辟的叛乱。接着又镇压了镇海

唐宪宗像

节度使李锜的叛乱,从而使朝廷的威望有了明显提高。元和九年(814)闰八月,淮西节度使吴少阳死,其子吴元济自领军务,割据蔡州。唐宪宗派兵讨伐,吴元济公然与唐军对抗,并在元和十年(815)六月的一天派刺客刺杀了武元衡,刺伤了御史中丞裴度,企图以此迫使唐宪宗退兵。唐宪宗并没有因此而动摇,元和十二年(817)派裴度以宰相的身份前往淮西督战。裴度要求罢监军,重用大将李光颜和青年将领李愬,唐宪宗亦予以批准。李愬雪夜入蔡州,一举平息了吴元济的叛乱。这是中唐以来中央在同藩镇斗争中取得的辉煌成就,对其他藩镇形成了威慑。一时间,淄青节度使李师道请求让其长子入侍,并表示愿意献出沂、密、海三州;横海节度使程权请举族入朝;其他节度使也纷纷上书表示服从中央,唐王朝似乎又"中兴"了。后世史学家对此颇为赞许,称之为"元和中兴"。

但唐宪宗在取得了这些成绩之后,自以为立下了不世之功。一方面,虔诚信佛,迎取佛骨,使佛教势力有了很大发展。另一方面,又轻信方士,服用"仙丹",梦想长生不死。结果性情变化无常,引起了宦官不满。元和十五年(820)正月二十七日夜,宦官王守澄、陈志宏潜入大明宫之中和殿,杀害了唐宪宗,伪称皇帝误服丹石,毒发暴崩,并假传遗诏,拥立李恒为帝。唐宪宗曾经是一位有所作为的皇帝,他在位15年,促成了"元和中兴",不少人把他和太宗、玄宗相提并论,但他却落了这样的结局,不能不令人惋惜。欧阳修在《新唐书》中说:"宪宗刚明果断,自初即位,慨然发愤,志平僭叛,能用忠谋,不惑群议,卒收成功……及其晚节,信用非人,不终其业,而身罹不测之祸,则尤甚于德宗。"[1]

宪宗以佛教卫道士和忠实信徒自居,为了表示对"佛"的虔诚,曾进行了大规模的"迎佛骨"活动。史载,元和十三年(818)功德使奏:凤翔法门寺护国真身塔内有佛祖释迦牟尼佛指骨一节,世传舍利塔三十年一开,开则岁丰人安。因此,唐宪宗决定迎接佛骨。当时韩愈越级上奏,谏迎佛骨。尖锐地指出"伏以佛者,夷狄之一法耳……上古未尝有也。昔者黄帝在位百年,年百一十岁……此时佛法亦未入中国,非因事佛而致然也。汉明帝时始有佛法……

---

[1]《新唐书》卷七《宪宗本纪》,第219页。

其后乱亡相继，运祚不长……夫佛本夷狄之人……口不言先王之法言，身不服先王之法服，不知君臣之义、父子之情"，建议"以此骨付之有司，投诸水火，永绝根本"。[1] 结果宪宗大怒，差点杀了韩愈。元和十四年（819），迎佛骨入禁，供养三日，乃送往京城佛寺。当时，"王公士民瞻奉舍施，惟恐弗及！有竭产充施者，有燃香臂顶供养者"[2]。

元和十五年（820）正月十五日夜，唐宪宗被宦官王守澄等人杀害。享年43岁。

2. 景陵营建始末

景陵在蒲城县西北13公里的金帜山上，东北距光陵7公里，距泰陵19公里。金帜山海拔872米，山势高耸，犹如一面旌旗。山的北面群峦蜿蜒，东面和南面地势平缓，西面为大沟深壑。景陵因金帜山主峰而筑，坐北朝南，封域40里。

史载唐宪宗死后，其子穆宗即位，以宰相令狐楚为山陵使，以柳公绰为山陵副使，开始在金帜山为唐宪宗修建景陵。金帜山为青石构造，开凿地宫的工程十分艰巨，但整个陵园的修建仅仅用了四个多月时间。元和十五年（820）五月十九日，唐穆宗从奉先县城发丧，为唐宪宗举行葬礼。灵车行至半道，忽然风雨大作，文武百官都去避雨，只有山陵使令狐楚扶着灵柩没有离开，以显示他的忠心。但令狐楚在当山陵使期间私自扣压工匠报酬

景陵碑亭

---

[1]《韩昌黎文集校注》卷八《论佛骨表》。上海古籍出版社，2014年版。
[2]《资治通鉴》卷二四〇，唐宪宗元和十四年正月条，第7758页。

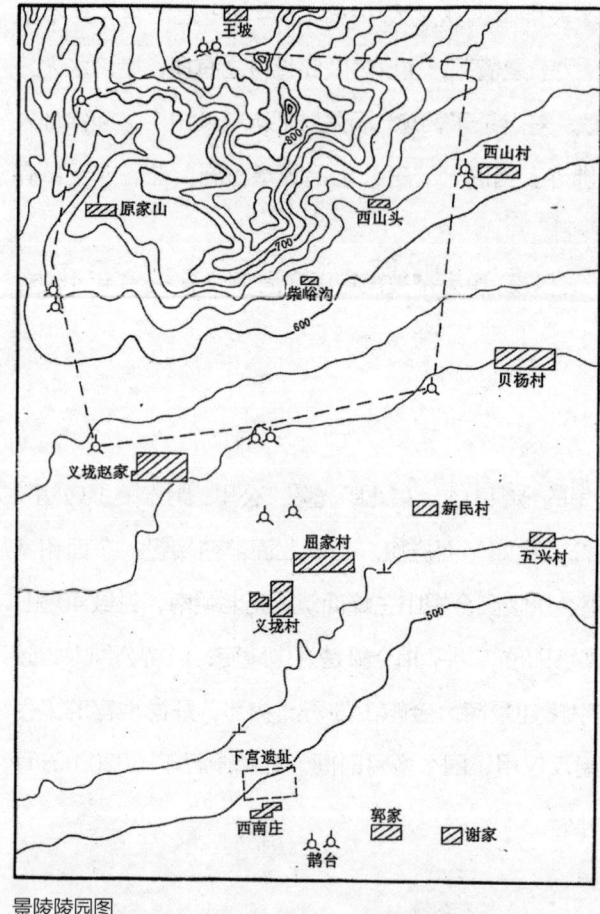

景陵陵园图

15万贯不发,导致工徒怨诉盈路,唐穆宗只好撤销了他的宰相职务,在《景陵优劳德音》中也没有提到他的名字[1]。

景陵因金帜山而建,陵园略呈不规则矩形。东南和西南角阙址间距及西南和西北角阙址间距均为 2400 米,南北两门间距 2500 米,东西两门间距 2900 米。玄宫开凿在金帜山南麓的山腹中。城墙四神门外皆有阙台,四隅皆有角楼。南神门外为神道所在,长约 626 米。神道两侧列置石象生。陵园中有献殿、下宫等建筑。

景陵陪葬墓,据《唐会要》《文献通考》记载有四座:即郭皇后墓、郑皇后墓、王贤妃墓和昭惠太子李宁墓。目前只在陵园南 1200 米屈家村北和陵园南 2050 米西南庄西北各发现陪葬墓一座,墓主尚未确定。惠昭太子实际上并未陪葬。惠昭太子李宁(793—812),宪宗长子,纪美人所生。顺宗时为平原郡王。宪宗即位后,封为邓王。元和四年(809),册封为太子,改名李宙,不久又改回原名。元和六年(811)闰十二月二十一日病逝,谥号惠昭太子。元和七年(812)二月二十五日葬于骊山之北塬(今临潼区西泉乡椿树村)。1990 年 11 月至 1992

---

[1]《唐大诏令集》卷七七《景陵优劳德音》,第 435 页。

年2月，陕西省考古研究所秦陵工作站与临潼文管会等单位，对临潼县（今临潼区）西泉乡椿树村一座被破坏的古墓进行了清理。出土文物有铜、铁、陶、唐三彩、石器、玉器各类文物180件，但大多残破。棺床上发现汉白玉册文和哀册195段（块）。经研究修复为136节段。其中完整的17件，形制相同。所有册文刻字，均为楷书，镌工精美，字迹俊秀遒劲。从墓中出土的玉册文字得知，此墓为唐宪宗长子惠昭太子陵。

史载，元和十五年（820）"五月庚申（十九日），葬圣神章武孝皇帝于景陵"[1]。"圣神章武孝皇帝"就是唐宪宗。

3. 景陵的演变

景陵当初建制规整，柏城森严。唐朝灭亡后遭到破坏，北宋初对此陵进行过修葺。宋开宝六年（973）五月十二日赵孚《新修唐宪宗庙碑铭并序》"自唐抵宋，绵革五朝，梁则干戈日寻，晋则猃狁孔炽，汉因屠戮而覆，周乃功烈未伸"，"宪宗陵在同州蒲城县，庙貌圮毁，基址芜没"。至宋始修新庙，"其成也，广殿回廊岳立翼张，瑶阶列侍，宝座当阳。巍巍塑衮冕之容，烈烈绘旌旗之状，于是神有依而人有奉矣。厨库咸敞，牺币毕臻，笾豆有常，笙镛在列，斯则时饷丰而礼文备矣"。宋以后再度受到自然和人为破坏，唯明初禁樵采，清乾隆四十四年（1779）毕沅立碑进行保护。目前景陵神道上的沟壑，系雨水溯源侵蚀所致。

4. 遗迹与遗存

景陵东南、西南和西北角阙址尚在，角阙址附近唐代砖瓦碎块甚多。陵园四门外阙址、乳台和鹊台均在。

东南角阙址高4米、底长20米、宽7米；西南角阙址高3.5米、底径15米；

---

[1]《新唐书》卷八《穆宗本纪》，第219页。

西北角阙址高 5.5 米、底径 14 米。三个角阙址附近出土唐代砖瓦碎块甚多，表明当年有角楼等建筑存在。

陵园四神门外 4 对阙址、乳台和鹊台均在。南神门北 50 米为献殿遗址，范围东西长 200 米、南北宽 150 米。鹊台的西阙址尚在，高 1 米、底长 7 米、宽 6 米。东阙址已被平掉，二阙址间距 63 米。鹊台北距陵园南神门 2876 米，北距乳台 2350 米。其二阙址东西间距 195 米，均被严重破坏。

景陵下宫遗址在三合齐家西南庄北 250 米，北距陵园 2300 米，遗址范围东西长 350 米、南北宽 200 米。其南有开宝九年（976）所立"大宋新修唐宪宗庙碑铭"。碑身高 2.66 米、宽 1.52 米、厚 0.48 米，碑座长 1.77 米、宽 1.37 米、高 0.47 米。

景陵石刻雕饰精美，生动逼真。华表位于乳台阙址北 79 米，通高 7.7 米。

翼马在石望柱北 24 米，身长 2.35 米，高 2.5 米，东列垂尾，独角较小；西列缚尾，独角较大。

祥鸟（鸵鸟）在翼马北 24 米，高 1.35 米，长 1.75 米，头颈弯曲，身躯肥硕，腿短如鸭。

景陵南门阙址

景陵石狮　　　　　　　　　　　景陵立仗马

　　景陵仗马在鸵鸟北 24 米，南北间距亦 24 米，身长 1.95 米，高 1.55 米，形制与建陵同，马头较长，马面有当卢，系络头，口衔镳，脖下系铃，有鞍鞯、无马镫，马身无饰物，马尾下垂。景陵北门外仗马三对，除西列第三个仗马为缚尾外，其余仗马均与神道仗马形制相同。

　　石人位于石马北 22.5 米，每对石人南北间距 22 米，身高 2.65 米，形制与泰陵相同。

　　此外，在北神门外有石马三对，东西列间距 45 米。除西列第三个石马为缚尾外，其余石马均与神道石马形制相同。在北神门外石马北还有两对小石狮，东西分列。这种小型石狮在唐代陵园中并不多见。

　　1956 年 8 月 6 日，陕西省公布景陵为重点文物保护单位。2001 年 6 月 25 日，国务院公布景陵为全国第五批重点文物保护单位。

第十二章

唐穆宗光陵

1. 唐穆宗生平

穆宗李恒（795—824）是唐宪宗的第三个儿子，母亲为懿安皇后郭氏。德宗贞元十一年（795）七月六日生于大明宫之别殿。贞元二十一年（805）四月，封为建安郡王。本名为宥，宪宗元和元年（806）八月进封遂王，元和七年（812）十月惠昭太子死后被册立为皇太子，改名为恒。元和十五年（820）正月唐宪宗遇害后，被宦官王守澄扶上皇帝宝座，时年26岁。次年改元"长庆"，上尊号文武孝德皇帝。

穆宗即位时，"元和中兴"的成果已经化为过眼云烟，社会问题又严重起来。在中央，宦官专权，大臣不和，牛僧孺、李德裕各树朋党，互相倾轧。在地方，许多藩镇故态复萌，割据称雄。面对这种情况，穆宗曾想有所作为。长庆元年（821），他派刘元鼎赴逻娑（今拉萨）大昭寺与吐蕃结盟，树立"唐蕃会盟碑"，较好地处理了唐与吐蕃之间的关系。同年，他又任命韩愈为京兆尹，以李听为河东节度使，以维持这些地方的社会秩序。但为时不久，他便对社会问题感到无能为力。于是，纵情游乐，不思进取。一次游华清宫，亲率神策军围猎，回来后与宦官打马球，忽然有人从马上摔下，马儿受惊，向他奔来，幸得左右急救，才免于受伤，但他受到惊吓，两脚抽搐，不能站地。此后，他的意志更为消沉，遂效法宪宗，长年服用金丹。臣下劝谏，他口头答应，实际上并不采纳，结果身体状况日趋恶化。

长庆四年（824）正月二十二日，死于长安城之清思殿，享年仅30岁。遗诏："山陵制度，务从俭约，无禁婚嫁祭祀饮酒食肉。其医等念其勤瘁，亦可矜怜，并不须加罪，宜便释放。将相卿士，中外臣寮，送往事居，无违朕意。"[1]

2. 光陵营建始末

光陵在蒲城县北15公里的尧山之阳，东南距泰陵9.5公里，在政区上属翔村乡光陵村。尧山海拔1091米，亦名浮山。相传尧时洪水滔天，诸山皆没，唯有此山独浮。山的南部、北部和东南部较平缓，东北部主峰突起，重峦叠嶂，西部和西南部为沟壑。光陵即因尧山为陵，封域40里，柏城坐北向南，与尧山合

光陵近景

---

[1]《唐大诏令集》卷一一《穆宗遗诏》，第69页。

为一体，显得较有气势。

穆宗死后，敬宗诏神策六军及奉先等县百姓修建光陵。根据唐穆宗的遗诏，唐敬宗遣堪舆者赴渭北陵区勘卜茔兆，结果选中了尧山。此处离景陵较近，也算是父子死后有缘。茔兆选定后，即委派山陵使、礼仪使、山陵副使、按行使、桥道置顿使、内山陵使、兼监修桥道使、修筑使、修筑副使、卤簿使、仪仗使、桥道置备副使等负责修筑山陵，准备葬礼。山陵的修筑是由神策六军官健和奉先（蒲城）、栎阳、美原、高陵、富平等县百姓进行的。到这年十月，光陵基本修好，唐敬宗颁发《光陵优劳德音》，对参与修建光陵的各级官吏进行了奖励，同时减免了奉先等县百姓的青苗钱。

光陵因尧山而建，规模较泰陵为小，陵园占地16顷92亩8分，封域40里，下宫去陵5里。陵园有内外二城，略泰陵之制。陵园内城南北两门距离2900米，东西两门距离2350米，陵园呈东西窄、南北长的形势。石刻亦多集中在南门外神道两侧。

据《唐会要》《文献通考》等书记载，光陵有陪葬墓两座，即恭僖太后王氏和贞献太后萧氏。现在仅存墓址一处，墓主尚不能确定。

史载，长庆四年（824）十一月十五日，葬穆宗于光陵。

3. 光陵的演变

因穆宗未能保住唐宪宗"元

光陵标志

和中兴"所形成的格局，又服食"金丹"中毒，受已成之业而不保，蹈已覆之辙而不拔，故后人每至光陵，感叹良多。清人何亮基在《光陵怀古》中写道："仙丹自古不可求，枉把韶华付东流。尧山白云空惆怅，覆车何曾忆旧游。"

4. 遗迹与遗存

光陵南神门北20米为献殿遗址。范围东西长300米、南北宽150米。

城垣角楼遗址仅存西南一处，底径约12米，残高1.5米。

四神门外阙台清晰可见。青龙门阙台在东门外74米处，现存南北两阙址相间65米，均呈长方形，底长18米，宽8米，高6米。白虎门外阙台距西门74米，南北两阙址相距65米，南阙底长16米，残宽5米，残高8米。北阙底长16米，残宽6米，高10米。朱雀门外阙台距南门84米，现存东西两阙址相距约80米，两阙均呈圆丘形，底径约14米，残高约5米。玄武门外阙台距北门79米。东西两阙址相间90米，均呈长方形，底长约16米，宽8米。以上诸阙周边均有残砖断瓦分布。

光陵乳台遗址在南神门外592米处。东西两阙相距182米，东阙址底长11米，宽8米，残高3米。西阙台已平毁。鹊台在乳台南1900米处，均已残破。

目前陵园残存石刻20余件。神道石刻东西列间距60米。石刻损坏严重，多已残缺，亟待保护。

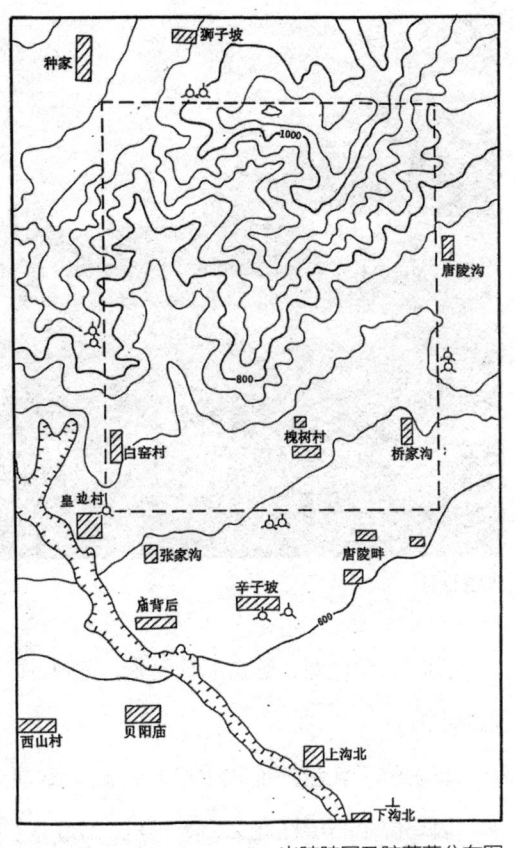

光陵陵园及陪葬墓分布图

光陵石刻

四门石狮两对，身高175厘米、宽85厘米。头呈方形，眉脊突起、颧骨突出，躯体肥壮。

华表位于乳台阙址北107米，高715厘米。

翼马位于石望柱北22米，身长2.35米、高2.50米。东列翼马，头顶有独角，角微小，披长鬃，垂尾；西列翼马，头顶残，短鬃，缚尾。

光陵现存两个残缺仗马，马背置鞍鞯，均无马镫，披障泥，系鞦鞧，饰杏叶。有一残石人，腰系环带，从服饰看，系驭手。

在残石马北边，有一残石人，身高2.68米。东列石人仅存1个，位于翼马北155米。西列石人4个，头戴高冠，冠前饰团花纹，两侧饰羽翅纹，穿广袖长袍，袖胡过膝，脚着靴，双手拄五节剑。

北神门外有石马3对，均残，东西列间距32米。南数第一对在阙址北62米，第二、第三对南北间距均为24米。残存部分表明，其形制同神道仗马。

1956年8月6日，陕西省公布光陵为重点文物保护单位。2001年6月25日，国务院公布光陵为全国第五批重点文物保护单位。

第十三章

唐敬宗庄陵

1. 唐敬宗生平

敬宗李湛（810—826）生于唐宪宗元和四年六月九日，为穆宗长子，母亲是恭僖皇后王氏。穆宗长庆元年（821）三月封为鄂王。不久改为景王。元和二年（807）十二月册立为皇太子。四年（824）正月即位，时年方16岁。次年改元"宝历"[1]。

当时，宦官专权和朋党之争的情况已很严重。朝政实际上控制在宦官王守澄、梁守谦及朝臣李逢吉、牛僧孺手中。唐敬宗贪图享乐，不关心政事，也不想关心政事，甚至连形式上的早朝也懒得去，常常迟到几个时辰，让大臣们在朝堂上空等。由于朝政昏暗，社会动荡。"河朔三镇"相继反叛，兵连祸结。就连长安城中的染坊工人也进行了暴动。史载有一位名叫张韶的染工与苏玄明等人联络100多名染工暴动。张、苏两人扮作车夫，让其他人藏在给宫中送柴草的车子中，准

---

[1]《旧唐书》卷一七上《敬宗纪》，第507页。

备混入银台门。门卫发现柴车可疑，上前盘问，被张韶杀死。众人从车中跳下，拔出兵器，呐喊着冲向朝堂。唐敬宗正和太监们在清思殿玩蹴球，闻变后仓皇逃至左神策军营中。最后暴动者被神策军团团围住，全部被杀。这件事对唐敬宗有一定的刺激，但他并没有从中吸取教训，依然沉溺于游乐，不理朝政。

唐敬宗最大的爱好是踢球和徒手格斗。常常招募力士与太监格斗，有些小太监体力不支，被摔得头破血流。他还爱在夜间去捉狐狸，称之为"夜打猎"，随从人员稍不尽力，他便大打出手，或将其发配流放，连家属也不能幸免。结果宦官和力士对他都很怨恨。宝历二年（826）十二月八日，唐敬宗"夜打猎"回宫，与宦官刘克明、田务澄及击球将军苏佐明等 28 人饮酒作乐，酒过三巡，敬宗入内殿更衣，刘克明熄灭灯，苏佐明闯入内室，将敬宗杀死，谎称暴病而亡。敬宗在位两年，即死于宦官和力士之手，年仅 18 岁。

2. 庄陵营建始末

敬宗庄陵位于三原县陵前乡柴家窑村东 250 米的荆塬上，附近地面海拔 515~520 米。陵墓堆土而筑，封域 40 里。陵南 1200 米为断崖，崖下高程 420 米左右。东南距端陵 5 公里，北距简陵 21 公里。

敬宗死后，文宗即位，以宰相裴度摄冢宰，主持庄陵的营建事务。庄陵为唐代第二座堆土成陵的陵墓，其建造方法与因山为陵者有所不同。经过半年时间努力，主体工程大体完成。

庄陵积土为陵，陵台底部呈方形，边长 57 米、高 17 米，呈覆斗形。陵园东西 490 米，南北 480 米，封域 40 里。陵台大体在陵园

庄陵碑

中部，东西居中，陵南较陵北宽47米。陵园四面有墙，各辟一门。门阙角楼，略如献陵之制。神道在南门外，东西两侧列置石象生。

庄陵有陪葬墓一处，为悼怀太子李普墓。

太和元年（827）七月十三日，安葬敬宗于庄陵。

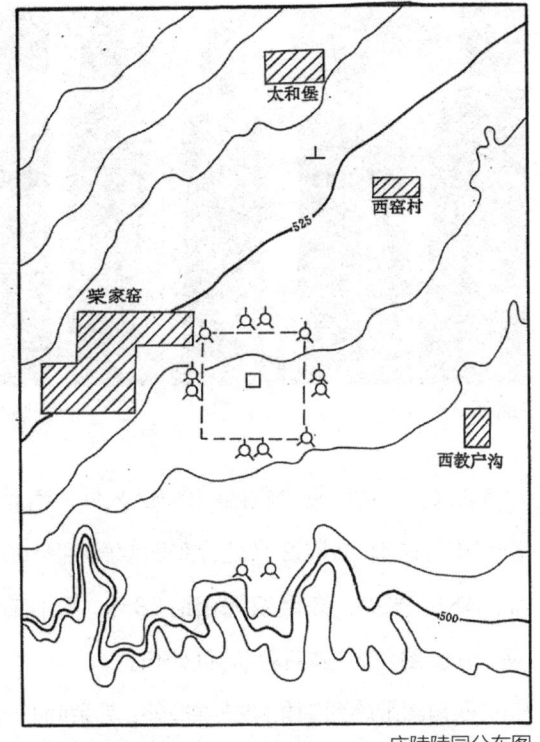

3. 庄陵的演变

庄陵在唐代亦曾得到较好保护。五代时可能被温韬盗掘。其后陵园建筑损毁，树木亦被砍伐。宋、明两代虽曾下诏修补，禁止樵采，但未能挽救其颓废之势。清乾隆四十四年（1779），陕西巡抚毕沅曾为其立碑保护。但近代以来石刻多被破坏。

庄陵陵园分布图

4. 遗迹与遗存

庄陵华表

庄陵封丘底部为正方形，边长57米，高17米。封丘在陵园中的位置是东西居中，陵南较陵北宽47米。

四门外阙台亦清晰可辨。青龙门阙台西距门址58米，现存南北两阙相距45.5米。南阙址底长15米，宽9.5米，高4.5米。北阙台底长15.5米，宽9.6米，

庄陵石人　　　　　　　　　　　　庄陵石狮

高 4.6 米。白虎门阙台在西门外 52 米处。南北两阙相距 46 米，惜已被削平。朱雀门阙台在南门外 52 米处，东西双阙相距 60 米，阙已被削平。玄武门阙台在北门外 52 米处，东西双阙相距 58 米。现仅存西阙，底长 15 米，宽 10 米，残高 5 米。阙台周边均有残砖瓦分布。

四角阙址除西南角阙被平掉外，其余尚有迹可寻。实测东南角楼底边长 6 米，残高 1.5 米；东北角楼底长 16 米，宽 14 米，残高 3.5 米；西北角楼底长 8 米，宽 6 米，残高 3.2 米。地面均有砖瓦残片。

庄陵现存石刻 20 余件，多已残破。

四门石狮各一对。每对间距 13.5 米至 19 米不等，与门的距离一般在 4 至 8 米之间。除东门一对残毁处，其余保存完好。

神道石刻现存 11 件，自乳台北 70 米起依次为八棱华表一对，通高 6.4 米，径 1.1 米；直立瑞兽一对，通高 3.3 米，长 2.4 米，宽约 1 米；浮雕祥鸟一件，高 1.1 米，长 1.5 米；文武翁仲 6 个，通高 3.6 米，身宽 0.85 米。

1956 年 8 月 6 日，陕西省公布庄陵为重点文物保护单位。2001 年 6 月 25 日，国务院公布庄陵为全国第五批重点文物保护单位。

第十四章

唐文宗章陵

1. 唐文宗生平

唐文宗李昂（809—840）是唐穆宗的第二个儿子，为贞献皇后萧氏所生，出生时间是唐宪宗元和四年（809）十月十日。穆宗长庆元年（821）封为江王，取名为涵。刘克明等人在杀死敬宗后，伪造遗诏，立绛王李悟入宫为帝。两天后，宦官王守澄等指挥神策军杀死绛王，将18岁的李昂推上皇位，是为文宗，年号"大和"。

文宗即位时，宦官专权的情况已相当严重，不仅掌握了军队，而且能废立皇帝，左右朝政，成为一股重要的政治势力。宦官专权引起了一些朝臣的不满，也引起了唐文宗的不满。他决心铲除宦官势力，从而夺回大权。为此，他特意从下层官僚中提拔了郑注和李训等人，任命李训为宰相，郑注为御史大夫，并将两人用作心腹。当时"牛李党争"很激烈，两党都与宦官有一定的联系。郑注和李训首先利用牛、李两党之间的矛盾，将两党的首领贬出朝廷，同时，对反对宦官的官员加以重用。接着利用宦官之间的矛盾斗争，直接向宦官开刀，采取多种手段，诛杀了宦官韦元素、杨承和、王践言、王守澄、陈志弘等。最后，把目标指向了大宦官仇士良等。

　　文宗与李训、郑注商定，埋葬王守澄时，让所有宦官都去送葬，届时由郑注率兵将其斩尽杀绝，一网打尽。但李训为了抢功，趁郑注前往凤翔搬兵之际，又与文宗改变了原定方案，决定不等郑注归来，尽早诛杀宦官。大和九年（835）十一月二十一日，文宗上朝。李训指使金吾将军韩约奏称金吾左仗院的石榴树上出现了甘露，请文宗前往观看，实际上是想把仇士良等人诱至左仗院全部杀掉。李训故意说这是吉祥的征兆，文宗心中明白，当即派李训等朝臣前往察看。李训回来说不像是甘露，文宗装出吃惊的样子，又派仇士良等宦官前往。仇士良等行至左仗院门口，发现其中有诈，立即逃回朝堂，挟持文宗出走。李训见事机败露，便指挥太原等处在京兵马诛杀宦官。不久，仇士良率禁军赶到，杀李训及朝官1000余人。此事因与"甘露"有关，史称"甘露之变"。

　　甘露之变以后，文宗被宦官软禁，从此一筹莫展，常饮酒赋诗，哀叹自己受制于人，还不如历史上的亡国之君。开成五年（840）正月，唐文宗抑郁成疾，自感生命将尽，招来杨嗣复和李珏托付后事，要求他们辅佐太子。宦官仇士良和鱼弘志闻讯后伪造遗诏，废皇太子为陈王，立李瀍为皇太弟。文宗知道此事后无可奈何，朝臣中也没有人敢站出来反对。正月四日，唐文宗在极度悲哀中死于大明宫之太和殿，终年32岁。

2. 章陵营建始末

　　章陵在富平县西北14.5公里雷村乡西岭山，东南距定陵3.5公里。西岭山本名天乳山，海拔783米，孤耸于雷村乡西南部的塬地上。陵园因山而筑，封域45里。

　　文宗死后，由宰相杨嗣复为山陵使，主持章陵的修建工作。唐文宗临死前实际上处于被软禁的状态。仇士良等人在伪造的文宗遗诏中说："汉文薄葬，朕实慕之，营奉山陵，务从俭约，勿以金银锦彩缘饰丧具。"故章陵制度，略同丰陵。

　　章陵因天乳山而建，玄宫开凿于天乳山南麓。陵园封域45里，平面略呈方形，东西约1350米，南北约1300米。城垣四面各辟一门，门有门阙，四隅建有角楼。

章陵远景　　　　　　　　　　章陵石人

南门内设献殿等建筑，南门外设置神道，列置石象生。此外，还有下宫、陵署等建筑。

据宋敏求《长安志》记载，章陵有陪葬墓一座，即贤妃杨氏墓。

史载，文宗李昂开成五年（840）正月四日死于大明宫之太和殿。同年八月十九日葬于章陵。

3. 章陵的演变

章陵在唐代得到较好的保护。五代时可能被温韬盗掘。其后陵园建筑相继损毁。宋初曾有诏对此陵进行修补。明初禁止樵采陵园树木。清乾隆年间毕沅抚陕，立"唐文宗章陵"碑于陵前。近代以来，陵园破坏严重，石刻已丧失殆尽。

4. 遗迹与遗存

实测章陵陵园东南至西南角阙址840米，东北至东南角阙址832米。神道长约500余米。建筑遗址破坏严重。现存遗址主要有以下几处。

四门阙台遗址：青龙门阙台南北两阙相距35米。南阙底长14.8米，残宽7.3

章陵东阙　　　　　　　　　　　　　章陵翼马（现藏陕西历史博物馆）

米，残高3.5米。北阙底长15米，宽9.5米，残高4米。白虎门外阙台南北相距35米。坍塌阙底长13.5米，宽6米，残高5米。北阙已被平毁。朱雀门外东西两阙相距约90米。东阙底长8米，宽6.5米，高约6米。西阙底长10.5米，宽8.8米，残高5米。所有阙台均系夯筑，夯土层在10厘米至12厘米之间。阙台周边均有砖瓦残存。

西南角楼遗址：平面呈方形，残迹南北长6.8米，东西宽6米，高3米。周围散布若干砖瓦残片。

乳台遗址：在南门外500余米处。现存东西两阙，相距150米。东阙底长残存9米，宽8米，高4米。西阙底长10米，宽9米，高7米。地表亦有残砖破瓦。

章陵石刻在"文革"中被破坏殆尽。目前东门外仅存残狮1只，高约0.95米；南门外残存挂剑石人1件，残高1.75米；华表1件，残高2.6米；另有蕃酋像2件，残高0.64米至0.8米。

1956年8月6日，陕西省公布章陵为重点文物保护单位。2001年6月25日，国务院公布章陵为全国第五批重点文物保护单位。

第十五章

唐武宗端陵

1. 唐武宗生平

　　唐武宗李炎（814—846）是唐穆宗的第五个儿子，母亲为宣懿皇后韦氏，宪宗元和九年（814）六月十一日生于东宫。穆宗长庆元年（821）三月封颖王，取名为瀍。文宗开成五年（840）正月，当文宗病重之际，宦官仇士良等伪造诏书，立他为皇太弟，并在正月四日文宗病死的当天继位，时年27岁。次年改元"会昌"。会昌二年（842）正月，上尊号"仁圣文武至神大孝皇帝"。会昌五年（845）正月，又上尊号"仁圣文武章天成功神德明道大孝皇帝"。会昌六年三月，改名为炎。

　　武宗自继位以来，比较注意维护自己的皇权，并且有几项大的举措。他在即位之初，采纳仇士良的建议，杀死了文宗所立太子李成美等人，回过头来又收拾了仇士良，籍没了他的全部家产。

唐武宗像

针对穆宗以来的弊政，他任用李德裕为宰相，开始整顿朝纲。一方面，限制藩镇势力，平定了刘稹在昭义镇的叛乱。另一方面，抗击回鹘的侵扰，保卫了北方边疆的安定。此外，还大张旗鼓地打击佛教。这些措施，都在一定程度上加强了中央集权，使唐王朝出现了新的转机。

唐武宗在历史上是以"灭佛"而著称的皇帝。他的年号是"会昌"，故佛教界称之为"会昌法难"。唐武宗之所以灭佛，主要有两个原因：一是佛教势力至中唐时期已趋于膨胀，"僧徒日广，佛寺日崇，劳人力于土木之功，夺人利于金宝之饰……坏法害人，无愈此道"[1]。也就是说引起了阶级矛盾，直接威胁到以皇帝为首的统治集团的经济利益。一是唐武宗本人崇信道教，亲受法箓，与著名道士赵归真等人关系很好。道教对佛教本身有一种排斥力，加之武宗血气方刚，果断行事，在赵归真等人的劝说和宰相李德裕等人的支持下，遂有灭佛之举。

武宗灭佛大体经历了四个阶段。第一阶段，从开成五年到会昌四年（844）。以限制、检核京师僧尼，令部分僧尼还俗为主，挫伤佛教之锐气。会昌四年三月敕最为严厉：不许供养佛牙，代州五台山、泗州普光王寺、终南五台山、凤翔法门寺等处有佛指亦不许供养。违者决杖。取消长生殿内道场，焚毁经像。第二阶段从会昌五年三月到此年六月。这是灭佛的最后准备阶段。三月敕禁天下寺院置设庄园。四月，诏"检校天下寺院僧尼数"[2]。第三阶段，从会昌五年四月一日至七月底，是灭佛阶段。四月一日，敕僧尼40以下还俗，递归本贯。十六日，令50以下还俗，五月十一日，令无牒者还俗。其后有牒者及外国僧人之无祠部牒者亦令还俗。五月底，长安僧尼尽。乃推之诸州。七月，"敕上都、东都两街各留二寺，每寺留僧三十人；天下节度，观察使治所及同、华、商、汝州各留一寺，分为三等：上等留僧二十人，中等留十人，下等五人。余僧及尼并大秦穆护、祆僧皆敕还俗。寺非应留者，立期令所在拆毁，仍遣御史分道督之。财货田产并官，寺材以葺公廨驿舍，铜像、钟磬以铸钱"[3]。第四阶段：会昌五年八月，下

---

[1]《全唐文》卷七六《毁佛寺勒僧尼还俗制》，第802页。
[2]（宋）释志盘撰，释道法校注：《佛祖统纪校注》卷四二。上海古籍出版社2012年版。
[3]《资治通鉴》卷二四八，武宗会昌五年七月条，第8016页。

诏公布灭佛结果，条列佛教罪恶，以伸禁崇之令。此次灭佛，所拆寺院及还俗僧尼之数各书记载不一，但数目都相当惊人。据《唐会要》卷四七记载，天下所拆寺4600余所，还俗僧尼26万余人，收充两税户。拆招提兰若四万余所。收膏腴上田数千万顷，奴婢为两税户者15万人。

会昌法难是唐代佛教史上的一件大事，是"三武一宗之祸"中最严厉的一次，在与僧俗地主争夺土地、劳力等方面有一定积极意义。但在拆毁寺院的过程中，经济损失是不小的。特别是不久懿宗复法，损失之大，更是难以估量。当然，此次灭佛，对佛教的打击是很大的，尽管此后有懿宗掀起的第三次崇佛高潮，终不能挽救佛教衰落的趋势。

唐武宗在取得这些成就的过程中，又染上了许多恶习。他迷信道教，喜食"金丹"，在生活上也不检点，纵情声色，荒淫无度，结果在青年阶段就弄了一身疾病，形容憔悴，骨瘦如柴，萎靡不振。会昌六年（846）三月二十三日病死于大明宫，享年33岁。

2. 端陵营建始末

端陵在三原县徐木塬西边。陵近南边断崖，陵南1500米即徐木塬下的平川。

端陵封丘

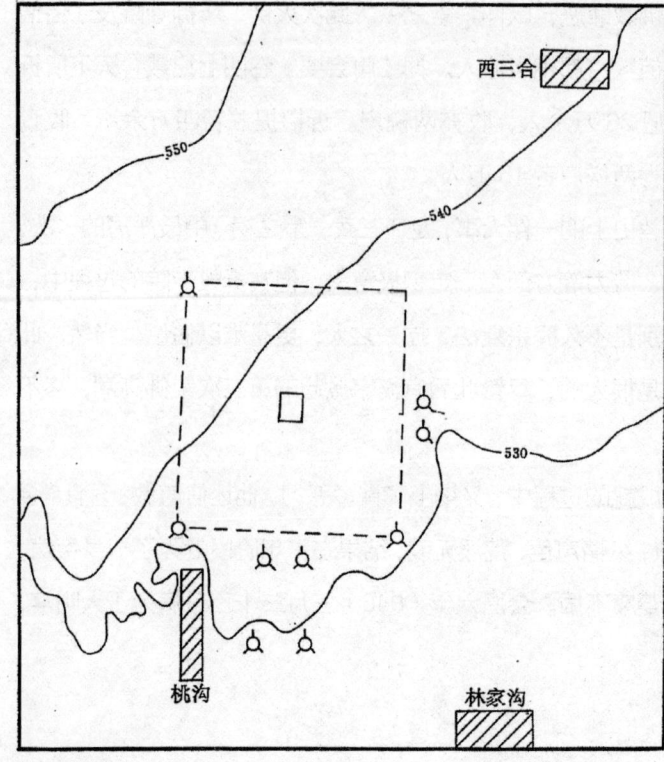

端陵陵园分布图

此地海拔540米，崖下平川高程约400米，东距献陵5.5公里，北距元陵20公里。

史载武宗死后，宣宗继位，以宰相李德裕为山陵使，具体负责端陵的营建事宜。端陵因是堆土为陵，因而工程量较大。但修建过程只用了四个多月时间。会昌六年八月，陵寝竣工。

陵园形制与献陵略同，封域40里。封丘底部东西长58米，南北宽60米，高15米。陵园东西长540米，南北宽593米。陵内原有石刻数量与丰陵相同。

《新唐书·后妃传》载："武宗贤妃王氏……审帝已崩，即自经幄下。当时嫔媛，虽常妒才人专上者，返皆义才人，为之感恸。宣宗即位，嘉其节，赠贤妃，葬端陵之柏城。"据此，端陵为武宗与王贤妃的合葬之处。

武宗李炎会昌六年（846）三月二十三日病死于大明宫。八月三日埋入端陵。

3. 端陵的演变

端陵虽修于唐代后期，但由于它位于海拔540米的徐木塬西边，南边1500米处即为断崖，故看上去颇为宏伟。在唐代，端陵管理有序，保护较好。但唐亡后迅速衰败。五代后梁时，端陵被唐陵大盗温韬所掘。宋太祖曾下令修葺。明初朱元璋令禁樵采。清乾隆四十四年（1779），陕西巡抚毕沅立"唐武宗端陵"碑。晚清以来破坏加剧。中华人民共和国成立后有所保护，但"文革"中不少文物被毁。

4. 遗迹与遗存

实测端陵陵园占地约32万平方米。端陵封丘底部东西长58米，南北宽60米。现存建筑遗址三处，即青龙门阙遗址、白虎门阙遗址和乳台遗址。

青龙门阙台遗址在东门外34米处，现存南北两阙相距76米。两阙遗存大小基本相等，底长约24米，宽14米，残高4米。夯土层在8厘米至10厘米之间，地面有大量砖瓦残片。

朱雀门阙台在南门外34米处。东西双阙相距106米。西阙已毁。东阙底长12米，宽12米，残高4.5米。地面亦有砖瓦残片。

乳台遗址位于朱雀门南248米处。现存东西双阙相距140米。两阙大小基本一致，底长17.5米，宽15米，高6米。地表有残砖碎瓦。

端陵现存石刻近20件。在陵的东、北、西三面，各有石狮1对。神道两侧有石马2对，祥鸟1对，瑞兽1对，石人6对，华表1对。

端陵东门门阙遗存　　端陵南门石狮

端陵石人

四门石狮6件。其中南门石狮已毁，其余三门尚属完整。现存每对石狮间距在14米至23米，距门的距离约10米左右。石狮通高1.6米至2.05米，身长1.25米至1.41米，宽0.9米至0.98米。均作蹲踞之状。

神道石刻共11件。华表1对，柱身八个棱面均线刻蔓草花纹，但以南面保存较好，形制同建陵。左侧尚好，右侧已倒折，仅存基础。瑞兽（翼马）1对，通高3.06米至3.12米，身长2.8米至2.85米，宽1.05米至1.1米。有卷云纹双翼。祥鸟（鸵鸟）1只，鸟首回顾，身躯肥大，尾部退化，腿短如鸭。立仗马2件，均残。置鞍鞯、披障泥、无马镫，饰鞅。

1956年8月6日，陕西省公布端陵为重点文物保护单位。2001年6月25日，国务院公布端陵为全国第五批重点文物保护单位。

第十六章

唐宣宗贞陵

1. 唐宣宗生平

唐宣宗李忱（810—859）是唐宪宗的第13个儿子，母亲是孝明皇后郑氏。元和五年（810）六月二十三日生于大明宫。穆宗长庆元年（821）三月封为光王，取名为怡。武宗会昌六年（846）三月二十一日，武宗病死。宦官马元贽等将他迎入宫中，立为皇太叔，筹划军国政事。翌日继承皇位，改名为忱。时年37岁。次年改元"大中"。

宣宗即位之初，曾想有一番作为。他恭俭节约，惩治贪官，打击藩镇势力，一度出现大治的景象，被誉为"小太宗"。但为时不久，即举措失宜。他下令兴复佛教，凡是会昌年间被毁的寺院，不问大小，一律修复。于是举国上下，大兴土木，已经还俗的和尚和尼姑也返回寺院诵经念佛，出现了新的崇佛热潮。接着，他将武宗朝宰相李德裕驱逐出朝，

唐宣宗像

贬为潮州司马,又贬至崖州的天涯海角,恢复了武宗时期裁汰的冗官。当时吐蕃、回鹘衰落,吐蕃控制的秦、原、安乐三州及石门七关来降,张议潮收复了瓜、沙、伊等十州之地,使河西地区重新归附于唐。但唐宣宗没有利用这个有利形势振兴国威,而是一味地倒行逆施,加重剥削。结果激化了各种矛盾。大中九年(855),浙东地区发生兵变,驱逐了观察使李讷。大中十二年,岭南地区又发生了兵变,囚禁了节度使杨发。这年八月,河南、河北、淮南等地还发生了较大的自然灾害,大水淹没了数万户人家。

大中十三年(859),宣宗50岁,感到体力不支,听信方士李元伯的鬼话,开始服用"金石"。起初他觉得精力有所增加,十分高兴,但不久药性发用,身体不适,背上生疽,卧床不起。八月七日,死于大明宫之咸宁殿。

2. 贞陵营建始末

贞陵在泾阳县云阳镇西北白王乡黄村北的仲山之上,东南距崇陵20多公里。仲山海拔1003米,东、西、北三面群山环绕,山南地势较平缓。相传汉高祖的

贞陵神道

哥哥刘仲曾居于此山。山上有仲子庙，据说天旱时围山射猎就会刮风下雨。

史载宣宗死后，懿宗即位，令门下侍郎、同平章事令狐绚摄冢宰，具体负责贞陵的营建工作。贞陵设计宏大，施工艰难。但陵墓主体工程的修建只用了将近半年时间。

贞陵因仲山而建，封域120里，与昭陵相同。玄宫开凿于仲山主峰的"走马岭"上，东距青龙门1150米，西距白虎门840米，南距朱雀门1120米，北距玄武门2705米。内城平面略呈曲尺形，总面积629万平方米。四门建有门阙，四隅建有角楼。神道长505米，宽68米，置乳台、鹊台各一对。神道两侧列置大型石刻。虽陵内建制与昭陵相去甚远，但在唐代后期诸陵中算是最有气派的。

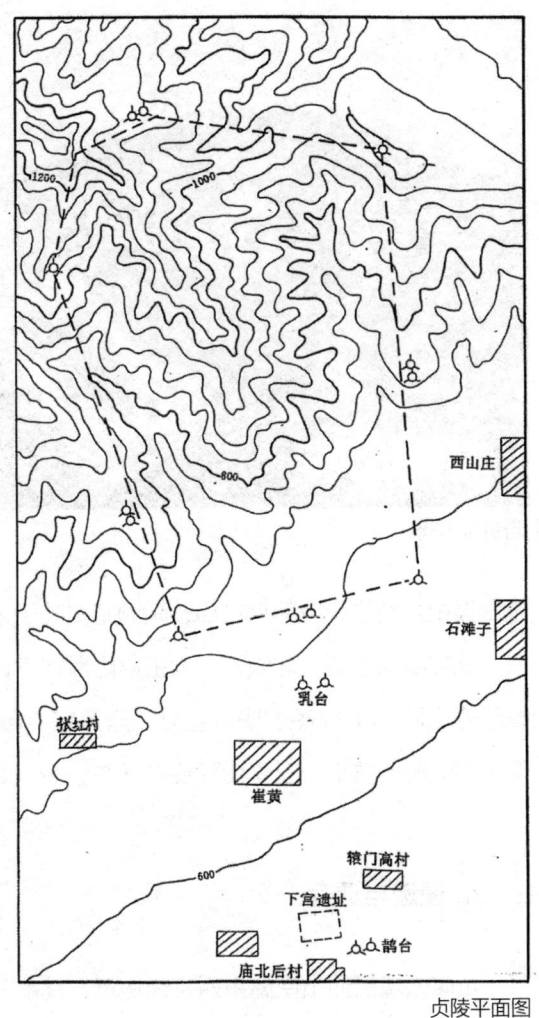

贞陵平面图

宣宗李忱大中十三年（859）八月七日死于大明宫之咸宁殿。咸通元年（860）二月十五日葬于贞陵。

3. 贞陵的演变

贞陵是唐代后期规模最大的帝王陵墓。陵园建筑相当气派。陵园的管理工作

贞陵西门石狮

也做得相当到位。唐朝灭亡后，陵园基本处于无人管理的状态。五代时期，此陵很可能被温韬盗掘。北宋初，太祖赵匡胤曾下诏修补其缺漏。明初禁止樵采。清乾隆四十四年（1779）毕沅曾立"唐宣宗贞陵"碑一通。近代以来虽有破坏，但保存情况比富平、三原诸陵要好一些。

4. 遗迹与遗存

贞陵南墙沿仲山南麓东西直线构筑，其余三面皆随山脉的自然走向而修。实测城基的宽度均为3米。南城基横跨两条峡谷，现在保存最长的一段为380米。北城基亦跨两条山谷，现存最长的一段为1000米。东城基自青龙门以南沿山麓直线构筑，青龙门以北随山势蜿蜒而筑，现存最长的一段为140米。西城基现存最长的一段为1500米。

陵园东、西两门外两对阙址分别位于仲山东西两座山的峰巅上，气势壮观，南北两门阙也较为高大。实测青龙门阙台在门址东38米处。现存南北两阙相距36米。两阙底长均为23米，宽19米，高约12米。白虎门阙台在西门外20余米处。南北两阙相距约30米，大小相仿，底长18米，宽12米，高约10米。朱雀门阙在南门外40米处，东西两阙相距108米，东阙底长18米，残宽8米，残高4米。玄武门阙台在北门外24米处，东西两阙相间约24米。东阙底长25米，宽14.6米，高约8.2米。西阙底长24米，宽14.8米，高8.5米。各阙下均有残砖、板瓦、筒瓦等建材分布。

角楼遗址亦较清晰。东南和西南二角阙址相距1600米，东南和东北二角阙址相距2800米，东北角阙址西距北门1600米，西北角阙址东距北门1200米。陵园东南角阙址位于泾阳县石滩村西北，西南角阙址位于泾阳县崔皇村西北，西北角阙址位于淳化县富德大队庙坡北，形制略同，址高2米左右，长、宽各12米。

鹊台遗址位于泾阳县庙背后村北，北距陵园1982米，二阙址东西间距100米，大小相近，高4米、底长16米、宽10米。

乳台二阙址在陵园南482米，位于王东村和王西村北，二阙址东西间距148米。二阙址大小相近，高4.5米、底长20米、宽14米。

下宫遗址在陵园南2000米，范围东西长250米，南北宽200米。遗址南部立有"大宋新修唐宣宗庙碑"。

贞陵现存石刻计39件，包括华表1对、翼马1对、祥鸟（鸵鸟）1只、石马5对、

贞陵神道东侧仗马及控马官　　　　　　　贞陵石人

石狮4对、石人13尊。

华表位于乳台阙址北24米,高6.95米（石座埋入土中）。柱身八棱面线刻蔓草花纹。东列华表保存较好；西列华表柱身断裂,柱身风蚀较甚。

贞陵四门门狮的形制同崇陵,除白虎门石狮置于西门外325米的山梁上外,其余均置于各门外8米至9米的地方。每对石狮间距14米至22.4米不等。所有石狮均作蹲踞状,高度在1.58米至1.9米之间。

神道石刻自南起首为华表1对。华表通高8.08米,覆莲座,八棱柱身,宝珠顶。

次为瑞兽。翼马在华表北22米,身长2.83米、身高2.80米。东列翼马头如河马,造型粗俗；西列翼马头顶有角,马背上分布着24个圆窝。二马的左右翼翅均于颈上部相连通。这些现象皆为前代诸陵所无。

次为祥鸟（鸵鸟）。祥鸟身高1.11米、长1.40米,腿短如鸭。整个屏面饰满浮雕山石。

次为立仗马。石马身长2.05米、高1.75米,背置鞍鞯,披障泥,马尾下垂。

石人的形制略如庄陵。东列应为文官,身高2.47米。西列应为武官,身高2.88米。均头戴冠,身着宽袖长袍,足登圆头履。但现存西列南数第二石人,其服饰、造型均同东列石人,当为文官。东列现存6个石人,均为文官,未发现形同西列石人的武官。

北神门外石马现存2对,东西列间距25米,形制与神道上石马相似。这些石刻雕工较为粗疏,已不能与唐代前期诸陵相比。

1956年8月6日,陕西省公布贞陵为重点文物保护单位。2001年6月25日,国务院公布贞陵为全国第五批重点文物保护单位。

第十七章

唐懿宗简陵

1. 唐懿宗生平

唐懿宗李漼（833—873）系宣宗长子，大和七年（833）十一月十四日生于藩邸。大中元年（847）封郓王。取名为温。宣宗晚年喜爱三子李滋，打算将他立为太子，又担心废嫡立次日后会引起纷争，一直处于举棋不定的状态。大中十三年（859）八月宣宗病危，诏枢密使王归长等三人入宫，拟立李滋为太子，但遗诏尚未写好李滋就病死了。宦官王宗实与王归长不和，遂将李温迎入宫中，立为太子，改名为漼。次日宣宗病死，懿宗继位，时年27岁，改元"咸通"。

懿宗即位时，正值多事之秋，社会矛盾已相当尖锐。但懿宗对此置若罔闻，不思改革，只图享受，其生活之奢侈，达到了惊人的地步。史载他每个月都要举行十几次大宴，山珍海味无所不有。他外出游玩，随从人员多至10余万人，糜费钱财不可胜计。乐工李可及因奏乐得到他的欢心，即被提升为将军。大臣刘蜕上书谏阻，竟被贬为县令。公主得了绝症，医治无效，他竟将20多个太医全部杀死，并把他们的家属300多人投入大牢。公主出葬时，送葬队伍排了几十里，刻金为俑，殉葬珍宝达 120 车之多。由于政治腐败，出现了深刻的社会危机。

面对严重的社会危机，唐懿宗不思改革，而是求诸神灵，不惜动用大量的人力、物力，进行规模空前的佛事活动。《杜阳杂编》曾详细地记载了懿宗崇佛的情况："咸通十四年（873）春，诏大德僧数十辈于凤翔法门寺迎佛骨，百官上疏谏，有言宪宗故事者。上曰：'但生得见，殁而无恨也。'遂以金银为宝帐香舁，仍用孔雀氄毛饰宝刹……都城士庶奔走云集，自开远门达于岐川，车马昼夜相属……四月八日佛骨入长安，自开远门安福楼，夹道佛声震地，士女瞻礼，僧徒道从。上御安福寺，亲自顶礼，泣下沾臆。幡花幢盖之属，罗列二十余里，间之歌舞管弦，杂以禁军兵仗。缁徒梵诵之声，沸聒天地。民庶间有嬉笑欢腾者，有悲怆涕泣者……时有军卒断左臂于佛前，以手执之一步一礼，血流洒地。至于肘行膝步，啮指截发，不可胜数。"简直达到了空前绝后的地步。

当时翰林学士刘允章上《直谏书》，指出国有九破，民有八苦。九破是终年聚兵、蛮夷炽兴、权豪奢僭、大将不朝、广造佛寺、贿赂公行、长吏残暴、赋役不等、食禄人多而输税人少。八苦是官吏苛刻、私债征夺、赋役繁多、所由乞敛、替逃人差科、冤屈不得申理、冻无衣饥无食、病有得医死不得葬等[1]。说明统治

简陵远景

---

[1]《全唐文》卷八〇四，刘允章《直谏书》。中华书局 1983 年影印本，第 8449—8450 页。

十分黑暗，老百姓已无法正常地生活下去。事实也是如此。咸通年间先后爆发了裘甫领导的浙东农民起义和庞勋领导的徐泗地区农民起义，从而拉开了唐末农民大起义的序幕。咸通十四年（873）七月十九日，唐懿宗病死于长安城之咸宁殿，享年41岁。

2. 简陵营建始末

简陵在富平县西北18公里的紫金山，东南距元陵3.5公里。紫金山也叫虎头山，海拔889米。山南、山北地势较平坦，东西两边有锋台翼。

懿宗临终时，遗诏以司空、门下侍郎、平章事韦保衡摄冢宰修建陵寝，要求"其山陵制度，切在俭约，并不得以金银锦绣文饰丧具"。[1] 僖宗欲大修陵寝以尽孝道，但当时社会矛盾尖锐，农民起义迫在眉睫，国库空虚，政局不稳。故而对简陵的修建有一定影响。整个简陵工程显得较为粗放、简陋。

简陵依紫金山而筑，玄宫即开凿于紫金山南腹。陵园有城，四边置门，并建门阙、角阙。东西二神门外阙址筑于山上，其所在山峰海拔分别为814米和883

简陵北门

---

[1]《旧唐书》卷一九上《懿宗纪》，第684页。

米。封域 40 里。陵内石刻略如丰陵之制，唯北门外增设小石狮二对。

懿宗咸通十四年（873）死于长安城之咸宁殿。乾符元年（874）二月五日葬于简陵。

3. 简陵的演变

简陵在唐代后期诸陵中修建质量较差。不仅如此，在唐末即遭到破坏。五代时又被温韬盗掘。其后陵园建筑逐渐损毁。宋、明两代曾有诏保护，但作用甚微。清乾隆四十四年（1779），陕西巡抚毕沅立"唐懿宗简陵"碑。其后破坏仍时有发生。

4. 遗迹与遗存

简陵东西二门外阙筑于山上，北门外阙址所在的石马岭地势较平坦、开阔，南北二神门和东西二神门的直线距离均为 200 米左右。遗址主要有四门阙址及

简陵南门阙址遗存

简陵石狮　　　　　　　　　　　　　　　　　　　　　　简陵石人

乳台遗址。

四门阙遗址：青龙门阙台在东门外34米处，南北两阙相距68米。南阙底长18米，宽15米，高约7米。北阙底长18米，宽15米，高约6米。白虎门阙台在西门外34米处，现北两阙址相间56米。南阙底长26米，宽21米，高约9米。北阙底长26.5米，宽14.5米，高约8米。朱雀门阙台在南门外42米处，东西两阙相距104米。东阙底部残长5米，残宽2米，残高1.5米。西阙底长13米，宽8米，高7米。玄武门阙台在北门外31米处，东西两阙相距50米。东阙底长18.5米，宽16米，高约9米。西阙底长24米，宽18米，高8.5米。阙台周围砖瓦等建筑构件残存。

乳台遗址：在南神门外312米处。现存东西两阙相距147米。东阙底长20米，宽11米，高8米。西阙底部残长8米，残宽5米，基本夷为平地。

简陵石刻损毁较严重。四门石狮、神道石刻及北门外石刻均曾受到不同程度的破坏。

四门石狮：存6件。东门、西门各存1对，每对相距14.5米至20米不等。南门、北门各存1只。狮高在1.4米至1.95米，长1.15米至1.4米，宽0.87米至1.2米。均为蹲狮，体型肥硕，左牡右牝。

神道石刻：仅存8件。翼马1对，高度为2米、2.1米，身长分别为2米、2.06米。西列天马头上独角突出，而东列天马独角微小。其形制略同贞陵，而造型逼真，雕工精细，也是值得称道的。这两件石刻已于1991年移至陕西历史博物馆保存。仗马2件，现存仅余西列，形制同贞陵。翁仲2件，均在西列，头部皆残，身高2.4米，宽袖长袍，腰系革带，双手拄剑，为武官形象。另有2件小型胡人石刻，造型较为特别。

北门外石刻：玄武门外两侧有仗马现存3匹，形制与神道仗马相同。另西侧有牵马石人3尊，皆残。

1956年8月6日，陕西省公布简陵为重点文物保护单位。2001年6月25日，国务院公布简陵为全国第五批重点文物保护单位。

第十八章
唐僖宗靖陵

1. 唐僖宗生平

唐僖宗李儇（862—888）咸通三年（862）五月八日生于东内大明宫。是唐懿宗的第五个儿子，母亲为惠安皇后王氏。最初封普王，取名为俨。咸通十四年（873）七月懿宗病重时，被宦官刘行深和韩文约立为皇太子，懿宗死后继位，年仅12岁，成为唐代即位年龄最小的皇帝。

僖宗生于深宫之中，长在宦官之手，是一个热衷游乐的皇帝。他喜欢斗鸡、赌鹅，还喜欢音乐、围棋，打马球的技艺也很高超。他曾经很自负地对身边的优伶石野猪说："朕若参加击球进士科考试，应该中个状元。"

石野猪回答说："若是遇到尧舜这样的贤君做礼部侍郎主考的话，恐怕陛下会被责难而落选呢！"僖宗听到如此巧妙的回答，也只是笑笑而已。

唐僖宗即位之初，改元"乾符"，朝政由宦官田令孜操纵。当时土地兼并，赋役繁重，民不聊生，社会矛盾已经达到了白热化的程度，加之关东、河南发了大水，关中出现了旱灾和饥荒，终于爆发了王仙芝和黄巢领导的唐末农民大起义。

乾符元年（874），王仙芝起兵于长垣。次年六月，黄巢参加起义，形成一股较大的反唐势力。唐僖宗急忙调兵遣将，派宋威等人镇压起义。乾符五年（878），黄梅之战，王仙芝败死，黄巢自称"黄王"，开始南征和北伐。广明元年（880）十二月，黄巢攻克长安，建立大齐政权，改元金统；唐僖宗仓皇逃往成都。中和元年（881），唐僖宗组织官军围困长安。直到中和四年（884）才将黄巢起义军镇压下去。

黄巢起义历时十年，波及大半个中国，沉重地打击了唐王朝的统治。在镇压黄巢起义的过程中，各地军阀势力恶性发展。黄巢起义失败后，军阀之间的混战便与日俱增。光启元年（885）三月，唐僖宗回到长安，又遇上了秦宗权的叛乱。十二月，李克用进逼长安，宦官田令孜挟持唐僖宗直奔凤翔。光启二年正月，田令孜又劫僖宗逃往宝鸡。光启三年僖宗还凤翔。次年二月还长安。经过几年的奔波流浪，唐僖宗身心憔悴，精神崩溃。文德元年（888）三月死于长安城中的武德殿，享年27岁。

2. 靖陵营建始末

靖陵在乾县东北4.5公里铁佛公社南陵村，海拔806米。隔豹峪沟与乾陵相望，东北距建陵15.5公里。

唐僖宗死后，昭宗即位，以韦昭度摄冢宰，负责修建山陵事务。僖宗临终遗诏称：

靖陵近照

"约锦绣金银之饰，禁奢华雕丽工，皆例作空文，而并违先旨。今者流离若是，病毒堪悲，仗百姓即百姓一空，捐国用则国用无取，不可踵从前之计度，困此日之生灵，俾朕厚颜下见先帝。应缘山陵事物，宜令中外商量，比从来每事十分各减六七。桐棺瓦器，朕所慕之，况在今晨，勿大夜。"[1] 由于刚刚经历了唐末农民战争，唐王朝财政拮据，加之时局动荡，靖陵的规模与制度在唐陵中最为简率，不能与其他诸陵同日而语。

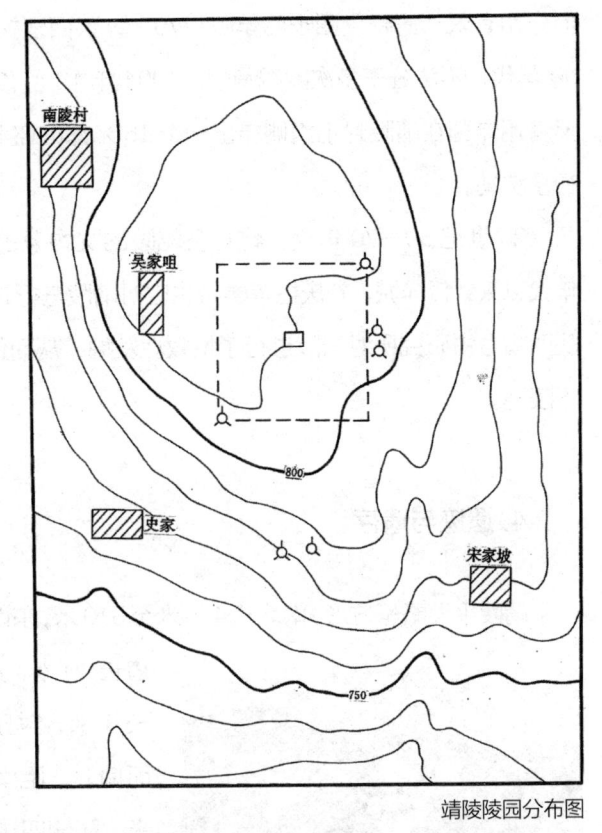

靖陵陵园分布图

靖陵系堆土而成，封域40里。陵台为覆斗形，底部边长40米，顶部边长8米，封土高8.6米。顶部亦为方形，每边长8米左右。陵园呈方形，边长480米。陵台在陵园里，东西居中，陵台距南神墙264米、距北神墙176米。

僖宗李儇为懿宗第五子，文德元年（888）死于长安城之武德殿。同年十月二十七日葬于靖陵。

3. 靖陵的演变

靖陵建于唐末，规模小，谈不上什么气势。五代时被盗。宋、明两代虽有诏保护，

---

[1]《唐大诏令集》卷一二《僖宗遗诏》，第72页。

但作用有限。清乾隆四十四年（1779），陕西巡抚毕沅曾为靖陵立碑。20世纪90年代，不法分子多次觊觎靖陵。1994年12月30日夜，靖陵再次被盗掘。盗墓者用炸药在靖陵封土南侧炸出一个16米深的盗洞，直接进入墓室，对靖陵进行了洗劫。

20世纪50—70年代，乾县及乾陵的文物考古人员曾对靖陵进行踏勘。80年代以来，贺梓城、刘庆柱等学者也曾对靖陵进行过考察。90年代靖陵被盗后，陕西省考古研究所对靖陵进行了抢救性发掘，从而使靖陵成为唯一发掘的唐代帝王陵墓。

4. 遗迹与遗存

靖陵平面略呈方形，南北长485米至510米，东西宽480米。封丘底部呈方形，边长40米，高8.6米；顶部也是方形，边长8米。封丘在陵园中的位置是东西居中而偏北，距南城墙264米，距北城墙176米。陵园四边各有一门，门外有阙，四隅有角楼。现存东北、西北和西南角阙址。东北角阙址高3米，底长16.1米，宽8米。西北角阙址高3米，底长5.5米，宽4.5米。西南角阙址已被夷平，现存角阙址残迹长6.7米，宽5.5米。乳阙在南神门外325米处，现存东西两阙相距100米。东阙底长11.3米，宽9.8米，残高4米。西阙底长11.5米，宽9.5米，残高5.5米。

考古发掘显示，靖陵地宫由墓道、甬道和墓室三部分组成，水平全长仅44.18米，比唐陵中普通陪葬墓的规格还低。墓

靖陵华表

道位于封土南侧正中，南北走向，长 35.6 米，宽 2.4 米至 2.9 米，呈 45 度附梯，腰部有二层台，两侧绘有壁画。顶部被盗洞破坏。墓室为土洞构造，穹隆顶，底部南北长 4.5 米，东西宽 5.8 米。东西两壁各有三个壁龛，龛内绘画有兽首人身的生肖图案。墓室的地面用石碑、石块、方砖铺成东西长 4.4 米、南北宽 3.1 米的棺床。棺床与北壁间有两个石函。棺木腐朽，淤泥中有人骨数块。

陵内原有石刻与丰陵相同，现多已残毁，仅存石狮、华表、仗马的残迹。南神门外石狮已残，现存华表、翼马、石马和石人，东西列间距 60 米。华表位于乳台阙址北 24 米，已倒伏。另一华表仅存底座。翼马在华表北 26 米。石马现存 3 匹，东面 2 匹、西面 1 匹。东列南数第一匹在华表北 44 米，第二匹在第一匹北 105 米。西列石马大部分残毁。

靖陵出土文物 100 余件，主要有石碑、石函、龙凤玉璧、玉佩、哀册玉残片、鎏金铜锁、鎏金宝石铜花等。由于该陵多次被盗，破坏严重，墓内的壁画已不足原来的三分之一，壁画的艺术水平远不能和盛唐时期的相比。值得注意的是，用来铺设棺床的石碑竟是乾陵陪葬者杨再思和豆卢钦望的墓碑。豆卢钦望碑保存较好，而杨再思碑文字已漫漶不清。此二碑现存乾陵博物馆。

1956 年 8 月 6 日，陕西省公布靖陵为重点文物保护单位。2001 年 6 月 25 日，国务院公布靖陵为全国第五批重点文物保护单位。

靖陵石人

第十九章

唐昭宗和陵

1. 唐昭宗生平

唐昭宗名晔（867—904），是唐懿宗的第七个儿子，母亲为惠安皇后王氏，咸通八年（867）三月二十二日生于长安东内。咸通十三年（872）四月封为寿王，改名为杰。乾符四年（877）遥镇幽州。文德元年（888）三月立为皇太弟，改名为敏，旋而即位，改名为晔，时年22岁[1]。大顺元年（890）正月，上尊号为"圣文睿德光武宏孝皇帝"。

唐昭宗是在大宦官杨复恭的支持下登上皇位的。但他对杨复恭的专权十分不满。大顺元年他打算以强兵服天下，向桀骜不驯的河东节度使李克用宣战，结果被打得大败。大顺二年（891），他依靠大臣孔伟、崔胤等人，先后诛杀了宦官头目杨复恭、宋道弼等人。不久，宦官刘季述等人又担任了神策军中尉等要职，与藩镇勾结，企图长期挟制昭宗。景福二年（893），昭宗征讨凤翔节度使李茂贞，

---

[1]《唐会要》卷二《帝号下》，第16页。

又遭到失败，被迫与李茂贞讲和。乾宁二年（895），因禁军内乱逃入终南山，其后又为李茂贞所逼，性情变得暴躁，常饮酒消愁，迁怒于侍从人员。光化三年（900），刘季述等囚禁昭宗，将年幼的皇太子立为皇帝。宰相崔胤写信请镇守河南的朱全忠率兵勤王。朱全忠消灭了宦官势力，便把唐昭宗控制在自己手中。天祐元年（904）春，朱全忠迫使唐昭宗迁都洛阳。不久，又指示蒋玄晖令史达等率100余人叩开宫门，将昭宗杀死。

唐昭宗在位17年，力图内除宦官，外抑藩镇，重振唐室。但终因势单力薄，无法扭转残局。昭宗死后，被草草掩埋在和陵。和陵系堆土成陵，规模卑小。"文革"中墓冢大体被夷为平地。今陵侧有西宫底、东宫底等村。这些村名大概与和陵有一定关系。

唐昭宗和陵

2. 和陵概况

和陵位于河南省偃师市缑氏乡的景山之侧（东经112°08′，北纬34°07′），东南距太子李弘的恭陵很近，约2公里。《旧唐书》卷二〇下《昭宗纪》载，天祐元年（904）八月昭宗遇害，"二年二月二十日葬于和陵"。

第二十章

唐哀帝温陵

1. 唐哀帝生平

哀帝李柷是唐昭宗的第九个儿子,母亲姓何。景福元年(892)九月三日生于长安大内。乾宁四年(897)封辉王,改名为祚。天复三年(903)二月拜开府仪同三司,充任诸道兵马元帅。天祐元年昭宗死后即位,改名为柷,年仅13岁。当时朱全忠改朝换代的野心已经明朗,哀帝只不过是朱氏手中的玩物而已。天祐二年(905)哀帝封朱全忠为魏王,并加九锡,朱全忠拒而不受。天祐四年(907)朱全忠迫使唐哀帝迁都大梁(今河南开封)。不久,朱全忠代唐自立,废哀帝为济阴王,迁居曹州。于是哀帝成为唐朝历史上的亡国之君。次年,朱全忠令人毒死哀帝,以王礼葬于温陵。

2. 温陵概况

温陵在山东菏泽东南,离定陶不远(东经115°04′,北纬35°02′)。《唐会要》

卷二载：唐哀帝"葬济阴之定陶乡"[1]。

温陵系堆土成陵，初建时规模很小。后唐庄宗同光三年（925）加大了封丘。后唐明宗时，又在温陵修建了陵邑，还在曹州修建了哀帝庙。但温陵的所在地比较低下。明代黄河泛滥，温陵被洪水淹没。

---

[1]《唐会要》卷二《帝号下》，第17页。

下编

唐代帝陵余论

第一章

唐代追尊皇帝陵墓

唐朝建立后，曾追尊过四位皇帝，即献祖宣皇帝李熙，懿祖光皇帝李天赐，太祖景皇帝李虎，世祖元皇帝李昺。后来武则天亦曾追尊其父武士彟为帝。

1. 献祖建初陵

《唐会要》卷一《帝号上》载：李熙为凉武昭王李暠之曾孙，嗣凉王李歆之孙，弘农太守李重耳之子。北魏时曾任金门镇将，在武川一带驻防。武德元年（618）六月二十二日，追尊为宣简公，

唐祖陵标志碑

咸亨五年（674）八月十五日追尊为宣皇帝，庙号献祖，崇饰其墓，号建初陵。

史载，建初陵在河北赵州昭庆县界。太宗贞观二十年（646），曾令李尊师、李宽等对该陵进行维修。玄宗开元十三年（725）在陵东修建光业寺，作为该陵的附属设施。仪凤二年（677）五月一日追封为建昌陵，开元二十八年（740）七月十八日诏改为建初陵。《元和郡县图志》载，陵高四丈，周回一百五十六步。

该陵位于今河北邢台隆尧县魏庄镇王尹村北。东西北三面地势较高，南面神道所在地势低洼。神道两侧原有华表一对、石马六匹、石狮两尊、翁仲两对。整个陵园颇为雄伟。时至今日，封土已平，陵区成为洼地。现有石狮一对，在县文管所保存。

2. 懿祖启运陵

李天赐为李熙长子，在北魏时曾任幢主，死后赠司空。唐高祖武德元年（618）六月二十二日追尊为懿王，高宗咸亨五年（674）八月十五日，追尊为光皇帝，庙号懿祖，称其墓为启运陵。仪凤二年（677）三月一日，追封为延光陵。玄宗开元二十八年（740）七月十八日，诏改为启运陵。

启运陵在建初陵附近，其制度、规模与建初陵相同。该陵部分神道石刻尚存。清袁文浼《吊唐祖陵》诗云："开元盛事入平芜，剩有残碑记建初。八代灵光开帝业，五云神异护遗墟。墓门久已埋秋草，石马愁看卧断渠。千载兴亡凭吊意，至今收拾付樵渔。"

启运陵与建初陵合称"唐祖陵"，1982年被列为河北省重点文物保护单位，2006年

启运陵石刻

又被公布为国家重点文物保护单位。

3. 太祖永康陵

李虎为李天赐第二子，因讨伐东魏有功，成为北周八柱国之一，官至左仆射，封陇西郡公。死后追封为唐国公。李渊建唐后，于武德元年（618）六月二十二日追尊李虎为景皇帝，庙号太祖，增修其墓，称为永康陵。

永康陵封丘　　　　　　　　　永康陵石狮

史载，永康陵在京兆府三原县界。其具体位置在今三原县陵前乡侯家堡，陵墓呈圆丘形。实测其底径40米，残高8米。神道自南而北设置华表、天禄、立仗马、翁仲等大型石刻。据《新唐书·百官志》记载，该陵在唐时设有七品陵令进行管理，并确定陪葬之制。有李夺、李孝同等人陪葬。现为陕西省重点文物保护单位。

4. 世祖兴宁陵

李昺为李虎第二子，袭其父爵，累官至安州总管、柱国大将军。因系李渊之父，故备受尊崇。武德元年（618）六月二十二日追尊为元皇帝，庙号世祖。重整墓冢，号兴宁陵。

《唐会要》卷一载："兴宁陵在京兆府咸阳县界。"具体位置在今咸阳市正

兴宁陵封丘　　　　　　　　　　兴宁陵石刻

阳乡后排村，距咸阳市约15公里。封土呈圆形，底部直径约15米，残高5米。墓侧有盗洞。

·　陵南有神道，自南向北依次排列翼马、立仗马、石狮等大型石刻。今神道已变为农田。石刻仅存八种，均为唐初所置。翼马一对，通长2.25米，高1.6米。腹部有云状柱与底座相连。立仗马两对，地面以上高约1.2米，其长度为2.05米至2.2米。石狮一对，深陷地中，地上高度不到1米，长度为1.3米。狮马造型虽较普通，但奠定后来关中唐陵石刻之基础。

5. 昊陵

武则天在当了皇帝以后，追尊其父武士彟为"大周无上孝明高皇帝"。因而他的墓也就从太原王墓变成"昊陵"。

武士彟与唐高祖关系密切，贞观九年（626），唐高祖病亡，武士彟号恸成疾，死于荆州。"遗令归葬文水，因山为坟，穿足容棺，敛以时服"。唐太宗"嗟悼久

昊陵出土石狮

之"，说他是可谓忠孝之士，乃令官造灵舆，送达故乡。又让并州大都督英国公李勣监护丧事，缘丧所须，并令官给。

　　武士彠墓随着武则天身份的变化而不断提高。武则天称帝后推崇父母，分别将他们追尊为皇帝和皇后，并对坟墓进行了重新整修。还在昊陵树立了巨大的《攀龙台碑》。遗憾的是这块巨碑在明代因地震而沉入地下。其陵园制度与规模尚不清楚。

第二章
唐代追谥皇帝陵墓

有唐一代，还曾追谥过五位皇帝。他们是孝敬皇帝李弘[1]，殇皇帝李重茂，让皇帝李宪，奉天皇帝李琮，承天皇帝李倓。

1. 孝敬皇帝恭陵

李弘为唐高宗第五子，永徽四年（653）正月封代王，显庆元年（656）册

恭陵神道

---
[1] 太子弘的"弘"字，有些文献中写作"宏"，系避讳所致。引文中出现的"宏"字照引。

为皇太子，上元二年（675）四月二十五日，薨于合璧宫绮云殿，五月五日，赠谥曰孝敬皇帝，葬于恭陵。

关于太子李弘之死，史书记载不一。《旧唐书》卷五《高宗纪》云：上元二年（675）四月"己亥，皇太子弘薨于合璧宫之绮云殿"。同书卷八六《高宗诸子·孝敬皇帝弘传》云："上元二年，太子从幸合璧宫，寻薨，年二十四。"《新唐书》卷三《高宗纪》云：上元二年四月己亥，"天后杀皇太子"。同书卷七六《则天顺圣皇后武氏传》云："萧妃女义阳、宣城公主幽掖庭，几四十不嫁，太子弘言于帝，后怒，鸩杀弘。"卷八一《孝敬皇帝弘传》云："帝尝语侍臣：'弘仁孝，宾礼大臣，未尝有过。'而后将骋志，弘奏请数迕旨。上元二年，从幸合璧宫，遇鸩毙，年二十四，天下莫不痛之。"《资治通鉴》卷二〇二高宗上元二年四月条载："太子弘仁孝谦谨，上甚爱之；礼接士大夫，中外属心。天后方逞其志，太子奏请，数迕旨，由是失爱于天后。义阳、宣城二公主，萧淑妃之女也，坐母得罪，幽于掖庭，年逾三十不嫁。太子见之惊恻，遽奏请出降，上许之。天后怒，即日以公主配当上翊卫权毅、王遂古。己亥，太子薨于合璧宫，时人以为天后鸩之也。"

从这些记载来看，"鸩杀"说盖出于《新唐书》。对于《新唐书》的记载，《资治通鉴》的作者已表示怀疑。司马光在《考异》中说："《新书本纪》云：'己亥，天后杀皇太子。'《新传》云：'后将逞志，弘奏请数迕旨，从幸合璧宫，遇鸩薨。'《唐历》云：'弘仁孝英果，深为上所钟爱。自升为太子，敬礼大臣鸿儒之士，未尝居有过之地。以请嫁二公主，失爱于天后，不以寿终。'《实录》《旧传》皆不言弘遇鸩。按李泌对肃宗云：'高宗有八子，睿宗最幼。天后所生四子，自为行第，故睿宗第四。长曰孝敬皇帝，为太子监国，仁明孝悌。天后方图临朝，乃鸩杀孝敬，立雍王贤为太子。'《新书》据此及《唐历》也。按弘之死，其事难明，今但云时人以为天后鸩之，疑以传疑。"司马光的这一怀疑是有道理的，但他在众说纷纭的史料面前，不肯做出明确的判断，只说"时人以为天后鸩之"，做客观的叙述。司马光修《通鉴》时，《新唐书》刚问世不久。作为当时著名的历史学家，司马光对宋祁、欧阳修撰写《新唐书》的情况是比较清楚的。据《考异》所说，《新唐书》"鸩杀"说的来源是李泌对肃宗讲的话和《唐历》的记载。从《通鉴考异》中可知，司马光在修《通鉴》时，曾看到过当时的《实录》。《实录》不言太子弘遇鸩。《旧唐书》卷五《高宗纪》、卷八六《高宗诸子·孝敬皇帝弘传》，《唐会要》卷二《追谥皇帝·孝敬皇帝弘》及《册府元龟》卷二五八《令德》等亦不言遇鸩。这些都说明"鸩杀"说缺乏可靠记载。

事实上，太子弘在册封为皇太子时就受到唐高宗和武则天的厚爱。唐高宗曾寄予很大的希望："惟尔代王宏，猗兰毓祉，乔桂凝华，岐嶷表于天姿，符瑞彰于神授。""朕虔奉灵图，肃膺丕业，仰惟七庙之重，思隆万叶之庆，畴咨列辟，钦若前修，是用命尔为皇太子。"要他"绝骄奢之心，纳忠良之训"，"无怠无荒，固保我宗基"[1]。由于李弘当时太小，立为太子后并没有立即移居东宫，仍然生活在武则天身边，直到显庆四年（659）十月加元服，始入居东宫[2]。时唐高宗与武则天幸洛阳，留皇太子"监国"，"太子思慕不已，上闻之，遽召赴行在"。可见太子弘对唐高宗和武则天是很有感情的，亦"深为帝及天后所钟爱"[3]。唐高宗和武则天还注意培养他的政治才能。如龙朔三年（663）十月一日，诏云："宜令皇太子宏每日于光顺门内坐，诸司有奏事小者，并启皇太子。"[4]咸亨二年（671）前，高宗和武则天亲自为太子弘选择了美丽的妃子；当该妃婚前被贺兰敏之奸污后，武则天大伤脑筋，不惜杀死贺兰氏这

孝敬皇帝睿德记

---

[1]《全唐文》卷一四，高宗皇帝《册代王宏为皇太子文》，第166页。
[2]《册府元龟》卷二五七《储宫部·建立二》，第3059页。
[3]《册府元龟》卷二五八《储宫部·令德》，第3070页。
[4]《全唐文》卷一三，高宗皇帝《命皇太子领诸司启事诏》，第158页。

位外甥，这位武士彠的继承人。咸亨二年（671）后，他们又为太子弘纳右卫将军裴居道之女为妃[1]。

太子弘头脑聪明，但身体不好。《旧唐书》卷一八九《邢文伟传》载李弘自述云："早尚坟典，每欲研精政术，极意书林。但往在幼年，未闲将卫，竭诚耽诵，因即损心。"意思是说，他小的时候学习刻苦，但不知道保护身体，结果用功过度，伤了身体。到他能参与朝政时，又得了重病。《旧唐书》卷八六《高宗中宗诸子·孝敬皇帝弘传》录制文曰："自琰圭在手，沉瘵婴身。""瘵"即肺结核，在当时的医学条件下，这种病是很难治愈的[2]。因此，太子身体越来越坏。到咸亨二年（671）"监国"时，竟一度不能过问朝政。《旧唐书》卷八六《孝敬皇帝弘传》载："是时戴至德、张文瓘兼左庶子，与右庶子萧德昭同为辅弼，太子多疾病，庶政皆决于至德等。"咸亨三年（672），病情有所好转，但仍不能正常行动，而为"风虚"所苦[3]。为了使太子弘恢复健康，唐高宗和武则天曾下旨"不许重劳"[4]，但并未能使李弘病情好转。上元二年（675），高宗"风疹不能听朝"[5]，太子亦为沉瘵所迫。三月，高宗"苦风眩甚"[6]。见太子身体如此，欲下诏令天后摄知国政，但遭到宰相郝处俊的激烈反对。于是高宗决定等太子弘病愈，便让他摄知国政。但为时不久，太子弘病情恶化，终于被病魔夺去了年轻的生命。对此，当时的文书上写得十分清楚。《赐谥皇太子宏孝敬皇帝制》云："皇太子宏，生知诞质，惟几毓性。直城趋驾，肃敬著于三朝；中寝问安，仁孝闻于四海。若使负荷宗庙，宁济家邦，必能永保昌图，克延景历。岂谓遽婴雾露，遂至弥留。顾惟辉掌之珍，特切钟心之念，庶其痊复，以禅鸿名。及腠理微和，将逊于位，而宏天资仁厚，孝心纯确，既承朕命，掩歜不言，因兹感结，旧疾增甚。"[7]《册谥孝敬皇帝文》

---

[1]《旧唐书》卷八六《孝敬皇帝弘传》，第2829页。
[2] 见宋代医学著作《三因极一病证方论》。
[3]《新唐书》卷一〇六《邢文伟传》，第4057页。
[4]《旧唐书》卷一八九《邢文伟传》，第4960页。
[5]《旧唐书》卷五《高宗纪》，第100页。
[6]《资治通鉴》卷二〇二，高宗上元二年三月条，第6375页。
[7]《全唐文》卷一一，高宗皇帝《赐谥皇太子宏孝敬皇帝制》，第139—140页。

云:"咨尔故皇太子宏,克岐克嶷,有德有行。……顷炎象戒节,属尔沈疴。实美惟瘁,释予重负。粤因瘳降,告以斯怀。尔忠恳特深,考情天至,闻言哽咽,感绝移时,因此弥留,奄然长逝……。"[1]《孝敬皇帝睿德纪》亦云:"属炎戒辰,凉宫避暑,□因扈□,□沉□。及其□愈,乃申□(中缺)性特隆,一闻斯言,因便感咽,伏枕流欷,哽绝移时,重致绵留,遂咸沈痼。西山之药,不救东岱之魂;吹汤之医,莫返逝川之命。以上元□年□月廿五日薨于□之□□□□"[2]。

就是说,太子弘随高宗去合璧宫避暑时,又得了重病,一度昏迷不醒。其后病情稍有好转,唐高宗表示将禅位于他。听了这话,太子深感不安,很快导致病情加剧:先是"伏枕流欷",接着便重新昏迷。病情恶化,抢救无效,于上元二年四月二十五日在合璧宫死去。

太子弘死后,被追谥为"孝敬皇帝"[3]。葬于洛阳附近缑氏县景山之恭陵,"制度一准天子之礼"[4]。唐高宗还在大病之余亲制《孝敬皇帝睿德纪》,并书之于石,树之陵侧。在《孝敬皇帝睿德纪》中,唐高宗对太子弘做了高度的评价,说他具有九德:至孝、至仁、至明、至俭、至正、至博[5]、至直[6]、至睦、至通。这样的评价显然是过于溢美,但它反映出高宗

恭陵华表

---

[1]《全唐文》卷一四,高宗皇帝《册谥孝敬皇帝文》,第147页。

[2]《全唐文》卷一五,高宗皇帝《孝敬皇帝睿德纪》,第185页。另《金石萃编》卷五八《孝敬皇帝睿德纪》记载所缺字与其不同。

[3]《全唐文》卷一一,高宗皇帝《赐谥皇太子宏孝敬皇帝制》,第140页。

[4]《旧唐书》卷八六《孝敬皇帝传》,第2830页。

[5]《孝敬皇帝睿德纪》碑残泐已久。此字《全唐文》卷一五及《金石萃编》卷五八不录。无从得知其旧。据所列事实,似应为"博"。

[6] 此字王昶撰:《金石萃编》卷五八《孝敬皇帝睿德纪》不录。见《全唐文》卷一五《高宗皇帝·孝敬皇帝睿德纪》,第185页。

对太子弘的悼念之深。当时武则天也在洛阳,并负责处理朝政,诸如追谥太子为孝敬皇帝、葬礼一准天子等事武则天肯定是赞同的。这说明她与高宗的心情是完全相同的。《孝敬皇帝睿德纪》上说:太子死后,"天后心缠积悼,痛结深慈。相凤□□□□□□□□□泣。昔周(中缺)言朕之怀,不欲违其心许,故申旧命,爰赠尊名。粤以吉辰,乃谥为孝敬皇帝"。

恭陵走狮

恭陵位于河南省偃师市缑氏镇东北2.5公里的滹沱岭上。陵园坐北朝南,呈正方形,长宽均为440米,人称"太子冢"。其东北有小丘,人称"娘娘冢"。"太子冢"底部东西长150米,南北宽130米,残高22米。四面墙垣已毁,仅存基址。神道石刻高大精美。

现存石刻18件。由南向北依为:华表一对,通高6.5米。天马一对,高2.4米,长2.65米。石人三对,高度在2.73至3.3米之间,石狮一对。高2.64米,长2.76米。这些石刻造型美观,排列有序,对关中唐陵石刻有较大影响。此外,陵园中还矗立着《孝敬皇帝睿德纪》之碑。该碑通高7.23米,楷书2000余字,具有很高的历史价值。

2. 殇皇帝墓

李重茂为中宗第四子,圣历三年(700)腊月封为北海郡王。神龙元年(705)二月,改封温王,景龙四年(710)六月三日,册为皇太子。六月七日,即皇帝位,年号"唐隆",史称"唐少帝",又称"哀帝"。实权掌握在韦后手中,形同傀儡。二十四日,李隆基发动"唐隆政变",诛杀韦后、安乐公主及上官婉儿。太平公主令其让位于睿宗,隆封温王。景云二年(711)正月改封襄王，集州安置。开元二年（714）转任房州刺史。四月，薨于房州，年十七[1]，追谥殇皇帝。

殇帝死后，葬于武功西塬。由于殇帝父母不以善终，其兄重润、重福、重俊皆死于非命，加之本人遭废疲贬，因此虽曾称帝，却是以庶人之礼埋葬的。其墓规模狭小，微不足道。《长安志》略云："唐哀帝陵在县西原上。"今已无迹可寻。

3. 让皇帝惠陵

让皇帝李宪（679—742），原名成器。睿宗李旦长子，母为肃明刘皇后。能诗歌，通晓音律，尤善吹笛。本为太子，后让于其弟李隆基。历任太子太师、太尉，封宁王。恭谨自守，不妄交结，不预朝政，为玄宗所重。开元二十九年（742）冬，京城特别寒冷，凝结的霜封树，李宪病死，享年63岁。玄宗感念他的恩德，追谥他为"让皇帝"，并让他陪葬桥陵，称墓为惠陵，老百姓则称之为"让冢"。惠陵位于蒲城县西北4公里的三合村东北。详参"追谥皇帝"。

《长安志》记载：惠陵"在县西北一十里封阳乡胡村。封内十一里。陪葬诸王三（郑王筠、嗣宁王琳、同安王珣），公主三（蔡国、代国、霍国）"[2]。封土呈圆锥形，底部约30米见方，高约14米。墓前原有华表、石人、石马等，

惠陵封丘

---

[1]《资治通鉴》载，殇帝即位时年十六。若如此，则生于武则天延载元年（694），享年当为20岁。
[2]〔宋〕宋敏求撰，辛德勇、郎洁点校：《长安志》卷十一《蒲城》，三秦出版社2013年版，第549页。

现在仅存石碑一通，石人、石狮各一对。2000年，考古工作者对此墓进行了发掘。出土各种文物860余件。

4. 奉天皇帝齐陵

李琮为玄宗长子，本名李嗣直。睿宗景云元年（710）封许昌郡王。玄宗先天元年（712）封郯王，改名为潭。

惠陵翼马

开元四年（716）遥领安西大都护兼安抚河东关内陇右诸蕃大使，改封庆王。开元十五年（727），遥领凉州都督兼河西诸军节度大使。开元二十一年（733）授太子太师，赐名李琮。开元二十四年，又进位司徒。天宝十一载（752）去世，谥靖德皇太子。肃宗至德元载（756），追册为奉天皇帝，备礼改葬于齐陵。

齐陵在临潼华清宫之北新丰镇街。《长安志》卷十五载："唐奉天皇帝齐陵在县东一十六里旌儒乡新丰店西。"该陵呈圆丘形，底径残长45米，残高10米，夯土层厚度在18至20厘米之间。1966年曾在封土边出土"天七官"铭文砖一块。附近有唐代砖瓦残片。2002年曾对此陵进行考古发掘。

5. 承天皇帝顺陵

李倓为肃宗第三子，玄宗天宝年间封建宁郡王，授太常卿同正员。"安史之乱"发生后，与唐玄宗逃往成都。马嵬兵变后，劝其父北上灵武称帝。肃宗即位后，命其统军作战。后为李辅国、张良娣陷害，被肃宗赐死。宝应初（762），肃宗悔悟，赠封齐王。代宗大历三年（768），追封承天皇帝，改葬于顺陵。

承天皇帝顺陵位置不确。《长安志》卷十三载，承天皇帝顺陵在咸阳东北二十五里长陵乡，但注释又说是武后父母陵。因李倓为人正直，颇有功绩，被害而死，故受到时人同情。皇甫冉《故齐王赠承天皇帝挽歌》云："礼成追崇日，人知友悌恩。旧居从代邸，新陇入文园。鸿宝仙书秘，龙旂帝服尊。苍苍松里月，万古此高原。"

第三章

唐代帝陵之谜

1. 关中十八陵被盗之谜

从有关资料来看，唐陵地宫的封闭程度是很高的。但是，经过千余年的风雨沧桑，这些"宏丽不异人间"的地下宫殿还能保存完好吗？考古界普遍认为：唐陵地宫多次遭受过人为破坏，温陵被淹，和陵被盗，"关中十八陵"中也有17座被盗，只有乾陵幸免于难。其根据主要有三：一是唐德宗曾在一份诏书中说："朱泚反易天常，盗窃名器，暴犯陵寝。"[1] 二是黄巢退出长安后，高骈在写给唐僖宗的奏章中，有"今则园陵开毁"之句。三是《新五代史·温韬传》载："韬在镇七年，唐诸陵在其境内者，悉发掘之……惟乾陵风雨不可发。"[2] 从有关资料来看，和陵、温陵的情况的确如此，但"关中十八陵"并非只有乾陵幸免于难。

诚然，唐德宗确曾说过朱泚"盗窃名器""暴犯陵寝"的话，但这并不等于说朱泚掘开了唐陵。朱泚本为唐臣，泾原兵变，德宗出走奉天（陕西乾县）之后，

---

[1]《旧唐书》卷一二《德宗纪》上，第340页；《资治通鉴》卷二二九，德宗兴元元年正月，第7392页。
[2]《新五代史》卷四〇《温韬传》，第441页。

才自称皇帝，走上了反唐的道路[1]。因此，假使朱泚盗掘唐陵，也只能是称帝以后的事。但从朱泚称帝以后的情况看，他不可能盗掘唐陵。首先，他没有盗掘唐陵的动机。有人建议说："陛下既受命，唐之陵庙不宜复存。"他的答复是："朕尝北面事唐，岂忍为此！"其次，他没有盗掘陵墓的必要。大抵盗陵，多为财宝。朱泚既据京师，不胜其富。府库之宝，尚取之不尽，何必求之于陵墓？再者，他也没有盗掘陵墓的机会。朱泚称帝不久，即督师西进，与唐军胶着于奉天，不久兵败，逃归长安，"但为城守之计"[2]，根本无盗掘唐陵之力。因此两《唐书》《通鉴》以及专门记录朱泚之乱的《奉天录》中，都没有朱泚盗发唐陵地宫的材料，只是说朱泚进攻奉天城时，"斫乾陵松柏，以夜继昼"，"据乾陵作乐，下瞰城中，词多侮慢"。可见，唐德宗所谓"盗窃名器"当是就朱泚据京师，自称皇帝而言的。至于"暴犯陵寝"，仅仅是指朱泚砍伐乾陵树木，移帐陵寝的不敬行为而已。

高骈在给唐僖宗的奏章中确有"今则园陵开毁"之句，但种种迹象表明，黄巢亦无开毁关中唐陵之举。第一，高骈给唐僖宗的这个奏章，是他在"既失兵柄，

永泰公主墓发现的盗洞

---

[1]《旧唐书》卷二百下《朱泚传》，第 5389 页；《新唐书》卷二二五中《朱泚传》，第 6446 页。
[2]《资治通鉴》卷二二九，德宗建中四年，第 7376 页。

又落利权，攘袂大诟"的情况下，令门客顾云代笔写成的。当时他们都在淮南，对关中发生的情况并不十分了解。僖宗令郑畋复诏高骈，批评他"指陈过当"[1]。可见高骈所言，不大符合实际。第二，两《唐书》《僖宗纪》《黄巢传》及《通鉴》中皆无黄巢盗陵之说。黄巢退出关中后，天下行营兵马都监杨复光在写给唐僖宗的告捷书中，备列黄巢"罪恶"，也没有提到盗陵之事。第三，黄巢自广明元年十二月末攻入长安到中和三年四月离开关中，与京城四面唐军的搏斗一直没有停止。当时义军所缺少的是食物，而唐陵中不会有这些东西。因此说义军盗发唐陵，似乎于理不通。第四，如果说黄巢发掘了唐帝诸陵，那么，唐僖宗在镇压了起义军之后，必然要下令修复。但事实上，僖宗只下了一道《修奉太庙制》，并没有颁发修复陵寝的诏书。因此，所谓"黄巢盗陵"也是"莫须有"的东西。

《新五代史·温韬传》所载温韬盗陵事，本身是没有什么问题的。因为《通鉴》卷二六七载："华原贼帅温韬聚众嵯峨山，暴掠雍州诸县，唐帝诸陵发之殆遍。"[2]《旧五代史·温韬传》亦载："唐诸陵在境者悉发之。"[3] 这些记载与《新五代史·温韬传》所载基本上是相同的。此外，文物考古工作者在重点勘察乾陵的时候未曾发现盗洞[4]。但是，我们不能据此简单地得出17陵被盗，唯乾陵尚存的结论。因为《新唐书·温韬传》等说得清楚"唐诸陵在其境内者悉发掘之""惟乾陵风雨不可发"。我们必须首先弄清楚温韬的辖"境"究竟有多大，"关中十八陵"是不是都在他的"境内"。史载，温韬年轻时聚众为盗，占据华原（今陕西铜川耀州区）。乾化元年（911），被岐王李茂贞募为"假子"，改名李彦韬，任命为义胜军节度使，统耀、鼎二州。均王贞明元年（915），降于后梁；后梁改耀州为崇州，鼎州为裕州，义胜军为静胜军，改其名为温昭图，职任如故。后唐庄宗同光元年（923），又降于后唐；后唐大臣郭崇韬说他是劫陵贼，要求庄宗将他处死；但他贿赂了刘皇后和权贵伶官，不但未被处死，反而得留旧镇。

---

[1]《旧唐书》卷一八二《高骈传》，第4707页。
[2]《资治通鉴》卷二六七，后梁太祖开平二年十月，第8705页。
[3]《旧五代史》卷七三《温韬传》，第961页。
[4] 陕西省文管会：《唐乾陵勘查记》，《文物》1960年第4期，第58页。

直到明宗即位之后，始被流放德州，继而赐死[1]。从温韬的经历来看，其直辖区域终没有超出义胜军的范围，而义胜军只辖耀、鼎二州。据两《唐书·地理志》《元丰九域志》《耀州志》《富平县志》及《三原县新志》等记载，耀州治华原，鼎州治美原，涉及三原、泾阳北部及富平西北。此外，乾州之礼泉、奉天是李茂贞的地盘，因温韬是李之假子，故亦可算在其势力范围之内。唐陵之在富平者有五：定陵、元陵、丰陵、章陵、简陵；在泾阳者二：崇陵、贞陵；在三原者三：献陵、庄陵、端陵；在礼泉者二：昭陵、建陵；在奉天者二：乾陵和靖陵。假定这些陵墓都在温韬的管辖区之内，假定这些陵墓全部被盗，也只有14座。何况有的不在其管辖之内，何况温韬只是"发之殆遍"，并没有发完！因此，我认为，"关中十八陵"中17陵蒙难，唯乾陵幸免的说法难以成立。

说到这里，读者一定会问：那么，"关中十八陵"之被盗者究竟多少！幸存者到底几何？说实话，这是一个非常困难的问题。不过，我们不妨做一番分析。如前所述，温韬所盗唐陵不会超过13座。除乾陵因风雨未能掘开之外，桥陵、泰陵、景陵和光陵皆在蒲城，属于同州，当时被后梁占领，温氏也未能插足。关于这一点，我们还可以找到有力的佐证：其一，后唐末帝李从珂曾下诏令京兆、凤翔等府及耀州、乾州奉陵诸县修奉唐陵之有"阙漏"者[2]。虽然这道诏书只不过是一纸空文，但它告诉我们，有"阙漏"的唐陵在京兆等地，而不在同州。其二，北宋建立后，太祖赵匡胤决定修复前代帝王陵寝。为此，诏令州县检查历

唐陵被盗痕迹

---
[1]《旧五代史》卷七三《温韬传》，第961页；《新五代史》卷四〇《温韬传》，第441页。
[2]《全唐文》卷一一三《修奉列圣陵寝诏》，第1156页。

代帝王陵寝的存废情况。结果得知有28座帝王陵墓在动乱中被盗,其中有"关中十八陵"中的12座,即献陵、昭陵、定陵、建陵、元陵、崇陵、丰陵、章陵、端陵、贞陵、简陵和靖陵。开宝二十九年,赵匡胤差1000名厢军,令对这些陵墓"每帝造礼衣一幅,常服一袭,具棺椁重葬","当用金宝,以假者代之"[1]。由此可见,到宋朝初年,献、昭、定、建、元、崇、丰、章、端、贞、简、靖12陵被盗;乾、桥、泰、景、光、庄六陵皆幸免于难。自宋太祖大规模修复诸帝陵寝之后,保护帝王陵墓的诏书屡著于令典,而盗掘唐陵的文字不见于史书。因此,可以说,到目前为止,"关中十八陵"中被盗者凡12座,还有6座没有受到人为干扰。

当然,由于唐陵尚未发掘,笔者对唐陵"玄宫"的推测只是个大概。同样,史书对"关中十八陵"被盗情况的记载也许有疏漏之处。笔者对有关这个问题的材料可能收集得也不够全面,所以上述结论不一定完全正确。但是这一结论并非无稽之谈。希望海内外同人继续研究这个问题,使唐陵之谜早日大白于天下。

2. 乾陵无字碑之谜

在乾陵朱雀门外司马道的两侧,有两通气势磅礴、高大雄伟的石碑:西为"述圣记",东曰"无字碑"。"述圣纪"高6.3米(一说6.5米)、宽1.86米,碑身分为五段,上有盖,下有座,以榫头扣接。因全碑由七部分组成,俗称"七节碑"。"无字碑"由一块巨石雕成,高6.23米(一说7.53,当是通计),宽2.1米,厚1.9米,重约一百吨。碑侧有"升龙图",座有"狮虎图"。"述圣纪"是为唐高宗树立的,刻满了歌功颂德之词。虽然碑文多被磨灭,但来龙去脉十分清晰。"无字碑"和武则天相联系,但与"述圣纪"的情况很不相同:表里上下,本无文字,显得异常神秘[2]。我国古代碑刻众多,不胜枚举,或简记职官姓名,

---

[1]《宋会要辑稿》卷八一九八《修陵》,第1359页。(元)脱脱等撰:《宋史》卷二《太祖本纪》所载略同(中华书局1977年版,第31页)。

[2] "无字碑"无唐人刻词,原系白碑。今有题记四十二段,乃宋元以后所为。

或详述生平事迹，大抵皆有文字[1]，为什么乾陵会出现这种没有文字的石碑呢？这是一个古老的问题，到现在仍然是众说纷纭。

有人说，武则天以女子称帝，创前代未有之奇局，自以为可与秦皇相匹。秦始皇尝作无字碑以颂其德，武则天仿而效之，故有此碑[2]。有人说，武则天喜欢自吹自擂，临终前树贞石，以歌功颂德，但撰写碑文时，感到自己所作所为极不光彩，十分惭愧，因而留下了"无字碑"[3]。有人说，武则天临死时，自认为功高德大，非文字所能表达，故仅立白碑，不刻文字，取《论语》"民无德而称焉"之意。有人说，武则天很有政治家的风度，临终遗言：己之功过，留后人评价，只立贞石，不刻文字，所以"无字碑"无字。有人说，"无字碑"不是武则天自立的，而是唐中宗李显给武则天立的。碑石立好后，在武则天称谓（称皇帝还是称母后）问题上意见分歧。唐中宗举棋不定，从而形成了"无字碑"[4]。

无字碑

---

[1] 我国封建社会遗存下来的墓碑，除乾陵"无字碑"和明十陵外，皆刻有字。一般书讳、字、姓氏、籍贯、族属、品行、履历、卒日、享年、妻子、葬时、葬地，等等。明十三陵碑之所以无字，据《世祖实录》等分析，是由于朱元璋不让儒臣为他写碑文，而树碑之明世宗等人不学无术，无能为力。参罗哲文、罗扬《中国历代帝王陵寝》，第166—67页。

[2] 乾陵"无字碑"题词有云："祖龙作无字碑今乾陵亦口陵口口光谓高宗非武后口口口性口后口口口堪与秦皇配也。"因字述漫漶残缺，很难句读。祖龙即始皇，大家理解一致，但对"今乾陵"以下理解不同。或以为则天自谓可与始皇配；或以为他人认为则天可与始皇配。持前一种见解者较多。故且录之。

[3] 范文光：《首夏上乾陵》诗，见《乾州志稿别录》。

[4] 参《中华名胜古迹趣闻录》下册，第200页。

还有人说，"无字碑"不是碑，而是"祖"，代表宗庙，当然不写文字[1]。……究竟哪一种答案正确呢？我们不妨做一番分析：

"仿效说"初看起来，似乎不无根据。今泰山云海之间，确有一通被认为是秦代的"无字碑"。可是，仔细一想，这块碑是否秦碑及在秦代是否无字还说不定。因为《史记·秦始皇本纪》和《封禅书》载秦皇刻石之事甚详，但没有提到"无字碑"。也许该"无字碑"之无字，是风吹雨打，文字磨灭的产物。退一步讲，即使"无字碑"果系秦始皇所创，说武则天仿效也有些牵强。假如武则天仿效秦始皇，那她应将"无字碑"立于泰山，而不当树之墓边。何况武则天之葬乾陵，是她死后才决定的事。她怎么会提前将自己的功德碑立于乾陵阙前？

"自惭说"漏洞比较明显。首先，与"仿效说"一样，忽视了一个基本的事实，那就是武则天死后，唐中宗才决定葬她于乾陵。其次，缺乏根据。史书中有关武则天晚期的材料较多，但并没有临终"自惭"的记录。再者，于理不通。史载，武则天死前，曾为其父武士彟立了"大周无上孝明高皇帝碑"，为其母杨氏立了"大周无上孝明高皇后碑"，为自己立了"大周万国颂德天枢"。这说明她在晚年仍在炫耀自己，怎么会一下子"惭愧"到这种地步？如果说武则天确曾惭愧，那么她为什么还要留下这块白碑？为什么不将它粉碎？

"德大说"也有明显不足。此说最早见于明人胡侍《真珠船》。胡氏不言取意《论语》，只是赞同"重难制述之意"而已。言取意《论语》者，[2] 西安市文物管理委员会所编《西安文物与古迹》等亦主张"德大说"。《论语》所谓"民无德而称焉"是孔子针对泰伯三让天下而言的。意思是说，泰伯品德极高，老百姓简直找不到恰当的词来称赞他。泰伯不是"帝王"，故"民无德而称焉"绝无"帝王德高功大"之意。这样看来，《论语》所言，与无字碑并无关系。舍此勿论，大家知道武则天曾给唐高宗树立了"述圣纪"。如果说武则天临死时要在"述圣纪"的对面立"无字碑"以表示自己的功高德大，非文字所能表达，那就无疑

---

[1] 何汉南：《唐代乾陵石刻取象初探》，见《咸阳文物考古论丛》第二辑。
[2] 见贺梓城、王仁波：《乾陵》（《文物》1982年第3期）；陕西省文物管理委员会：《陕西名胜古迹》上册，第102页。

等于在贬低唐高宗，说他德不高，功不大，她能这样做吗？如前所述，武则天还曾为自己立过"天枢"。难道说那时候她自认为自己功不高，德不大，可以用文字表达，到树墓碑时一下就变得非文字所能表达了吗？

与前二说相比，"遗言说"似近情理。此说是郭沫若在《我怎样写武则天》一文[1]中首先提出来的。郭沫若说："无字碑，是纪念武则天的碑，原无文字。据说是根据武后的遗言：自己功过让后人评说，不刻文字。"郭老名气大，这一观点既出，便受到了欢迎。后来又有人发展了郭老的说法，去掉了"据说"二字[2]，使语气变得十分肯定。从目前的情况看，这种观点比较流行。武则天自显庆五年（660）参与朝政到神龙元年（705）归位中宗，内辅外临数十年，用人纳谏，"忧劳天下"，维护唐王朝的强盛局面，确实算得上风云人物，巾帼英雄。因此，遗言"己之功过，留后人评价"不是没有可能的。如果武则天果真留下了这样的遗言，那么无字碑的真相自然就大白于天下了。但问题在于，有关武则天的最主要的史籍如两《唐书》《通鉴》《唐会要》等所载武则天遗制中并没有这样的词句。因此，"遗言说"依然难以成立。

无字碑发掘现场

---

[1] 刊 1962 年 7 月 8 日《光明日报》。
[2] 罗哲文、罗扬撰：《中国历代帝王陵寝》，上海文化出版社 1984 年版，第 102 页。

"称谓说"表面上有些道理，实际上幼稚得很。武则天临死前，曾宣布去帝号，死后亦被谥为"大圣则天皇后"，且终中宗之世，通称"大圣则天皇后"。因此，唐中宗果真要给武则天立碑，称谓是不存在什么问题的。纵然有些纠纷，称帝称后，在乎中宗一念之间，何至于举棋不定，以致不刻文字！

至于"非碑说"，完全是为了标新立异。说者见"无字碑"在左，"述圣纪"在右，便不分青红皂白，硬与古代的"左祖右社"相类比，说"无字碑"是"祖"，代表宗庙。然而，说者实不知"左祖右社"为何物。按先秦时代，天子诸侯立"祖"于宫殿之左，以祀先祖，置"社"于宫殿之右，以奉土神，而谓之"左祖右社"。故"祖"者，宗庙也。宗庙岂能等于石碑！宗庙岂能置于陵墓！

由此看来，上述答案都带有猜测性质，不能令人满意。《新唐书·武三思传》上有一条重要的信息：景龙元年（707）春，"大旱，帝（中宗）遣（武）三思、（武）攸暨祷乾陵而雨。帝悦。三思因主请复崇恩庙，昊、顺二陵，皆置令丞。其党郑愔上《圣感颂》，帝为刻石"。[1]对于这条信息，过去学者均未注意。其实，这条信息对于解开"无字碑"之谜是很有帮助的。关于景龙元年武三思等人在乾陵祷雨之事，许多文献中都有记载。如《旧唐书·中宗本纪》载：正月"己巳（三十日），遣武攸暨、武三思往乾陵祈雨于则天皇后，既而雨降，上大感悦。二月辛未，制武氏崇恩庙依旧享祭，仍置五品令、七品丞，其昊、顺陵置令、丞如庙"。[2]《资治通鉴》卷二〇八载"上遣武攸暨、武三思诣乾陵祈雨。既而雨降，上喜，制复武氏崇恩庙及昊、顺陵。……庚寅，敕改州中兴寺、观为龙兴，自今奏事不得言中兴"。[3]由此可见，乾陵祈雨之后，唐中宗的确感触很深，不仅恢复了武氏宗庙，而且令天下奏事不得言"中兴"之事。在这种情况下，郑愔撰述《圣感颂》，中宗为之刻石，都是顺理成章的事。换言之，《新唐书·武三思传》有关刻石的记载是完全可以相信的。中宗既因武三思等在乾陵祈雨而"感悦"，令刻郑氏所撰《圣感颂》于石，则此石理当立于乾陵。但从后来的情况来看，乾陵并没有一块

---

[1]《新唐书》卷一三一《外戚传》，第5841页。
[2]《旧唐书》卷七《中宗纪》，第143页。
[3]《资治通鉴》卷二〇八，中宗景龙元年二月丙戌，第6609—6610页。

刻有《圣感颂》的石碑，而只有一通高大雄伟的"无字碑"。因此，这块"无字碑"很可能就是唐中宗下令刊刻《圣感颂》的碑石。

但令人费解的是，中宗让刻《圣感颂》，而这块石碑上却没有字。为什么会造成这种现象？目前尚未发现文献中有明确的记载。从当时的社会状况推测，可能有两种情况：一是当时树了碑而未能刻字；二是刻了字被人磨掉。郑愔献《圣感颂》当在景龙元年二三月间，中宗下令刻石也当在这个时候。凡立碑先要树石。由于对碑石的规格要求很高，加之凿碑的任务由于阗工匠承担，因而工程进度较慢，到了六月份，才树起了一块高六七米，重达100吨的贞石。正当准备刻字时，唐廷内部发生了一场惊心动魄的宫廷政变。皇太子李重俊与左羽林大将军李多祚等率羽林兵300人杀了武三思、武崇训等人，并且斩关而入，企图夺取皇位[1]。虽然李重俊后来兵败被杀，但唐中宗受到很大的震惊，从此一蹶不振，加上武三思被杀，"政出多门"，再也没有人热心于推崇武氏的活动。这样，镌刻《圣感颂》的事便被搁置起来，从而形成了这块巨大的"无字碑"。这种可能性最大。还有一种可能，就是碑石竖起后刻了字。但不久郑愔被贬为江州司马，睿宗时又以谋反罪被杀[2]。因而他所撰写的《圣感颂》可能被磨掉。此外，《圣感颂》是赞美武则天的，玄宗即位不久，下令毁坏歌颂武则天的"天枢"和"拜洛受图碑"，在这种情况下，也可能下令磨掉乾陵碑上的《圣感颂》。当然，这些都是推测，还缺少更为有力的佐证。所以说，"无字碑"还是一个谜。要真正揭开"无字碑"的秘密，恐怕还要实事求是，更加努力。

3. 唐玄宗、杨贵妃死亡之谜

唐玄宗公元762年5月4日死于长安。对于唐玄宗的死，《资治通鉴》说是"崩于神龙殿"，属正常死亡。但《鸿书》的作者却说："唐明皇不得其死，人罕知

---

[1] 参《资治通鉴》卷二〇九及两《唐书》中宗纪等。
[2]《新唐书》卷四《中宗本纪》，第111页；卷五《睿宗本纪》，第117页。

之。后温韬发其陵，见皇头乃破两半，以铜丝缝合。"[1] 唐玄宗究竟是怎样死的？这又是一个谜。

唐玄宗生前与唐肃宗和权阉李辅国的矛盾很深。唐肃宗名亨，是玄宗的第三个儿子，开元二十六年（738）被立为皇太子而不为玄宗所喜。玄宗晚年宠爱杨贵妃，沉溺于歌舞酒色之中，把政事交给奸相李林甫、杨国忠和宦官高力士处理。李林甫和杨国忠为了自己的既得利益，多次企图动摇李亨的皇太子地位，造成了太子亨对自己前途的忧虑和对唐玄宗的怨恨。"安史之乱"爆发后，叛军逼近长安，唐玄宗带着皇太子和杨贵妃仓皇出奔。不料行至马嵬，皇太子便在李辅国等人的帮助下发动兵变，杀了杨国忠及杨贵妃，挥师北上，自称皇帝，使唐玄宗失去了至高无上的皇位。对此，唐玄宗极为痛恨，只是迫于时势，不说而已。郭子仪等人收复两京后，唐玄宗以太上皇的身份从四川回到长安。唐肃宗怕他死灰复燃，对他管束很严。760年8月，李辅国诬奏玄宗交通外人，阴谋复辟；肃宗即贬逐玄宗的贴身侍卫，强令唐玄宗迁往西内太极宫居住。在西迁途中，李辅国率铁骑数百人拦住去路，杀玄宗随从一人，要不是高力士拼死护驾，玄宗可能就成为刀下之鬼。

但是，我们从史书中找不出唐玄宗被杀的其他材料。相反，有关唐玄宗正常死亡的记载却很多。《鸿书》所载温韬盗掘玄宗陵墓的说法也未必可靠。温韬的确是唐陵大盗，但他没有把唐陵掘完，只是盗掘了在他辖境之内的唐陵。如前所述，温韬的势力范围始终没有超出耀、鼎二州，即今耀州区、三原、泾阳北部及富平西北一带；而唐玄宗的泰陵在蒲城金粟山，属同州管辖，当时被后梁控制，他怎能插足？据后唐末帝李从珂和北宋太祖赵匡胤修复唐陵的诏令，温韬并没有掘开泰陵。因此，我们又很难得出唐玄宗被杀的结论。当然，史书记载帝王死亡往往有隐讳之处。唐玄宗之死还是个谜。恐怕到泰陵发掘之日，才能揭开谜底。杨贵妃与唐玄宗有极为密切的关系，唐玄宗的死是个谜，杨贵妃的死也是个谜。

---

[1]（明）王在晋：《历代山陵考》卷下《历代山陵纪事》，中华书局1991年版，第135页。

史书记载杨贵妃死于马嵬。当安禄山的叛军攻破洛阳，直扑长安的时候，唐玄宗带着皇太子和杨贵妃等人向四川逃去。行至马嵬坡，龙武大将军陈玄礼趁机发动兵变，杀了杨国忠父子，围困玄宗所在的驿宫，要玄宗交出杨贵妃。玄宗无奈，只好赐贵妃死。一代佳人，在佛堂前梨树下缢死。

但有人说杨贵妃并没有死，而是流落民间。马嵬兵变时，唐玄宗与杨贵妃的感情依然很深，不肯将她交出，仓促之际，另觅替身。把杨贵妃让使者牵去，"藏匿远地了"。正因为如此，白居易在《长恨歌》中闪闪烁烁，说"马嵬坡下泥土中，不见玉颜空死处"；唐玄宗才"悲悼妃子，无日无之"，"三载一意，其念不衰"，才有派临邛道士到处搜寻之举。杨贵妃流落民间，大约当了女道士。

还有人说杨贵妃东渡日本。高力士奉命用罗巾把杨贵妃缢死以后，陈玄礼即令"哗变"士兵解围。宫女在给贵妃整衣时，发现她一息尚存，还没有断气，就立即用按摩等办法予以抢救。结果杨贵妃奇迹般地复活了。在别人的帮助下机智地避开龙武官兵，离开马嵬，昼伏夜行，随逃难的人群经襄阳顺江而下，到达扬州。后来几经周折，结识了日本遣唐使藤原，又随藤原漂洋过海，在日本奈良附

日本杨贵妃墓

马嵬坡杨贵妃墓园

近的和歌山一带住下,还曾受到孝谦女皇的接见。今日本荻町和久津有两座杨贵妃墓。日本还有人认为自己是杨贵妃的后代。

事实上,杨贵妃死于马嵬的说法是可靠的。这首先是因为流落民间说和东渡日本说不能令人信服。一方面,这两种说法都没有确凿的证据。流落民间说主要依据白居易的《长恨歌》,但《长恨歌》是艺术而不是信史。东渡日本说主要根据是日本的民间传说和小说《杨贵妃外传》。传说和小说更不可完全相信。另一方面,从大量的历史材料来看,马嵬兵变是陈玄礼等人在太子李亨的指使下发动的,其目的完全是要铲除杨氏势力,夺取最高统治权。在马嵬兵变中,杨国忠父子被杀后,陈玄礼并没有下令收兵,而是让军士将玄宗的行宫团团围住,表示不杀杨妃誓不罢休。在这种情况下,玄宗已经是自身难保,杨贵妃哪里还有继续生存下去的可能性!《资治通鉴》载:贵妃被缢后,玄宗"舆尸置驿庭,召玄礼等人视之。玄礼等乃免胄释甲,顿首请罪"[1]。这样杨贵妃怎样能流落民间,又怎样能够到达日本呢?史载贵妃被杀后,即被草草埋在马嵬道边。玄宗自蜀而归,曾密遣内侍改葬贵妃。内侍改葬贵妃时,发现贵妃肌肤已坏,而香囊犹在。可见

---

[1]《资治通鉴》卷二一八,录宗至德元载六月丙申,第6974页。

杨贵妃在马嵬兵变中确实是死了。至于内侍把杨贵妃改葬到了什么地方，文献中没有留下明确的记载，已经不得而知了。

4. 顺陵墓主人之谜

顺陵位于咸阳市渭城区底张镇韩家村南（唐时称洪渎塬）。西南距咸阳市约20公里，离咸阳国际机场较近。顺陵陵园平面略呈长方形。内城位于外城偏北部，南墙长286米，东墙长291米，西墙长294米，北墙长282米，面积83070平方米。外城南北长1264米，东西宽866米，面积1094624平方米。城墙系夯土筑成，四边置门及阙。墓冢位于内城北部略偏西。神道在南神门外，列置大型石刻。现存陵东、西、北石狮3对。均作蹲踞状。狮高3米左右，胸宽1.10米，座高0.5米。6个门狮风格基本一致，但神态各异。陵前现存石人、石羊、石走狮、石莲花座、华表顶、石础、天禄等石刻30余件。其中走狮、瑞兽天禄是最有代表性的。1962年陕西省文物管理委员会划定保护范围。1980年成立了顺陵文物保管所。1961年中华人民共和国国务院公布为全国重点文物保护单位。

顺陵是关中地区著名的唐代陵墓之一。此陵规模较大，石刻精美，特别是陵园中的走狮和天禄被认为是唐陵石刻的典范，走狮雄、雌各一。雄狮高3.05米，长3.45米，宽100厘米，头披卷毛，突眼隆鼻，丰颐利齿，阔口半开，看上去十分雄伟。石走狮体积巨大，造型雄伟，呈阔步缓行姿态，

顺陵碑亭

下编 / 唐代帝陵余论

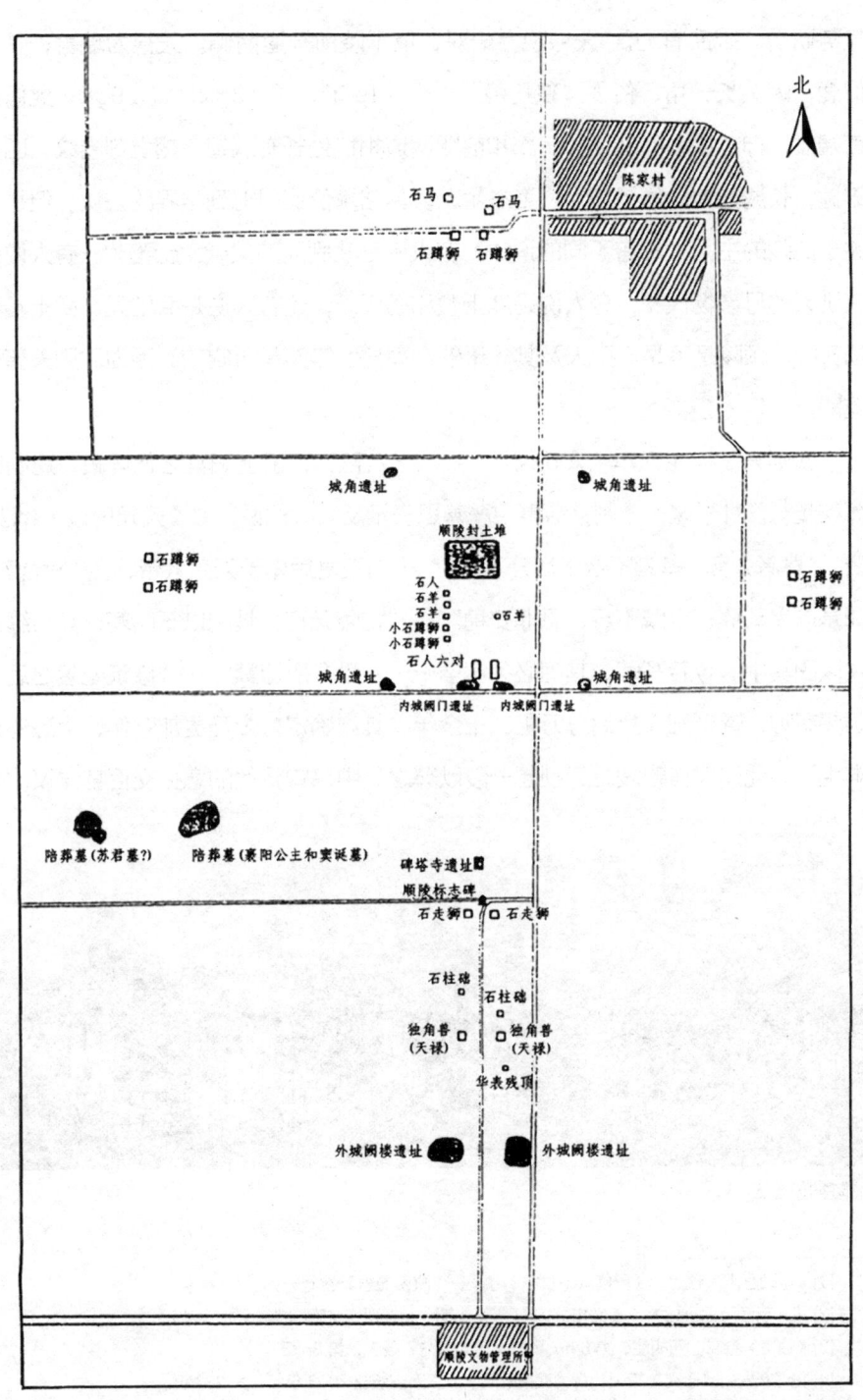

顺陵陵园石刻及遗址平面分布示意图

气势磅礴，威武有力。天禄现存一对，位于陵前神道两侧。天禄为瑞兽，其形似鹿，因头长一角，俗称"独角兽"。高4.15米，长4.2米，宽1.9米。此像昂首端立，神态镇静而威猛。肩部和前腿两边相接处长有双翅，翅上刻卷纹。四肢雄健，长尾拖地。体量庞大，姿态生动。其艺术价值已得到学界的公认。但是，关于此陵的主人，却有不同的说法。有人说是武则天的父亲武士彟[1]。有人说是武则天的母亲杨氏[2]，有人说是武士彟和杨氏[3]，还有人说是武则天、武士彟和杨氏[4]。顺陵是不是武则天及其父母的合葬墓？答案是否定的。因为武则天葬于乾陵。

武则天以神龙元年（705）十二月二十六日，死于上阳宫之仙居殿，遗制归葬乾陵[5]。对于这一遗制，给事中严善思表示反对。他说："《天元房禄·葬法》云，'尊者先葬，卑者不合于后开入'。……则天皇后卑于天皇大帝，欲开陵合葬，即是以卑动尊，事既不经，恐非安稳"；"乾陵元宫，其门以石闭塞，其石缝铸铁以固其中。今若开陵，其门必须镌凿……诚恐多所惊黩"；"修筑乾陵之后，国频有难，遂至则天皇后总万机二十余年，其难始定。今乃更加营作，伏恐还有难生"。他建议在乾陵之旁别起一陵以葬之。中宗曾将他的意见交百官详议。最

顺陵神道石人

---

[1]《咸阳县志》卷七，《重修咸阳县志》卷一，《陕西通志》卷七一。
[2] 见《唐顺陵勘查记》（《文物》1964年第1期），《西安文物与古迹》，第46页。
[3]《通鉴》卷二〇四胡注，第6457页；《唐太宗与昭陵》，第86页。
[4] 见《长安史迹研究》第十二章《武氏顺陵》。三秦出版社2003年版，第283页。
[5]《新唐书》卷七六《则天皇后武氏传》，第3484页。

后下令"准遗诏以葬之"[1]。这就是说，武则天临终时要求与其夫高宗合葬乾陵，虽然严善思等人提出异议，唐中宗还是坚持按照武则天的遗言办事，将她安葬于乾陵。

《资治通鉴》卷二〇八中宗神龙二年五月条载，"庚申，葬则天大圣皇后于乾陵"。《旧唐书》卷六《则天皇后本纪》载，"（神龙）二年五月庚申，祔葬于乾陵"。这些记载告诉我们，武则天事实上也被埋进了乾陵。《旧唐书》卷七《中宗本纪》还记载着这样一件事：神龙三年（707）春，正月，"遣武攸暨、武三思往乾陵祈雨于则天皇后"。如果说武则天不是被埋在乾陵，而是在别的地方，怎么还要"往乾陵祈雨于则天皇后"呢？此外，《宣室志》卷三略云："清河张诜，贞元中以前王屋令调于有司。忽梦一中使来……（引入一城，至正殿）见一人峨冠衮衣，凭玉几而坐其殿之东宇。又有一冠裳者，貌若妇人，亦据玉几，在殿之西宇。……后数日，诜拜乾陵令。及至，凡所经历尽符所梦。又太后祔葬。诜所梦东宇殿下峨冠被衮龙衣者，乃高宗也。其殿西宇下冠衣貌如妇人者，乃天后也。"《太平寰宇记》卷三〇《乾州》条"乾陵，唐高宗皇帝与则天同一陵，在州西北五里"。《（重修陕西）乾州志》卷三亦载："乾陵，唐高宗武后合葬处，在梁山。"由此可见，乾陵确实是武则天的"归宿"之地。

对于武则天葬乾陵一事，古往今来，也很少有人表示怀疑。相反，不少人还写下了肯定的诗句。所谓"百年帝后无双冢，万古周唐说两朝"[2]；"惟有乾人怀旧德，年年麦饭祀昭仪"[3] 即属此类。明清之际，居住在乾陵附近的老百姓，甚至将乾陵直呼为"姑婆陵"或则天陵。中华人民共和国成立以来，考古工作者也承认了武则天葬于乾陵的事实。

武则天既葬于乾陵，则顺陵绝不会是武则天及其父母的三人合葬墓。

那么，顺陵是不是武士彟与杨氏的合葬墓呢？明末清初的历史学家顾炎武说：

---

[1]《新唐书》卷七六《则天皇后武氏传》，第3485页；《唐会要》卷二〇《陵议》，第396—397页；《旧唐书》卷一九一《方伎·严善思传》，第5102—5103页。

[2] 张相儒：《乾陵》，见《乾州志稿·别录》。

[3] 许孙荃：《无字碑题诗》，见《乾州志稿·别录》。

顺陵走狮

"非也。"[1]顾氏的说法是正确的。因为武士彟葬于文水。关于武士彟的丧葬情况，史书上没有明确记载，但他的墓碑上却写得非常清楚：贞观九年（635），唐高祖病亡。武士彟与唐高祖关系密切，闻讯号恸，因以成疾，死于荆州。"遗令归葬文水，因山为坟，穿足容棺，敛以时服"。唐太宗"嗟悼久之，曰：'可谓忠孝之士'……（乃令）官造灵舆，送达故乡。仍委本州（并州）大都督英国公李勣监护丧事，缘丧所须，并令官给。遣郎中一人，驰驿吊祭，谥曰忠孝公"[2]。显然，武士彟是被埋在山西文水，叶落归根；而不是埋在咸阳，远离祖坟。

武士彟死的时候，杨氏还健在。过了30多年，才离开人间。当时，武则天"以幽明永隔，屺岵长辞，终无再见之因，镇结千秋之恨。奔曦已远，荐霜蕫而无年；逝水难追，馈冰鱼而末日。又以严规早坠，远卜厝于乡坟；慈荫重倾，近陪亲于京陇。陵茔眇隔，长悬两地之悲；关塞遥分，每切百身之痛。遂命大使备法物，自昊陵迎魂归于顺陵焉"[3]。就是说，杨氏死后，武则天十分悲痛，为了使父母能在阴间地府重逢，曾举行过隆重的"迎魂"仪式，把武士彟的灵魂自山西文水迎到咸阳顺陵。这仅仅是一种封建迷信活动，也仅仅只是一种形式而已。换句话说，武士彟的尸骨依然在山西文水，并没有被迁往陕西咸阳。

这一点，我们还可以从武则天及其子孙对文水武士彟墓的态度上看出。史载，

---

[1]〔清〕顾炎武著，董当成集释，吕宗力点校：《日知录集释》卷二七《通鉴注》，上海古籍出版社2005年版，第1571页。

[2]《全唐文》卷二四九《攀龙台碑》，第2521页。

[3]《全唐文》卷二三九《大周无上孝明高皇后碑铭并序》，第2421页。

永昌元年（689）二月，武则天尊文水武士彟墓为章德陵[1]。天授元年（690），改章德陵为昊陵[2]。圣历二年（699），又改昊陵为攀龙台，并在陵前树立了著名的"大周无上孝明高皇帝碑"，即所谓"攀龙台碑"。武则天下台之后，中宗、睿宗、玄宗皆有废兴昊陵名称之举，闹得不亦乐乎[3]。可见，武士彟的遗骨确在文水。如其不然，倘若武士彟已于咸亨元年（670）杨氏死时迁葬咸阳，那么，武则天为什么还要在文水废陵大做文章，三番五次尊崇其号？为什么还要煞费苦心，在那里竖起一通比华岳碑还要高大的墓碑？[4] 为什么她的子孙还要在陵号问题上纠缠不休？合理的答案只能是武士彟没有迁葬。

如果我们再查一查志书，问题会看得更加清楚。《太平寰宇记》卷四〇《河东道·并州文水》条载："大（太）原王墓在县西北十五里，即唐则天氏（父）武士彟也。双阙与碑石存。"《太原志》载："唐武士彟墓在文水县北十里，唐则天皇后父也。则天革命，改墓曰陵。旧有碑二通。太原王碑，高宗撰并书，今已不见。止有高皇帝碑，高五丈，阔九尺，厚三尺，其碑地埋一半，文亦剥落，止有名额：大周无上孝明皇帝碑铭。"[5]《古今图书集成·方舆汇编·职方典》卷三〇三《太原府部·古迹》条载：文水县有"唐荆州都督武士彟墓。武则天追封为周高祖，名改为攀龙坟"。《山西通志》卷一七二《陵墓》文水条亦载"唐荆州都督武士彟墓名攀龙台，李峤撰记"。很明显，武士彟的坟墓在文水县。

顺陵天禄

---

[1]《资治通鉴》卷二〇四，则天后永昌元年二月丁酉，第6457页；《新唐书》卷七六《则天皇后武氏传》，第3480页。
[2]《全唐文》卷二三九《大周无上孝明高皇后碑铭并序》，第2421页；卷二四九《攀龙台碑》，第2521页。
[3]《唐会要》卷二一《诸僭号陵》。
[4] 攀龙台碑大于华岳碑。见韦绚《戎幕闲谈》。
[5]《太原志》成书较早，已失。引文见《永乐大典》卷五二〇四《古迹》，第2300页。

武士彠既葬于文水，顺陵当然不可能是他的墓葬，也不可能是他与杨氏的合葬墓。这是不言而喻的。

事实上，顺陵是武则天之母杨氏的陵墓。这一点，只要我们翻一下有关杨氏的材料，就会更加明白。

杨氏以咸亨元年（670）八月二日死于九成宫之山第。《大周无上孝明高皇后碑铭并序》略云：杨氏死时，头脑清醒，雅志不昏。她认为合葬非古，礼贵从宜，表示"将追究罔极之慈，愿在先茔之侧"。也就是说，她不愿去文水与武士彠合葬，而想把自己的尸骨埋在父亲的坟旁。武则天与母亲感情特深，乃"奉尊遗旨，无爽微音。割同穴之芳规，就循陔之懿躅。即以其年庚午闰九月辛酉，迁座于雍州咸阳县之洪渎原郑恭王旧茔之左"[1]。郑恭王杨达，系杨氏之父。就是说，杨氏被埋在其父坟墓的左侧。

关于杨氏的葬礼，《新唐书》卷七六《高宗则天顺圣皇后武氏传》记载得比较简单："诏文武九品以上及五等亲与外命妇赴吊，以王礼葬咸阳，给班剑、葆仗、鼓吹。"[2]《册府元龟》卷三〇三《外戚部》所载则较为详细："赠鲁国大（太）夫人，谥曰忠烈。（遣）司刑太常伯卢承庆摄同文正卿，充使监护；西台侍郎戴至德持节吊祭哀；文武九品以上及亲戚五等以上并外命妇并听赴宅吊哭。葬及坟茔卤簿等一事以上，并依王礼，给班剑四十人、羽葆、鼓吹、仪仗送至墓所往还。其文武九品以上并至渭桥宿次；外妇诸亲妇女并送至墓所。官为立碑，仍令特进许敬宗为其文。"[3]《大周无上孝明高皇后碑铭并序》所载与《册府元龟》言基本相同，只是在"官为立碑"后尚有"乃下制赠太原郡王妃，余并如故，所司备礼册命，大帝（高宗）亲御横门，开轩悲哭"等句。由此可见，其葬礼是何等隆重。葬礼结束后，又举行了一个"迎魂"仪式。

从上述情况来看，武则天完全是按照杨氏的遗言为她举办丧事的。尽管办得极隆重，而且额外举行了"迎魂"活动，但毕竟是"割同穴之芳规，就循陔之懿

---

[1]《全唐文》卷二三九，武三思《大周无上孝明高皇后碑铭并序》，第2421页。
[2]《新唐书》卷七六《则天皇后武氏传》，第3476页。
[3]《册府元龟》卷三〇三《外戚部·褒宠》，第3572页。

躅",没有把她与武士彠合葬起来。

武则天临朝称制以后,在尊崇其父的同时,也进行了尊崇其母的活动。永昌元年(689),将杨氏咸阳墓尊为明义陵[1]。天授元年(690),改明义陵为顺陵[2]。圣历二年(699),改顺陵为望凤台。长安二年(702),又在顺陵立了"大周无上孝明高皇后碑",也就是人们通常所说的"顺陵碑"[3]。此碑碑文由武三思撰写,完全是歌颂杨氏功德的。如果说武士彠已迁尸咸阳,与杨氏合葬,这种情况是不可思议的。即使武则天特别重视妇女地位,也不可能在父母的合葬墓前只给母亲立碑而置父亲于不顾。合理的解释只能是武士彠未被埋入顺陵。也就是说,顺陵里埋的仅仅是一个杨氏。

综上所述,顺陵里埋的不是武则天、武士彠和杨氏三人,也不是武士彠,而是杨氏。杨氏才是顺陵的墓主。这一点,将在考古发掘中得到进一步的证实。

5. 唐陵陪葬墓盛衰之谜

关中唐陵中有数以百计的陪葬墓。这种情况与前代帝王陵墓是不同的。前代帝王陵墓中陪葬墓数量较少。唐代帝王陵墓中陪葬墓很多,这在中国古代陵墓史上是一种新现象,值得认真探索。

唐代帝王陵墓中的陪葬墓是从高祖献陵开始出现的。《长安志》卷二十记载,献陵有陪葬墓23座,《唐会要》卷十一记载为25座,《文献通考》卷一二五、《历代山陵考》卷上、《关中陵墓志》《陕西通志》卷七一及《关中胜迹图志》卷八所载亦为25座。考古资料称献陵有陪葬墓30座,集中分布于献陵的东部及东北部,范围东西4000米,南北1500米[4]。这些陪葬墓大部分为圆形,覆斗形

---

[1]《新唐书》卷七六《则天皇后武氏传》,第3480页。

[2]《全唐文》卷二三九《大周无上孝明高皇后碑铭并序》,第2422页。"顺陵"一词,即源于此。

[3] 此碑自武周以降,保存完好,明世宗嘉靖三十四年(1555年)仆于地震。旋被砌于渭河堤岸。后有数断从岸中崩出(《雍州金石记》)。今有七块,存咸阳市博物馆。全文有精拓本传世。

[4] 刘庆柱、李毓芳:《陕西唐陵调查报告》,《考古学集刊》第五集(1987),中国社会科学出版社1978年版,第218页。

只有一座。覆斗形墓主为虢王李凤。李凤系李渊第十五子，其墓由斜坡墓道、四个过洞、三个天井、甬道、八龛和墓室组成。墓室顶部刷白，绘有银河、日月星辰图；天井四周绘有两层阑额，甬道两侧绘有长廊建筑，每间内为一侍女图，墓室中绘有木构建筑图；甬道两侧绘有侍女图[1]。

昭陵陪葬墓分布于昭陵的东南方向，陪葬区很大，实际上是一个庞大的陪葬墓群。昭陵陪葬墓的数量，文献记载差别较大：两《唐书》记载74座，《唐会要》载155座，《长安志》记载166座，《文献通考》载174座，《关中陵墓志》载130座，《礼泉县志》载203座，《历代陵寝备考》《陕西通志》等书所载则为160余座。1977年，昭陵文物管理所对昭陵陪葬墓进行考古调查，称昭陵有陪葬墓167座，其中可确定墓主姓名、身份和入葬时间的有57座[2]。后来昭陵博物馆与煤炭部航测遥感中心合作，运用航测和实地勘查相结合的方法，确定陪葬墓数为188座。现在可以确定墓主的陪葬墓有62座。昭陵陪葬墓有四种类型：第一类依山为墓。魏徵墓和新城公主墓即是如此。第二类是覆斗形墓。已知墓主姓名的覆斗形陪葬墓有太宗第五女长乐公主墓和太宗第十六女城阳公主墓。墓前均存有石人、石羊、石虎、石望柱。墓的南北两面有土阙。第三类是圆锥形墓葬。此类陪葬墓所占比重很大，文武大臣墓基本上都是这种形制。第四类是像山形。此类陪葬墓的数量不多，目前只发现李勣和李靖墓。据文献记载还有李思摩墓和阿史那社尔墓。李靖墓象征阴山、积石山，现存形状略如起伏的山岭，中间有一主峰，两边各一缓丘。冢前立有石人、石羊、石虎、石碑。李勣墓象征阴山、铁山、乌德鞬山，同样在墓前有石人、石羊、石虎、石碑。这种特殊形状的墓葬封土，是对有特殊功勋重臣的特殊奖赏。在昭陵已知的陪葬墓中，清河公主、城阳公主、新城公主、长乐公主、燕妃、温彦博、李勣、李靖、郑仁泰、姜遐、段志玄等11座陪葬墓前有石羊、石虎、石人、石望柱，而绝大多数的陪葬墓前仅有一通石碑。

---

[1] 富平县文化馆、陕西省博物馆、文物管理委员会：《唐李凤墓发掘简报》，《考古》1977年5期，第313—328页。

[2] 昭陵文物管理所：《昭陵陪葬墓调查记》，《文物》1977年第10期，第34页。

乾陵陪葬墓文献记载也不一致。《唐会要》载乾陵有 16 座陪葬墓，《长安志》载 6 座，《文献通考》《关中陵墓志》俱载 17 座，《乾州志稿》则称有 41 座。据《唐会要》卷二十一载，陪葬乾陵者有章怀太子李贤、懿德太子李重润、泽王李上金、许王李素节、邠王李守礼、义阳公主、新都公主、永泰公主、安兴公主、特进王及善、中书令薛元超、特进刘审礼、礼部尚书左仆射豆卢钦望、右仆射刘仁轨、左卫将军李谨行、左武卫将军高侃。另据《文献通考》和《关中陵墓志》等，陪葬乾陵者还有左仆射杨再思。这就是说，乾陵陪葬墓至少有 17 座。考古调查的结果也是如此。乾陵陪葬墓的封土形式有两种类型：第一类为覆斗形墓，共有 5 座，其中懿德太子墓和永泰公主墓为二层台覆斗形，封土规模较大，且有陵园，陵园南面还建有土阙，土阙之南排列有石狮、石人、石华表等。章怀太子墓亦为覆斗形，但没有二层台，墓前的石刻是石羊。第二类为圆形封土，规模较小，无陵园和石刻。已发掘的陪葬墓有懿德太子、永泰公主墓、章怀太子墓、李谨行墓和薛元超墓。墓葬形制均为带斜坡墓道多天井、多过洞带小龛的砖砌双室或单室墓。"号墓为陵"的懿德太子墓全长 100.8 米，天井 7 个、过洞 6 个、小龛 8 个。墓道两侧、过洞、天井下部、甬道和墓室等处均绘有大型壁画。壁画内容有城阙、仪仗、列戟、侍女、伎乐、天象等[1]。永泰公主墓全长 87.5 米，由墓道、天井、便房、过洞、甬道、前后墓室组成。八个便房内陈列着各种三彩俑、三彩马及其他明器。墓道及墓室壁画很多[2]。章怀太子墓中保存较好的壁画达 50 余幅，内容涉及宫廷生活的各个方面。其中《打马球图》《观鸟捕蝉图》《礼宾图》等都是唐代绘画中的珍品。

定陵陪葬墓《唐会要》和《长安志》记载有 6 座，即节愍太子重俊、宜城公主、长宁公主、成安公主、定安公主及驸马王同皎、永寿公主及驸马韦鐬。《文献通考》及《关中陵墓志》不载。《富平县志》所载与《唐会要》相同。考古调查亦为 6 座，均为圆锥形封土。桥陵陪葬墓《唐会要》及《长安志》所载计有惠宣太子业、惠庄太子㧑、金仙公主、梁国公主、鄎国公主及驸马李思训。《文献

---

[1]《唐懿德太子墓发掘简报》，《文物》1972 年 7 期，第 28—29 页。
[2] 陕西省文管会：《唐永泰公主墓发掘简报》，《文物》1964 年第 1 期，第 7—38 页。

通考》所载为9座，《关中陵墓志》所载为12座，《蒲城县志》所载为13座。考古调查时仅发现6座。泰陵陪葬墓据《唐会要》《长安志》《文献通考》及《关中陵墓志》记载只有一个，即赠扬州大都督高力士。另据《新唐书》记载，元献皇后葬泰陵。考古调查发现陪葬墓一座。建陵陪葬墓《唐会要》《长安志》所载只有汾阳王郭子仪墓。据《新唐书》等文献记载还有章敬皇后墓和李怀让墓。现存圆锥形墓址三处。丰陵有陪葬墓一座，据《新唐书·后妃传》为庄宪皇后墓。景陵陪葬者《唐会要》记载为惠昭太子宁、孝明太后郑氏、懿安太后郭氏和贤妃王氏。考古调查只发现两座。光陵诸书均载有陪葬墓两座，即恭僖太后王氏和贞献太后萧氏。现在仅存墓址一处，墓主尚不能确定。庄陵有陪葬墓一处，为悼怀太子李普墓。端陵和贞陵据文献记载各有陪葬墓一处，均为妃嫔墓，只是贞陵陪葬墓还没有发现。其余诸陵均无陪葬墓。

通过上述情况，我们不难发现一个奇怪的现象，那就是唐代前期诸陵陪葬墓很多，唐代中后期陪葬墓逐渐减少，有些陵墓甚至连一座陪葬墓也没有。造成这种情况的原因究竟是什么呢？这个问题的确是耐人寻味的。目前学术界虽然有人对这个问题进行过论述，但似乎还没有得出令人信服的结论。

陪葬是唐陵制度的重要组成部分。这种制度在唐代前期得到了很好的实施。《唐会要》卷二一《陪陵名位》条载："旧制：凡功臣密戚，请陪陵葬者听之，以文武分为左右而列。若父祖陪陵，子孙从葬者亦如之。"[1] 唐太宗对这一制度很重视，不仅在埋葬唐高祖时就已开始实行这种制度，而且还以诏令的形式大力推广这种制度。他在贞观十年（636）下诏说："佐命功臣，义深舟楫，或定谋帷幄，或身摧行阵，同济艰危，克成鸿业，追念在昔，何日忘之！使逝者无知，咸归冥寂；若灵魂有识，还如畴曩。居止相望，不亦善乎！汉氏使将相陪陵，又给以东园秘器，笃全终之义，恩意深厚，古人之志，岂异我哉！自今以后，功臣密戚及德业尤著，如有薨亡，宜赐茔地一所，及给以秘器，使窀穸以时，丧事无阙。"[2] 贞观二十年在《功臣陪陵诏》中又说"宜令所司于昭陵南左右厢封境取地，仍即

---

[1]《唐会要》卷二一《陪陵名位》，第412页。
[2]《唐大诏令集》卷七六《九嵕山卜陵诏》，第431页。

标志疆域，拟为葬所，以赐功臣。其有父祖陪陵，子孙欲来从葬者，亦宜听许"[1]。唐高宗和武则天统治时期也能够实行这种制度。但"安史之乱"后，唐王朝由盛转衰，再也没有人像唐太宗那样提倡陪葬。显然，这种政策上的变化是导致唐陵陪葬墓由盛转衰的一个重要原因。

唐陵陪葬墓由盛转衰的另一个重要原因是唐代社会状况和君臣关系的变化。在唐王朝的创业阶段，曾涌现出一大批元从功臣和谋臣猛将。这些人南征北战，出生入死，为唐王朝的建立和巩固立下了汗马功劳。以唐太宗为首的统治者对这些人很信任，也很重视，大体上都能委以重任。可以说，唐朝前期的君臣基本上能够同心同德，励精图治，君臣之间有一种无形的凝聚力，关系是相当融洽的。唐太宗之所以不止一次地强调陪葬之事，一方面是为了表示对功臣密戚的恩宠。另一方面，也是想把这种融洽的关系带入阴间，并长久地维持下去。当时的功臣密戚对太宗皇帝十分崇敬，都乐于陪葬，并以能够陪葬为荣。而经过"贞观之治"，唐朝国力日益强大，也为陪葬提供了必要的物质条件。唐代后期皇室衰微，外有藩镇割据、异族入侵，内有宦官专权、朋党之争，君臣关系往往比较紧张，缺乏必要的凝聚性，皇帝多为宦官控制，有的甚至为宦官所杀，与朝臣没有多少情感可言。皇帝不再强调陪陵之事，朝臣也很少有人主动提出陪葬。唐朝前期诸陵陪葬墓中有宗室密戚，但以功臣将相为主。如献陵陪葬者基本上都是功臣。昭陵陪葬墓180多座，诸王、公主、妃嫔墓还不到40座，其余都是朝臣墓。就以密戚而言，有些也是功臣。如平阳公主、驸马柴绍及阿史那社尔等在唐朝的建立和巩固的过程中，就立有战功。而唐朝后期的陪葬者绝大多数都是后妃、公主或其他宗室成员。唐朝后期皇帝往往享年不久，子孙稀少，加之当时国力虚弱，也不能像唐代前期那样负担陪葬的开支。这样一来，陪葬者自然越来越少，以致达到全无陪葬的地步。

---

[1]《唐大诏令集》卷六三《功臣陪陵诏》，第347页。

第四章
唐代帝陵研究综述

学术界对唐代帝陵的调查与研究可以追溯到 20 世纪初叶。100 多年来，海内外有些学者对唐代帝陵进行了考察和研究。其中贺梓城的《"关中唐十八陵"调查记》（《文物资料丛刊》1980 年第 3 期）和刘庆柱、李毓芳的《陕西唐陵调查报告》（《考古学集刊》第 5 集，中国社会科学出版社 1987 年版）是重要的考察报告。而笔者的《荒冢残阳：唐代帝陵研究》（陕西人民教育出版社 2000 年版）、陈安利的《唐十八陵》（中国青年出版社 2001 年版）和刘向阳的《唐代帝王陵墓》（三秦出版社 2006 年版）则是重要的研究成果。兹就重要唐陵的研究情况略加梳理，供大家参考。

1. 对昭陵的研究

考古学界对昭陵的调查起步较早。早在 20 世纪初，日本学者足立喜六就曾对昭陵进行过考察。40 年代，王子云率西北艺术文物考察团对昭陵进行踏勘。他在 1942 年踏勘昭陵时，曾于献殿遗址的荒草丛中见到两件已经失去头臂的石像残躯。并对昭陵六骏做了有益的探索，制作了昭陵四骏马浮雕翻制品各一件，拓片各两份。他说"唐太宗死后这六块浮雕塑即列置于陵山北坡的陵垣北门内东西两庑以作为陪侍。其列置次序是，东庑：（1）特勤骠；（2）青骓；（3）什伐赤。西庑：（1）飒露紫；（2）拳毛騧；（3）白蹄乌。可惜的是这批名贵的雕刻制作早被美帝国主义分子所觊觎，于1914年勾结反动军阀进行盗劫，先盗走六骏中形态最为优异的飒露紫、拳毛騧二骏（现存美国费城宾夕法尼亚大学博物馆）。1918年又来盗运其余四骏，在劫运中途幸被群众截获。"[1]70年代以后，亦曾有许多专家学者对昭陵进行过考察。

2002年至2003年度，陕西省考古研究所对昭陵祭坛（即北司马门遗址）遗址进行了清理和发掘。发掘面积总计5100多平方米。祭坛遗迹以两阙间的中线为轴东西对称，并以门庭为界，分门内、外两部分。大门以北的遗迹有东西对称的双阙和双阙后的长条形房址，以及大门两侧的夯土围墙。大门以南的遗迹有门庭西南的条形房址、方形房址和南端的长廊状房址。出土的遗物有唐代建筑构件、石刻残块和明清祭祀碑。建筑构件包括长方形砖、方砖、筒瓦、板瓦、各种纹样与规格的瓦当、鸱尾、兽头脊头砖等。石刻则为十四尊蕃君长像座和昭陵六骏残块。

昭陵北司马门遗址是唐代帝陵陵园建筑遗址中首次发掘的一组完整建筑群。整组建筑以轴对称的形式依地势而建，由北向南逐渐升高，外圈有围墙环绕，严密紧凑。考古清理出的昭陵北司马门和北阙的基址，是一个祭祀性的建筑群体，由门阙、列戟廊、廊房、门址、围墙等构成。明清时期在昭陵修建的北门正是在唐废墟上筑的。所以现在的发掘，顺理成章地知晓了明、清两朝的昭陵北门建筑群的总体布局、结构和功能，它们先是碑刻，再是金石，最后是陵园内部建筑。

北司马门里的建筑主要是唐朝石刻长廊。由于西侧的地势比较高，这处的石刻屋顶建筑基址保存得相对完好一些；东侧由于比较低，除了清代围墙以内的遗址，基本上都破坏掉了。考古人员在北司马门里还发掘出了唐时水道，主渠外有副渠，最称奇的是它与一暗水道相连，道口用了五块石条上下左右撑起来，暗道

---

[1] 李炳武总主编：《长安学丛书·王子云卷》，三秦出版社、陕西师范大学出版社2010年版，第198页。

中间还用六根铸铁竖成栏杆,既能排墙顶、门庭的雨水,又能泄山洪,设计相当巧妙。

  这次考古发掘发现了昭陵六骏的原始基座和十四国君长像残片。昭陵六骏都有基座,每个座都由三层组成,复原高度距现在地面足有 1 米多。当时每匹马是分开的,因为原始基座的下层并没有移动,而它们之间是阶梯间隔的。原始基座位置的确定,说明六骏一直就在第五台阶。早在唐末五代时,六骏就有一些残损。新出土的"什伐赤"蹄腕部分和"青骓"右前腿的膝盖部分,1000 多年了,一直埋在地下,膝窝部分的毛一丝一丝毕现。这对于后人感知昭陵六骏的原始风貌提供了珍贵的依据与见证。除"六骏"基座外,此次还发现了大量的石像残块。其中躯体部分有 5 块,头部残块中有面部、发际部分和颈部共计 15 块。根据基座与石像的成功对接,确定了这些蕃酋的排列位置。如西侧蕃酋依次为吐蕃赞府(普)、高昌王、焉耆王、于阗王、薛延陀可汗、吐谷浑可汗、龟兹王。通过发掘,还弄清了一个基本事实,十四国蕃君长与六骏一块本来放在七间房内的。清代建祭祀大殿的时候,把唐时的屋子面积缩小了。这样,十四国蕃君长像就晾在外面了,仅把昭陵六骏用廊坊盖了起来。

  此外,通过这次勘探,对九嵕山上的"九洞"有了更准确的认识。过去学者认为,这些洞是千年前修筑陵园的匠人生前所住之地。现在经相关专家考察,推测小洞是宫人墓,大洞则可能是长孙皇后的墓葬。长孙皇后临死,"请因山而葬,不须起坟"(《旧唐书》卷五十一)。她于贞观十年仙逝,可能临时埋葬于此。贞观二十三年,太宗李世民驾崩,长孙皇后与他一起重新合葬在了昭陵的地宫。此墓从此就荒了下来,形成一个空洞墓。另一个重大的新发现是昭陵东北角的又一丛葬窑。这个窑是用石头堆起来的,共两层,四孔窑洞,里面有铠甲马、陶人等。窑最深处 8 米,做工非常精细,石头打磨得有大头、小头,大头七寸,小头五寸;结构极其严密,连缝隙的灰缝都撬不下来。

  至于昭陵玄宫,目前尚未发掘。史载昭陵在南面山腰凿深 75 丈为地宫,墓道中有石门五重,墓室内设东西两厢,列置许多石函,内装随葬品。五代时,军阀温韬对昭陵进行了大规模盗掘。史载温韬"从埏道下见宫室制度,宏丽不异人间"。这都可想象这个"山下宫殿"内部寝殿层层窈深和宏丽的情景。宋初开宝四年，宋太祖让地方官员对被盗掘过的前朝关中帝王陵进行修缮。经过千年的沉积，现在整座山到处灌木丛生，已找不到地宫洞口。虽然昭陵曾经被盗，但这并不意味着昭陵地宫里面再没有其他东西，像壁画、陶俑，包括一些金银器洒落或者遗失在墓都应是基本的遗存。专家认为，目前的保护技术还没有能力把一些珍贵出土文物进行有效的保护，所以不应该轻易去发掘昭陵地宫。

自1971年以来，文物考古工作者先后对昭陵的30多座陪葬墓进行了发掘。其中影响较大的是李勣墓、尉迟恭墓、杨恭仁墓、张士贵墓、长乐公主墓、新城公主墓、韦贵妃墓等。

学术界对昭陵碑石关注较早。宋赵明诚的《金石录》、陈思的《宝刻丛编》，明赵函的《石墨镌华》、于奕正的《天下金石志》，清王昶的《金石萃编》、孙星衍的《寰宇访碑录》、陆增祥的《八琼室金石补正》、毕沅的《关中金石记》、毛凤枝的《关中金石文字存逸考》，以及武树善的《陕西金石志》等书均有所著录。至于清代学者阮沅的《大清防护唐昭陵碑》、孙三锡的《昭陵碑考》和近代学者罗振玉的《昭陵碑录》则是有关昭陵碑刻的专著。这些著作著录或研究的昭陵碑石，基本上都是树立在昭陵陪葬墓上的石碑。

20世纪50年代以来，考古工作者对昭陵陪葬墓进行了普查和勘探，并对若干陪葬墓进行了科学发掘，出土了大量的珍贵文物，其中包括数十方埋在墓道中的墓志。1993年，三秦出版社出版了张沛编的《昭陵碑石》，再次引起学术界对昭陵碑石的关注。一些学者开始利用昭陵碑石进行学术研究，并取得了很好的成绩。如陕西师范大学的牛致功教授利用昭陵碑志撰写了《张士贵墓志所反映的问题》(《人文杂志》1988年第4期)、《李勣墓志铭的有关问题》(《考古与文物》2000年第6期)、《安元寿墓志铭中的几个问题》(《史学月刊》1999年第3期)等一系列重要论文，后编成《唐代碑石与文化研究》(三秦出版社2002年版)和《唐代史学与墓志研究》(三秦出版社2006年版)两书，在学术界产生了强烈的反响。显然，昭陵碑志确实是具有重要价值。然而，昭陵碑志毕竟是1300多年前的唐人撰写的作品，碑志铭文用典不少，涉及人物、事件、制度更多，利用起来有较大的难度。这就需要有人对昭陵碑志铭文进行系统研究和注释。

昭陵陪葬墓的墓碑和墓志大部分都珍藏在昭陵博物馆中。因此，昭陵博物馆的工作人员具有研究这些碑志的优越条件。该馆的前任馆长孙迟先生、孙东位先生，现任馆长张志攀先生，以及张沛先生、胡元超先生都在昭陵碑志的保护和研究方面倾注了大量心血。其中胡元超先生曾参与过《唐太宗与昭陵》和《昭陵文史宝典》等著作的编写工作。近10年来，他在张志攀馆长的支持和帮助下，对珍藏在昭陵博物馆的唐代墓志进行了仔细勘察和反复探讨，最终写成了《昭陵墓志通释》一书。三秦出版社的贾云先生请我为这本书写个序。我翻开厚厚的书稿，立刻被书中精美的图片和优美的文字所吸引，马上意识到：这就是人们所需要的著作。

《昭陵墓志通释》收录了42方昭陵墓志。这42方墓志铭的主人公，既有为大唐帝国立下赫赫战功的忠臣良将，如尉迟敬德、程知节等，也有后宫佳丽、帝室千金或大臣之妻，如韦贵妃、新城公主、张士贵夫人等。大抵男女各占一半。男的多是宗室成员或朝廷命官。女的多是公主、妃嫔或达官妻室。绝大多数墓志铭内容丰富，书法精美，具有极高的史料价值、文学价值和艺术价值。胡先生在编写本书时，采用了图片、录文、注释、翻译相结合的体例，图文并茂，令人爱不释手。全书分为42部分，每部分注解一方墓志，先向读者展示精拓图片，然后分段录文、注释，最后将志文译成白话文。图片精美清晰，保存了墓志的实态。注释翔实、准确，旁征博引，如数家珍。译文也在信、达、雅上下了很大的功夫。

此外，李浪涛先生撰写的《昭陵墓志纹饰图案》也是一部重要的著作。该书对昭陵出土的46合墓志的边饰进行了系统的研究。全书分为三个部分：第一部分论述了昭陵墓志的背景。第二部分具体论述昭陵墓志的纹饰图案。第三部分收录了昭陵墓志的拓片及线描图。此书既是严肃的学术著作，又有一定的鉴赏价值。作者在论述昭陵墓志时，以墓主人入葬的年代为顺序。在叙述墓志纹饰时，也站在观者的角度，按上、下、左、右的顺序进行描述。所绘线描图相当精美，能给人以美的享受。所列附录也有重要的参考价值。这种研究，在唐代墓志研究方面尚属创新。从某种意义上讲，它开拓了唐代墓志研究的领域，甚至在一定程度上填补了唐代墓志研究的空白。

2. 对乾陵的研究

学术界对唐乾陵的探讨可以追溯到 20 世纪初叶，但真正的研究是从 50 年代开始的。中华人民共和国成立后，党和政府为了加强文物保护工作，组织有关专家学者对一些重要的文物古迹进行调查和研究。乾陵作为"唐陵之冠"自然而然地被列为调查和研究的对象。当时，陕西省的考古工作者对乾陵陵园进行了重点考察，并于 50 年代末发表了一篇题为《乾陵勘查情况》的短文（《文物》1959 年第 7 期）。

60 年代初，随着考古发掘工作的展开，乾陵研究出现了第一个热潮。1960 年陕西省文物管理委员会发表了较为详细的《唐乾陵勘查记》（《文物》1960 年第 4 期），对当时乾陵的陵园石刻和陪葬墓情况进行了介绍，还记录了勘探乾陵的过程，使人们对乾陵的状况有了比较清晰的了解，同时也激起了人们研究乾陵的热情。1961 年，考古工作者对永泰公主墓进行了科学发掘，出土了大量的珍贵文物。不久，《人民日报》《大公报》《陕西日报》先后发表了介绍永泰公主墓的文章，在社会上引起巨大反响。以此为契机，许多学者加入了研究乾陵的行列。1963 年，武伯纶在《文物》上发表了《唐永泰公主墓志铭》（1963 年第 1 期），笳声和田禾分别在《美术》上发表了《唐乾陵石狮》和《唐代永泰公主墓石刻线画》（1963 年第 6 期）。1964 年，陕西省文物管理委员会又发表了著名的《唐永泰公主墓发掘简报》（《文物》1964 年第 1 期）。这份《简报》对永泰公主墓的地理位置、墓葬形制、葬具和葬式、随葬器物进行了详细论述，文中还附有大量图片，为乾陵及其陪葬墓的研究提供了宝贵的第一手资料。遗憾的是，1966 年"文化大革命"开始，研究工作被迫中断。

70 年代，受"文革"的影响，社会科学的研究基本上都处于沉寂的状态，但乾陵研究因章怀太子墓和懿德太子墓的发掘仍有一线生机。1972 年，《唐章怀太子墓发掘简报》和《唐懿德太子墓发掘简报》同时在《文物》上发表（1972年第7期）。这两份简报虽然没有永泰公主墓《简报》那样翔实，但比较客观地介绍了两墓的结构与文物，都有较高的参考价值。章怀太子墓和懿德太子墓发掘后，李求是和乾陵文管所分别撰文对章怀、懿德两墓的形制等问题进行了探讨。王仁波则撰文对懿德太子墓的壁画进行了分析。此后研究工作再度中断。1979年，王仁波发表《懿德太子墓所表现的唐代皇室埋葬制度》（刊《中国考古学会第一次年会论文集》，文物出版社1979年版），这是"拨乱反正"之后研究乾陵的第一篇论文。

80年代，考古工作者和文史工作者对乾陵表现出较大的热情，乾陵研究出现了前所未有的局面。1980年，陈国灿发表《唐乾陵石人像及其衔名的研究》（《文物集刊》1980年第2期），受到学术界的好评，被认为是乾陵研究的一篇力作。1982年，贺梓城、王仁波在《文物》杂志上发表了《乾陵》，再次对乾陵进行了介绍。1983年后，每年都有研究乾陵的论著问世。研究的内容也越来越多。其中林思桐的《对章怀太子墓壁画〈马球图〉的初步研究》（《体育文史》1983年第2期）、云翔的《章怀太子墓壁画中的"日本使节"质疑》（《考古》1984年第12期）、王仁波的《试论乾陵陵园石刻题材》（《文博》1985年第3期）、杨正兴的《乾陵》（《武则天与乾陵》，三秦出版社1986年版）、王双怀的《乾陵无字碑之谜》（《中外历史》1987年第1期）、章群的《关于唐代乾陵石人像问题》（《国际唐代文化史论集》，1989）、张永祥的《乾陵陪葬墓的两个有关问题》（《文博》1989年第2期）都有较好的反响。通过这些研究和介绍，加之乾陵旅游事业的展开，人们对乾陵的了解逐渐增多，保护乾陵的意识也有所增强。

90年代，乾陵研究的范围进一步扩大。除壁画等课题之外，一些学者开始对乾陵石刻的保护问题和乾陵文化进行探讨。1994年，杨忠堂撰写了《乾陵石质文物风化蚀变的微观特征研究》（《考古与文物》1994年第6期），不久，和玲、甄广全又撰写了《乾陵石刻化学风化研究》（《考古与文物》1995年第6期）。这类文章在乾陵研究方面是前所未有的。1996年，赵文润发表了《论乾陵文化》

一文（《陕西师范大学学报》1996年第1期），首次对乾陵文化进行了较为系统的论述。1997年，樊英峰、刘向阳撰写的《乾陵文物史迹述丛》出版（陕西旅游出版社1997年版）。该书对与乾陵有关的35个问题进行了论述，书后还附录了乾陵碑刻上的文字，是一部既有学术性又有可读性的著作。它的出版，显示出乾陵研究较前有了较大的进展。

当历史进入21世纪的时候，乾陵研究也迎来了它的新阶段。研究乾陵的学者明显较前增多，研究的成果也不断出现。从2000年到2003年，有关乾陵的论著就达到20余种。2000年，樊英峰的《乾陵历史地理初探》在《中国历史地理论丛》上发表（2000年第3辑），使乾陵研究的领域又有所开拓。此后，张沛的《乾陵无字碑别论》（《文博》2000年第6期）、王翰章的《关于乾陵无字碑等问题的商榷》（《文博》2001年第2期）、樊英峰的《关于乾陵文化的再探讨》（《武则天与咸阳》，三秦出版社2001年版）、王晓莉的《乾陵61尊石人像有关问题的再探讨》（《武则天与嵩山》，中华书局2003年版）、师荃荣等的《乾陵无字碑新考》（《武则天与嵩山》）相继发表。王双怀的《荒冢残阳：唐代帝陵研究》（陕西人民教育出版社2000年版）、陈安利的《唐十八陵》（中国青年出版社2001年版）、刘向阳的《唐代帝王陵墓》（三秦出版社2003年版）也相继出版。这些著作涉及乾陵的许多问题。特别是王双怀的著作，对乾陵的营建情况、乾陵的陵园结构、石刻艺术及乾陵的演变情况都有较为深刻的论述。陈安利、刘向阳的著作中也有不少地方值得称道。相信在2004年，还会有新的论著发表。

据统计，在过去的50多年间，海内外学者发表的有关乾陵的论著百余篇。其中专门探讨乾陵问题的有70多篇。从这些论著的内容来看，研究领域相当广泛。但相对而言，大家关注较多的仍是一些重要问题和热点问题。这些问题概括起来大体上包括以下九个方面：

（1）关于乾陵历史地理

乾陵历史地理是乾陵研究的一个重要内容。这方面的研究起步相对较晚，但起点较高。樊英峰的《乾陵历史地理初探》（《中国历史地理论丛》2000年第3辑）

是第一篇专门探讨乾陵历史地理的论文。该文对乾陵陵址的选择，乾陵对梁山地形的利用以及乾陵环境的演变等问题进行了认真探索。认为乾陵陵址是由武则天选定的。武则天之所以选定梁山，主要是因为梁山一带具有优越的自然条件和丰富的人文景观。乾陵的修建，巧妙地利用了梁山的地理形势。乾陵在唐代得到很好的保护，此后遭到自然和人为的破坏，但至今仍是关中地区保存最好的唐代帝陵之一。大体在樊文发表前后，王双怀出版的《荒冢残阳：唐代帝陵研究》一书中对乾陵的历史地理也进行了深入研究，其结论与樊氏观点基本相同。

（2）关于乾陵陵园结构

陵园结构是乾陵研究的重要课题。最先研究这一课题的是考古人员，后来史学工作者也对这一课题进行了探讨。陕西省文物管理委员会的《唐乾陵勘查记》（《文物》1961年第3期）率先从考古学的角度勾画了乾陵陵园的轮廓。此后贺梓城的《关中唐十八陵调查记》（《文物资料丛刊》1980年第3期）、刘庆柱、李毓芳的《陕西唐陵调查报告》（《考古学集刊》第5集）使这一轮廓更加清晰。杨宽在《中国古代陵寝制度史研究》（上海人民出版社，1985）中从历史学的角度对乾陵的陵墓制度有所研究。孙迟的《略论唐陵的制度、规模及文物》（《唐太宗与昭陵》）、周明的《陕西关中唐十八陵陵寝建筑形制初探》（《文博》1994年第1期）也涉及乾陵的陵园结构问题。王双怀的《唐代帝王陵墓的基本结构》（刊氏著《唐代历史文化论稿》，香港教育图书公司2003年版）对乾陵的地面建筑和地下宫殿多有研究，可视为研究乾陵陵园结构的最新成果。

（3）关于乾陵的石刻艺术

乾陵有许多精美的石刻。这些石刻受到学者和游人的普遍关注。笛声的《唐乾陵的石狮》（《美术》1963年第6期）从艺术的角度介绍了乾陵中的石狮。田禾的《唐代永泰公主墓石刻线画》（《美术》1963年第6期）、杨正兴的《乾陵石刻中的线刻画》（《考古与文物》1983年第1期）、侯晓斌的《浅析唐懿德太子墓石椁线刻画"戴步摇凤冠宫女图"》（《武则天与咸阳》）分别论述了永泰公主墓棺椁和无字碑等大型石刻上的线刻艺术。武伯纶的《唐永泰公主墓墓志铭》（《文物》1963年第1期）认真分析了新出土的永泰公主墓志。类似的文章还有孙东位的《乾陵附葬墓——刘濬墓志考述》（人文杂志丛刊 5）。王仁波的《试论乾陵陵园石刻题材》（《文博》1985 年第 3 期）则对乾陵石刻进行了宏观研究。此文包括乾陵陵园石刻的分布位置和总体设计思想、乾陵陵园石刻题材之分析、乾陵石刻群的组合对唐代帝王陵的影响三个部分，每部分的论述都有一定的深度。此外，李毓芳的《唐陵石刻简论》（《文博》1994 年第 3 期）、刘向阳的《唐代帝王陵墓》、陈安利的《唐十八陵》对乾陵石刻均有论述。王双怀在《荒冢残阳：唐代帝陵研究》一书中对乾陵的石刻艺术也有较为系统的论述，很有参考价值。

（4）关于乾陵陪葬墓的情况

乾陵有 17 座陪葬墓。这些陪葬墓也是乾陵的重要组成部分。自永泰公主墓、章怀太子墓和懿德太子墓发掘以来，不少学者都曾对乾陵陪葬墓进行过探索。1972 年，李求是发表《谈章怀懿德两墓的形制等问题》（《文物》1972 年第 7 期），认为懿德、永泰两墓的封土堆称作"双层覆斗"，以示与章怀太子墓的"单层履斗"在墓葬形制上有所区别。陕西省乾陵文物保管所发表《对〈谈章怀、懿德两墓的形制等问题〉一文的几点意见》（《文物》1973 年第 12 期），对李文的观点提出异议，认为永泰、懿德、章怀三墓的封土堆只有体积大小、高低之分，并不存在"双层覆斗"与"单层履斗"之别。王仁波的《懿德太子墓所表现的唐代皇室埋葬制度》（《中国考古学会第一次年会论文集》）认为唐陵的陪葬制度是计划的，而且布局是严格的。陪葬墓为双室结构，并有线雕石椁，从哀册、壁画和俑群可以看出相关的赠册、仪仗和内官制度，"号墓为陵"的出现与当时的政治状况有关。探讨这个问题的论文还有张永祥《乾陵陪葬墓的两个有关问题》（《文博》1989 年第 2 期）和陈晔《从懿德太子墓的结构看唐乾陵陪葬墓的形制》（《武则天与咸阳》）等。

（5）关于乾陵壁画

在研究唐代乾陵的论著中，有关乾陵壁画的文章是相对较多的。这大概是由于乾陵壁画数量较多、精美绝伦的缘故。永泰公主墓发掘不久，党军就在《陕西日报》上发表了题为《唐代宫廷绘画中的现实主义杰作——谈永泰公主墓壁画》

（1961年12月28日）。叶浅予在《记永泰公主墓》一文中也对永泰墓壁画进行了高度评价（《大公报》1962年8月7日）。此后，有关乾陵壁画的论著纷至沓来。王仁波在《唐懿德太子墓壁画题材分析》（《考古》1973年第6期）中，对懿德墓壁画的分布区域、主要内容、墓阙墓门图、仪仗出行图及宫廷生活画进行了深入分析。林思桐的《对章怀太子墓壁画〈马球图〉的初步研究》（《体育文史》1983年第2期）探讨了著名的"马球图"。樊英峰的《形象而真实的历史——谈乾陵唐墓壁画的学术价值》（《武则天与乾陵文化》）则从历史的角度分析了唐陵壁画的史料价值。相关的研究成果还有杨正兴的《唐薛元超墓的三幅壁画介绍》（《考古与文物》1983年第6期）、刘向阳的《盛唐风貌留华章——唐章怀太子墓壁画琐谈》（《武则天与乾陵文化》）、王维坤的《唐章怀太子墓壁画"客使图"辨析》（《考古》1996年第1期）、王晓莉的《乾陵唐墓壁画的魅力》（《武则天与咸阳》）、魏鹏的《浅谈章怀太子墓壁画的艺术成就》（《武则天与咸阳》）。此外，韩伟的《陕西唐墓壁画》（《人文杂志》1982年第3期）、宿白的《西安地区唐墓壁画的布局和内容》（《考古学报》1982年第2期）、王仁波的《陕西唐墓壁画之研究》（《文博》1984年1—2期）、唐昌东的《唐墓壁画的创作技巧和艺术成就》（《考古与文物》1989年第5期）、张鸿修的《中国唐墓壁画集》等论著对乾陵壁画也有所研究。

（6）关于乾陵蕃酋像

陈国灿的《唐乾陵石人像及其衔名的研究》（《文物集刊》1980年第2期）、《乾陵石人群》（《中国建设》1983年第8期）对乾陵61蕃酋像的由来、衔名及其意义进行了全面深入的研究。认为乾陵石人群是高宗、武后朝侍卫过轩禁的"蕃臣"形象，大约建于神龙元年前后。现存的36尊石像衔名，大部分属于唐西北地区地方都督级以上的官员，他们管辖的地区，不仅有天山南北的我国新疆地区，而且北至巴尔喀什湖与额尔齐斯河流域，西达碎叶河以西的千泉、俱兰、塔什干、撒马尔干。"一千二百多年前的实物就是这个真正历史事实的明证"。台湾学者章群以研究唐代蕃将而著称，他的《关于唐代乾陵石人像问题》也是研究这些蕃臣像的，其方法和结论与陈氏有相同之处，也有一定差异。王晓莉的《乾陵61尊石人像有关问题的再探讨》(《武则天与嵩山》)对石人像的雕刻者及雕刻时间、雕刻石人像的目的、石人像是61尊还是64尊、61尊石人像的真实身份、石人像的特点以及石人像何时遭到破坏等问题进行了论述,认为这些石人像是唐中宗时期完成的;雕刻这些石人是为了纪念唐高宗的功业;石人共有61尊,都是侍轩禁者;石像具有复杂性、连续性和延伸性的特点;石像被破坏的时间是在明代中期以后。

(7) 关于"述圣纪"

"述圣纪"俗称"七节碑",文献中有明确的记载。学术界对述圣纪的研究始于20世纪的60年代。当时贺梓城发表《乾陵述圣纪碑和它的现存文字》(《文物》1961年第3期),对述圣纪进行了初步研究。文中附录的《述圣纪》碑文对此碑的进一步研究提供了方便。后来一些学者在它们的相关论著中对此碑多有涉及。穆兴平的《谈"述圣纪碑"与武则天的关系》一文(《武则天与咸阳》)便是如此。其中樊英峰的《武则天与乾陵〈述圣纪碑〉》(《武则天研究论文集》,山西古籍出版社1998版)是一篇比较重要的论文。该文具体论述了述圣纪碑的特点、内容,认为此碑"是我国最早、规模最大、文字最多、造型最独特的帝王圣功颂德碑,是武则天在中国古代帝王陵墓建筑上的一个创举",对于研究唐代政治、经济、文化艺术均有很高的史料价值。

(8) 关于"无字碑"

"无字碑"是乾陵最著名的石刻,也是一个难解的历史之谜。关于无字碑本无文字的原因,过去曾有多种说法。1987年,王双怀发表《乾陵无字碑之谜》(《中外历史》1987年第1期),对当时流行的"仿效说""自惭说""德大说""遗言说""称谓说""非碑说"提出质疑,认为这些观点都不能成立。后来在《荒冢残阳:唐代帝陵研究》一书中提出一种新的见解,认为无字碑很可能是唐中宗为刊刻郑愔所撰《圣感颂》而树立的,碑上无文有两种可能:一是当时树了碑,因宫廷政局突变而未能刻字;一是当时刻了字,不久被人磨掉。此文发表后,曾在社会上引起反响。后来又有多篇论述无字碑的文章发表。张永祥的《乾陵无字碑》(《文博》1988年第1期)着重介绍了无字碑上现存的文字。樊英峰、刘向阳《乾陵无字碑之谜》赞同王双怀的观点，并有所补充。张沛的《乾陵"无字碑"别论》（《文博》2000年第6期）认为无字碑不是"碑"，而是"祖"，实际上是在重申过去的"非碑说"。王翰章的《关于乾陵无字碑等问题的商榷》（《文博》2001年第2期）对"非碑说"再次提出反驳。牛芸的《"无字碑"昭示的历史悲剧》（《武则天与咸阳》）认为无字碑为武则天亲手所立，无字碑无字乃是历史的悲剧。师荃荣、宋继超、刁建涛、宋少宇《乾陵无字碑新考》（《武则天与嵩山》）认为武则天生前曾有过死后同高宗合葬乾陵并为自己在陵前立碑的欲念，但从未有过立"无字碑"的设想和遗制；无字碑是唐中宗为刻韦承庆所撰《则天皇后纪圣文》而立的，后因对"归陵"出现激烈争议，中宗李显为既保证母亲遗制的实现，又不影响自己的皇权统治，以同意不镌刻碑文对反对者做了妥协让步，才留下了这块不书一字的千年巨碑。

（9）关于乾陵文化

乾陵文化博大精深，值得深入研究。赵文润在《论乾陵文化》一文（《陕西师范大学学报》1996年第1期；又见《武则天与乾陵文化》）中对乾陵文化的形成、乾陵文化的内涵、乾陵文化的特征及学术价值进行了论述。认为乾陵文化的形成经历了一个历史的过程；乾陵文化指唐高宗、武则天时代的文化，内容包括乾陵建筑、乾陵陪葬墓、乾陵石刻、乾陵壁画、乾陵唐三彩等；乾陵文化是盛唐文化的代表，对振奋民族精神、推动关中经济建设、促进旅游事业、增进中外文化交流都有着十分重要的意义。樊英峰的《关于乾陵文化的再探讨》（《武则天与咸阳》）对乾陵文化的含义、乾陵文化研究的对象与范围、乾陵文化研究的意义做了进一步探讨。认为乾陵文化是由乾陵的物质文化和精神文化两部分组成的，其内涵比赵氏所论更为广泛；研究乾陵文化，不仅对于发掘、整理、弘扬中国古代传统文化有重要的借鉴作用，而且对于深层次、多角度地探讨唐文化有巨大的推动作用，同时也可以体现出乾陵学术研究的整体水平，因此意义十分重大。

综观唐乾陵研究的历程和研究状况，可以清楚地看到，50年来的乾陵研究是很有成绩的：其一，经过几代人的努力，研究乾陵的队伍不断壮大。起初研究乾陵的主要是一些考古人员。现在从事历史研究、地理研究、文学研究和自然科学研究的学者也加入了乾陵研究的行列,这些研究人员分布在许多文博单位和大专院校,为今后乾陵研究工作的深入奠定了比较坚实的基础。其二,到目前为止,已经对乾陵的一些重要问题和热点问题进行了探讨。研究的领域逐渐扩大,从建筑布局到陵园结构,从文物古迹到陵园文化,都有专文发表。特别是在乾陵石刻、壁画等方面,发表的文章较多,显示出研究工作已经从粗线条的宏观研究向细线条的微观研究发展。其三,更重要的是,在某些重要问题的研究方面有所突破,取得了可喜的成果。比如对乾陵结构的研究、对乾陵石刻和壁画的研究都有较大的进展,在乾陵历史地理和乾陵文化的研究方面,也有许多值得称道的地方。

当然,以往对乾陵的研究尚处于初级阶段,还存在着一些明显的不足:一方面,一些研究人员未能很好地把文献资料和考古资料结合起来进行综合研究:从事考古的人员不大注重对文献资料的搜集和整理;从事历史研究的人不太注意考古资料。这些情况都在一定程度上影响了乾陵研究。另一方面,存在着选题雷同,简单重复的情况。有些论文只是综述已有的成果,缺乏创新,没有自己的见解。此外,还有许多课题至今没有人进行系统探讨。所有这些,都说明乾陵研究还有待于进一步加强。

3. 对其他帝陵的研究

20世纪40年代,西北艺术文物考察团曾制作泰陵飞马雕刻拓片两份、泰陵实景写生一幅。80年代,贺梓城、刘庆柱、张建林等人曾对泰陵进行过调查。

1999年,陕西省考古研究所与渭南地区文管会对高力士墓进行了抢救性发掘。高力士(684—762),本名冯元一,祖籍潘州(今高州),幼年入宫,由宦官高延福收为养子,遂改名高力士。曾助唐玄宗平定韦皇后和太平公主之乱,故深得玄宗宠信,累官至骠骑大将军、开府仪同三司。对唐玄宗忠心耿耿,被誉为"千古贤宦第一人"。其墓位于陕西省蒲城县保南乡山西村,由斜坡墓道、4个天井、4个过洞、6个小龛、甬道和墓室组成,全长约41米。墓室为四角攒尖砖室墓,边长4.2米,高5.6米。室内西侧有石棺床,平面由11块石板拼成,长 4.2 米，宽 2.4 米。因经多次盗掘，墓室破坏严重。出土各类陶俑 200 余件，以及开元通宝、乾元重宝铜钱 20 余枚。墓中有长方形墓志一合，盖顶篆书"唐故开府仪同三司赠扬州大都督高公墓志"。蒲城县文物局、渭南市计划部门于 2004 年审批通过并立项，将成立高力士墓博物馆。

20 世纪 60 年代，王丕忠、程学华等人对建陵进行了探测。80 年代，贺梓城、刘庆柱等学者曾对建陵进行过考察。其后王双怀、陈安利、刘向阳、李浪涛等亦曾对建陵进行过调查。

20 世纪 80 年代，贺梓城、刘庆柱等学者调查过元陵。其后王双怀、陈安利及陕西省考古研究所的一些专家也曾到元陵进行过考察。

国内学者很少有人对元陵进行深入研究。日本学者金子修一以王双怀的研究成果为线索，从《通典》中将《大唐元陵仪注》的内容全部辑出，译成日文，并进行了探究。

20 世纪初，日本学者足立喜六曾对崇陵进行过较为仔细的考察，并在其《长安史迹研究》中有所论述。80 年代，贺梓城、刘庆柱等曾调查此陵。其后陕西省考古研究所的相关专家亦曾对此陵进行考察。

20 纪世 40 年代，西北艺术文物考察团曾制作丰陵华表拓片两份。80 年代，贺梓城等学者曾赴丰陵考察。世纪之交，陕西文博单位和大专院校的一些专家亦曾对此陵进行过调查。目前，仅《荒冢残阳：唐代帝陵墓研究》《唐十八陵》《唐代帝王陵》等书对丰陵有所论述，尚无其他重要成果。

20 世纪 60 年代以来，蒲城县文物管理部门的相关人员、考古学者贺梓城、刘庆柱、张建林及大专院校的一些学者曾对此陵进行过调查。刘庆柱等人在其调查报告中对景陵有所涉及。王双怀的《荒冢残阳：唐代帝陵墓研究》、陈安利的《唐十八陵》、刘向阳的《唐代帝王陵墓》对此陵有专门论述。

20 世纪六七十年代，蒲城县文管所人员曾对光陵进行过初步调查。80 年代，贺梓城、刘庆柱等对光陵进行专业考察。其后王双怀、陈安利等亦对此陵进行考察。目前尚无专门论著。唯《荒冢残阳：唐代帝陵墓研究》《唐十八陵》《唐代帝王陵》等书及相关调查报告有所涉及。

20世纪五六十年代,三原县的文管人员曾对庄陵进行初步调查。80年代以后,贺梓城、刘庆柱、王双怀、陈安利等亦曾对此陵进行考察。

目前尚无专门论著。唯王双怀的《荒冢残阳:唐代帝陵墓研究》、陈安利的《唐十八陵》、刘向阳的《唐代帝王陵墓》等书及刘庆柱等人的相关调查报告有所涉及。

20世纪80年代,贺梓城、刘庆柱等人曾对章陵进行调查。90年代,王双怀、陈安利等对此陵进行考察。其后陕西省考古研究所的巩启明、王保东等亦曾对章陵进行调查。王双怀的《荒冢残阳:唐代帝陵墓研究》、陈安利的《唐十八陵》、刘向阳的《唐代帝王陵墓》等书及刘庆柱等人的相关调查报告有所涉及。专文见巩启明、王保东等《唐章陵调查简报》,刊《文博》2003年第3期。

20世纪初,日本学者足立喜六曾考察端陵,并在其《长安史迹研究》一书中有所论述。20世纪五六十年代,三原县的文物管理人员对端陵进行了初步调查。80年代,贺梓城、刘庆柱等学者在调查十八陵时也对端陵有所留意。90年代,王双怀、陈安利等人亦曾对此陵进行过考察。王双怀的《荒冢残阳:唐代帝陵研究》、陈安利的《唐十八陵》、刘向阳的《唐代帝王陵》等书及刘庆柱等人的相关调查报告有所涉及。

20世纪七八十年代,泾阳县文教局、陕西省考古所的一些工作人员曾对贞陵进行过调查。刘庆柱等人的调查工作较为详细。90年代以后,王双怀、陈安利、刘向阳等亦对此陵进行过实地考察。《荒冢残阳:唐代帝陵研究》《唐十八陵》《唐代帝王陵》等书及刘庆柱等人的相关调查报告有所涉及。此外,有两篇重要论文。一是泾阳县文教局调查组的《唐贞陵调查记》,刊《文博》1986年第6期;一是罗宁的《〈贞陵遗事〉、〈续贞陵遗事〉辑考》,刊《西南交通大学学报(社会科学版)》2010年第2期。

20世纪40年代,西北艺术文物考察团曾制作简陵飞马雕刻拓片两份。80年代以后,贺梓城、刘庆柱、王双怀、陈安利、刘向阳等对此陵进行过考察。仅《荒冢残阳:唐代帝陵研究》《唐十八陵》《唐代帝王陵》等书及刘庆柱等人的相关调查报告对简陵有所论述。

附录
大唐元陵仪注

唐代前期制定礼仪时，许敬宗认为，人臣不宜谈论帝王丧葬之事，故从"凶礼"中删去了有关帝王丧葬的内容，从而给了解唐代帝王丧葬礼仪带来了很大困难。好在杜佑在《通典》中保存了《大唐元陵仪注》，为我们留下了珍贵的资料。兹摘录其原文如次，供大家参考。

《通典》卷第五十二《礼一二·吉礼一一·丧废祭议》

大唐元陵之制，未殡，遇夏至，祭皇地祇，礼官议停祭。时监察御史张朔牒礼仪使："伏准遗诏，皇帝已听政，合告郊庙，所司祭地祇无文，合废。又按曾子问：'天子崩，未殡，五祀之祭不行，既殡而祭。'所言五祀不行，即明天地之祭不合废。又，王制：'丧三年不祭，唯祭天地、社稷，为越绋而行事。'注云：'不敢以卑废尊。'又按春秋杜氏注：'天王崩，未葬而郊者，不以王事废天事也。'今礼仪使牒引祠令，'诸飨庙官有缌麻以上丧，不得充飨官'，此盖指私丧，不足为今日之证。请更参详。报礼仪使。"报："来牒称，天子崩，五祀之祭不行，既殡而祭，所言五祀不行，即明天地之祭不合废者，谨按：曾子问：'天子崩，五祀之祭不行，既葬而祭。'郑玄注云'郊社亦然'，然则五祀之与郊社之祭同也。则来牒所言'五祀不行，则明天地之祭不合废'，与郑玄所云'郊社亦然'之义乖也。又按：曾子问上文曰：'天子尝禘郊社五祀之祭，簠簋既陈，天子崩，后之丧，如之何？'孔子曰：'废。'下文云：'天子崩，未殡，五祀之祭不行，既殡而祭。'孔颖达云：'以初崩哀戚，未遑祭祀，虽当五祀祭时，不得行也。既殡，哀情杀而后祭也。'又云：'自启至于反哭，五祀之祭不行，已葬而祭。'此言无事时则祭，有事时则废。未殡以前，是有事；既殡已后，未启已前，为无事。故王制云'越绋而行事'。绋者，属于龙輴之辕索也。天子攒涂龙輴，谓殡时所设也。今百官成服，准祠令，诸祀斋之日，平明赴祠所。又开元礼云：'祀前七日，受誓戒，散斋四日，致斋三日。散斋之内，不得吊死问病；致斋之内，唯祀事则行，其余悉断。'苟或违此，则非为祭，所以崇严洁也。今若敛发赴庙，则严洁之道于是乎废也。成服而行，则祀典之文可得而逾也。且哀戚之杀，大敛孰与夫自启？

凶秽之甚，缌麻孰与夫斩缞？未殡之时，非谓无事；扱衽之祭，可谓不遑。况皇帝即位，未告太庙，哀戚在疚，未许听政，如何告太祖以配北郊乎？参详古今，实难议祭也。"

《通典》卷第八十《礼四十·凶礼二·总论丧期》

大唐元陵遗制：其丧仪及山陵制度，务从俭约，并不以金银锦彩饰。天下节度观察团练使、刺史等，并不须赴哀。祀祭之礼，亦从节俭。其天下人吏，敕到后，出临三日，皆释服。无禁婚娶、祠祀、酒肉。其宫殿中当临者，朝夕各十五举音。礼固从宜，丧不可久。皇帝宜三日听政，十三日小祥，二十五日大祥，二十七日而释服。皇帝本服周者，凡二朝哭而止。本服大功者，晡哭而止。本服小功以下，一举哀而止。

《通典》卷第八十《礼四十·凶礼二·奔大丧（奔山陵附）》

《大唐元陵仪注》，诏问："宗子在外州府，合赴京师不？"所司奏曰："按礼文'五庙之孙，祖庙未毁，虽为庶人，冠、娶妻必告，死必赴，练祥则告，不忘亲之义也'。又曰'四世而缌，服之穷也；五世袒免，杀同姓也；六世亲属竭矣'。又传云'天子七月而葬，同轨毕至'。据此，则宗子五等以上，不限远近，尽同奔赴山陵。"

《通典》卷第八十一《礼四十一·凶礼三·诸侯及公卿大夫为天子服议》

大唐元陵遗诏：天下人吏，敕到后，三日释服。晋贺循云："吏者，官长所署。"伏以公卿百僚，不同人吏，准礼，臣为君服斩缞三年。按高宗实录，昭陵臣下丧服，皆准汉文帝故事三十六日。又按高宗崩，服纪轻重，亦依太宗故事。中宗、睿宗时，臣下丧制，并所遵守。据礼及故事，今百官并合准遗诏二十七日释服。

其小祥内，百官并无假日，每日平明，诣延英门，进名起居，不入正衙。至临时，赴西内，哭讫各归。至小祥日，去首绖，著布冠。其日早，集于西内哭。望日及大祥，又赴西内哭。大祥日，除缞冠杖等，服惨公服，至山陵时，却服本缞服，事毕除之。

《通典》卷第八十一《礼四十一·凶礼三·宗室童子为天子服制议》

大唐元陵之制，孙为祖齐缞周年，臣为君斩缞三年。今伏准遗诏，皇帝服十三日小祥，二十五日大祥，二十七日释服。臣下并从释服。皇孙既是齐缞周年服，礼"有嫡子无嫡孙"，其服并合从皇帝十三日小祥，二十五日大祥，二十七日释服。释服后，以惨公服，至山陵时，却服初齐缞服，事毕即吉服。

《通典》卷第八十三《礼四十三·凶礼五·丧制之一·复》

《大唐元陵仪注》："将复于太极殿内，高品五人皆常服，以大行皇帝衮冕服左荷之，升自前东霤，当屋履危，北面西上，三呼而止，以衣投于前；承之以箧，自阼阶入，以覆大行皇帝之上。复者彻殿西北厞，降自后西霤。其复衣不以袭敛，浴则去之。既复，乃设御床于殿内楹闲，去脚，舒单簟，置枕。迁大行皇帝于床，南首，以衣覆体，去死衣。楔齿用角柶，缀足以燕几，校在南。其殿内东西哭位，嗣皇帝以下舒草荐焉。奠用酒脯醢，器用吉器，如常仪。其告丧之礼：使至所在，集州县官及僧道、将吏、百姓等于州府门外，并素服，各以其方向京师重行序立。百姓在左，僧道在右。男子居前，妇人居后。立讫，使者立于官长之右，告云'上天降祸，大行皇帝，今月某日奄弃万国'。刺史以下抚膺哭踊，尽哀。止哭，使者又告云'大行皇帝有遗诏'。遂宣诏，讫，刺史以下又哭，十五举声。使者又告'皇帝伏准遗诏，以今月某日即位'。刺史以下再拜称万岁者三。百姓及州县佐史朝夕巷哭，各十五举声。三日释服。节度观察团练使、刺史并斩缞绖杖，诸文武官吏服斩缞，无绖杖。大小祥、释服，并准遗诏。其有敕书，使者宣告如常礼。"其三品以下仪制，并具开元礼。

《通典》卷第八十四《礼四十四·凶礼六·丧制之二"沐浴"》

《大唐元陵仪注》："将沐浴，内有司为垼于殿西廊下，累墼为灶，东面，以俟煮。沐浴新盆盘瓶鬲皆濯之，陈于西阶下。掘坎于西阶之西。陈明衣裳于其侧。帛巾一，方尺八寸，沐巾二，浴巾四，皆用帛练。栉及浴衣各实于箧。将沐浴，内掌事者奉米潘及汤，各盛以瓮，并沐盘，升自西阶，授沐者以入。嗣皇帝、妃、公主等悉出帷外。嗣皇帝以下在殿东楹闲，北面西上。内命妇以下在殿西闲，北面东上。俱立哭。既沐而栉。将浴，内执事者六人抗衾，御者四人浴，拭以巾，挋用浴衣。设床于大行东，衽下莞，席上簟。浴者举大行，易床设枕，理其须发，断爪，盛于小囊，大敛即内于棺中也。著明衣裳，以方巾覆面，以大敛之衾覆之。内外入，就位哭。其五品以上沐用稷，四人浴。六品以下沐用粱，二人浴。"余具开元礼。

《通典》卷第八十四《礼四十四·凶礼六·丧制之二"含"》

《大唐元陵仪注》："内有司奉盘水升堂，嗣皇帝出，盥手于帷外，洗玉若贝，实笲，执以入，西面坐，发巾彻枕，奠玉贝于口之右。大臣一人亲纳粱饭，次含玉。既含讫，嗣皇帝复位。执服者陈袭衣十二称，实以箱箧，承以席。去巾加面衣讫，设充耳，著握手及手衣，纳舄，乃袭。既袭，覆以大敛之衾。乃开帷，内外俱入，复位哭。其三品以上用粱及璧，四品、五品用稷与碧，六品以下用粱与贝。"其仪具开元礼。

《大唐元陵仪注》："大敛讫，所司设太常，画日月，十有二旒，杠九仞，旒委地。大敛之后，分置殿庭之两阶。又设铭旌，以绛，广充幅，长二丈九尺，题云'某尊号皇帝之柩'，立于殿下。其三品以上长九尺，五品以上八尺，六品以下七尺，皆书某官封姓君之柩。"具开元礼。

《大唐元陵仪注》："设重于殿庭近西南。其制，先刊凿木长丈二尺，横者半之。

取沐之米为粥,盛以八鬲,幂以疏布,悬于重内横木上。以苇席北向屈两端交于上,缀以竹篾。"其三品以上至六品以下,悬重降杀如开元礼。

《通典》卷第八十四《礼四十四·凶礼六·丧制之二"设铭"》

《大唐元陵仪注》:"大敛讫,所司设太常,画日月,十有二斿,杠九仞,斿委地。大敛之后,分置殿庭之两阶。又设铭旌,以绛,广充幅,长二丈九尺,题云'某尊号皇帝之柩',立于殿下。其三品以上长九尺,五品以上八尺,六品以下七尺,皆书某官封姓君之柩。"具开元礼。

《通典》卷第八十四《礼四十四·凶礼六·丧制之二"悬重"》

《大唐元陵仪注》:"设重于殿庭近西南。其制,先刊凿木长丈二尺,横者半之。取沐之米为粥,盛以八鬲,幂以疏布,悬于重内横木上。以苇席北向屈两端交于上,缀以竹篾。"其三品以上至六品以下,悬重降杀如开元礼。

《通典》卷第八十四《礼四十四·凶礼六·丧制之二"小敛"》

《大唐元陵仪注》:"内外各随职备办,尚食先具太牢之馔。厥明而小敛。于敛前三刻,侍中版奏'请中严',御府令设小敛床于大行西,南首,枕席备焉,加以幄帷,周以素帷。主衣先率所司陈小敛之衣十九称及绞衾于殿中闲之东席上,南领西上。小敛前二刻,开宫殿诸门,诸卫各勒所部,仗卫如常式。设百官位次,及三王后、三恪等位。又设内外命妇等拜哭位。小敛前一刻,侍中奏'外办',礼仪使引嗣皇帝及皇子等,扶引各即位次,从临者哭。内谒者引诸王等进就位。百官亦入就位。执礼者称哭,在位者皆哭。侍御小臣升殿,先布衣于绞上,乃迁于衣上,举衾而敛,以次加衣十九称毕,乃结绞而衾焉。近侍扶嗣皇帝哭,进,跪冯大行,兴,哭踊无数,扶引还次。其百官以理去职而薨卒者,听敛以本官之服。无官者介帻单衣。妇人有官品,亦以其服敛。"应佩者,皆用蜡代玉,禁以金玉珠宝而敛也。余如开元礼。

《通典》卷第八十五《礼四十五·凶礼七·丧制之三"小敛奠"(代哭附)》

《大唐元陵仪注》:"尚食奉馔入,列于殿东。太常博士引司徒省馔,省讫,奉馔升设于大行东。斋郎取爵于篚,受酒爵,跪奠,兴。嗣皇帝以下哭踊如初。诸行事者应退者降退,奉礼郎称止,谒者引诸王还内省。礼使奏嗣皇帝哭止,近侍扶引退便次。内外侍临者,代哭不绝声。百官退位如常式。"其百官以下仪,具开元礼。

《通典》卷第八十五《礼四十五·凶礼七·丧制之三"大敛"》

《大唐元陵仪注》:"其日大敛前三刻,侍中版奏'请中严',内外皆哭。御府先设大敛床于大行皇帝西,南首,枕席帏帐如初。所司先陈大敛之衣百二十称,及绞纻衾,并六玉于殿两楹之东席上,南领西上。衣必朝祭及五时正服。前二刻,开宫殿诸门,诸卫各勒所部,陈设如常仪。设皇帝位于殿东闲,西向。前一刻,引诸王以下就位:皇弟于皇帝位东稍北,西向南上;皇子于皇弟之东,亦南上;皇叔在皇帝位北稍西,南向西上;皇叔祖次皇叔之东;皇从父兄弟在皇子北稍东,南上;诸公主、长公主、大长公主以下,并于西闲北牖下,西上。通事舍人引百僚并入,依班序立。侍中版奏'外办',内高品扶皇帝就位,立定。典仪曰'再拜',礼仪使奏请再拜,皇帝哭踊再拜,在位者皆哭踊再拜,十五举声。礼仪使奏请止哭,内外皆止哭。内高品扶皇帝就次,诸王公主以下百僚各就次。中官内官掌事者皆盥讫,升敛,如小敛次加衣毕,乃以组连珪、璋、璧、琮、琥、璜六玉而加焉。所司以梓宫龙輴绋等入陈于殿西阶下。至时司空引梓宫升自西阶,置于大行皇帝西,南首。加七星版于梓宫内,其合施于版下者,并先置之,乃加席褥于版上。以黄帛裹施仰荟,画日月星辰龙龟之属,施于盖。陈衣及六玉敛讫,中官掌事者奉大行皇帝即梓宫内。所由先以白素版书应入梓宫内，一物以上称名进入梓宫，然后加盖。事毕，覆以夷衾。"百官仪制具开元礼。

《通典》卷第八十五《礼四十五·凶礼七·丧制之三"大敛奠"》

《大唐元陵仪注》："皇帝至位哭，内外皆就位哭。太祝酌酒进授，皇帝执爵进奠于馔前，少退。礼仪使奏请止哭，内外皆止哭。太祝跪读文曰：'维某年月日，哀子嗣皇帝臣某，敢昭告于考大行皇帝，日月遄速，奄及大敛，攀号擗踊，五内屠裂。谨以一元大武、柔毛、刚鬣、明粢、芗合、芗萁、嘉蔬、嘉荐醴齐，尚飨。'（其后祝文，大约准此）。读讫，皇帝再拜哭踊，在位者皆再拜哭踊，十五举声，礼仪使奏止哭，左右高品扶皇帝还次，诸王公主以下各还次，百僚序出。"其百官仪制，具开元礼。

《通典》卷第八十五《礼四十五·凶礼七·丧制之三"殡"》

《大唐元陵仪注》："既大敛，内所由执龙輴右左绋，引梓宫就西闲。将监引所由并柏堑等升自西阶。所由设熬黍稷，盛以八筐，加鱼腊等，于龙輴侧南北各一筐，东西各三筐。设讫，于西面垒之。先以绣黼覆梓宫，又张帟三重，更以柏木，方尺，长六尺，题凑为四阿屋，以白泥四面涂之。欑事讫，所司设灵幄于欑宫东，东向，施几案服御如常仪。侍臣捧繐裳冠绖杖，盛以箱，就次进，皇帝服讫，诸王公主以下及百僚亦各服其服。光禄卿率斋郎捧馔入，礼仪使引升，陈设讫，礼仪使就位，奉引皇帝至位哭，内外皆就位哭。"其百官以下仪，如开元礼。

《通典》卷第八十五《礼四十五·凶礼七·丧制之三"将葬筮宅"》

《大唐元陵仪注》："既定陵地，择地，使就其所卜筮之。将卜，使者吉服。掌事者先设使以下次于陵地东南。使者至陵地，待于次。太常卿莅卜，服祭服。

祝及卜师、筮师，凡行事者皆吉服。掌事者布筮席于玄宫位南，北向西上。赞者引莅卜者及太祝立于筮席西南，东向南上。卜师立于太祝南，东面北上。赞者引使者诣卜筮席南十五步许，当玄宫位北向立；赞者立于使者之左，少南。俱北向立定。赞者少进，东面称事具，退复位。莅卜者进立于使者东北，西面。卜师抱龟，筮师开韇出策，兼执之，执韇以击策，进立于莅卜者前，东面南上。莅卜者命曰：'维某年月朔日，子哀子嗣皇帝某，谨遣某官某乙，奉为考大行皇帝度兹陵兆，无有后艰？'卜师筮师俱曰诺，遂述命，右旋就席北坐。命龟曰'假尔泰龟有常'，命筮曰'假尔泰筮有常'，遂卜筮，讫，兴，各以龟筮东面占曰从，还本位。赞者进使者之左，东面称礼毕。赞者遂引使者退立于东南隅，西面。若不从，又择地卜筮如初仪。"其百官以下仪制，具开元礼。

《通典》卷第八十五《礼四十五·凶礼七·丧制之三"启殡朝庙"》

《大唐元陵仪注》："启前十日，皇帝不坐以过山陵。前启一日，门下省奏：'某日某时，启太极殿欑宫。'启日之晨，奉礼郎设御位于太极殿之东闲，当帷门，西向。诸王位在后，以南为上。典仪设酅公、介公、皇亲、诸亲、文武九品以上及前资常参官、都督、刺史版位于太极殿中庭。又设蕃客，酋长位于承天门外之西，僧道位于承天门外之东，并以北为上。左右金吾与诸军计会，量抽队仗，随便设禁。其日质明，皇帝服初缞绖杖，入就位，晨哭。诸王具缞绖去杖，入就位哭。酅公、介公、皇亲、诸亲等及文武九品以上，各服初丧服，去杖，入就位哭。大长公主、长公主、公主、郡县主等亦缞服，入就内位哭。中官皆布巾丧服，侍卫晨哭，并再拜，退位。通事舍人引蕃客、酋长及僧道分位于承天门外之位。启前二刻，内所由设奠席及香烛于帷门之外。奉礼郎设罍洗于东阶下西南，北向，罍水在洗东，篚在洗西，南肆。设太尉版位于东南，西向。设司空位于太尉位之南，少退；礼生一人执拂梓宫之巾，陪其后。设礼仪使位于太尉之北，少退；礼官等陪后。设监察使位于礼仪使之下。光禄卿具太牢之馔，俟于东阶下。又于馔上设樽坫位于奠席东南，北向，加酌幂。礼仪使立于樽坫东，御史立于樽坫西，太祝、奉礼郎立于樽坫南为位。礼官在礼仪使后。启前一刻，侍中版奏外办，礼官赞执事官入就阶下位，礼仪使等横行，以西为上，再拜讫，升就位。礼官省馔讫，赞光禄卿引馔升自东阶，列帷门外席上。近侍引皇帝具缞绖入就位，哭踊。礼仪使前进，跪奏请再拜，皇帝再拜。诸王妃主等并各就位，晨哭。礼生引太尉，通事舍人分引群官，各入就位。礼官赞太尉再拜，又一人赞群官再拜哭，十五举声，礼官各赞止哭。礼生引太尉诣罍洗，盥手洗爵，升自东阶，诣樽坫所，太祝举幂，酌醴齐以授太尉。礼仪使跪奏请皇帝止哭，奉皇帝之杖前进。中官承传止哭，殿内皆止哭。太尉以醴齐于皇帝之左，跪进醴齐。皇帝受醴齐，跪奠于馔前，府伏，兴，少退立。太祝持版进，北面跪读祝文讫，奠版，俯伏，兴，退复位。皇帝再拜哭踊。殿内及庭中文武九品以上、皇帝诸亲等皆哭，十五举声，止。礼仪使跪奏献毕，请皇帝退复位。礼官引太尉及礼仪使降，复阶下位。所由彻馔，执事官序降讫，皇帝退就次。礼生引司空执巾升自东阶，于欑宫南，北向立，司空跪启曰'谨以吉辰启欑涂'。告讫，太尉哭，群官皆哭。通事舍人分引群官序出。掌事者升彻欑涂。彻讫，司空以巾拂拭梓宫，覆以夷衾绡幕，内所由周回设帷及施食之奠如常仪。讫，礼仪使升就旧位，礼官陪后。皇帝缞绖就哭位。通事舍人分引群官入就位。皇帝哭稽颡，礼仪使请再拜，皇帝哭尽哀。礼仪使跪奏请止哭，降出。群官再拜哭，十五举声。讫，又序出太极门外，北向重行立班，奉慰如常仪，退。"其百官仪制，具开元礼。

《通典》卷第八十六《礼四十六·凶礼八·丧制之四"荐车马明器及饰棺"》

《大唐元陵仪注》："前二日，所司设文武群官次于太极门外，东西廊下。又设帐殿庭，帐内设吉幄，幄内设神座，南向。又设龙輴素幄于殿庭吉幄之右。前一日，午正后一刻，除殿上苇障及殿下凶庭并板城。少府所由移旐附于重北。未正后一刻，典仪设群官夜哭版位，如晨夕哭仪。又设挽歌席位于嘉德门内，设挽郎、挽士席位于嘉德门外，并左右序设，北向相对。设鼓吹、严警位于承天门外。画漏未尽三刻，有司设庭燎终夜。通事舍人分引群官就版位立定，礼官赞哭，哭毕，退就次。挽歌作，尽二点止。严警次发，尽五点止。二更，群官哭及挽歌鼓吹、严警如上仪，其三更、四更、五更并准此。其一日前二刻，奉礼郎设御座，所由设奠席，奉礼设罍洗及礼仪使、太尉版位于东阶下，光禄卿具太牢馔，并如启奠之仪。前一刻，侍中进外办，礼官省馔，光禄卿引馔，礼生引太尉、礼仪使等横陈，再拜讫，升殿。通事舍人分引群官入就位，亦如启奠之仪。礼仪使跪，奉请皇帝止哭奉奠。皇帝去杖前进，中官承传止哭，殿内止哭。太尉以醴齐于皇帝之左跪进，皇帝受醴齐，跪奠于馔前，俯伏，兴，少退立。太祝持祝版进，北面跪读祝文讫，奠版，俯伏，兴，退复位。皇帝再拜哭踊，殿内及庭中文武官九品以上皇帝诸亲等，皆哭十五举声，止。礼仪使跪奏：'献毕，请皇帝退复位。'礼官引太尉降复阶下位。所由彻馔，执事官序降。内所由彻殿上帷帐，唯南北施素帷于旧帐座，所以为障蔽，前设常食。少府监进辒车于西阶下。礼仪使跪奏'皇帝奉宁龙辒'，奏讫降出。近侍扶皇帝就龙辒前，哭踊尽哀，乃复位。执事者以纛旐及重先导，礼官一人朝服，赞尚辇奉御，帅腰舆伞扇至神座前，侍奉如常仪。内侍捧几置舆上，伞扇侍奉至殿庭帐殿下神座前，跪置座上。内谒者帅中官设香案于座前，伞扇侍奉如仪。礼官一人引符宝郎一人，主宝二人，以赤黄褥案进取谥宝。又礼生二人，亦以赤黄褥案进取谥册。礼官授之，并随礼官先诣册车，安置其旧宝册，准次取置于车。侍中当龙辒南，跪奏'请龙辒降殿'。太常卿帅执翣者升，以翣障梓宫。中官高品等侍奉其侧。司徒帅挽士升，奉引龙辒降殿。礼仪使引近臣及宗子三等以上亲，进捧梓宫。少府、将作、所由并挽士奉梓宫登于龙车上，遂诣帐殿，下素幄。皇帝哭从，诸王等陪从，公主、内官等周以行帷，皆哭踊而从。群官立哭于庭中位，以俟祖奠。其百官之制：将监甄官令，掌凡丧葬，供明器之属（别敕葬者供，余并私备）。三品以上九十事，五品以上七十事，九品以上四十事。当野祖明地轴輀马，（輀，马带也。凡赠马授輀，曰輀马也。輀，徒懒反。）偶人，其高各一尺。其余音声队与僮仆之属，威仪服玩，各视生之品秩。"

《通典》卷第八十六《礼四十六·凶礼八·丧制之四"祖奠"》

《大唐元陵仪注》："祖前一刻，奉礼郎设御位于龙輴幄之东南，西向。所由设奠席于龙輴幄前，奉礼郎设樽坫于帐幄东南。又设太尉位于樽坫东南，西向，礼仪使在其下，监察御史次之。又设罍洗篚于太尉位西南，北向。光禄卿帅斋郎捧馔俟于横街之次，北面西上。礼官进省馔讫，礼生赞光禄卿捧俎进跪奠于席上，诸斋郎捧馔随列于席上。礼生引礼仪使及太尉就位，礼官赞哭。又一人赞群官哭。又各赞止哭。礼仪使导皇帝立于龙輴之东南，西向。礼生引太尉诣罍洗，盥手洗爵，执诣樽坫所；太祝举幂酌醴齐以授太尉。礼仪使跪奏'请皇帝止哭奉奠'。皇帝去杖，前进。中官承传止哭，诸王、妃、主等皆止哭。太尉以醴齐于皇帝之左跪进，皇帝受醴齐，跪奠于馔前，俯伏，兴，少退立。太祝持祝版进，北面跪读文讫，奠版，俯伏，兴，退复位。皇帝哭踊再拜，诸王、妃、主及群官在位者，皆哭再拜。皇帝哭十五举音讫，礼仪使跪奏'请复位'，俯伏，兴。皇帝退复龙輴后位。礼官各赞群官止哭，通事舍人引出，就承天门外位以俟。光禄卿帅斋郎彻馔以出。礼官一人朝服，赞尚辇奉御，帅所由以腰舆伞扇诣神座前，各以序立。内谒者、中官舁香案出，内侍捧几置舆上，内所由举伞扇侍奉以出，中官帅其属舁衣箱以从，遂诣玉辂。礼官于辂后立，赞登车。内所由进，兴，当辂后，伞扇分蔽左右。内谒者帅香案进于辂前，内侍奉几登辂。其腰舆亦进居辂前。中官以衣箱授尚衣奉御，置玉辂及副车。内侍并乘马从辂。于是侍中进龙輴南，跪，奏称'请龙輴进发'，俯伏，兴，退。司徒帅挽士奉引次出。执事者以太常先建之于车，蠹次之。公主内官以下应合乘车者，并先升车以俟扈从。"其百官以下仪制，具开元礼。

《通典》卷第八十六《礼四十六·凶礼八·丧制之四"遣奠"》

《大唐元陵仪注》："前三日，所司设皇帝奉辞次于承天门外之左，西向。其日，金吾仗卫如常仪。卤簿使先进玉辂于承天门外东偏稍南，舆辇、鼓吹、吉驾、卤簿并序列于玉辂前。又进辒辌车当承天门中稍南,凶仪明器序列于辒辌车前。奠前一刻,奉礼郎布文武群官位于承天门外,异位重行,如太极庭中仪。光禄卿具遣奠之馔以俟。执事官位并先俟于门外之东。龙輴至承天门外,礼官赞止哭,内外皆止哭。侍中进龙輴前,跪奏称'请升辒辌车',俯伏,兴。司徒帅舁梓宫官及所由奉梓宫升辒辌车。所司设奠席于辒辌车东南,奉礼郎设樽坫于席东南,设罍洗又于其南,设太尉版位又于东,西向。礼官进省馔讫,礼生赞光禄卿捧俎进,跪奠于席上;诸斋郎捧俎随列于席上。礼生引太尉就位。礼官赞哭,在位者皆哭;又赞止哭,在位者皆止哭。礼生引太尉诣罍洗,盥手洗爵,诣樽坫所,太祝举幂酌醴齐。礼仪使就次,奏请皇帝出就次。皇帝出次,立于奠东,西向。太祝以醴齐授太尉讫,礼仪使奏请皇帝去杖前进,中官承传止哭,诸王、妃、主等皆止哭。太尉以醴齐于皇帝之左跪进,皇帝受醴齐,跪奠于馔前,俯伏,兴,少退立。太祝持板进,西北向跪读祝文讫,奠版,俯伏,兴,退复位。皇帝哭踊,礼仪使赞皇帝再拜。诸王、妃、主及在位群官等皆哭。礼仪使跪奏'请皇帝少退',近侍扶皇帝少退于位。少府监设读哀册褥于奠东。礼官引册案进,举册官举册进至褥东,西面,以册东向。礼官赞太尉及群官止哭,中官承传诸王、妃、主等皆止哭。礼官引中书令进,跪读册讫,俯伏,兴,退复位。举册者以授秘书监,秘书监以授符宝郎。皇帝哭踊,礼仪使奏请皇帝再拜。太尉、群官、诸王、妃、主皆哭再拜。少府彻褥,光禄彻馔讫,礼仪使跪奏称'辒辌车将发',皇帝前,哭尽哀。礼仪使称'请再拜奉辞',俯伏,兴;皇帝稽颡,哭踊,再拜。辒辌车发。礼仪使又跪奏'请皇帝还宫',俯伏,兴。近侍扶引皇帝入次。太尉以下于次南横行进名再拜奉辞讫,各就本职。如诸王有故不赴山陵者,俟皇帝奉辞入次后,诸王进至辒辌之左,以南为上,哭尽哀,再拜辞。妃、主、内官不去者,于辒辌车后,帷中哭,再拜辞。讫,礼生赞侍中于辒辌车前跪请进发,讫,俯伏,兴。"百官以下仪制,如开元礼。

《通典》卷第八十六《礼四十六·凶礼八·丧制之四"挽歌"》

大唐元陵之制"属三缪练绋于辒辌车为挽,凡六绋,各长三十丈,围七寸。

执绋挽士，虎贲千人，皆白布葱褶，白布介帻。分为两番。挽郎二百人，皆服白布深衣，白布介帻，助之挽两边，各一绋。挽歌二部，各六十四人，八人为列，执翣。品官左右各六人，皆服白布裤衣，白布介帻。左右司马各八人，皆戴白布武弁，服白襦布，襦音属，谓襦长。无领缘，并执铎。代哭百五十人，衣帻与挽歌同。至时，有司引列于辒辌车之前后。其百官制，鸿胪寺司仪署令掌挽歌。三品以上六行三十人，六品以上四行十六人，皆白练裤衣，皆执铎帔。"

《通典》卷第八十六《礼四十六·凶礼八·丧制之四"葬仪"（合葬附）》

《大唐元陵仪注》："山陵日，依时刻，吉凶二驾备列讫，尚辇帅腰舆伞扇入诣神座前，内侍捧几，内谒者捧香炉，各置舆上。中官帅其属舁衣箱以出。神舆至玉辂后，内常侍捧几置辂中，舆等退就列。中官以衣箱传授尚衣奉御，置于玉辂及副车中。神驾动，警跸如常，千牛将军夹辂而趋。至侍臣上马所，礼生赞侍臣上马，侍臣上马讫，夹侍于前，礼生在供奉官内。诸侍卫之官，各督其属，左右翊神驾动，卤簿官以黄麾麾之，鼓吹振作，警跸如常。当陵门，以赤麾麾之，鼓吹不作。侍臣下马，步导于前，神驾至吉帷宫，回车南向。尚辇帅腰舆伞扇至辂后，内常侍奉几置舆上，伞扇侍奉至帐殿下，内侍捧几座上，内谒者捧香炉置座前，舆等退就列。玉辂及卤簿侍卫之官，停列于帷宫门外。吉驾引，礼官赞侍中进辒辌车灵驾前，奏请灵驾发引，俯伏，兴，退。司马执铎，挽郎执绋，挽歌振作；及挽以进，内外哭从，以赴山陵。灵驾至陵门西凶帷帐殿下，回驾南向。公主及内官以下并降车，障以行帷，哭于凶帐殿之西，东向北上。群官皇亲哭者序立于帷门外，东西相向，北上。哭十五举音，止，各退就次。前三刻，奉礼郎于隧道东南，量远近，设皇亲诸亲奉辞位。又于其南设应从文武官五品以下奉辞位，又于其南设六品以下奉辞位。每等异位，重行，西面北上。设奉礼郎位于其北，礼生二人立于其南，差退。内谒者于隧道西南稍北，帷内设公主、王妃及内官以下奉辞位，东向北上。前一刻，所司设奠席于辒辌车前，设罍洗于东南，罍在洗西，篚在洗东。于是群官列位序立。光禄卿帅其属以馔奠于席上。礼官引太尉诣罍洗，盥手洗爵，诣樽坫所，太祝酌醴齐讫，太尉跪奠于馔前，俯伏，兴。太祝持版进太尉之左，跪读文讫，奠版，俯伏，兴。太尉再拜。在位者皆再拜。发引，至南神门，将作监进龙辒于灵驾之后。礼官赞侍中进辒辌灵驾前，跪，奏称'请降灵驾，御龙辒'，俯伏，兴，退升梓宫。所由迺奉迁梓宫至龙辒，升梓宫官左右捧从。司空以巾拭梓宫，并拂夷衾。少府属绋于龙辒。礼官赞侍中进龙辒前，跪奏称'请引龙辒即玄宫'，俯伏，兴，退。挽郎执绋，奉引龙辒，左回北首。礼官赞司徒前导，白幰弩、素信幡、大旗及翣，皆依次而引，近伏近侍夹进如礼官导。通事舍人引太尉先导于龙辒之左。主节官帅持节者脱节在太尉之前，差退。代哭者及挽歌皆序立于门外之西，重行东向，押官排比以俟。皇亲、诸亲、群官等哭从。公主、王妃及内官等障以行帷。龙辒至羡道，停于帷下，南首以俟。时妃主内官以下，于羡道西南帷内就位，东向哭。通事舍人分引群官、皇亲、诸亲各就奉辞位，所由各赞哭，在位者皆哭。其吉卤簿侍奉官少前，序立于门外之东，西向北上，哭。皆三十举音，止，再拜奉辞。至时，内官以下吉服，奉迁梓宫入自羡道，奉接安于御榻褥上，北首，覆以御衾。龙辒退出。其押吉卤簿官，并服白布巾衫就哭；将掩玄宫，并依前服吉服。初，梓宫降自羡道，奉礼郎设太尉进宝册赠玉币位于羡道东南，西向；设礼仪使奉宝册玉币位于太尉之南；又设秘书监位于其南。礼官导通事舍人引太尉以下俱吉公服各就位。又导持节者服节衣引太尉之前；礼部侍郎奉宝绶案、谥册案、哀册案，每案四人对举，用九品以上清资官升。立于太尉之西南；少府监奉赠玉，置于匦，帅其属捧立于礼部侍郎之西；太府卿奉币玄三纁二，置于篚，帅其属捧立少府监之西，俱北面，各立于宝册玉币之后。按玄衣纁裳，周制也。当时所服，故以为币。服，近代及今，则皆不用。滞儒执古，仪注复存，且非古所上，不取触途皆尔。其吉制非允，岂可悉行。斯未达礼从宜及随时之义也。具昏礼篇，不复重载。立定，礼官导通事舍人，引礼部侍郎取宝绶于案，进授太尉。又礼生一人引秘书监取谥册、哀册，进授礼仪使。其册如重，则判官助举。又引少府监取玉于匦，并荐巾。又引太府卿取币进授礼仪使，以币承巾玉。礼部侍郎以下并退。龙辒既出，礼仪官分赞太尉、礼仪使奉宝册玉币，并降自羡道。至玄宫，太尉奉宝绶入，跪奠于宝帐内神座之西，俯伏，兴，退。礼仪使以谥册跪奠于宝绶之西，又以哀册跪奠于谥册之西，又奉玉币跪奠于神座之东。并退出复位。礼生引将作监、少府监入陈明器，白幰弩、素信幡、翣等，分树倚于墙，大旐置于户内。其跌竿烧之。自余明器，各以次逐便陈之，使有行列。陈布讫，并内官以下，并出羡道就位。所由赞内外哭、群官、皇亲、诸亲并吉仪侍奉官皆哭，三十举音，再拜，又再拜奉辞讫，引退以出。中官赞公主、王妃并退出，周以行帷，至门，乘车以扈从。礼生导主节官，帅持节者，引太尉及司空、山陵使、将作监、御史一人监锁闭玄宫。司空复土九锸。所司帅作工续以终事。其先除服者，并改服。凶仪卤簿，解严退散。辒辌车、龙辐之属，于柏城内庚地焚之。其通人臣用者则不焚。"

《通典》卷第八十七《礼四十七·凶礼九·丧制之五"虞祭"》

《大唐元陵仪注》："将启，太祝捧主匮置于座，启匮于前，捧出神主，置于座上，东向。诸侍奉官各退就位，舆伞等亦退。通事舍人引群官俱退于太极殿门外，就次，以俟虞祭。所由陈杖卫如式。典仪设太尉、司徒、宗正卿、礼仪使及诸行事官位于东阶之东，设太祝等位于公卿之前少南，如不亲行事，中书、门下差奏摄。又少南设典仪位，俱西向。典仪帅礼生二人先就次立，礼生乃引太尉、司徒以下祭服立于左延明门外之南，北向西上。光禄卿率其属捧馔立于太尉、司徒之东，太祝帅斋郎捧祝版立于馔东。立定，礼生乃引太尉、司徒以下入就位，通事舍人分引群官、皇亲、诸亲皆素服各入就位。侍中版奏'中严'，皇帝素服就次。诸王升就位。如不获亲奠，即太尉行事如常。光禄卿率其属捧馔入，俟于东阶之前，太祝帅斋郎捧祝版立于其南。光禄卿率其属升设醴甒、酒樽于帷门外前楹中闲之东，北向西上。设篚于樽西，实觯一、杓一，皆有幂。设罍洗于东阶之东，北向，罍水在洗东；篚在洗西，南肆，实爵二、巾一，有幂。执罍洗者立于其后。侍中版奏'外办'，近侍扶引皇帝再拜，通事舍人分赞群官在内外位者哭拜。礼生引礼仪使省馔讫，升就位。礼官升位后，光禄卿帅进馔捧馔，司徒捧俎，光禄卿引馔及诸执事官并升自东阶，设于帷东门外席上讫，降复位。太尉捧祝版升立于樽所，执樽篚者各立于樽篚之后。礼仪使导皇帝于馔东，西面。礼仪使跪奏'请皇帝止哭奉奠'，承传内外皆止哭。太祝以觯酌醴齐于皇帝之左，跪进；皇帝受醴齐，跪奠于馔前，俯伏，兴。太祝持版进神座之南，北面跪读祝文讫，奠版，俯伏，兴。礼仪使导皇帝复位，跪奏'请再拜'，皇帝哭再拜。礼生引太尉亚献终献讫，降复位如常仪。通事舍人分赞内外哭再拜。礼仪使又跪奏'请再拜'，俯伏，兴，皇帝哭再拜。奉礼郎传赞内外再拜。礼仪使跪奏'礼毕'，俯伏，兴，近侍扶皇帝还合，群官等俱退。太祝乃跪匮神主，遂闭帷门，降出。内侍之属及行事者皆出。祝版焚于左延明门外。百僚乃于太极门外奉慰如常仪。每虞日朝哭礼皆准此。"如不亲行事，则宗正卿亚献，光禄卿终献。其百官之制，既葬而虞，其仪具开元礼。

《通典》卷第八十七《礼四十七·凶礼九·丧制之五"小祥变"》

《大唐元陵仪注》："前二日，内所司先具八升练布冠、缞裳、腰绖等，光禄卿具太牢馔，宗正进署祝版。前一日之夕，毁庐为垩室，高七尺五寸，长丈二尺，阔一丈，将作监句当。尚舍奉御设蒲席于室内，内所由陈练冠于别次。其日，依时刻内所由先入，整拂几筵，荐香烛于灵前。内外及百僚俱服缞服，去杖，通事舍人引就位。侍中版奏'外办'，皇帝服缞裳绖，去杖，近侍扶就位，西面哭，内外在位者皆哭，十五举声。礼仪使奏请再拜，皇帝再拜，内外在位者皆再拜。近侍扶皇帝就次，所司以练布冠缞裳进内，服讫，内外及百僚各服其服。两省五品以上及卿，御史大夫、中丞，尚书省四品以上诸司，三品以上正员长官，准礼合除首绖，练八升而为冠，以六升布为缞裳，今荆州布也。其幞头及衫葱等，亦准此。藏其所换初服，以俟山陵时却服。通事舍人引百僚入就位，立定。近侍扶皇帝就位哭踊，内外百僚皆哭踊。光禄卿引馔升设于灵幄前，太祝以爵酌醴酒。礼仪使奏请止哭，内外俱止哭。太祝以酒爵授礼仪使，礼仪使受酒，跪进，皇帝受酒，跪奠于馔前，俯伏，兴，少退。太祝持版，跪于馔前近南，北向读祝版曰：'维年月日，子哀子嗣皇帝臣某，敢昭告于考大行皇帝，天祸所钟，攀号无及，以日易月，奄及小祥，烦冤荼苦，触绪縻溃。谨以一元大武、柔毛、刚鬣、明粢、芗合、芗萁、嘉蔬、嘉荐、醴齐，祗荐祥事，尚飨。'读讫，礼仪使奏请再拜，皇帝哭踊再拜，内外在位者皆哭踊再拜。皇帝还次。通事舍人引群官退。其奉慰如常仪。"其百官仪制具开元礼。

《通典》卷第八十七《礼四十七·凶礼九·丧制之五"祔祭"》

祔庙前二日告迁，其礼如常告之仪。宗正起科申牒所由，祝文出秘书省。所由先备腰舆等并舁人。帝以三卫充，后以中官充。告讫，太祝先匮代祖神主，奉迁于西夹室埳中，锁闭如式。次腰舆迁第三室神主，二主各一腰舆。凡主出则帝主先出，其入室则后主先入。入第二室；宫闱令捧后主先置于埳室，太祝捧帝主复置于埳室，俱东向。次迁第四室入第三室，次迁第五室入第四室，次迁第六室入第五室，次迁第七室入第六室，室有二后，昭成于前，肃明于后。次迁第八室入第七室，次迁第九室入第八室，皆如上仪。入埳室各锁闭讫，次所司移幄帐等物，依次各迁入本室讫，其九室应缘幄帐、香案、斧扆、席褥等所司先造，其日陈设于室中。其代祖室旧帐幄等物，并移于西夹室中，虚设锁闭如式。

将迁代宗睿文孝武皇帝，所司先择日，奏定，散下所由，各供其职。应用法驾卤簿，黄麾大仗，前一日陈设，及太庙四门量设方色兵仗如仪。将作监先清扫庙之内外。京兆府修路，从承天门向南至太府寺南街，向东入太庙三门，又向南，又向东至庙南门。宗正具祔飨料，差三公及应行事官斋戒，如常飨仪。其祝文具祔飨意，出秘书省。又申太极殿告灵座料如常式。其祝文出秘书省。太乐令设登歌于太庙殿上，并如常式。尚舍于庙南门道西设神主幄座，东向，幄内设床、席、褥、黼扆、香案如式。内中尚先造栗木主并匮及趺，其制度并如常仪。祔前一日盛以箱，覆以帕，置于腰舆，诣庙南门幄帐中；太祝捧置于座上，乃下帘帷。内侍省量差中官侍卫。礼仪使奏请差题神主官，即以飨前一日，尚舍具香汤并题神主席褥；内中尚具浴神主盆并白罗巾、光漆、笔墨等诣于幄帐所。礼仪使与题神主官等，其日质明，诣幄下。太祝以香汤浴栗主，拭以罗巾。题栗主官盥洗，捧

399

栗主就褥，题云"代宗睿文孝武皇帝神主"，墨书讫，以光漆重摸之，遂捧授；太祝受，诣帐座，置于匮中所，侍卫如式。

前一日，尚舍与西内使、计会、鸿胪除太极殿上白幕，并以吉幕代之。殿中省除版城。太仆进玉辂于承天门外，当中南向，及诸辇辂、羽仪、仗卫、伞扇陈列于玉辂前，左右金吾引驾，所由陈布如式。太常奏前一日之夕，严警于承天门外之南；皇城留守奏祔飨日质明，开朱雀门；大内留守与内检校使奏开太极殿门、嘉德门、承天门。卫尉于太极殿门外廊下，量设文武百官次；又于太庙南门外，量设百官次于道东，如在太极殿庭仪。

先奏灵座祔之日，质明，宗正卿帅执馔斋郎，光禄卿帅太官良酝实樽俎笾豆并应行事官，皆祭服序列于左延明门以俟。至祭时，应行事官诣太极殿东阶下，西向序立，典仪于太极殿庭布文武官、皇亲、诸亲位如常仪。俟祭官欲升殿行事时，通事舍人引文武百僚等常服入就位，礼生赞众官再拜，在位者皆再拜。尚辇帅腰舆、香案、伞扇入诣殿庭阶下，分东西立。侍从官摄侍中中书令以下，并列位于左右序立。太仆进玉辂于嘉德门外，当中南向。礼生引祭官等行告礼如常仪。告讫，宗正卿、光禄卿帅斋郎长祠彻馔。礼官引侍中升，尚辇帅腰舆升诣帐座前，其伞扇侍臣等夹于阶间。侍中进跪于幄前，西向奏："请降座升舆祔庙。"内侍捧几置舆上，太祝匮神主，捧置舆上几后，扶侍降自西阶，伞扇侍臣夹引以出，自太极殿门中门出，在位文武百官及皇亲、诸亲等便从神舆而出。至嘉德门，分左右序立，神舆至玉辂后。侍中跪奏："请降舆升辂。"内侍捧几置辂中，太祝捧匮升辂，其太祝便于辂中侍奉。千牛将军夹辂而趋。出承天门五十步，侍中进，当辂前跪奏"请敕侍臣上马"，侍臣等皆上马，鼓吹振作。其文武百官等候玉辂出承天门，各逐便路先赴太庙南门次，以俟神舆。卤簿至庙门西三门，鼓吹止，分左右以俟飨讫，退。其仪仗等并于庙南门分左右列位，俟飨礼毕，退。玉辂既发赴庙，尚舍收拆殿上帷幄及版城等，应合收者，与内检校使、计会处置。西宫内人缞裳，其日并焚之。

其日，太庙祔飨应缘斋戒斋官、陈设樽彝酒醴坫爵、省牲告洁、进署祝版、陈设乐器，并如东飨常仪。玉辂将至庙西门，尚舍奉御设奉谒褥位于庙庭横阶南，当中北向。奉礼郎于庙南门外稍南，设文武百官及皇亲诸亲位，如太极殿庭之仪，又于庙庭横阶南，设文武百官及皇亲诸亲位，亦准此。其六品以下非常参官，并列位于庙南门外。通事舍人引文武百官、皇亲诸亲等，常服就南门外位。礼生引应飨官俱祭服立于庙东门外，北向西上位立。又礼生引礼仪使、御史以下执事官等先入，当中阶，北向立于褥位之南。礼生赞再拜，礼仪使、御史以下皆再拜讫，引自东阶升，各就位。次引司空入就位，再拜，行扫除讫，降复位。礼官与太祝自西第一室开埳室，捧神主匮，置于幄中近东，启匮出神主，捧置于座几后跣上；次宫闱令入室，捧后主匮，置于幄中近西，启匮出后主，置于座几后跣上。自第一室至第八室，皆如上仪。讫，并斋郎室长各于本室依仪出入，须知次序。太祝退立于樽坫所，宫闱令退就阶下执事位。

玉辂既至庙南门，回辂南向。侍臣等序列于辂前。神舆入幄，则侍臣列于幄门外。尚辇帅腰舆进辂后，侍中跪奏"请降辂升舆诣幄座"。内侍捧几置舆上，太祝捧神主匮置舆上几后，遂舁诣幄座；内侍捧几置座上，东向，太祝捧匮置几后。讫，礼生于庙东门引行事官、太尉以下入就庙庭位，西向立。其殿上御史、礼官、太祝、乐官等，各逐便自东西阶下相向序立，候神主升殿，却复阶上位。

侍中进于幄座前，跪奏"请降座升舆袝谒"。内侍捧几置舆上，太祝捧栗木神主匮置几后。礼官引入，通事舍人引文武百官、皇亲、诸亲自南门外，分左右从入，就东西班位立。神舆至庙门，伞扇分左右立于门外。神舆至庙庭褥位，侍中各退就本班。其侍中未退。太祝捧匮跪置于褥，启匮出神主，置于跣上。讫，侍中进于褥位西，北面跪奏称"以今吉辰，代宗睿文孝武皇帝袝谒"。奏讫，俯伏，兴，退。

少顷，侍中诣褥之西，东面跪奏"请升舆袝飨"。俯伏，兴，退降就位本班。太祝进跪于褥位，捧神主匮于舆。其匮盖亦置舆上近后。腰舆既升，礼官奉引神舆，诣玄宗室，太祝跪捧神主匮，置于东壁下袝位褥上西南，退立户外。少顷，太祝进就褥跪，捧神主置于舆，奉引入第九室；至帷座前，内侍捧几置于座，如幄中别有几，其几留与腰舆而退。太祝捧神主置于曲几后跣上，以题处向北也。其匮置于几东近后。腰舆退于幄座之西近北，舁腰舆所由并降自东阶，由庙东门

401

出。神主置座讫，礼生赞再拜，太尉以下及应在位官并再拜。礼生诣太尉之左，白"有司谨具，请行事"。登歌，奏永和之乐九成毕，礼生赞再拜，太尉以下及在位者皆再拜。礼生引太尉盥洗，执瓒升，诣从西第一室，酌郁鬯，登歌作，太尉入室神座前，裸讫，奠瓒于馔席，俛伏，兴，退出户，北向再拜。次引诣第二室，次引诣第三室，以至第九室，皆如上仪。讫，登歌止，引太尉降复位。太祝奠毛血之豆，礼生引司徒执俎入自正门。俎初入门，雍和之乐作；馔升阶，乐止。礼生彻毛血之豆，降自东阶以出。诸太祝取萧蒿焚于炉炭。馔升设讫，斋郎降自东阶，由庙东门以出。礼生引太尉盥洗，执爵奏自第一室至第八室，各奏本室乐；至第九室，奏保大之乐。行飨礼亚献终献，并如常馔之仪。讫，降复位。登歌作。太祝各入室彻豆，还樽所，登歌止。礼生唱赐胙，又唱再拜，众官应在位者皆再拜。其三献官不拜。永和之乐作，礼生又唱再拜，在位者皆再拜，乐一成止。礼生进太尉之左，白"礼毕"。礼生引飨官自东门出，通事舍人引在位群官南门出。太祝入室，各匮神主纳于埳室如常仪。礼官帅腰舆诣庙门南幄下，太祝捧桑木主并匮置于舆，遂自庙门南西偏门异入，诣庙殿北帘下两阶之闲。将作先具锹钁穿坎，方深令可容木主匮，遂埋之而退。明日，百僚及皇亲诸亲诣延英门，进名奉慰如常仪。

其百官之制，如开元礼。若祔曾祖妣，则不告祖。若父在，不可递迁祖、祖妣、先妣，宜于庙东北，别立一室藏其主，待后者同祔也。嫡殇者时享，皆祔食祖，别无祝文，亦不拜。设祔食之座于祖座之左，西向，献一而已，以其从祖祔食。祝辞末云"孙某祔食"。庶子不祔食，庶子之嫡祔如嫡殇。

《通典》卷第八十七《礼四十七·凶礼九·丧制之五"大祥变"》

《大唐元陵仪注》："祭前二日，内所司先具大祥服，浅黑䋄幞头，帽子，巾子，大麻布衫，白皮腰带，麻鞋。光禄卿具太牢馔，宗正进署祝版。前一日之夕，将作除垩室，内所陈大祥服于别次。其日，未明，内所由先整拂几筵，荐香烛于灵幄前，内外百僚俱服缞裳，去杖。至传点时，通事舍人各引入就位。侍中版奏'外办',皇帝服繐裳,去杖,近侍扶就位,西向哭踊,内外在位者皆哭踊,十五举声。礼仪使奏请再拜,皇帝再拜;赞者承传内外在位者皆再拜。讫,礼仪使奏'请止哭就次变服'。奏讫,与礼官等趋出。近侍扶皇帝就次,变大祥服。内外百僚皆就次,变服素服讫,黑绝幞头,腰带,白衫,麻鞋。各入就位立定。近侍扶皇帝就位哭踊。礼官省馔,光禄卿引馔升设灵幄前,太祝五品以上供奉官一人摄。执爵酌醴酒。礼仪使奉引皇帝稍进,诣馔前。礼仪使请止哭,内外俱止哭。太祝以酒授礼仪使,礼仪使受酒跪进,皇帝受酒,跪奠于馔前,俯伏,兴,少退。太祝持版于馔南,北向读祝文讫,礼仪使奏请再拜,皇帝哭踊再拜。赞者承传内外在位者皆哭再拜,十五举声。礼仪使奏礼毕,与礼官等趋出。近侍扶皇帝还次。通事舍人引群官序出太极门。其奉慰如常仪。百僚奉慰讫,以素服诣延英门起居。"谨按:礼云"大祥素缟麻衣"。又云"缟冠素纰,既祥之冠"。今所司具浅墨绝,此即古之缌冠也。按礼云"禫而缌",黑经白纬曰缌,则宜施之于禫。今于大祥服之,盖从当时宜。其百官仪制,具开元礼。

《通典》卷第八十七《礼四十七·凶礼九·丧制之五"禫变"》

《大唐元陵仪注》:"其日,百僚早集西内,入就位,侍中进办,并如大祥之仪。皇帝服大祥服,近侍扶就位哭,十五举声。礼仪使奏请再拜,皇帝再拜,赞者承传百僚在位者皆再拜。礼仪使奏请就次变服,皇帝就次,除大祥服,服素服。细火麻衫,腰带,细麻鞋,黑绝幞头,巾子等。百僚趋入就位,立定。近侍扶皇帝入,哭踊,内外百僚皆哭踊。礼官省馔,光禄卿引馔升,陈设酌奠,亦如大祥之仪。太祝读祝文,祭讫,礼仪使奏请再拜,皇帝哭再拜,赞者承传内外百僚皆哭再拜。讫,礼仪使奏礼毕,遂与礼官趋出。近侍扶皇帝还次。通事舍人引百僚序出至太极门外,进名奉慰讫,各服惨公服,便诣延英门起居。明日平明,皇帝改服惨吉服。淡浅黄衫,细黑绝幞头,巾子,麻鞋,吉腰带。伏准贞观、永徽、开元故事,服此服至山陵事毕,则纯吉服。其中间朔望视朝及大礼,并纯吉服,百僚亦纯吉服。自后朝谒如常仪。其百官惨公服,至山陵事毕,乃服常公服。"

今上初欲禫服终制，下诏曰："朕闻礼贵缘情，因心展孝。高宗得说，其代予言。今朝有股肱，济为舟楫，出纳惟允，足以保邦。况荼蓼在怀，日时犹浅，欲遂权夺，抑就公除，攀号痛心，实所未忍。朕将从禫服，以终丧纪，百辟卿士，宜悉哀怀。"礼仪使、吏部尚书颜真卿奏曰："哀号在疚，开辟所无，诚恳尚违，庶僚增惧。伏见百辟并已释除，事既合权，礼无独异，不可以吉凶兼制，臣子殊仪。伏乞奉顾命之文，节因心之孝，顺时即吉，屈己临朝，则万姓心安，四方事集。臣典司仪注，不敢轻移，犯冒宸严，无任恳迫。"

又下诏欲以素服练巾听政，诏曰："昔高宗谅阴三年，舜为尧，禹为舜，亦服丧三年，故礼曰'三年之丧，自天子达'。是知罔极之恩，昊天难报。朕虔奉遗诏，又迫于群议，将欲从吉，未忍割哀。其百僚宜以今月十七日释服，朕以素服练巾，衔哀听政。凡百在位，知朕意焉。"礼仪使又奏曰："孝德动天，事踰前古，德音俯降，感咽载深。臣伏守遗诏，礼从易月，祥禫变除，仪注皆备。若陛下未忍即吉，更服练巾，则遗诏不得奉行，群僚无以觊见。伏乞俯顺人望，仰遵先旨，实大孝不亏，万方幸甚。臣职在典礼，愚守如前，无任恳迫之至。"

其百官仪制，具开元礼。

议曰：祥禫之义，按仪礼云："中月而禫。"郑玄以中月为闲月，王肃以中月为月中，致使丧期不同，制度非一。历代学党，议论纷纭。宗郑者则云：祥之日，鼓素琴，孔子弹琴笙歌，乃省哀之乐，非正乐也。正乐者八音并奏，使工为之者也。（按郑学之徒，不云二十五月六月七月之中无存省之乐也，但论非是禫后复吉所作正乐耳。故郑注丧服四制'祥之日鼓素琴'云'尔以存乐也'。君子三年不为乐，乐必崩；三年不为礼，礼必坏。故祥日而存之，非有心取适而作乐。三年之丧，君子居之，若驷之过隙，故虽以存省之时，犹不能成乐。是以孔子既祥，五日弹琴而不成声。礼记所云'二十五月而毕'者，论丧之大事毕也，谓除缞绖与垩室耳。余哀未尽，故服素缟麻衣，著未吉之服。为伯叔无禫，十三月而除；为母妻有禫，则十五月而毕；为君无禫，二十五月而毕；为父、长子有禫，二十七月而毕。明所云'丧以周断'者，禫不在周中也。礼记二十五月毕者，则禫不在祥月，此特为重丧加之以禫，非论其正祥除之义也。三年之丧二十五月而毕者，论其正；二十七月而禫者，明其加。）宗王者按礼记云"三年之丧再周，二十五月而毕"。又，檀弓云"祥而缟，是月禫，徙月乐"。又，鲁人有朝祥而暮歌者，子路笑之，夫子曰"踰月则其善也"。又，夫子既祥，五日，弹琴而不成声，十日而成笙歌。又，"祥之日，鼓素琴"。以此证无二十七月之禫也。（按王学之徒难曰："若二十五月大祥，二十七月而禫，二十八月作乐，则二十五月、二十六月、二十七月，三月之中不得作乐者，何得礼记云'祥之日，鼓素琴'，'孔子既祥，五日弹琴，十日笙歌'？又丧大记云'禫而内无哭者，乐作矣故也'。'孟献子禫，悬而不乐'。此皆禫月有乐之义，岂合二十八月然始乐乎？"郑学之徒，嫌祥禫同月，卜用远日，无中月之义者，祥禫之祭虽用远日，若卜远日不吉，则卜近日，若卜近得吉，便有中月之义也。所以知卜远不得吉得用近日者，以吉祭之时，卜近不吉，得卜远日。故礼记云'旬之内曰近某日，旬之外曰远某日'。特牲馈食云'近日不吉则筮远日'。若吉事得用远，则凶事得用近，故有中月之义也。礼记作乐之文，或在禫月，或在异月者，正以祥禫之祭，或在月中，或在月末故也。丧事先远日，不吉则卜月初。禫在月中，则得作乐，此丧大记'禫而内无哭者，乐作矣故也'，'孟献子禫，悬而不乐'之类皆是也。祥之日鼓琴者，特是存乐之义，非禫后之乐也。）夫人伦之道，以德为本，至德以孝为先。上古丧期无数，其仁人则终身灭性。其众庶有朝丧暮废者，则禽兽之不若。中代圣人，缘中人之情，为作制节，使过者俯而就之，不及者跂而及之，至重者斩缞以周断。后代君子居丧，以周若驷之过隙，而加崇以再周焉。礼记云"再周之丧，二十五月而毕"。至于祥禫之节，焚□之余，其文不备。先儒所议，互有短长，遂使历代习礼之家，翻为聚讼，各执所见，四海不同，此皆不本礼情而求其理故也。夫丧本至重以周断，后代崇加以再周，岂非君子欲重其情而彰孝道者也，何乃惜一月之禫而不加之，以胶柱于二十五月者哉！或云"孝子有终身之忧，何须过圣人之制"者。二十七月之制，行尚矣，遵郑者乃过礼而重情，遵王者则轻情而反制，斯乃孰为孝乎？且练祥禫之制者，本于哀情，不可顿去而渐杀也。故闲传云"再周而大祥，素缟麻衣，中月而禫，禫而纤，无所不佩"。中犹闲也，谓大祥祭后闲一月而禫也。据文势足知除服后一月服大祥服，后一月服禫服。（今俗所行，禫则六旬，既祥缟麻，阙而不服，稽诸制度，失之甚矣。）今约经传，求其适中，可二十五月终而大祥，受以祥服，素缟麻衣。二十六月终而禫，受以禫服。二十七月终而吉，吉而除。徙月乐，无所不佩。夫如此求其情而合乎礼矣。

《通典》卷第一百四《礼六十四·凶礼二十六·帝王谥号议·大唐元陵谥册文》

《大唐元陵谥册文》："维某年月日，哀子嗣皇帝臣讳，伏以圣德之大，上与天合，人道近昵，鲜克究知，敢尽其所见，注以叙财成之业。伏惟大行皇帝，绍休七圣，临照八极，以至道御群有，以至化怀远方，登假于上，敷闻在下。肇加元服，顷升储闱，生知之敏，动与神契。承顺玄宗也，齐栗之容著；奉养肃宗也，爱敬之礼深。履蒸蒸，躬翼翼，不绝驰道，日朝寝门，此则首冠百王，大舜、周文之孝也。其于崇儒尚齿，尊道贵德，穷理尽性之学，经天纬地之文，包荒含垢之量，迪哲允龚之善，斯又睿圣不测，同符乎三五，无得而称也。当禄山叛乱，陷覆二京，以天人之重，授元戎之律，师之所及，狂寇歼夷，复宗社之阽危，拯生灵于焚燎，则乾维重构，宸极以安。及史盗闲衅，三河屡梗，在抚军之际，思明陨命，乘践阼之初，朝义授首，则梁陈底定，朔易从风。其或屈强于大梁，背诞于南越，莫不朝为枭镜，夕为鲸鲵，此高光之功，神武之略也。自是肃勿群后，宾延万灵，洿潴郁没之刑寝，焚瘗悬沉之礼备。衣冠有沦于胁从者，释而靡问；灵祇有阙于禋祀者，秩而致享。圣逸说，求谠言，扇以祥风，浸以膏泽，九译奉贡，四夷将宾，丕冒出日，罔不率俾。犹复严恭寅畏，顾省阙遗，兢兢业业，日昃不暇，故得玄功广运，协气旁流，灵契毕发，元符洊至，则瑞璧出于泗，清澜变于河。其余见祉鳞羽、呈祥草木者，不可殚记。方议蔂弓偃伯，臻于太和，告禅于石闾，镂功于金版，邈承凭几之命，奄遘缀衣之酷，号天叩地，罔所依归。今龙輴就启，厩骆将驾，采鸿儒硕生之议，考公卿百辟之请，金以盛德大业，匪号谥莫宣，是用虔奉古训，发扬茂实，谨遣摄太尉某奉册上尊谥曰：睿文孝武皇帝，庙曰代宗。伏惟明灵降格，膺兹典礼，诞锡纯嘏，贻宴后昆。呜呼哀哉！"

参考文献

〔历史文献〕

〔唐〕李林甫等撰：《唐六典》，中华书局2014年版。

〔唐〕萧嵩撰：《大唐开元礼》，民族出版社2000年版。

〔唐〕杜佑撰：《通典》，中华书局1988年版。

〔唐〕封演撰：《封氏闻见记》，学苑出版社2001年版。

〔后晋〕刘昫等撰：《旧唐书》，中华书局1975年版。

〔宋〕欧阳修、宋祁撰：《新唐书》，中华书局1975年版。

〔宋〕司马光编：《资治通鉴》，中华书局1956年版。

〔宋〕王溥撰：《唐会要》，上海古籍出版社1991年版。

〔宋〕马端临撰：《文献通考》，中华书局2011年版。

〔宋〕宋敏求撰：《长安志》，三秦出版社2013年版。

〔元〕李好文撰：《长安志图》，四库全书本。

〔明〕祁光宗撰：《关中陵墓志》，上海图书馆藏清抄本。

〔明〕王在晋撰：《历代山陵考》，丛书集成新编本。

〔清〕朱孔阳撰：《历代陵寝备考》，申报馆仿聚珍本。

〔清〕乾隆《陕西通志》，西北稀见方志丛书本。

〔学术著作〕

陕西省博物馆编：《唐陵石刻》，长安美术出版社1963年版。

人民美术出版社：《唐永泰公主墓壁画集》，人民美术出版社1963年版。

陕西省博物馆等：《唐李贤墓壁画》，文物出版社1974年版。

陕西省博物馆等：《唐李重润墓壁画》，文物出版社1974年版。

罗哲文：《中国历代帝王陵寝》，上海文化出版社 1984 年版。

杨宽：《中国古代陵寝制度史研究》，上海古籍出版社 1985 年版。

武则天研究会、乾陵博物馆编：《武则天与乾陵》，三秦出版社 1986 年版。

廖彩樑：《乾陵稽古》，黄山书社 1986 年版。

孙中家、林黎明：《中国帝王陵寝》，黑龙江人民出版社 1987 年版。

陕西历史博物馆：《唐墓壁画集锦》，陕西人民美术出版社 1991 年版。

陕西省考古研究所、临潼县文物园林局：《唐惠昭太子墓发掘报告》，三秦出版社 1992 年版。

张鸿修：《中国唐墓壁画集》，岭南美术出版社 1995 年版。

王重光、陈爱娣：《中国帝陵》，上海古籍出版社 1996 年版。

张生三：《中华帝陵》，中州古籍出版社 1997 年版。

樊英峰、刘向阳：《乾陵文物史迹述丛》，陕西旅游出版社 1997 年版。

黄景略：《中国历代帝王陵墓》，商务印书馆 1998 年版。

王双怀：《荒冢残阳：唐代帝陵研究》，陕西人民教育出版社 2000 年版。

惠焕章：《陕西帝王陵》，陕西旅游出版社 2000 年版。

陈安利：《唐十八陵》，中国青年出版社 2001 年版。

［日］来村多加史：《唐代皇帝陵の研究》，日本学生社 2001 年版。

吴志毅、梁子：《乾陵之谜》，西北大学出版社 2002 年版。

拜根兴、樊英峰：《永泰公主与永泰公主墓》，三秦出版社 2004 年版。

陕西省考古研究所：《唐惠庄太子李㧑墓发掘报告》，科学出版社 2004 年版。

陕西省考古研究所等：《唐李宪墓发掘报告》，科学出版社 2005 年版。

陕西省地方志编纂委员会编：《陕西省志·黄帝陵志》，陕西人民出版社 2005 年版。

刘向阳：《唐代帝王陵墓》，三秦出版社 2006 年版。

沈睿文：《唐陵的布局》，北京大学出版社 2009 年版。

王双怀：《陕西帝王陵》，西安出版社 2010 年版。

陕西省考古研究所：《唐嗣虢王李邕墓发掘报告》，科学出版社 2012 年版。

樊英峰、王双怀：《线条艺术的遗产：唐乾陵陪葬墓石椁线刻画》，北京：文物出版社 2013 年版。

［日］金子修一：《〈大唐元陵仪注〉新译》，汲古书院 2013 年版。

陕西省考古研究院等：《唐顺陵》，文物出版社 2015 年版。

〔期刊论文〕

贺梓城：《唐墓壁画》，《文物》1959 年第 8 期。

陕西省文物管理委员会：《唐乾陵勘察记》，《文物》1960 年第 4 期。

贺梓城：《乾陵述圣纪碑和它的现存文字》，《文物》1961 年第 3 期。

王策：《从唐永泰公主墓室壁画谈起》，《美术》1962 年第 1 期。

武伯纶：《唐永泰公主墓志铭》，《文物》1963年第1期。
筑声：《唐乾陵的石狮》，《美术》1963年第6期。
禾田：《唐代永泰公主墓石刻线画》，《美术》1963年第6期。
陕西省文物管理委员会：《唐永泰公主墓发掘简报》，《文物》1964年第1期。
杉村勇造：《唐の永泰公主の石椁画》，《みづゑ》1965年第10期。
王丕忠、程学华：《唐建陵探测工作简报》，《文物》1965年第7期。
杨正兴：《乾陵勘察情况》，《文物》1959年第7期。
陕西省博物馆：《唐章怀太子墓发掘简报》，《文物》1972年第7期。
乾县文教局等：《唐懿德太子墓发掘简报》，《文物》1972年第7期。
李求是：《谈章怀、懿德两墓的形制等问题》，《文物》1972年第7期。
王仁波：《唐懿德太子墓壁画题材的分析》，《考古》1973年第6期。
上原和：《章怀懿德两太子唐墓壁画と高松塚坟壁画について》，《古美术》42卷1973年第9期。
乾陵文管所：《对〈谈章怀、懿德两墓的形制等问题〉一文的几点意见》，《文物》1973年第12期。
上田正昭：《永泰公主墓の壁画さ見て》，《艺术新潮》25卷1974年第9期。
饭岛武次：《唐高宗乾陵》，《古代文化》31卷1979年第4期。
王仁波：《懿德太子墓所表现的唐代皇室埋葬制度》，《中国考古学会第一届年会论文集》，文物出版社1979年版。
贺梓城：《"关中唐十八陵"调查记》，《文物资料丛刊》1980年第3辑。
陈国灿：《唐乾陵石人像及其衔名的研究》，《文物集刊》1980年第2期。
王世和、楼宇栋：《唐桥陵勘查记》，《考古与文物》1980年第4期。
黄展岳：《中国西安、洛阳汉唐陵的调查与发掘》，《考古》1981年第6期。
宿白：《西安地区唐墓壁画的布局和内容》，《考古学报》1982年第2期。
韩伟：《陕西唐墓壁画》，《人文杂志》1982年第3期。
贺梓城、王仁波：《乾陵》，《文物》1982年第3期。
杨正兴：《乾陵石刻中的线刻画》，《考古与文物》1983年第1期。
林思桐：《对章怀太子墓壁画〈马球图〉的初步研究》，《体育文史》1983年第2期。
杨正兴：《唐高宗与武则天的合葬陵》，《文物天地》1983年第2期。
齐德文：《乾陵发现契丹小字石刻》，《考古与文物》1983年第6期。
杨正兴：《唐薛元超墓的三幅壁画介绍》，《考古与文物》1983年第6期。
陈国灿：《乾陵石人群》，《中国建设》1983年第8期。
何汉南：《唐代乾陵石刻取象初探》，《咸阳考古文物论丛》1983年。
廖彩樑：《〈大唐永泰公主志铭〉新释及永泰公主之死》，《文博》1984年第3期。
云翔：《章怀太子墓壁画中的"日本使节"质疑》，《考古》1984年第12期。
王仁波等：《陕西唐墓壁画之研究（上、下）》，《文博》1984年第1~2期。

傅熹年：《唐代隧道型墓的构造和其所反映的地上宫室》，《文物与考古论集》，文物出版社1986年版。

陈国灿：《唐乾陵及其石人群像》，《文史知识》1985年第2期。

王仁波：《试论乾陵陵园石刻题材》，《文博》1985年第3期。

孙东位：《乾陵附葬墓——刘濬墓志考述》，《人文杂志丛刊》1985年第5期。

常武：《乾陵》，《文博》1986年第1期。

杨正兴：《乾陵》，《武则天与乾陵》，三秦出版社1986年版。

黄晓芳：《唐代陵墓石刻题材分析》，《中国文物世界》（香港），1986年3月号。

阎文儒：《关中汉唐陵墓石刻题材及其风格》，《考古与文物》1986年第3期。

王双怀：《乾陵"无字碑"之谜》，《中外历史》1987年第1期。

武伯纶：《唐永泰公主墓出土的两幅壁画和几件陶俑》，《古城集》，三秦出版社1987年版。

孙焱：《唐陵石刻中的瑞兽造像》，《西部美术》1987年第1期。

刘庆柱、李毓芳：《陕西唐陵调查报告》，《考古学集刊》第5期，文物出版社1987年版。

樊英峰：《关中唐十八陵》，《文物天地》1988年第3期。

孙焱：《试论唐陵雕刻艺术精神》，《西北师大学报（社会科学版）》1988年第2期。

张崇德：《唐代建陵及其石刻》，《考古与文物》1988年第3期。

张永祥：《乾陵〈无字碑〉》，《文博》1988年第1期。

张永祥：《乾陵陪葬墓的两个有关问题》，《文博》1989年第2期。

章群：《关于唐代乾陵石人像问题》，《国际唐代文化论集》第1集，1989年版。

李健超：《关中汉唐帝王陵》，《中国历史地理论丛》1989年第4辑。

王子云：《也谈唐陵石雕刻艺术兼述中国陵墓雕刻中的瑞兽》，《美术》1989年第4期。

高起胜：《桥陵石雕》，《美术》1989年第9期。

陕西省考古研究所、蒲城县文体广电局：《唐惠庄太子墓发掘简报》，《考古与文物》1999年第2期。

马文良：《生为君臣死为邻——高力士陪葬泰陵之谜》，《文史杂志》1989年第5期。

马文良：《唐玄宗泰陵的石雕》，《文博》1991年第4期。

蒋韶：《无字碑漫谈》，《文史杂志》1992年第6期。

马文良：《桥陵奇碑》，《渭南师专学报》1993年第3期。

周明：《陕西关中唐十八陵陵寝建筑形制初探》，《文博》1994年第1期。

姜宝莲：《试论唐代帝陵的陪葬墓》，《考古与文物》1994年第6期。

王进：《唐陵如是说》，《西北美术》1994年第2期。

李毓芳：《唐陵石刻简论》，《文博》1994年第3期。

苏盈：《唐章怀太子墓志铭文》，《陕西档案》1994年第3期。

魏明孔：《"无字碑"何以无字》，《丝绸之路》1994年第4期。

杨钟堂：《乾陵石质文物风化蚀变的微观特征研究》，《考古与文物》1994年第6期。

樊英峰：《唐薛元超墓志考述》，《人文杂志》1995年第3期。

杨云鸿：《乾陵石刻的艺术风格》，《文史杂志》1995年第5期。

和玲、甄广全：《乾陵石刻化学风化研究》，《考古与文物》1995年第6期。

樊英峰：《形象而真实的历史——谈乾陵唐墓壁画的学术价值》，《武则天与乾陵文化》1995年。

刘向阳：《盛唐风貌留华章——唐章怀太子墓壁画琐谈》，《武则天与乾陵文化》1995年。

魏学梅：《从乾陵陪葬墓壁画〈列戟图〉看唐代的列戟制度》，《武则天与乾陵文化》1995年。

杜文玉：《关于薛元超的几个问题》，《武则天与乾陵文化》1995年。

樊英峰：《唐章怀太子墓壁画中的盆景与盆栽》，《故宫文物月刊》（台）总第145期1995年。

刘向阳：《唐章怀太子墓壁画琐谈》，《故宫文物月刊》（台）总146期1995年。

樊英峰：《唐永泰公主墓出土陶俑各种发式、鞋和帽》，《故宫文物月刊》（台）总147期1995年。

王维坤：《唐章怀太子墓壁画"客使图"辨析》，《考古》1996年第1期。

赵文润：《论乾陵文化》，《陕西师范大学学报》1996年第1期。

王东明：《乾陵之谜》，《文化月刊》1996年第5期。

拜根兴：《永泰公主研究中的几个问题》，《故宫文物月刊》（台）总第159期1996年。

杨云鸿：《唐乾陵陪葬墓壁画艺术》，《文史杂志》1997年第1期。

林集友：《武则天陵前的无字碑试析》，《四川文物》1997年第2期。

刘随群：《唐崇陵调查简报》，刊《文博》1997年第4期。

和玲、周伟强：《乾陵石刻清洗研究》，《文博》1997年第5期。

樊波：《唐献陵石犀趣谈》，《华夏文化》1997年第2期。

王双怀：《唐陵地官初探》，《故宫文物月刊》（台）总第180期1998年。

阎卫平：《陕西关中十八唐陵》，《丝绸之路》1998年第3期。

杨正兴、杨云鸿：《乾陵无字碑》，《文史杂志》1998年第2期。

马涛：《乾陵风化石刻物理及水理学性质研究》，《文博》1998年第2期。

马文良：《风流天子今安在——漫话唐明皇及其泰陵》，《渭南师专学报》1998年第4期。

杨钟堂：《陕西乾陵石刻材料溯源》，《西北地质》1998年第2期。

杨军昌、甄广全：《乾陵石刻保存状况及保护处理建议》，《文博》1998年第4期。

樊英峰：《李重润墓石椁线刻宫女图》，《文博》1998年第6期。

樊英峰：《武则天与乾陵〈述圣纪碑〉》，《武则天研究论文集》，山西古籍出版社1998年版。

拜根兴：《吴兢与"永泰公主挽歌二首"》，《武则天研究论文集》，山西古籍出版社1998年版。

樊英峰：《乾陵石刻制度始于恭陵》，《武则天与偃师》历史教学社1998年。

张永祥、胡然：《乾陵考古五题》，《文博》1999年第3期。

巩启明：《唐献陵踏查记》，《文博》1999年第1期。

郎享伯：《寄残梦与黄泉：乾陵无字碑猜想》，《社会科学辑刊》1999年第4期。

韩钊：《中国唐壁画墓和日本古代壁画墓的比较研究》，《考古与文物》1999年第6期。

周伟强、和玲、甄广全：《乾陵石刻裂隙的粘合处理》，《文博》2000年第5期。

樊英峰：《乾陵历史地理初探》，《中国历史地理论丛》2000年第3辑。

张沛：《乾陵"无字碑"别论》，《文博》2000年第6期。

刘向阳：《乾陵无字碑中"碑"》，《陕西历史博物馆馆刊》第7辑，2000年。

沈睿文：《唐陵陵园布局的分类及演变》，《唐研究》第六卷，北京大学出版社2000年版。

沈睿文：《唐陵结构名称考》，《文博》2000年第1期。

沈睿文：《桥陵陪葬墓地研究》，《文博》2000年第5期。

王双怀：《关中唐陵的地理分布及其特征》，《西安联合大学学报》2001年第1期。

王双怀：《唐陵陪葬墓的分布特征》，《陕西师范大学继续教育学报》2001年第1期。

赵文润：《论武则天遗制》，《武则天与咸阳》，三秦出版社2001年版。

王翰章：《关于乾陵无字碑等问题的商榷》，《文博》2001年第2期。

樊英峰：《关于乾陵文化的再探讨》，《武则天与咸阳》，三秦出版社2001年版。

马文廷：《谈乾陵阙楼的特点及形制》，《武则天与咸阳》，三秦出版社2001年版。

王晓莉：《乾陵唐墓壁画的魅力》，《武则天与咸阳》，三秦出版社2001年版。

侯晓斌：《浅析唐懿德太子墓石椁线刻画"戴步摇凤冠宫女图"》，《武则天与咸阳》，三秦出版社2001年版。

陈晔：《从懿德太子墓的结构看唐乾陵陪葬墓的形制》，《武则天与咸阳》，三秦出版社2001年版。

穆兴平：《谈"述圣纪碑"与武则天的关系》，《武则天与咸阳》，三秦出版社2001年版。

牛芸：《"无字碑"昭示的历史悲剧》，《武则天与咸阳》，三秦出版社2001年版。

魏鹏：《浅谈唐章怀太子墓壁画的艺术成就》，《武则天与咸阳》，三秦出版社2001年版。

穆兴平：《谈"述圣纪碑"与武则天的关系》，《武则天与咸阳》，三秦出版社2001年版。

陈校林：《浅谈武则天·乾陵与咸阳文物旅游》，《武则天与咸阳》，三秦出版社2001年版。

屈茂稳、田新民、李国填、闫颖：《独具魅力的乾陵旅游地方资源》，《长安大学学报》2002年第4期。

张勇、东明：《乾陵之谜》，《文史春秋》2002年第5期。

刘向阳：《唐乾陵石雕刻群及其组合象征的含义》，《陕西历史博物馆馆刊》第9辑，2002年。

邢福来、李明：《唐高力士墓发掘简报》，《考古与文物》2002年第6期。

牛致功：《有关高力士的几个问题——读高力士的《神道碑》及《墓志铭》》，《史学月刊》2003年第4期。

朱利民、王斌：《陕西唐陵狮雕的文化诠释》，《唐都学刊》2003年第3期。

樊英峰：《乾陵唐墓壁画的历史价值》，《文博》2003年第1期。

高建群：《双悬日月照乾陵》，《文化时空》2003年第1期。

张鸿杰：《乾陵"六十一蕃臣像"衔名订补》，《咸阳师范学院学报》2003年第3期。

南翔宇：《任人评说的唐乾陵"无字碑"》，《前进论坛》2003年第3期。

李怡：《西安地区唐墓壁画中卫士服考辨》，《文博》2003年第3期。

樊英峰：《乾陵61蕃臣像补考》，《文博》2003年第3期。

巩启明、王保东等：《唐章陵调查简报》，刊《文博》2003年第3期。

陈丽萍：《乾陵周边地名浅识》，《文博》2003年第4期。

王晓莉：《永泰公主墓壁画题材及艺术特色》，《文博》2003年第5期。

梁子、文军：《乾陵六十一蕃王考述》，《文博》2003年第6期。

韩志宽：《"无字碑"上的字》，《中国审计》2003年第22期。

王维坤：《乾陵应为"寿陵"之蠡测》，《周秦汉唐文化研究》第2辑，三秦出版社2003年版。

王晓莉：《乾陵61尊石人像有关问题的再探讨》，《武则天与嵩山》，中华书局2003年版。

师荃荣、宋继超、习建涛、宋少宇：《乾陵无字碑新考》，《武则天与嵩山》，中华书局2003年版。

孙怀彦、李百福：《唐桥陵陪葬墓睿宗贤妃王芳媚墓志考略》，《考古与文物》2003年第3期。

姜捷：《关于定陵陵制的几个新因素》，《考古与文物》2003年第1期。

李浪涛：《唐肃宗建陵出土石生肖俑》，《文物》2003年第1期。

姜捷：《关于定陵陵制的几个新因素》，《考古与文物》2003年第1期。

王小蒙、刘呆运：《唐节愍太子墓发掘简报》，《考古与文物》2004年第4期。

陕西省考古研究所等：《唐节愍太子墓发掘报告》，科学出版社2004年版。

魏学梅、赵润华：《乾陵永泰、章怀、懿德三座陪葬墓壁画浅析》，《西安教育学院学报》2004年第2期。

廖原：《关于乾陵、定陵〈无字碑〉》，《西北大学学报》34卷2004年第4期。

齐扬：《中日唐陵石刻保护》，《文博》2005年第4期。

李浪涛：《唐肃宗建陵出土石武将头》，《文物》2005年第11期。

李浪涛：《唐肃宗建陵出土一件兽面脊头瓦》，《考古与文物》2006年第5期。

秦建明：《乾陵神道鸵鸟为射侯说》，《文博》2006年第3期。

陕西省考古研究所、昭陵博物馆：《2002年度唐昭陵北司马门遗址发掘简报》，《考古与文物》2006年第6期。

张建林、王小蒙：《对昭陵北司马门遗址考古新发现的几点认识》，《考古与文物》2006年第6期。

王连龙：《〈高力士墓志〉研究补证》，《古籍整理研究学刊》2007年第5期。

黄日初：《高力士研究四题——以高力士及其后嗣的碑志为中心》，《浙江社会科学》2008年第8期。

孙常吉：《浅析唐泰陵石刻翼马的造型艺术》，《当代艺术》2008年第1期。

沈睿文：《唐陵神道石刻意蕴》，《考古与文物》2008年第4期。

吴杰：《献陵石犀》，《西部大开发》2008年第7期。

惠毂：《西安新发现大唐睿宗黄天真文镇墓刻石》，《西北大学文摘》（哲社版）2008年第1期。

张蕴、卫峰：《唐嗣虢王李邕墓前遗址发掘简报》，《文物》2009年第7期。

英卫峰、霍雅琴：《唐代帝陵陪葬墓盛衰原因新探》，《西北大学学报》（哲学社会科学版）2009年第4期。

李健、殷伟群：《唐帝陵石雕马的装饰纹样与唐代设计美学》，《农业考古》2009年第6期。

张静、张媛：《乾陵石狮造型艺术分析》，《美术大观》2009年第6期。

刘向阳：《乾陵唐杨再思墓碑简考》，《考古与文物》2010年第4期。
赵斌：《刍议唐乾陵六十一蕃臣像中的新罗人》，《丝绸之路》2010年总24期。
范坤、李刚：《唐建陵石刻雕塑的造型语言》，《文化月刊》2010年Z1期。
王士立：《唐桥陵獬豸石刻造像初探》，《大舞台》2010年第11期。
张建林、张博等：《唐睿宗桥陵陵园遗址考古勘探、发掘简报》，《考古与文物》2011年第1期。
郑薇：《试论泰陵雕塑中的线和线条感》，《大众文艺》2011年第9期。
张建林、张博等：《唐玄宗泰陵陵园遗址考古勘探、发掘简报》，《考古与文物》2011年第3期。
金子修一、博明妹：《围绕〈大唐元陵仪注〉的诸多问题》，《中国史研究动态》2011年第4期。
程义：《乾陵地下结构蠡测》，《西部考古》2011年总第五辑。
田有前：《西北艺术文物考察团唐陵考察活动述评》，《中国国家博物馆馆刊》2013年第2期。
张建林：《唐代帝陵陵园形制的发展与演变》，《考古与文物》2013年第5期。
孙征：《唐陵数字化背后的新技术》，《中国文化遗产》2013年第2期。
曾科：《试论唐陵石狮的造型演变》，《文博》2013年第3期。
刘晓媛：《唐陵与宋陵神道石刻异同研究》，《学理论》2013年第26期。
张蕴：《关于献陵陪葬园区布局的思考》，《考古与文物》2012年第3期。
张建林、张博等：《唐高祖献陵陵园遗址考古勘探与发掘简报》，《考古与文物》2013年第5期。
张鑫：《唐乾陵石仗马的马具与马饰》，《文博》2014年第3期。
潘虹：《唐桥陵石刻现状调研及保护措施》，《牡丹江大学学报》2014年第7期。
张建林：《唐代帝陵的寝宫——考古新发现与文献的再梳理》，科学出版社2015年版。
《庆贺徐光冀先生八十华诞论文集》，科学出版社2015年版。

〔学位论文〕

窦志强：《唐陵石雕的考古学研究》，山东大学博士论文，2007年。
王晶：《唐代帝王陵石雕刻比较性研究》，西安建筑科技大学硕士论文，2009年。
英卫峰：《唐代帝陵陪葬墓研究》，西北大学博士论文，2011年。
王楠：《陕西唐陵石刻马装饰图像演化研究》，西安建筑科技大学硕士论文，2013年。

巩启明、王保东等：《唐章陵调查简报》，刊《文博》2003年第3期。

陈丽萍：《乾陵周边地名浅识》，《文博》2003年第4期。

王晓莉：《永泰公主墓壁画题材及艺术特色》，《文博》2003年第5期。

梁子、文军：《乾陵六十一蕃王考述》，《文博》2003年第6期。

韩志宽：《"无字碑"上的字》，《中国审计》2003年第22期。

王维坤：《乾陵应为"寿陵"之蠡测》，《周秦汉唐文化研究》第2辑，三秦出版社2003年版。

王晓莉：《乾陵61尊石人像有关问题的再探讨》，《武则天与嵩山》，中华书局2003年版。

师荃荣、宋继超、习建涛、宋少宇：《乾陵无字碑新考》，《武则天与嵩山》，中华书局2003年版。

孙怀彦、李百福：《唐桥陵陪葬墓睿宗贤妃王芳媚墓志考略》，《考古与文物》2003年第3期。

姜捷：《关于定陵陵制的几个新因素》，《考古与文物》2003年第1期。

李浪涛：《唐肃宗建陵出土石生肖俑》，《文物》2003年第1期。

姜捷：《关于定陵陵制的几个新因素》。《考古与文物》2003年第1期。

王小蒙、刘呆运：《唐节愍太子墓发掘简报》，《考古与文物》2004年第4期。

陕西省考古研究所等：《唐节愍太子墓发掘报告》，科学出版社2004年版。

魏学梅、赵润华：《乾陵永泰、章怀、懿德三座陪葬墓壁画浅析》，《西安教育学院学报》2004年第2期。

廖原：《关于乾陵、定陵〈无字碑〉》，《西北大学学报》34卷2004年第4期。

齐扬：《中日唐陵石刻保护》，《文博》2005年第4期。

李浪涛：《唐肃宗建陵出土石武将头》，《文物》2005年第11期。

李浪涛：《唐肃宗建陵出土一件兽面脊头瓦》，《考古与文物》2006年第5期。

秦建明：《乾陵神道鸵鸟为射侯说》，《文博》2006年第3期。

陕西省考古研究所、昭陵博物馆：《2002年度唐昭陵北司马门遗址发掘简报》，《考古与文物》2006年第6期。

张建林、王小蒙：《对昭陵北司马门遗址考古新发现的几点认识》，《考古与文物》2006年第6期。

王连龙：《《高力士墓志》研究补证》，《古籍整理研究学刊》2007年第5期。

黄日初：《高力士研究四题——以高力士及其后嗣的碑志为中心》，《浙江社会科学》2008年第8期。

孙常吉：《浅析唐泰陵石刻翼马的造型艺术》，《当代艺术》2008年第1期。

沈睿文：《唐陵神道石刻意蕴》，《考古与文物》2008年第4期。

吴杰：《献陵石犀》，《西部大开发》2008年第7期。

惠毅：《西安新发现大唐睿宗黄天真文镇墓刻石》，《西北大学文摘》（哲社版）2008年第1期。

张蕴、卫峰：《唐嗣虢王李邕墓前遗址发掘简报》，《文物》2009年第7期。

英卫峰、霍雅琴：《唐代帝陵陪葬墓盛衰原因新探》，《西北大学学报》（哲学社会科学版）2009年第4期。

李健、殷伟群：《唐帝陵石雕马的装饰纹样与唐代设计美学》，《农业考古》2009年第6期。

张静、张媛：《乾陵石狮造型艺术分析》，《美术大观》2009年第6期。

刘向阳：《乾陵唐杨再思墓碑简考》，《考古与文物》2010年第4期。

赵斌：《刍议唐乾陵六十一蕃臣像中的新罗人》，《丝绸之路》2010年总24期。

范坤、李刚：《唐建陵石刻雕塑的造型语言》，《文化月刊》2010年Z1期。

王士立：《唐桥陵獬豸石刻造像初探》，《大舞台》2010年第11期。

张建林、张博等：《唐睿宗桥陵陵园遗址考古勘探、发掘简报》，《考古与文物》2011年第1期。

郑薇：《试论泰陵雕塑中的线和线条感》，《大众文艺》2011年第9期。

张建林、张博等：《唐玄宗泰陵陵园遗址考古勘探、发掘简报》，《考古与文物》2011年第3期。

金子修一、博明妹：《围绕〈大唐元陵仪注〉的诸多问题》，《中国史研究动态》2011年第4期。

程义：《乾陵地下结构蠡测》，《西部考古》2011年总第五辑。

田有前：《西北艺术文物考察团唐陵考察活动述评》，《中国国家博物馆馆刊》2013年第2期。

张建林：《唐代帝陵陵园形制的发展与演变》，《考古与文物》2013年第5期。

孙征：《唐陵数字化背后的新技术》，《中国文化遗产》2013年第2期。

曾科：《试论唐陵石狮的造型演变》，《文博》2013年第3期。

刘晓媛：《唐陵与宋陵神道石刻异同研究》，《学理论》2013年第26期。

张蕴：《关于献陵陪葬园区布局的思考》，《考古与文物》2012年第3期。

张建林、张博等：《唐高祖献陵陵园遗址考古勘探与发掘简报》，《考古与文物》2013年第5期。

张鑫：《唐乾陵石仗马的马具与马饰》，《文博》2014年第3期。

潘虹：《唐桥陵石刻现状调研及保护措施》，《牡丹江大学学报》2014年第7期。

张建林：《唐代帝陵的寝宫——考古新发现与文献的再梳理》，科学出版社2015年版。

《庆贺徐光冀先生八十华诞论文集》，科学出版社2015年版。

〔学位论文〕

窦志强：《唐陵石雕的考古学研究》，山东大学博士论文，2007年。

王晶：《唐代帝王陵石雕刻比较性研究》，西安建筑科技大学硕士论文，2009年。

英卫峰：《唐代帝陵陪葬墓研究》，西北大学博士论文，2011年。

王楠：《陕西唐陵石刻马装饰图像演化研究》，西安建筑科技大学硕士论文，2013年。